KB126123

# 미국의 역사

최웅 · 김봉중 지음

# 미국의 역사

한국인이면 꼭 짚어야 할
# 미국의 역사

초 판 1쇄 발행  1992년  4월  30일
개정판 1쇄 발행  1997년 12월  30일
개정판 6쇄 발행  2009년  9월   1일

글쓴이 | 최웅 김봉중
펴낸이 | 유재현
기획편집 | 김장환
마케팅 | 안혜련 임중혁 장만
인쇄·제본 | 영신사

펴낸 곳 | 소나무
등록 | 1987년 12월 12일 제2-403호
주소 | 121-830 서울시 마포구 상암동 11-9 201호
전화 | 02-375-5784       팩스 | 02-375-5789
전자집 | www.sonamoobook.co.kr
전자우편 | sonamoopub@empal.com

KDC 942
ISBN 978-89-7139-523-0  93940

**소나무**  머리 맞대어 책을 만들고, 가슴 맞대고 고향을 일굽니다

# 개정 증보판을 내면서

　이 책이 나온지 벌써 5년이 지났다. 그 동안 미국의 역사에도 크나큰 변화가 있었을 뿐만 아니라 책의 내용도 손 볼 곳들이 발견되어 개정 증보가 필요하다고 생각하였다.

　내용에 대한 전반적인 수정과 보완은 차후로 미루고 우선 필요한 곳만 수정을 하였다. 지난번 책이 제11장 "베트남의 비극"으로 마무리되어서 이번에는 베트남 이후의 미국에 대해서 두 장을 추가하였다. 제12장은 "흔들리는 70년대와 카터의 인권 외교"로 제목을 정했고, 제13장은 "레이건과 보수로의 선회"라고 정했다. 베트남의 비극에다 워터게이트 (Watergate)라는 국내의 어수선한 분위기를 쇄신하기 위해 등장했던 카터는 인권 문제 등으로 우리 나라와는 인연이 깊은 대통령이기에 제12 장은 독자들이 흥미를 가질 줄 믿는다. 인권 문제뿐만 아니라 카터의 역사적 의의를 조명하는 데 초점을 맞추려고 했다. 1981년에서 1992년 까지 레이건-부시의 공화당의 부활은 구소련의 붕괴라는 세기적인 사 건으로 말미암아 냉전의 결산이라는 점에서 중요한 의미를 가질 뿐 아니라 프랭클린 루즈벨트(Franklin D. Roosevelt) 이후 꾸준히 진행되고 있었던 진보적 민주주의에 사실 이렇다 할 반격을 못하고 있던 보수세력들이 레이건의 등장과 함께 대대적인 역공을 전개하였는데 일종의 "혁명"이었다고 볼 수 있다. 제13장은 이러한 면에 초점을 맞추었다.

여느 책이나 그렇겠지만 그 동안 이 책에 대해서 여러 가지 평을 해주셔서 많은 참고가 되었다. 의욕에 비해서 미진한 점이 많으나 이러한 시도와 또한 그에 따른 비평이 활발할 수록 우리들의 미국에 대한 지식과 이해가 성숙될 줄로 믿는다. 동료 학자들뿐만 아니라 일반 독자들이 여러 가지 평을 해 주셨는데 미국 교포들 중에서도 많은 격려를 해 주셨다. 이번 기회를 통해서 지면으로나마 감사를 드린다. 특히 좋은 지적을 해주신 이보형 서강대학교 명예 교수님께 감사를 드리며, 출판을 위해 여러모로 신경을 써주신 유재현 소나무사 사장님께 새삼 감사를 드린다.

1997. 12.

최  웅<br>김봉중

# 머리말


미국에 대한 우리의 감정이 무엇이든간에 우리는 미국에 대해서 좀더 많은 것을 알아야 한다. 우리가 바라든 바라지 않든, 또는 싫든 좋든간에 우리는 불가피하게 세계 속에 휘말려 들어가고 있고 국제 사회 속에서 생활하지 않으면 안된다. 그런데 미국은 지금 국제 사회를 주도하고 있다.

미국은 19세기말을 고비로 그의 전통적 고립 정책을 탈각하고 세계 사에 뛰어들었다. 미국은 특히 연합국이 제2차 세계 대전을 승리로 이끌고, 그리하여 우리를 일본 식민지로부터 해방시키는 데 결정적 역할을 담당하였다. 그런 연고로 해방 이후 우리는 일본 대신에 밀물처럼 밀어닥친 미국의 문물 속에서 생활하여 왔고 또 미국적인 것을 모방하기에 급급하였다.

그럼에도 불구하고 우리는 미국의 역사에 대해서는 이상하리만큼 무관심하여 왔고 또 잘 알지 못하고 있다. 미국사에 대한 우리의 무지와 무관심에는 우리 나름대로의 구실과 이유가 있겠다. 전통적으로 정신문화를 중히 여겨 온 우리는 물질 만능적인 미국 문화를 경멸하였는지도 모른다. 유교에 입각한 우리의 윤리 도덕관에서 미국인들의 자유 분방한 본능적 작태에 불쾌감을 느꼈는지도 모른다. 그리고 반만년의 유구한 우리의 역사에 비해서 고작 210여 년, 식민지 시대까지 합해도 380여 년밖에 되지 않는 미국의 역사를 업수이 여겼는지도 모른다. 그러나 문화는 어느 일면만을 추구해서는 발달하지 못하는 것이고 윤리 도덕도, 물론 그의 보편적 측면을 부인하는 것은 아니지만, 상대적인 것이다. 역사가 길다고 해서 자랑할 만한 문화가 발달하고 역사가 짧다고 해서 문화가 덜 발달한 것이라고 할 수는 없다. 미국의 역사 그 자체는 짧지만 공화적 민주주의 역사로는 미국사가 세계에서 가장 길다. 그리고 오늘날 정치, 경제, 군사 등 제반 문화 부문에서 미국이 세계를 제압하고 있다.

미국사에 관심을 끌지 못하게 한 책임은 아마도 미국사를 전공하고 가르치고 있는 우리들 대학인에게 있는지도 모른다. 다른 서양사 분야에 비해서 미국사를 전공하는 사람은 수적으로 적고 시간적으로 짧다. 그러나 그동안 적지 않은 미국사 연구 논문과 좋은 저서들이 나왔다. 그런데 이것들이 대부분 전문가나 대학생을 위한 것이었다. 이러한 점을 감안하여 본서는 전문가나 대학생뿐만 아니라 일반 사람들도 쉽게 이해할 수 있고 흥미를 끌 수 있도록 서술하는 데 힘을 기울였다.

역사가 과거를 취급한다고 해서 역사가 우리의 과거를 모두 알려줄 수는 없다. 역사는 불가피하게 선택적이기 마련이다. 본서는 미국의 모든 과거 역사를 취급한 것이 아니라 우리가 들추어 볼 가치가 있다고 생각되는 문제를 중심으로 해석적으로 서술하였다. 역사 해석은 단순히 역사적 사실의 적시뿐만 아니라 어느 정도 역사가의 주관과 가치관 또는 그때그때의 관점을 내포한다. 따라서 본서는 이러한 저자의 입장에서 미국사의 강점과 약점, 희망과 좌절, 미덕과 악덕의 제반 측면을 비판적으로 균형있게 제시하려고 노력하였다.

   본서의 미비된 점이나 잘못된 부분은 훗날 보완 수정할 수 있을 것이라 자위하면서 우선 이 책을 출판했다. 이 책이 많은 사람들로 하여금 미국사에 대한 관심과 흥미를 끌게 하는 데 일조가 된다면 다행으로 여길 뿐이다.

   본서의 원고 정리와 컴퓨터 입력 등 여러가지로 애써준 전남대학교 사학과 3년생 임모란 양, 민정숙 양, 남연욱 양, 그리고 소연이 엄마에게 감사드린다.

1992. 3.

최 웅
김봉중

# 미국의 역사 / 차례

# 제1장 미국인 아닌 미국인
## ── 인디언과 흑인

미국의 초기 역사는 어느 면에서 인디언의 땅 위에다 아프리카 흑인들의 노동으로 이루어졌다고 해도 과언이 아니다. 대부분의 경우에 역사는 승자의 편에서 해석되기에 북미 대륙의 원주민이었던 미국의 인디언과 경제 발전의 큰 몫을 담당하였던 아프리카 흑인들의 이야기는 소외되어 왔다. 가장 전형적인 초창기 미국사의 이야기는 지적, 종교적, 과학적으로 우월한 유럽의 백인들이 북미 대륙의 식민지를 개척하기 위하여 야만적이고 열등한 인디언들과 아프리카 흑인 노예를 사용하였다는 것으로 시작된다. 그럼에도 불구하고 대부분의 미국사 서술은 미국 초기사 과정에서 수백만 인디언들의 목숨이 사라졌으며, 아무런 죄과도 없이 5,000마일 이상의 대서양을 건너와 비인간적인 대접을 받으며 뿌렸던 헤아릴 수 없는 아프리카 노예들의 피와 땀이 포함되어 있다는 것을 감추어 버렸다.

다행히 1960년대의 흑인 민권 운동의 영향으로 흑인 노예 문화와 생활상이 몇몇 미국인 학자들에 의해서 들추어지고 있으며, 더불어서 유럽인들이 인디언에게 행하였던 비인간적인 과거들이 공개되고 연구도 한창 이루어지고 있다. 그리하여 이제 피해자 인디언과 흑인 노예의 위치도 미국사의 주요한 부분을 차지하게 되었다. 미국 초기사는 우월한 백인들이 일방적으로 북미 대륙을 개척한 역사만은 아니다. 오히려 북미 대륙의 광대한 무대에서 인디언과 흑인들이 백인들과 끊임없이 접촉하면서 생활하였던 쌍방의 역사였다는 것을 우리는 인식하여야 한다.

유럽의 백인들이 인디언과 흑인들을 착취하였던 과거는 미국인들의 핏속에 돌이킬 수 없는 죄악으로 남아 있으며, 알게 모르게 그들의 마음과 정신에 깊은 죄의식으로 존재하고 있다. 물론 역사를 통해서 백인들이 그들의 과거를 여러가지 모습으로 합리화시켰고 앞으로도 그렇겠지만 미국은 바로 그들의 돌이킬 수 없는 과오의 대가를 지불하였고 또 지불하게 될 것이다. 물질적, 기계적으로 우세한 민족이 연약한 다른 민족들을 짓밟고 대국으로 성장하여도 아무런 역사적 심판을 받을 수 없다면 이는 불공평하다. 그런데 미국인들이 자기들의 과거 역사에 대해서 후회하기보다는 오히려 그들의 핏속에서 백인 우월주의가 아직도 지워지지 않고 있다는 점을 볼 때 미국의 앞날은 순탄치가 않을 것이다. 미국은 더 한층의 대각성의 시기가 있어야 한다.

남북 전쟁이 끝나면서 흑인들은 오랫동안의 노예 생활을 청산하게 되었고 미국 헌법 수정안 14조(1866년)와 15조(1869년)에 의하여 미국의 정당한 시민으로서의 자격을 갖추게 되었다. 그러나, 그 후로도 그들은 살인적인 반흑인 단체인 케이케이케이단(K.K.K., Ku Klux Klan)의 공포에 시달려야 했고 1965년 이전까지 또다른 1세기를 폭력과 차별의 뒤안길에서 어둡게 생활할 수밖에 없었다. 1989년 2월에 케이케이케이(K.K.K.) 출신의 젊은 지도자 데이비드 듀크(David Duke)는 루이지애나 주 의원으로 당선되었고, 아직도 남부의 많은 주에서 케이케이케이는 청소년들에게 백인 우월주의로 세뇌 교육을 시키고 있으며, 언젠가 다가올 인종 전쟁을 위하여 게릴라 훈련을 쌓고 있는 게 현실이다. 미국은 마약 문제와 낙태 문제로 국회와 행정부에서 계속 떠들썩하고 강경한 법적 제지를 강구하고 있으면서도 130여 년 동안 미국의 흑인들과 소수 민족들을 위협하는 케이케이케이(K.K.K) 단체에 대해서는 이렇다 할 제재를 하지 않고 있는 것 또한 미국의 현실이다.

먼저 유럽의 백인들과 인디언들이 북미 대륙에서 어떻게 서로 접촉하였는가 살펴보자.

1492년 신대륙을 발견한 후 크리스토퍼 콜럼버스(Christopher Columbus)가 그의 일기에 이렇게 적었다.

발견한 최초의 섬에 도착하자마자 원주민들로부터 정보를 얻기 위해서 무력으로 그들을 사로잡았다.

물론 콜럼버스가 얻고자 하는 정보는 금이 어디에 있나를 알고자 하는 것이었다. 바로 이러한 물질욕을 채우기 위해서 인디언들을 사로잡거나 살육했던 것이 유럽인들이 아메리카 대륙에서 행하였던 전형적인 행동이었다. 백인과 인디언 관계는 의심과 폭력과 오해와 그에 따른 피비린내 나는 전쟁의 연속이었다.

처음에 인디언들은 유럽인들을 환영하였다. 옛날에 인디언들이 피부가 하얗고 허리에는 날카로운 금속 무기를 차고 그들에게 다가오는 콜럼버스의 일행에 앵무새들과 둥근 면화덩이를 가져와 교역을 원했던 것처럼 훗날 체사픽 만에 도착한 영국인들에게 포하탄(Powhatans) 부

▶ 콜럼버스가 신대륙을 발견하기 훨씬 이전인 15,000~40,000년 전부터 아메리카 대륙은 인디안들의 땅
  이었다. 백인들이 도착하자 인디안들은 처음엔 그들을 환대하였다. 그러나 인디안들에게 돌아온 것은 배
  신과 살륙이었다.

족들은 우호적으로 접근하였다. 1614년에 존 롤프(John Rolfe)가 포하탄 추장의 딸인 포카혼타스(Pocahontas)와 결혼한 것은 유명한 일화이다. 그러나 1618년에 포하탄 추장이 죽고 담배 경작의 성공으로 수많은 영국인들이 체사픽 만 지역에 이주하기 시작하면서 백인들과 인디언의 관계는 호전적으로 변해갔다. 유럽인들이 가지고 온 질병으로 인해서 면역이 되어 있지 않던 인디언들이 순식간에 몰사되어가는 것을 지켜 보다 못한 젊은 새 추장 오페칸카노우(Opechancanough)는 부족을 이끌고 백인 부락을 습격하여 백인 주민의 1/3 정도를 살해하였고, 그 보복으로 영국인들은 몇 차례의 인디언 대량 살육 전쟁을 감행하였다. 1620년과 1630년 사이에 버지니아의 민병대는 체계적으로 인디언 부락을 침공 하여 그들을 거의 몰살하였다.

결국 1646년에 영국 식민지와 버지니아 원주민간에 공식적인 협상이 이루어져서 그 동안의 전쟁을 종식시키는 약속을 하고 서로간의 영토를 가르게 되었다. 물론 대부분의 땅들이 백인들 수중에 들어가게 된 것 이다.

이것은 북미 대륙에서 앞으로 백인들과 인디언과의 협상의 가장 기 본적인 형태가 되었는데, 인디언들은 이러한 협상을 통해서 자꾸만 서쪽으로 서쪽으로 밀려나게 되었다. 그 후 인디언과 백인의 접촉은 거의 이런 형태였다. 인디언들이 갈수록 커져가는 백인들의 사회에 위협을 느껴서 선제 공격을 하든지 아니면 토지에 욕심이 있는 백인들이 먼저 구실을 붙여 인디언 부락을 습격하든지 하여 이들은 처참한 살육 전쟁을 하게 되고, 결국 무력에서 약세인 인디언들이 그들의 땅을 포 기하고 서쪽으로 도망가든지 혹은 백인과 계약을 맺어 한정된 지역에서 생활할 수 있는 보장을 받는 대신 자기들의 땅을 내어주는 그러한 형태의 반복이었다.

남아메리카에서 인디언들과 융화했던 스페인인들과는 달리 영국인들은 처음부터 인디언과 분리하여 생활하였다. 물론 스페인인들 역시 초창기에는 매우 혹독하게 인디언들을 착취하였던 것이 사실이다. 그들은 거의 광적으로 인디언들의 금과 은을 빼앗기에 분주하였고 인디언들의 정치, 문화, 사회 형태를 그들의 지배 목적에 따라 강제로 개조하였다. 그러나 시간이 지남에 따라 본국 정부의 비열성적인 식민지 정책과 그에 따른 수적, 경제적 약화 등의 이유로 그들은 점차 인디언들과 융화하게 되었다. 프랑스인들 역시 인디언들에게 위협적인 존재가 되지 못하였다. 프랑스인들의 대부분은 거주자로서 북미 대륙에 건너왔다기보다는 상업적 사냥꾼이나 선교의 목적으로 건너와서 생활하였기에 직접적으로 인디언들을 착취하지는 아니하였다. 이에 반하여 영국인들은 인디언들에게 가장 위협적인 공포의 대상이었다. 왜냐하면 이들 영국인들은 인디언들을 그들의 식민지 개척에 불필요한 존재로 단정하고 이들을 사회에 융화시키는 것보다는 제거하거나 분리시키는 정책을 펴나갔기 때문이다. 땅에 굶주린 영국인들의 눈에는 거대한 땅에 거주하고 있던 인디언들이 단순히 그들의 거침돌로 보였을 뿐이다.

그렇다면 왜 똑같은 백인들인데 스페인인들이나 포르투갈인들은 영국인과 달리 인디언 융화 정책을 폈을까? 그것은 그들의 국가적 성격 차이보다도 서로 다른 사회 환경적 차이에서 연유한 것 같다. 노동력이 절대적으로 필요했고 백인 여성들이 희박했던 스페인인들은 노동과 성적 욕구를 충족시켜줄 수 있었던 인디언들과 융화하는 정책을 폈던 것이고, 그와 달리 더 많은 땅을 원했고 가족 단위로 이주해 온 영국인들에게는 인디언들이 필요하기보다는 방해물이었기에 분리주의를 택하였던 것이다. 이러한 땅에 대한 탐욕은 1676년의 베이컨 반란으로 잘 나타난다. 나타니엘 베이컨(Nathaniel Bacon)은 동부의 영국인 거주

17

민들과 함께 버지니아 인디언들을 소멸시키기 위하여 인디언 부락을 공격하였던 것이다.

　더 많은 땅을 차지하기 위한 백인들의 욕심이 영국인과 인디언 사이에 불편한 관계를 조성했지만 그보다 더욱 근본적인 분규의 이유는 자기들의 인디언에 대한 편견과 사회구조상의 차이점에 있었다. 유럽 인들은 그들이 가장 문명화된 인종이었으며 인디언들은 이교도들로서 야만인들이었다고 생각하였다. 유럽인들은 자연 만물은 신(神)이 그들의 생활에 유용하게 하기 위하여 만든 것이며, 구약의 창세기에 나온 것처럼, 인간은 이러한 자연을 다스려야 한다고 믿었다. 또한 지구상에 살아 움직이는 모든 것 위에 인간이 군림해야 하며 그들의 생존과 번영을 위하여 그것들을 가꾸고 지배하도록 되어 있다고 믿었다. 즉 유럽인들은 인간과 자연을 극히 세속적인 관계로 보았다. 그러나 인디언들은 정반대의 생각을 갖고 있었다. 그들은 모든 자연 만물이 신성하며 영혼을 갖고 있다고 믿었다. 그들은 나무나 짐승, 돌 그 모든 것이 자연의 신성한 한 부분으로 존중되어야 하며 인간도 단지 이러한 자연의 한 부분일 뿐이라고 믿었다. 그들은 이러한 자연물에는 영혼이 깃들어 있어서 숭배해야 하며, 만약 인간이 이들을 함부로 다스릴 경우에는 그들로부터 복수를 당한다고 생각하였다.

　유럽인들에게는 땅이란 인간의 이익을 위해서 소유되고 개발되어야 하는 대상이었고, 이에 반하여 인디언들에겐 땅이란 어느 한 특정인들이 소유해서는 안되며 다만 인간들에게 필요한 만큼 사용해야 하는 것이었다. 백인들은 각 개인이 자기 소유의 재산과 물질을 소유하고 그것들을 늘려가는 것을 미덕으로 받아들였으며, 이러한 재산의 많고 적음을 그들의 정치, 사회적 위치를 판단하는 사회 계급 분리의 기준으로 사용했다. 토지를 많이 소유한 부유한 사람들은 사회 조직의 상부 계층에서 지배자로 군림하고, 토지가 없거나 부족한 부류들은 조직 체계내의 하층부를 차지하며 상부 계층을 위해서 고용되는 것이 통상적인 사회 조직 형태였다. 이러한 이유에서 영국인들은 인디언들이 땅에 거주는 하지만 소유는 하지 않고 있기 때문에 그들이 무력으로라도 인디언 땅을 빼앗을 수 있다고 믿게 되었고 이 착복 행위를 결코 심각하게 생각하지 않았다. 인디언들에게는 사유 재산 관념이 존재하지 않았으며 각 부족들은 한정된 부족의 테두리 안에서 모든 것을 서로 함께 소유하고 함께 사용하는 공산 공유(共産 共有)의 사회였다. 이들에게는 개인보다 공동체가 먼저였으며 개인적인 부나 욕심보다는 전체 구성원의 이득이 먼저여서 극히 평등한 사회를 이루고 있었다. 백인들의 눈에는 인디언들의 농업 방식이 극히 비효율적으로 보인 반면에, 인디언들의 눈에는 백인들이 필요 이상의 농산물을 소비하고 생산하는 극히 비자연적인 생활을 하고 있는 것으로 보였다. 이러한 유럽인들의 시장성 농업과 인디언들의 자급 자족적 생계 유지성 농업은 정면 충돌을 하지 않을 수 없었다.

또한 인디언 사회에서는 여성의 위치가 높았으며 모계 중심적인 사회 구조를 가진 부족들이 많았다. 예를 들면, 북미 북동쪽에서 가장 세력이 강했던 이라쿠와(Iroquois) 부족은 남자가 결혼을 하면 그 부인의 집에서 생활하였다. 주요 부락 회의에서는 여성들이 주요한 결정권을 가졌다. 부락의 여자 우두머리의 허락 없이는 누구도 다른 부족과 계약을 체결할 수 없었으며 필요하다고 생각되는 경우에는 이 여자 우두머리가 추장까지도 갈아치울 수가 있었다. 이혼도 여성이 결정권을 가졌으며 여성이 이혼을 원할 때면 간단히 남편의 소유물을 떼어서 막사 밖에다 내놓으면 되었다.

이러한 인디언의 사회 구조는 백인들의 눈에 극히 비도덕적으로 보일

▶ 세코톤의 인디안 부락(1585년경, 존 화이트 그림). 영국인 탐험가 존 화이트가 그린 이 그림을 보면, 원주민들은 스쿼시·담배·옥수수 등 다양한 농작물을 재배하고 있음을 알 수 있다. 숲 근처에는 사냥꾼이 보이고 아래쪽 우측에는 종교 의식을 행하고 있다.

수밖에 없었다. 17, 18세기의 유럽인들에게는 감히 상상도 할 수 없는
이러한 여권 신장 제도는 야만인들이나 할 수 있는 그러한 사회 제도로
생각되었다. 이러한 현상은 1919년에 가서야 미국이 수정 헌법 제 19조로
여성 참정권을 주었던 점을 생각하면 이해할 만한 일이다. 무엇보다도
인디언들의 자연 만물 숭배 사상은 기독교 문명 위에 선 유럽인들에게는
일종의 악령 숭배적인 것으로서 신성 모독적인 사상으로 철저히 없어
져야 할 것으로 여겨졌으며 이러한 야만인들은 개종되어야 할 존재로
보였다.

  사우스 캐롤라이나의 남부 지역에서도 백인과 인디언의 접촉은 예
외없이 비극으로 끝났다. 주요 부족인 야마스(Yamasses) 족은 처음에는
영국인들과 우호적인 관계를 지속하였으나 영국 상인들이 계속되는
거짓말로 그들의 땅을 조금씩 침식해 오고 인디언 여자들을 강제로
납치해 가는 일이 빈번해지자 1715년에 다른 소수 부족과 연합하여
영국인들을 공격하기 시작하였다. 그러나 체사피크 연안의 경우처럼
그들은 백인들의 우수한 무력을 당해내지 못하고 거의 멸족하고 말았다.
백인 거주자들은 야마스 족의 적인 체로키(Cherokees) 족의 도움을 받아
사실상 호전적 인디언 부족들을 소멸시켜 버렸다.

  여기에서 언급해야 할 것은, 인디언들간의 전통적인 당파와 분파주
의가 자기들의 세력 약화에 적지 않은 역할을 했다는 점이다. 백인들이
갖고 온 여러가지 질병과 백인들과의 살육 전쟁, 그리고 인디언 부족
간의 계속되는 당파적 싸움은 북미 대륙에서 인디언들의 힘을 약화시
켰던 결정적인 3대 요소였다. 그렇다고 이러한 인디언들의 부족 분쟁
이나 당파 싸움을 크게 부각시키는 것은 주의를 요한다. 인디언들간의
쟁투와 분파는 인디언들의 전매품이 아니었다는 사실을 알아야 한다.
이것은 오히려 유럽 국가들 사이에 더 심했으며, 이러한 쟁투 때문에

얼마나 많은 유럽인들이 죽어갔는지는 역사가 증명하고 있다. 북미 대륙에는 수많은 서로 다른 인디언 부족들이 서로 다른 언어를 사용하며 살았다. 그들은 결코 하나의 큰 나라의 연합체가 아니었으며 여러 부족들이 경제와 생활 안정을 위하여 서로 견제하며 살고 있었다. 유럽이 하나의 국가가 아닌 것처럼 인디언들 역시 하나의 국가가 아니었다. 인디언들은 유럽인들처럼 인종적, 정치적, 문화적으로 다양한 집단이 었다. 그렇다고 인디언들의 멸종이나 유럽인들과의 비극적 투쟁의 밑바탕에는 그들 부족간의 분쟁이 큰 몫을 차지한다는 사고방식은 다분히 유럽인 중심적 역사 해석인 것이다.

뉴잉글랜드 지역에서 백인과 인디언들의 접촉 역시 다른 지역과 공통적인 형태를 따랐다. 다른 것이 있다면 다른 지역들보다 여기에서는 종교적으로 헌신되어 있었던 청교도들(Puritans)이 인디언들을 기독교로 개종시키려 노력하였고 17세기 중반까지는 인디언들과 비교적 화평한 관계를 유지하였다는 점이다. 그러나 시간이 지남에 따라 그들의 선교가 효과를 보지 못한 데다 토지에 야심이 있는 자들이 속속 도착하면서 이젠 인디언들을 야만인으로 취급하는 한편 그들의 종교적인 사명에 대한 방해자로 여기게 되었다. 다음 장에서 자세히 이들 청교도들의 사상을 밝히겠지만 청교도들은 처음에 그들이 지상과제로 여겼던 소위 "언덕 위의 도성(City Upon a Hill)" 건설에 인디언들의 협조를 필요로 하였다.

그러나 인디언들이 순순히 그들의 생각대로 따라주지 않게 되자 그들은 일종의 좌절감과 토지에 대한 욕망으로 인디언은 그들의 이상적인 사회 건설에 방해가 되므로 제거해야 한다고 믿게 되었다. 그들의 눈에는 인디언들은 악마의 자손들이었다. 결국 1636년 피쿼트(Piquots) 부족과의 전쟁을 시작으로 청교도들과 인디언은 처참한 살육전을 감행하게 되었다. 결국 체사피크에서의 전철이 이곳 뉴잉글랜드에서도 재현되기에 이르고 말았다.

콜럼버스가 북미 대륙을 발견할 당시 천만 명의 인디언들이 북미 대륙에 살았는데 이제 채 백만 명도 되지 않는 인디언들만 이곳저곳에서 흩어져 살게 되었다. 거의 200년 동안 900만 명의 인디언들이 목숨을 잃은 셈이다. 인류의 역사가 문맹국에서 문명국으로 전환해 가는 역사라 하지만 900만 명의 생명을 희생해 가면서 인류의 역사가 진보한다면 역사의 진보가 꼭 필요한 것인지 의문이 생긴다. 히틀러는 유대인을 대량 학살해서 문명을 발전시키려 했고, 스탈린은 소련의 산업 발달을 위한다는 명목 아래 수백만 명의 농민들을 살해했으며, 똑같은 이유로 처칠은 드레스덴과 함부르크 공습을 명령하였고, 트루만은 히로시마와 나가사키에 원자 폭탄을 투하하였다. 그러한 일들은 모두 이젠 유명한 역사적 사실이 되었고, 다시는 그런 일이 없어야 한다고 모두들 아우성친다. 그러나 17세기에 북미 대륙에서는 더 많은 인디언들이 인류 문명의 진보라는 이유 앞에 생명을 잃었다는 사실에 대해서 잘 언급이 되지 않고 있는 것은 역사의 아이러니가 아닐 수 없다.

모든 인디언 부족들이 백인들의 정책에 밀려나거나 희생을 당한 것은 아니었다. 북미 대륙의 헤게모니를 위해서 영국과 프랑스가 17세기 말부터 18세기 중엽까지 식민지 전쟁을 수행하고 있을 때, 몇몇 강력한 인디언 부족들은 이러한 유럽 강대국 사이에서 특출한 외교술을 발휘하면서 그들 부족의 이익을 추구하였다. 일반적으로 대부분의 부족들은 네 차례의 주요한 식민지 전쟁에서——윌리암 왕의 전쟁(King William's War, 1689~97), 앤 여왕의 전쟁(Queen Anne's War, 1702~13), 조지 왕의 전쟁(King George's War, 1740~48), 그리고 프랑스와 인디언 전쟁(French and Indian War, 1754~63)——프랑스 편을 들었다. 한편 강력한 이라쿠와 연합 부족은 일반적으로 영국 편을 들었다. 이들은 단지 어느 한편이 그들에게 연합을 강요해서 그쪽 편을 들었다기보다는 그들이 영국과 프랑스 세력들이 서로 견제하도록 중간에서 현명한 정책을 폈다. 예를 들면 1701년 여름에 이라쿠와 부족은 영국 및 프랑스와 동시에 조약을 맺었다. 이 조약으로 양쪽 유럽 국가 사이에서 적극적으로 중립 정책을 펼쳐나갔다. 이것은 현명한 결정이었는데 프랑스와 평화 조약을 체결함으로써 그들이 영국과 프랑스의 다가올 전쟁에 중립을 약속하였으며, 한편 영국에게는 그들에게 별로 유용하지 않았던 서쪽 사냥터를 양도해 주었다. 이러한 중립 정책으로 양국을 만족시켰는데 프랑스는 이제 이라쿠와의 군사적 침략 위험으로부터 해방되었으며 영국은 물론 그들의 주요 인디언 동맹 세력을 상실하였지만 더 많은 땅을 소유하게 되었다.

그러나, "7년 전쟁"으로 알려진 프랑스와 인디언 전쟁을 마지막으로 영국이 북미 대륙에서 결정적인 승리를 하자 미시시피 강 동쪽의 북미 대륙이 영국의 영토가 되었다. 이제 인디언들은 더 이상 영국과 프랑스의 중간에서 그들의 이익에 따라 외교 활동을 할 수 없게 되었다. 오직 영국만이 그들이 상대해야 할 교역 대상국이 되었기 때문이다. 영국은 전쟁 직후 선포한 "1763년의 선포"에서 애팔래치아 산맥 서부의 땅이 인디언 영토임을 선언하였다. 그러나 이러한 선언은 서부의 땅들을 넘나보는 팽창주의적인 영국인들에 의해서 사실상 효력을 발휘하지 못했으며 영토 문제로 미국 식민지와 인디언들은 끊임없는 갈등을 겪게 되었다. 갈수록 미국 식민지에 거주하는 유럽인들은 인디언 영토를 속임수와 무력으로 침투하게 되었고, 인디언들은 1763년 5월의 폰티악 (Pontiac) 반란처럼 부족 연합으로 백인들을 공격하든지 소규모 부족으로 유럽 거주민들을 간헐적으로 침공하든지, 아니면 가능한 한 가장 비싼 가격으로 땅을 팔든지 하는 선택의 기로에 서게 되었다.

영국인들이 북미 대륙의 광활한 토지를 획득하기 위해서 인디언 원주민들을 자기들의 토지를 관리하고 가꿀 줄도 모르는 야만인들로, 그리고 비인간적인 존재로 전락시키는 것이 필요했던 것처럼 그들의 아프리카 흑인 노예 제도를 합리화시키기 위해서 흑인들을 인간 하등 동물로 추락시켰으며, 이들이 그러한 노예 상태로 계속 남아 있도록 갖은 노력을 다하였다.

15세기 이래 스페인인과 포르투갈인 그리고 네덜란드인들은 아프리카 흑인들을 대량으로 신세계에 수출하였다. 그들은 남미와 서인도 제도의 플랜테이션 대농장에서 일할 값싼 노동력이 필요하였기 때문이다. 물론 이러한 노예 무역이 역사적으로 처음 일어난 일은 아니었다. 8세기초부터 지중해 연안 국가들의 노동력 부족으로 인하여 아랍인과 무어족들이 아프리카의 흑인들을 사하라 사막의 통로를 통하여 지중해 국가들에게 팔아 넘겼다. 7세기 후에는 포르투갈인들이 유럽인들로는 최초로 이러한 노예 무역을 시작하였다. 특히 그들의 사탕수수 재배가 성황을 이루면서 그들은 본격적으로 아프리카 노예를 수입하기 시작하였다. 대개 이러한 노예들은 아프리카 부족 사회에서 범죄자로 갇혀 있는 자들이나 부족 전쟁에서 포로로 잡혀 남아 있던 자들이었다. 16세기 내내 스페인과 포르투갈은 산토 도밍고와 브라질 등 남미 대륙의 사탕수수와 담배 재배를 위하여 아프리카 노예 무역을 점차 증가시켰다.

영국은 1663년에 찰스 2세가 왕실 모험단 회사(Royal Adventurers)에 특허장을 줌으로써 뒤늦게 아프리카 노예 무역에 참가하게 되었다. 17세기말까지는 영국은 네덜란드와는 비교되지 않는 소규모의 노예 무역을 하였으나 북미 대륙에서의 그들의 식민지 발달과 해상 세력의 성장으로 18세기말경에는 유럽 국가들 중에서 가장 주요한 노예 무역 국가로 등장하게 되었고, 이윽고 18세기 내내 영국은 적어도 6백만 명의 아프리카인들을 아메리카 대륙으로 운반하기에 이르렀다.

아프리카인들이 미국 대륙까지 팔려가는 과정은 참혹한 인간 역사의 드라마였다. 그들이 받는 육체적, 정신적 고통은 이루 말로 헤아릴 수 없었다. 그들은 대부분이 아프리카 노예 사냥꾼에 의해 붙들려서 멀고 먼 적도선을 따라 손목과 목을 쇠줄로 묶인 채 여러 사람의 무역꾼들의 손을 거쳐 황금 해안으로 불리는 서해안으로 끌려왔다. 어떨 때는 1,000 마일 이상을 쇠사슬에 묶여 맨발로 행군하여 끌려왔는데 그 과정에서 5명 중 2명 꼴로 생명을 잃었다. 그들이 겪게 되는 육체적인 고통은 상상을 초월하며 어떤 자들은 고통을 견디다 못해 자살하기도 하였다. 그들이 일단 서해안에 도착하면 영국인 의사들의 검진을 받고 신체적으로 정상적인 사람들만 선택되어서 조그마한 나룻배에 분선하여 해안 밖에 정박하고 있는 노예 본선에 탑승하였다. 이 과정에서 망망한 대양과 무언가 알지 못하는 불안한 예감으로 아프리카인들은 아우성을 치고 멀어져가는 그들의 아프리카 땅과 불길한 상선을 번갈아 보면서 통곡하고 수많은 사람들이 배에서 뛰어 내려 자살을 하고 말았다. 한 영국인 선장은 그러한 광경을 이렇게 서술하였다.

> 흑인들은 그들의 모국을 떠나게 되자 질색을 하고 가끔 카누와 보트 그리고 배에서 뛰어내려 죽을 때까지 물속에서 나오지 않았다.

노예선의 환경 또한 생지옥이었다. 한 치도 움직일 수 없도록 특별 제조된 노예선에 반듯이 누워 망망한 하늘과 바짝 붙어 있는 똑같은 처지의 동료 흑인들만이 한달 남짓한 긴 항해 동안 그들이 보는 전부였다. 수많은 아프리카인들은 죽기를 결심하고 음식을 거부하였다.

(a)

(b)

(c)

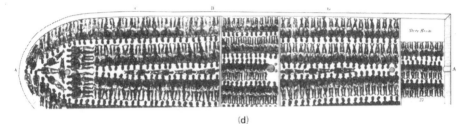
(d)

▶ (위) 18세기의 "노예 조달 방법". (a) 항구로 운송할 때는 멍에를 씌운다. (b) 숲에서는 탈출을 방지하기 위해 입에 재갈을 물리고 목걸이에 갈고리를 단다. (c) 팔린 노예는 몸에 낙인을 찍는다. (d) 긴 항해를 위해 갑판 아래에 노예들을 차곡차곡 쟁인다. (아래) 갑판 아래에서의 노예들의 생활.

한정된 계약 노예들을 무사히 북미 대륙의 도착지까지 수송해야 하는 선원들은 음식을 거부하는 자들에게는 뜨거운 석탄 덩어리를 입술에 갖다 대어 강제로 입을 벌리고 음식을 집어 넣든지 아니면 입을 벌리도록 특별히 제조된 펜치를 이용해서 반항하는 흑인들의 입을 벌려 음식을 집어 넣곤 하였다. 그러나 7명 중에서 1명 꼴로 흑인들은 항해 도중에 목숨을 잃었고 살아서 도착한 상당수도 질병과 영양 부족 등으로 거의 반죽음 상태에 있곤 하였다. 도착한 노예들은 이제 전혀 낯선 땅과 사람들과 언어의 사회에서 그들의 주인들에 의해 어딘가로 운반되고 처참한 노예 생활을 시작하게 되었다.

버지니아와 메릴랜드에서는 17세기 중반까지 그리고 노스 캐롤라이나와 사우스 캐롤라이나에선 18세기 초반까지 백인 연기 계약 하인(年期契約下人, indentured servants)들이 비교적 소수의 흑인 노예들과 함께 노동하였다. 그러나 남미와 카리브 해안에서는 사탕수수 재배를 위해서 아프리카 흑인들이 대량 수입되기 시작하였고, 특히 17세기 후반에는 담배와 쌀 재배를 위해서 체사피크 부근의 식민지들에 엄청난 숫자의 흑인들이 수입되었다.

펜실바니아, 뉴저지, 델라웨어 등 북부 식민지에서는 아프리카 노예들이 비정기적으로 수입되었으나 숫자는 남부 식민지에 비해 훨씬 적었다. 이것은 이들 지역에는 17세기 중반 이후에야 백인들이 정착하기 시작하였고 아직 노동 집약적인 농산물이 재배되지 않았기 때문이었다. 단지 뉴욕 식민지에만 네덜란드인들이 그들의 서인도 회사를 통해 1664년 이전에 수입한 노예들이 상당히 남아 있었다. 이들 노예들은 주로 기능공이나 가내 하인들로 주로 주인과 밀접하게 생활하였으며 남부의 대농장에서 중노동하는 아프리카 노예들에 비해서 육체적으로 비교적 수월한 생활을 할 수가 있었다.

그러나 북부 식민지에서는 노예가 많이 필요하지 않았기 때문에 백인들이 노예 무역으로 별로 이득을 보지 못하였다고 단정할 수는 없다. 오히려 그 반대였다. 1640년경부터 뉴잉글랜드 지방의 상인들은 자기들의 상선을 이용한 노예 무역으로 엄청난 이득을 보았다. 로드 아일랜드의 반 이상의 상인들은 1750년까지 이러한 노예 무역으로 부를 축적하였고 뉴욕이나 필라델피아에서는 이러한 노예선 제조가 그들의 주된 상업 활동이 되었다. 뉴잉글랜드 지역에선 서인도제도의 사탕수수로 만든 럼 술이 가장 중요한 교환 수단이 되었다. 즉, 플랜테이션 농업으로 인해 남부 식민지들이 직접적으로 이러한 인신 매매에 종사하였지만 거의 모든 북부 식민지도 사실상 이러한 비도덕적 노예무역에 참가하고 있었던 것이다.

미국 식민지에 아프리카 노예의 숫자가 급속히 늘어나면서 유럽인들은 그들을 인간 이하의 동산(動産)으로 하락시키기에 급급하였다. 노예들을 사회적, 법적으로 철저히 눌러야만 그들의 노예 무역과 노예 착취 행위를 합리화시킬 수 있었기 때문이다. 처음에는 이러한 노예들이 백인의 연기 계약 하인처럼 일종의 계약 하인으로 일정 기간의 노역이 끝나면 해방되어서 그들 나름대로 상업이나 임금 노역에 종사하였다. 그러나 17세기가 지나면서 플랜테이션 농업의 증가로 더 많은 노예들이 필요하였고 이 많은 노예들을 통제하기 위하여 점차 비인간적인 법들로 아프리카인들을 단속하고 묶어 놓기 시작하였다. 가장 심각한 횡포는 이들 아프리카인들을 평생 노예로 전락시킨 것이다. 이제 한번 노예로 팔려 왔으면 평생 노예로 남게 되었으며 이러한 노예의 몸에서 태어난 어린아이들도 자동적으로 노예가 되어서 역시 평생토록 노예 신분으로 살게 되었다. 오직 죽음만이 그들을 자유롭게 하였다. 대부분의 흑인 영가(靈歌)들이 저 멀리 보이는 천국을 사모하는 몸부림치는 듯한 가사와 곡조들로 가득 차 있는 이유가 바로 여기에 있다.

　17세기 중엽 때까지 버지니아에서는 흑인들의(자유인이든 노예든) 총기 소유를 법적으로 금하였으며 백인 여자와 흑인 노예와의 결혼은 그 나라의 가장 수치스러운 일로 여겨져 사회적으로 용납되지 않았다. 흑인들은 여러 면에서 백인들보다 열등하며 이들이 노예로서 백인 사회에서 보호를 받고 사는 것이 그들에게 더 유리한 일이라고 굳게 믿었다. 유럽 문화에서 검정색은 사악한 것과 더러운 것의 상징이며 흰색은 깨끗하며 아름다운 것의 상징으로 여겼던 것을 북미 대륙에서는 더욱 강조하였다.

　18세기초까지는 대부분의 식민지 의회에서 흑인들을 통제하는 '흑인 단속법(Black Codes)'을 제정해서 흑인의 지위와 활동 범위를 갈수록 좁혀 갔다. 이 단속법에 의해서 흑인들은 상업 활동, 재산 소유권, 정치적 행사 참가, 허가 없는 여행, 법적인 결혼이나 친권 등을 행사할 수 없게 되었다. 흑인은 사람의 권리로서는 거의 모든 것을 박탈당했으며 오직 하나의 움직이는 자산으로서 백인들 사회를 위해 희생하도록 강요당했다. 대부분의 유럽인들은 구대륙의 정치적, 종교적 탄압과 경제적 몰락으로 인하여 신대륙에 건너왔으며 이곳에서 자유롭고 행복한 삶을 추구하려던 그들이 아프리카인들을 비인간적으로 취급하고, 착취하고, 억압하였던 것은 역사의 파라독스였다. 더군다나 훗날 19세기 중엽의 노예 해방론자들이 등장하기 전까지 백인들은 그러한 짓에 대해 전혀 양심의 가책을 느끼지 못했으니 한심한 일이 아닐 수 없다. 또한 이러한 '흑인 단속법'은 노예 해방이 선포된 이후에도 남부 지역에서 재현되었고, 1965년까지 흑인들은 미국의 인종분리 차별 정책의 희생물이 되었던 점을 생각할 때 백인들의 인종 차별 정신은 피보다 진한 듯하다.

　물론 아프리카 노예들이 식민지 전체에서 똑같은 처우를 받고 생활한 것은 아니었다. 각 지역적 환경에 따라 그들의 생활과 문화는 다양하였다. 흑인들의 문화는 주로 세 지역에서 다양하게 성장하였다. 그들의 생활 문화는 북부 식민지와 중부의 체사피크 연안 식민지 그리고 캐롤라이나와 조지아주 중심의 남부 식민지로 나누어 이야기할 수가 있다.

　전반적으로 볼 때 북미 대륙의 아프리카인들은 다른 남미나 서인도 제도의 노예들에 비해서 비교적 양호한 환경에서 생활하였다. 무엇보다도 북미 식민지에 있는 아프리카인들은 다른 지역의 노예들보다 훨씬 사망률이 낮았는데, 이것은 바로 서인도 제도나 다른 남미의 노예들은 적도의 질병에 견디지 못하고 수없이 죽어간 반면, 미국 식민지의 흑인들은 비교적 이러한 질병을 예방할 수 있었다는 것을 이야기해 준다. 또한 영국인들이 그들 노예의 건강을 잘 진단하고 질병을 예방한 것이 사망률이 낮은 이유도 된다. 그러나 여기에서 알아야 할 것은 영국인들이 인도주의적인 이유에서 흑인들의 건강을 검진하고 예방했다기보다는 그들의 값비싼 자산인 노예들을 건강하게 살려 놓아 그들의 경제적 이익에 사용하고자 하는 동기가 더 강했다는 것이다. 아무튼 북미에 거주하는 아프리카인들이 다른 지역에 비해 훨씬 건강하고 안정된 생활을 한 것만은 사실이다. 예들 들면 1775년에 버지니아 지역과 자마이카 지역은 똑같이 각각 20만 명의 노예가 거주하고 있었는데, 그러면서도 자마이카가 버지니아보다 3배 이상의 노예를 수입하였던 점을 고려해 볼 때 서인도 제도에서의 노예 사망률이 얼마나 높았는지를 알 수 있다.

　특히, 북쪽 식민지에서는 아직 주요 농산물 재배가 이루어지지 않아서 소수의 노예들이 기능공이나 간단한 농장일 혹은 개인적인 가내 하인으로서 일을 하였다. 이들 노예들은 다른 지역과는 달리 열대성 기후와 여러가지 질병으로부터 면제되었으며 그들의 인구도 전체 인구의 10%

남짓이었기에 백인들과의 심한 충돌은 흔하지 않았다. 이러한 지역적, 인구적인 환경 때문에 북쪽에 거주하는 노예들은 남부의 노예와는 다른 독특한 문화를 형성하게 되었다. 즉 대부분의 노예들이 그들의 주인들과 같은 집에서 거주하였기에 그들은 유럽인들의 생활 방식에 쉽고 빠르게 적응할 수 있었으며 비교적 덜 강압적인 북부인들의 대우에 따라 그들은 여러가지 여가 활동을 할 수 있었다. 그리하여 상당한 노예들은 그들이 습득한 기술을 이용하여 비공식적으로 상업 활동에 종사하기도 하였다. 백인 사회와의 밀착으로 인하여 이들 아프리카인들은 그들의 문화를 쉽게 잊어버리게 되었으며 갈수록 백인들의 문화에 융화되어갔다. 간혹 백인 기능공들이 값싼 노동력을 이용하여 상업에 종사하는 흑인들을 경계하고 위협하기도 하였지만, 전반적인 노동력 부족과 흑백간의 확실한 차별에 의해서 이들간의 마찰은 그렇게 심각한 것은 아니었다. 즉 북부에 사는 노예들은 남부의 노예들처럼 플랜테이션 농장 등에서 군집해 살면서 죽도록 노동하지 않았고 대부분 백인 주인들과 함께 거주하였으며, 북부의 백인들도 그들의 노동력 부족을 충당하는 의미에서 노예들을 소유했다기보다는 그들의 사회적, 경제적 지위를 과시하기 위하여 노예들을 소유했다고 볼 수 있겠다.

체사피크 지역의 노예의 상태는 북부와는 정반대였다. 1675년에 약 4천 명의 노예들이 버지니아와 매릴랜드에서 흩어져 생활하였는데 약 반세기가 지난 이후에 담배 재배의 성공에 따른 노동력의 필요와 또한 백인 계약 하인들의 수의 감소에 따라 엄청난 아프리카 노예들이 체사피크 만에 도착하였다. 1760년경에는 185,000명 정도나 되는 노예들이 여기서 거주하게 되었다. 이들 지역에서는 '흑인 단속법'이 엄하게 시행되어서 노예들의 일거수 일투족이 제한되었으며 그들의 대부분을 플랜테이션 농장 노역에 집단으로 사용하였다. 아프리카 노예들은 그들의 숫자가 많아짐에 따라 가족을 형성하게 되었다. 물론 '흑인 단속법'에 의해서 법적인 가정을 꾸리는 것은 허락되지 않았지만 백인 주인들은 그들의 경험에서 흑인들이 가족을 꾸릴 수 있도록 허락하는 것이 그들의 경제 발전에 유익하다는 것을 깨달았기 때문에 이들의 가족 형성을 반대하지 않았으며 오히려 장려하기도 하였다. 즉 가족을 형성한 노예들이 도망갈 확률이 덜했으며 또한 농장에서의 일도 더 성실하게 할 수 있었기 때문이다. 1740년경에 와서는 체사피크 지역 노예들의 상당수가 미국에서 태어났으며 그들의 부모들과 함께 온종일 농장에서 일한 후에 막사에 들어와서 그들 자신의 가족 생활을 영위할 수가 있었다.

캐롤라이나와 조지아 식민지에 거주하는 아프리카 흑인들은 여러가지 면에서 더 혹독한 생활을 영위하였다. 이 지역에서는 쌀 생산이 주된 농업이었는데 이곳의 기후는 아프리카의 기후와 비교적 유사하였고, 또한 이러한 쌀 재배를 위해서는 이러한 기후에 적응이 된 아프리카 노예들이 필요하였기 때문에 쌀 재배의 성공과 함께 수많은 노예들을 수입하였다. 1760년경에는 이러한 수입 노예의 숫자가 백인들을 3 대 1 정도로 능가하게 되어서 이들은 아프리카 문화를 잃지 않고 그들 사이에 계속 전수시켜 나갔다. 그들은 오랫동안 아프리카 언어를 사용하였으며 어린아이들에게 그들 고유의 아프리카 이름을 붙이기도 하였다. 그러나 백인들이 자신들의 수적 열세를 느끼고 흑인들이 반란을 일으킬 것을 우려하여 흑인들을 '흑인 단속법'으로 더욱 철저히 얽매었으므로 다른 식민지 지역보다 이 지역에 거주하는 아프리카 노예들이 백인들로부터 가장 심한 학대와 모욕을 받았다. 백인들은 흑인 노예를 완전히 제압하지 않으면 폭동과 반란이 일어날까 두려워 갈수록 강압적인 정책을 펴게 된 것이다.

흑인 노예들이 이러한 백인들의 강압적인 정책에 순순히 따르지만은
않았다. 많은 노예들이 그들의 혹독한 생활을 견디다 못하여 도망가기가
일쑤였고 물건을 훔치거나 혹은 주인을 살해하는 경우도 있었다. 그
들에게는 그러한 반항이 이러한 정신적, 육체적 고통을 이겨나가는
하나의 수단으로 받아들여졌다. 백인들은 노예의 죄에 대해서는 엄한
벌로써 다스렸는데 주로 사형이나 거세 또는 심한 매질이 그들의 주요한
처벌 방식이었다. 흑인들 사이에 반란의 음모가 발견되면 백인들은
가차없이 그들을 고문하거나 교수형에 처했다. 1740년에 사우스 캐롤
라이나에서 반란 음모가 나돌자 백인들은 50명의 노예들을 체포하여
목매달아 죽이고는 그들의 머리를 장대에 달아 도시 한복판에 세워둠
으로써 흑인에게 경고하였다. 특히 흑인 인구가 백인 인구를 능가하는
사우스 캐롤라이나 지방에서는 흑인 폭동을 우려하여 백인들이 더욱
잔인하고 포악하게 흑인을 통제하였다.

그러나 북미 대륙에서의 흑인들의 반항은 브라질이나 다른 서인도
제도의 경우에 비하면 극히 미약한 편이었다. 남미와 서인도제도의
흑인들은 백인들을 숫적인 면에서 능가하였고 또한 쉽게 도망갈 수가
있었기 때문에 빈번한 폭동이 일어났다. 그렇다고 해서 북미의 노예들이
남미의 흑인들과는 달리 그저 수동적으로 백인 사회에 의존하였으며
맹목적으로 복종했다고 생각할 수는 없다. 단지 다른 지역에 비해서
북미 대륙의 흑인들이 폭동을 덜 일으켰던 이유는 사우스 캐롤라이나를
제외하고는 흑인들의 인구가 백인들의 인구를 능가하지 않았으며, 백
인들의 강압적인 통제 등으로 인하여 반란이 성공할 확률이 적었기
때문이다.

그럼 왜 남미에 거주하는 백인들은 흑인 노예들에게 느슨한 정책을
펼쳤을까? 스페인인들이나 포르투갈인들이 비교적 다른 유럽인들에

비해서 인종 차별 정신이 약해서 그랬다고 볼 수는 없다. 다만 그들의 사회적, 경제적, 인구 분포 면에서 그들은 느슨한 정책을 펼 수밖에 없었던 것이다. 즉 남미에는 백인들의 수가 흑인들의 수에 비해 압도적으로 적었으며 이러한 상황에서 백인들은 흑인 노예의 농장 노동뿐만 아니라 기능직이나 감독하는 일, 소를 키우는 일, 혹은 그들의 방위를 위하여 군인들을 필요로 하였기에 비교적 많은 흑인 노예들이 사회 여러 방면에 진출해서 종사할 수 있었던 것이다. 또한 북미 대륙과는 달리 남미에 거주하는 유럽인들은 압도적으로 남성들만 거주하였기 때문에 인디언 여자나 흑인 여자들과 쉽게 섞일 수가 있었다. 그리하여 백인들과 인디언, 혹은 흑인과의 결혼이 비교적 빈번히 일어나게 되었고 또한 여기에서 태어난 혼혈아들의 숫자가 늘어나면서 훗날 명백한 인종 차별은 서서히 사라지게 되었다.

북미 대륙에 거주하는 노예들은 반란과 탈출이 사실상 불가능하였기 때문에 그들이 전혀 수동적으로 백인들의 명령에 따랐던 것만은 아니었다. 물론 눈에 띄는 대중 봉기나 살인은 할 수가 없었지만 그들은 일을 의도적으로 끈다든지, 꾀병을 부린다든지, 명령을 어긴다든지, 농장 기구들을 부수는 것 등 간접적으로 백인 주인들에게 반항하였다. 이렇게 교묘한 방법으로 백인에게 반항하자 백인들은 흑인들을 더욱 효율적으로 부리기 위한 갖가지 수단을 강구하였다. 필요한 경우에는 흑인을 더욱 혹독하게 다루었으며 어떤 때는 그들을 회유하여 느슨하게 다루기도 하였고, 당일 일할 과제와 작업량을 선정해서 흑인들이 하루에 어느 정도의 일을 끝내면 그들의 숙소에 들어가서 그들 나름대로의 자유 시간을 허용하기도 하였다.

아프리카 흑인들은 혹독한 노예 생활 중에서도 그들의 전통과 문화를 잊지 않고 계속 살려나갔다. 물론 백인들과 밀접하게 생활하였던 북부 노예들은 그들의 문화를 상당히 잃어버렸지만, 남부의 노예들은 계속 아프리카 문화를 살릴 수가 있었다. 남부에서 담배와 면화 및 쌀 재배가 성공하면서 농장 주인들은 엄청난 부를 획득하게 되었고 이러한 주인들은 이제 농장 경영을 감독자에게 맡기고 그들은 농장을 떠나서 대도시에서 거주하였다. 이렇게 주인과 분리된 남부 노예들은 그들의 독특한 문화를 계속 살릴 수가 있었으며 강한 가족 관계를 가질 수가 있었다. 특히 흑인 기독교 문화는 가장 독특한 흑인 문화로 발전하게 되었다. 물론 백인 성직자들이 체계적이고 의도적으로 노예에게 기독교의 온유와 복종 등의 정신만을 강조하여 흑인들의 복종을 강요하려고 하였지만 노예들은 그들 나름대로 기독교를 그들의 생활에 적용시켰다. 이러한 기독교는 흑인 노예들에게 잠시나마 백인들의 통제로부터 벗어날 수 있는 기회를 주었으며 무엇보다도 그들의 고통스러운 생활에 따른 심리적 및 육체적인 아픔을 씻겨 주는 중요한 매체가 되었다. 특히 흑인 영가들은 이러한 독특한 흑인 문화를 잘 대변해 주고 있다. 백인들이 부르던 성가를 그들의 독특한 아프리카 리듬에 맞추고 춤과 손뼉과 부르짖는 듯한 아우성이 잘 섞여 그들의 고통을 잠시 잊게 해주는 주요한 수단이 되었고 그들에게 인간으로서의 가치 의식을 심어주었으며, 결국 언젠가는 그들이 해방되어 백인들과 동등하게 되거나 혹은 더 우월하게 되리라는 소망을 불러일으켜 주었다.

가족은 그들에게 가장 중요한 기관이었다. 이 가족을 통해서 그들은 그들의 어려운 노예 생활을 극복할 수 있는 정신적인 안식처를 찾을 수 있었기 때문이다. 그러나 그들이 안정된 가정을 꾸미기에는 너무나 어려운 난관이 가로막고 있었다. 가장 힘들었던 것은 주인에 의해서 식구가 갈리게 된 경우였다. 많은 경우 흑인 남성들은 자기 아내와 자식들로부터 분리되어 생활하였으며 상당수의 흑인 여성들은 백인

주인에 의해 성적 착취의 희생물이 되었다. 아마 이런 성적 착취는 흑인 남성들에게 가장 참을 수 없는 정신적 아픔이었을 것이다. 통계에 따르면 대부분의 흑인 성인 남성은 그의 일생 동안에 적어도 한 번 정도는 가족과 분리되는 경험을 했었다. 이러한 이유 때문에 흑인 여성들은 가족과 사회에서 중요한 역할을 하게 되었다. 흑인 아이들은 보통 그들의 어머니와 함께 생활을 하였는데 대부분 이들이 약 8세쯤 되면 그들의 부모와 분리되곤 하였다. 이러한 분리는 백인 주인들이 의도적으로 하기도 하였고 또는 주인이 다른 데로 이사를 가거나, 아니면 경제적인 이유로 농장의 상당 부분을 노예와 함께 다른 사람에게 팔았기 때문에 일어나기도 하였다. 이러한 가족의 분리는 흑인들에게 가장 힘든 경험이었음에 틀림없다. 남북전쟁중에 헌법 수정안 제13조에 의하여 흑인이 해방되었고 이제 그들은 자유스럽게 생활할 수 있었는데, 흑인이 이러한 노예 해방으로 가장 즐거워했던 일은 바로 이제는 더 이상 가족이 분리되는 일이 없을 것이었기 때문이었다. 노예 해방 이후에 왜 흑인들이 강력하게 그들의 법적 지위를 주장하지 않았나 하는 의구심도 있지만 아마 그들이 적어도 이제는 가족이 분리되지 않고 함께 생활할 수 있다는 것으로 만족했기 때문에 그렇지 않았나 싶다.

# 제2장 청교도주의
## ── 미국 정신의 기반

　미국의 청교도 운동의 권위자인 하바드 대학의 페리 밀러(Perry Miller) 교수는 "청교도주의(Puritanism)에 대한 이해 없이는 미국에 대한 이해는 있을 수 없다"라고 하였다. 물론 밀러 교수는 소위 친(親)청교도파 학자로 청교도들이 미국인의 사상과 정치, 사회 제도를 형성하는 데 결정적인 역할을 했다고 주장하는 대표적인 학자이다. 그에 반해, 반(反) 청교도파 학자들은 청교도들이 미국의 민주주의와 기본 철학을 형성하는 데 그렇게 큰 영향을 주지 않았으며 오히려 반민주적인 신정 국가(神政國家, Theocracy)로서 미국의 민주주의와 자유주의 전통에 대한 방해자들이었다고 주장한다. 어찌되었건 청교도들이 긍정적이든 부정적이든 미국인의 사상과 전통에 엄청난 유산을 남겨 놓았다는 사실에 대해서는 부인할 수 없다.

　17세기 초반부터 영국인들을 중심으로 수많은 유럽인들이 여러가지 이유와 야망을 품고 북미 대륙의 대서양 연안에 진출하기 시작하였다.

광활한 토지, 유럽과 서인도제도를 잇는 새로운 교역지로서의 지정학적 위치, 그리고 먼 훗날 중국 대륙으로 가는 항해 통로로서 미국은 서서히 부각하는 유럽 중상주의의 붐을 타고 야망 있는 여러 유럽인들을 유혹하기 시작하였다. 이미 체사피크 연안에 수많은 영국인들이 제임스타운(James Town)을 중심으로 미지의 땅을 개발하기 시작하였고, 이곳은 1620년경에는 담배 경작의 성공으로 순식간에 무역의 중심지가 되었다. 이렇게 버지니아 지역의 금을 찾는 자들이나 넓은 땅을 이용하여 담배, 면화 농장을 시작하여 대부호가 되기 위해 찾아온 자들이 인디언과의 충돌 등으로 어수선할 즈음에 대륙의 북동 해안인 뉴잉글랜드(New England) 지역에는 전혀 다른 목적으로 영국인들이 건너오기 시작하였다. 이번에는 경제적인 야망이 아닌 종교적인 야망을 가진 자들이 불타는 집념과 이상을 품고 매사추세츠 해안 지역을 개발하기 시작하였다. 이들이 바로 영국 교회는 타락했으며 로마 가톨릭의 냄새를 너무 풍기고 있어서 교회 의식의 청결 작업을 펼쳐야 한다고 주장하는 소위 청교도들(Puritans)이었다. 체사피크 만 지역과 매사추세츠 지역 외에도 유명한 윌리엄 펜(William Penn)의 퀘이커 교도들(Quakers)이 펜실베니아 지역에 집중하기 시작하였고 네덜란드인들은 지금의 뉴욕 부근에 자리를 잡았으며 곧이어 캐롤라이나 지방과 조지아 지방에도 담배, 면화, 쌀 재배의 성황으로 유럽인들이 붐비기 시작하였다. 이러한 여러 미국의 식민지 개발지 중에서도 가장 독특한 뉴잉글랜드 지역의 청교도들이 앞으로의 미국인의 사고와 정치를 결정하는 중요한 역할을 담당하게 되었다. 다른 식민지 지역들이 주로 경제적인 야망에 기반을 두었던 반면에 청교도들은 종교적 야망에 바탕을 두었다는 점에서 미국 식민지 중에서 독특한 지역이었고 미국의 사상 형성에 커다란 역할을 했다는 점은 의미심장한 일이다. 청교도주의의 유산인 도덕주의와 이상주의는

물질주의와 실용주의 등 물과 기름 같은 정반대의 이념들과 불편한
대응을 하면서 미국의 역사가 진행되는 동안 미국인의 핏속에 흘러
들어갔다.

영국은 헨리 8세(Henry VIII) 때부터 공식적으로 신교도 국가였다. 그
러나 16세기말부터 많은 영국인들은 영국의 교회가 타락하였고 또한
너무 많은 구교도적 요소들을 포함하고 있다고 비난하기 시작하였다.
특히 엘리자베드(Elizabeth, 1558~1603) 여왕 시절에는 이러한 추세가
절정에 이르러 구교도의 의복과 예식들이 영국 교회를 물들이고 있다고
거칠게 비판하기 시작하였다. 그리하여 이들은 영국 교회가 청결해야
한다고 주장하면서 그들의 명칭인 청교도들(Puritan)이란 이름을 갖게
되었다. 종교적인 이유 외에도 남녀노소 많은 영국인들이 복잡한 도시의
발달과 계속 증가하는 방랑거지들과 치솟는 물가, 그리고 상업 발달의
가속화와 함께 영국의 도덕적인 미래를 걱정한 나머지 이러한 청교도
운동에 동참하기 시작하였다. 이들은 안식일을 지키지 않고 춤과 도박과
여러 세속적인 일에 많은 사람들이 몰두하는 것을 지켜보면서 영국
교회뿐만 아니라 사회 전반에 걸친 개혁이 필요하다는 것을 역설하기
시작하였다.

이러한 사회윤리 중 가장 중요한 것의 하나가 바로 그들은 하느님
으로부터 "소명(Calling)"을 받아서 하느님의 일을 지상에서 수행 하게끔
되었다고 믿는 것이었는데, 이러한 소명 의식은 그들이 처한 어떠한
위치에서든지 성실하게 직업에 몰두하기를 요구하였다. 즉, 그들이 하
느님으로부터 받은 직업을 최선을 다해 수행함으로써 하느님이 그들
에게 부여한 지상에서의 일을 성취하는 것이었다. 변호사나 구두 수
선공이나 하느님으로부터 똑같은 가치를 받은 직업으로 그들은 충실
하게 그 직업에 봉사해야 한다는 것이었다. 이러한 "직업 윤리(work

ethic)" 개념은 그 시대에 팽배하고 있던 게으름과 나태함을 배척하는 데 큰 역할을 하기 시작하였다. 또한 이러한 청교도들에게는 그들의 개인적인 구원 못지 않게 다른 주위 사람들을 도와주는 것을 그들의 임무로 생각하였으며 많은 개종하지 않은 사람들에 대해서도 그들이 종교적, 사회적 책임을 지고 있다는 것을 강조하였다. 그들은 캘빈이 제네바(Geneva)에서 꿈꾸었던 것처럼 기독교의 진리를 마음으로부터 받아들이지 않는 사람들은 강제적으로라도 복종시켜야 한다고 믿었으며 이러한 종교적인 개혁과 사회적인 개혁이 서로 일치된다고 믿었다.

그들의 교리 가운데 가장 중요한 하나가 캘빈이 밝혔던 언약(Cove-nant)이론이었다. 즉, 인간은 자발적으로 하느님과 언약, 혹은 계약(Cont-ract)을 맺었으며, 인간들은 이러한 언약을 통해서만 구원을 성취할 수 있다는 것이다. 이러한 언약 신학은 청교도 사회 건설에 가장 큰 이론적인 바탕이 되었다. 진실한 기독교인들이 자발적으로 교회의 언약에 들어옴으로써 그들은 자신들이 맺은 언약에 따라 충실하게 생활과 행정을 하게끔 되었다. 계약 이론은 교회와 사회의 민주주의적인 제도 형성에 큰 역할을 하였다. 그들이 형성한 이러한 자발적인 공동체가 하느님이 부여한 인간의 소명을 그들이 교회와 맺은 계약에 따라 충실하게 수행해야 한다는 것이었다. 그러나 그들은 사람들의 뜻보다는 하느님의 뜻을 찾는 데 헌신해야 한다는 것이었다. 물론 여러가지 면에서 그들이 미국 민주주의 제도에 여러 뿌리를 내리긴 하였지만 한편 인간은 원천적으로 원죄를 지어서 타락할 수밖에 없다는 믿음은 강력한 중앙 통제 정부가 필요하다는 사상을 낳게 하였다. 성경은 그들의 구원과 그들의 직업 윤리와 그들의 생활 윤리를 위한 가장 기본적인 계약서로 받아들여졌다. 청교도들은 교회와 정치를 구별하지 않았으며 둘 다 같이 하느님의 뜻을 실현하기 위한 것이고 다만 형태만 다르게 지구상에 존재할 뿐이라고 믿었다. 이러한 제정일치적인 관념은 청교도인들의 생활에 흔들리지 않는 관념으로 받아들여졌고 교회가 정치의 중심지가 되었다. 각 읍(town)마다 건립된 교회는 그들의 신앙을 표현하는 종교적인 장소일 뿐만 아니라 그들의 정치적인 활동을 결정하고 행사하는 중요한 정치적인 집합소가 되었다.

17세기초에 영국의 청교도들이 엄청난 세력으로 등장하여 영국 교회뿐만 아니라 옥스포드나 캠브리지 등과 같은 대학에서 주요 부서를 독점하게 되었다. 의회에서도 그들의 세력이 점차 증가하기 시작하였다. 1603년에 스코틀랜드의 제임스 5세가 자식이 없는 엘리자베드 여왕의 뒤를 이어서 영국의 제임스 1세로서 왕위에 오르게 되면서 청교도와의 마찰이 시작되었다. 제임스 1세는 완고하게 왕권 신수설을 주장하여 서서히 두각을 나타내는 청교도들과 부딪치게 되었다. 제임스 1세는 왕권을 이용하여 많은 청교도 목사들을 해임하였으며 청교도들의 정치 간섭에 계속 제동을 걸기 시작하였다. 찰스 1세가 1625년에 왕권을 이어받음으로써 청교도와의 마찰은 절정에 이르렀는데 그는 1628년에 새로운 국회를 해산하면서 청교도들을 심하게 탄압하기 시작하였다.

1629년경에 이르러서는 많은 청교도들이 박해를 피하기 위하여 신대륙에 관심을 갖기 시작하였다. 그들은 하느님이 아무런 박해없는 곳에서 그들의 종교적, 사회적 개혁 운동을 완성시키기를 요구한다는 확신을 갖게 되었다. 더구나 그 당시 직물 교역의 침체와 전반적인 경제 침체로 이들은 더욱더 신대륙에로의 이주를 가속화하였다. 물론 상당한 영국의 제도와 사상들이 청교도들과 함께 신대륙에 이식되기는 하였지만 그들이 근본적으로 영국의 박해를 피해서 신대륙으로 피신했다는 것은 여러 가지 의미를 남겨주고 있다. 그들은 유럽의 구대륙이 너무 세속적으로 타락하였으며 영국의 교회도 구교회 요소와 함께 더럽혀져

제 2 장 청교도주의

있기 때문에, 신세계에서는 이러한 사회적 부도덕과 종교적 타협을
피해서 가장 순수한 하느님의 나라를 건설하고자 하는 이상으로 불타고
있었다.

물론 영국의 청교도들이 뉴잉글랜드 해안에 처음 도착한 사람들은
아니었다. 이미 16세기초부터 유럽의 많은 사람들이 이곳 해안에 도
착해서 인디언 부족들과 교역을 하고 있었으며 1620년경에 플리머스
(Plymouth)에 소위 필그림들(Pilgrims)이 도착해서 하나의 안정된 사회를
개척하고 있었다. 이들 필그림 교도들은 청교도들과는 달리 소박한
신교도 농부들이었다. 그들은 죄악으로 물든 세상을 개종시키기보다는
그러한 세상과 분리되어 그들만의 순수하고 단순한 삶을 살려는 자들
이었다. 처음에는 그들은 1608년에 네덜란드의 수도인 암스테르담(Ams-
terdam)으로 이주하였는데, 이 도시가 너무 상업적으로 발달해서 타락해
있음을 보고 결국 1620년에 북아메리카로 이주하였다.

필그림들은 1620년 11월에 유명한 메이플라워(Mayflower)호에 탑승
하여 9주간의 오랜 항해 끝에 케이프 카드(Cape Cod)의 북쪽 연안에
도착하였는데, 혹독한 겨울을 견디지 못하고 반 이상의 이주민들이 그해
겨울에 목숨을 잃었다. 생존자들은 플리마우스 주변에서 서서히 안정된
읍(town)을 형성해 갔다. 1630년대에 들어 대규모적인 청교도들의 이
주가 있으면서 뉴잉글랜드 지방은 본격적으로 성장하기 시작하였다.

1630년 3월 11개의 배에 나눠 탄 약 1,000명의 청교도들이 영국을
떠나서 그들의 약속된 땅으로 이주하기 시작하였고 10년 뒤에는 약 18,
000명의 영국인들이 뉴잉글랜드 해안 지역에 거주하게 되었다. 그들은
하느님의 소명에 따라서 미지의 신대륙에서 그들의 종교적, 사회적인
이상을 실현하고자 가슴 부풀어 있었다. 특히 유명한 영국 귀족인 존
윈드로프(John Winthrop)가 강한 지도력을 발휘해 신대륙에서 그들만의

이상적인 나라를 건설하기 시작하였다. 이러한 이상적인 목표를 위해서 청교도들은 그들이 교회와 계약한 대로 기꺼이 그들의 자유를 포기할 각오가 서 있었으며, 어떠한 고난을 무릅쓰고라도 지구상에서 가장 이상적인 하느님의 나라를 건설하려고 결심하였다.

윈드로프는 이들 개척민들에게 그들은 '언덕 위에 도성(City Upon a Hill)'을 구축해야 하며 그리하여 세상의 모든 사람들이 그들을 우러러 볼 수 있도록 해야 한다고 강조하였다. 이러한 일종의 사명 의식은 세대를 거듭할수록 미국인의 마음에 깊이 뿌리를 잡아갔다. 이러한 선교적 사명감은 그후 미국 혁명을 거쳐 미국 헌법과 새로운 정치 제도를 만들 때뿐만 아니라 다른 나라와 외교할 때나 19세기말부터 전개되는 미국의 팽창주의 정책에서도 주요한 정신적 유산이 되었다. 그들은 뉴잉글랜드가 로마의 사탄의 힘에 대항하여 싸우는 종교 개혁의 중심지이며 모든 세계는 이러한 종교 개혁 완성의 표본으로서의 뉴잉 글랜드를 따라야 할 것이라고 믿었다. 이들의 가장 근본적인 목표는 하느님이 명령하신 지상 사명을 이룩할 것을 하느님과 집단적으로 계 약한 기독교인들이 하나의 순수한 이상적인 기독교 공동체를 설치하는 것이었다. 그런데 이러한 목적을 위해서 초기 청교도들은 엄격한 수단을 동원하지 않을 수가 없었다. 그것은 중세의 이론들처럼 인간은 원죄 때문에 쉽게 타락하고 무너지기 때문에 강력한 정부가 이러한 인간을 다스려야 한다는 그들의 사상에서 연유하였다. 그들의 역사적 사명을 수행하기에는 너무나 많은 종교적 이론들이 범람하였기 때문에 그들은 그들의 목표를 위해서는 그들의 이상과 어긋나는 이론들은 과감하게 배척해야 한다고 믿었다. 그들이 구상하는 이상적인 정부를 위해서는 오직 그들의 교회에 소속되어 있는 정식 구성원들만이 정치에 참여하고, 사회적인 혹은 종교적인 죄들은 어떠한 것이고 모두 철저히 색출되어

▶ 존 윈드로프(1588-1649). 그의 강인함과 결단력이 잘 나타난 초상화다.

심판을 받아야 한다는 것이었다. 순수한 기독교 공동체를 구성하기 위해서는 어떠한 반대도 용납할 수 없었다. 그들은 오직 똑같은 믿음과 생활 철학을 갖는 사람만으로 하나의 동질적 사회를 건설하려 하였다. 오직 교회의 남자 신도들에게만 정치에 참가할 수 있는 자격이 주어져 주 지사나 주 의회의 관료로 뽑힐 수 있었다. 청교도들은 북아메리카에서 최초로 인쇄된 신문을 발간하였다. 1636년에는 그들의 교역자 양성을 위해서 하버드 대학을 설립하였으며 1642년에는 최초로 세금에 의해서 운영되는 교육 제도를 만들었다. 물론 그들 교육의 근본적인 목적은 일반 신도들이 종교적인 원리와 사회적인 규율을 읽고 이해할 수 있게 하기 위한 것이었지만 그것은 앞으로 미국의 교육에 크나큰 공헌을 하게 되었다. 1647년에는 50가족 이상 사는 읍(town)에서는 초등학교를 설치해야 하며 100가족이 넘는 곳에서는 필수적으로 중등학교를 세워야 한다는 법이 제정되었다. 신성한 사회 공동체를 구성하기 위하여 청교도들은 독신 남녀가 홀로 부모를 떠나 생활하는 것을 금하였으며, 모든 가족 구성원들은 철저히 아버지의 권위에 따라 그들의 생활이 감독받도록 하였다. 미국의 어느 식민지보다도 이들은 철저하게 통제되고 감시되는 생활을 하였으며 그들의 이상적인 공동체 건설에 방해되거나 어긋나는 행동은 가차 없이 타운의 공동 의회인 읍민회(Town Meeting)에서 처벌하였다. 버지니아의 식민지 거주자들이 정부의 통제 없이 자유스럽게 경제 활동을 펼 수 있었던 것을 그들 생활의 축복으로 여겼던 것에 반해서, 뉴잉글랜드의 청교도들은 이러한 자유 분방한 사회는 악마의 영향하에 있다고 두려워하였다.

　청교도들의 공공 생활의 중심부는 읍민회(Town Meeting)였다. 목재로 간단하게 엮어서 만든 이 단순한 건물은 그들 문화의 핵심을 이루는 장소였다. 이곳에서 주일마다 주민들이 함께 모여 그들의 신앙을 고백하고 격려하였다. 청교도 사회에서 목사의 위치는 감히 누구도 쉽게 도전할 수 없는 엄청난 권위를 가졌다. 그는 영적인 지도자였을 뿐만 아니라 모든 읍민의 가족 생활이나 읍 전체의 발전에서 가장 중요한 정신적 지도자이기도 하였다. 목사의 설교는 성경 다음으로 청교도들에게 중요시되었으며 전반적으로 교육이 부족한 성인교회 구성원들에게는 목사의 설교가 그들의 사고와 생활을 결정하는 결정적 매체가 되었다.

읍민회는 그들의 영적인 목적뿐만 아니라 교육과 정치적인 활동에서도 중요한 장소가 되었으며 조그마한 부락에서는 이 집회소가 어린 아이들을 교육시키는 학교로 사용된 경우가 많았다. 이 읍민회는 그 촌락의 중요한 정치적인 대표단을 뽑는 일이나 혹은 촌락의 여러 가지 사회적 문제를 결정하고 해결하는 데 중요한 역할을 하였다. 물론 정치적인 결정을 하는 사람들은 교회 구성원이어야 하며 특별히 교회와 맺은 계약에 충실한 사람이어야 했다. 개인주의를 미덕으로 삼은 미국의 다른 식민지 지역과는 달리 이들 청교도 사회는 공동체의 이익을 최우선으로 삼았으며 개인의 야망과 성취보다는 전체 공동체의 이익과 이상을 우선으로 삼았다. 각 가정은 필요한 만큼의 토지를 소유하고 그들은 이 토지를 충실하게 가꾸어서 그들 가족뿐만이 아니라 전체 공동체의 이익을 위해서 사용하였다. 대개 집회소를 수리한다든지 새로운 학교를 짓는다든지 혹은 이웃 과부들이나 가난한 자들을 돕는 데 그들의 재부가 공동으로 사용되었다.

이러한 독특한 청교도 사회 체제는 여러가지 의미를 갖고 있었다. 그들은 정치 참여를 한정된 교회 구성원으로 제한하였으며 특히 모든 참정권은 종교적으로 거듭난 경험을 갖는 남자 성인들만이 누릴 수가 있었다는 점에서 일종의 거듭난 자들에 의한 독재라고 할 수 있었다.

그래서 많은 후대 사학가들은 청교도 사회가 미국 민주주의의 씨앗이
되지 않았으며, 오히려 순수한 미국 민주주의의 걸림돌이 되었다고
주장한다. 자유와 민주를 표방하는 미국의 전통에 오히려 청교도 문화는
반역적인 것이었으며 결코 미국 사상의 주류에 속하지 않는다는 주장
이다. 그러나 그들의 집회소를 중심으로 한 촌락 공동체, 지방 분권적인
정치 제도의 발달이 미국의 민주주의 발전에 중요한 밑거름이 되었다는
것은 의심할 바가 없다. 비록 참정권과 정치 참여 자격이 소수의 사
람들로 제한되었지만 각 지방이 그 주민들에 의해서 사회 정치 제도를
결정하고 또한 중앙에 보내는 대표자들을 직접 선출했으며, 지방 경제를
위해서 자기들 나름대로 법을 만들어 세금을 걷고 사회 공공 사업을
했다는 것은 미국 민주주의의 가장 기본을 이룬다고 생각할 수 있다.
이러한 청교도적인 사회 체제와 정치 구조는 앞으로 미국인들이 서부를
개척하면서 계속 승계, 발전되는데 서부 개척민들에게는 이러한 지방
자치적인 정치 구조야말로 그들의 가장 이상적인 체제로 받아들여졌다.

무엇보다도 청교도 사회가 다른 식민지 사회와는 달리 물질적인 번
영을 추구하기보다는 그들의 영적인 이상주의를 우선시켰다는 점에서
큰 의미가 있었다. 그들의 '언덕 위의 도성'을 짓고자 하는 뚜렷한
목적에 의한 식민지 개척은 후대의 미국인들에게 위대한 교훈을 주었
으며 물질주의와 그에 따른 사회적인 타락 그리고 다양한 사회적 구조로
인한 사회 혼란이 올 때마다 이러한 청교도적인 이상은 거듭 미국인을
자각시켰던 것이다.

청교도들이 갖는 독특한 선민 의식은 미국인들의 낙천주의와 깊은
관계가 있다. 그들은 자기들이야말로 새 예루살렘에 선택된 민족으로서
하느님이 요구하는 지상 낙원을 위해서 선봉장이 되어야 한다고 굳게
믿었다. 이러한 선민 의식과 타락한 세상을 개혁한다는 선교적인 사명

의식은 앞으로 미국이 성장하면서 항상 미국인들의 마음 속 깊은 곳에
자리잡았던 사상이며, 특히 다른 나라와 다른 민족들과 접촉할 때 이
러한 사상은 크게 작용하였다. 먼저 그들이 북미 대륙에서 인디언들과
접촉하였을 때 청교도들은 야만인이라고 생각한 인디언들을 기독교로
개종시키고 문명화시키는 책임을 갖고 있다고 믿었다. 결국 이러한
인디언 선교 희망이 인디언들의 독특한 생활 환경과 사회 여건으로
무산되자 이제는 무력으로 인디언들의 땅을 점령하였다. 이들에게 가장
합리적인 변명은 인디언이 하느님의 진리를 거부하였으며 그들의 선교
사명을 방해하였고, 또한 하느님이 인간에게 부여한 성스러운 토지를
충실하게 개간하지 않았기 때문이라는 것이었다. 그들이 인디언의 땅을
획득해서 인디언 대신 땅을 성실하게 가꾸어야 한다는 것이었다. 물론
많은 인디언들이 청교도 주민의 습격보다는 유럽인들이 가지고 온 천
연두 같은 질병으로 인해서 사망했던 것은 사실이다. 이러한 유럽인들이
옮긴 여러가지 바이러스와 천연두는 순식간에 많은 인디언들을 살육
하였다. 1660년에 약 12만 5천 명의 인디언들이 뉴잉글랜드 지역에 살
았으나 10년 후에는 반 정도도 남지 않았다. 1633년에 또 한 차례의
천연두가 인디언 촌락을 휩쓸어 수천 명의 인디언의 목숨을 앗아갔다.
인디언들이 질병으로 급작히 소멸하게 되자 청교도들은 이러한 질병
들이 하느님이 그들의 편에 섰다는 증거로 보았으며 하느님의 진리와
그들의 선교 사명을 부인한 인디언들에게 하느님이 질병으로 그들을
소멸하고자 한다고 믿었다. 시대가 거듭할수록 수많은 이민들이 뉴잉
글랜드 지역에 집중하였고 그들은 더 많은 토지를 얻기 위해서 필연
적으로 인디언 부족들과 부딪치게 되었는데, 그들의 독특한 선교의
사명감과 토지에 대한 야망이 서로 뒤섞여서 인디언들을 무력으로 쫓
아내기 시작하였다. 그들은 인디언들이 그들의 복음을 받아들이지 않

는데도 그대로 두면 하느님이 그의 명령을 어겼기 때문에 분노할 것
이라고 믿고 인디언 땅을 무력으로라도 차지하여 그들의 이상 국가의
범위를 넓히고자 하였다. 1637년에 가장 강했던 인디언 피쿼트(Pequots)
부족과의 피비린내 나는 전쟁을 통해서 청교도들은 로드 아일랜드의
웜파노아그(Wampanoags) 부족과 나라겐세트(Naragansetts) 부족을 제외
하고는 거의 대부분의 뉴잉글랜드 인디언 지역을 차지하였다.

이와 같이 인디언 땅에 대한 지배는 그들의 선교 사명을 이루지 못한
좌절감과 새로운 토지에 대한 욕망에서 연유된 것이면서도 청교도들의
눈에는 원주민들이 그들의 신성한 왕국을 건설하려는 계획에 방해가
되는 사탄의 제자로 보였다. 그들이 인디언의 토지를 차지하면서 주
장했던 것은 인디언들이 토지에 살고 있지만 그들은 토지를 실질적으로
점유하고 있지 않았기 때문에 청교도들은 그 땅을 소유할 수 있는
자격을 갖고 있다는 것이었다. 즉 인디언들은 단지 그 땅에서 사냥이나
낚시 등으로 생계를 유지할 뿐이지 하나의 안정된 농업 국가로서 땅을
다스리지 않고 있었다는 것이다. 하느님의 선택된 민족으로서의 청교
도들은 그들이 이러한 주인 없는 땅에 하느님의 목적을 성취시키기
위하여 토지를 소유할 수 있는 권리를 부여받았다고 주장하였다.

그러나 이러한 청교도와 인디언과의 무력 충돌은 단순히 청교도들이
야만인들인 인디언들을 그들의 선교 사명에 방해가 되기 때문에 제거
하고자 하는 데서만 발생했다고 볼 수 없다. 1637년 피쿼트 전쟁은 청
교도 사회의 복잡한 내적 갈등과 사회적, 종교적 혼란에서 발생했다.
이 전쟁은 당시 뉴잉글랜드 청교도 사회를 발칵 뒤집어놓았던 로저
윌리엄스(Roger Williams)와 앤 허친슨(Anne Hutchinson) 소동의 와중에
발생했다.

'언덕 위의 도성'을 이룩하고자 하는 청교도들의 이상은 멀지 않아

심각한 내적 도전을 받게 되었다. 청교도 사회내의 여러가지 종교적, 사회적 갈등은 1633년에 세일럼(Salem) 청교도 목사였던 로저 윌리암스의 등장으로 시작되었다. 젊은 윌리암스 목사는 뉴잉글랜드의 청교도 교회가 너무 모국 영국과 접촉이 심하다고 강조하면서 전적으로 영국의 교회로부터 분리돼야 한다고 주장하였다. 그에게는 너무 구교회 요소가 강한 영국 종교와 끊임없이 접촉하는 것은 순수한 이상을 추구해야 할 뉴잉글랜드 청교도 교회에 위험한 일이라고 주장하였다. 또한 그는 종교와 정치가 함께 혼합되어서는 안된다고 주장하였고 일반 정부가 종교적 연합을 강요할 어떠한 권리도 갖고 있지 않다고 주장하였다. 즉 정치 관료들은 종교적인 문제에 대해서 간섭해서는 안되며 공공적인 일에만 한정해야 한다는 것이었다. 바로 이 점이 뉴잉글랜드의 교회에 파문을 던졌던 것이다. 지금까지 정치와 종교가 하나가 되어서 그들이 연합된 이상 공동체를 구성하려고 한 이론에 그가 정면으로 도전하였기 때문이다. 또한 윌리암스는 청교도들이 인디언의 땅을 차지할 아무런 법적, 자연적 권리를 소유하고 있지 않다고 주장하였는데, 이 점 역시 그들의 양심에 일격을 가한 것이었다. 결국 1635년에 매사추세츠 입법회의는 윌리암스를 추방하였다. 그러나 청교도 당국은 또 다른 골치 아픈 사건으로 당황하게 되었다. 이번에는 앤 허친슨이라는 여자가 청교도 당국을 공격하였기 때문이다. 남다른 재능과 지덕을 겸비한 허친슨 여사는 신실한 청교도였는데, 1634년에 남편과 함께 7명의 아이들을 거느리고 뉴잉글랜드에 도착한 이후 보스턴에서 가장 존경받는 여자로서 병을 치유하면서 여러가지 영적인 상담자로 활동하였다. 그녀는 많은 청교도 목사들의 설교 중에 성령이 강조되지 않거나 빠져 있다고 주장하면서 '은혜의 언약(Covenant Of Grace)'을 강조하기 시작하였다. 그녀는 오직 성령이 인도하는 내적 광명에 의해서만 인간은

구원받을 수가 있으며 인간은 하느님이 부여한 내적 성령의 은혜에
따라서 행동해야 한다고 주장하였다. 즉 기존 도덕률보다 내적 성령이
우선되어야 한다는 것이었다.

  그녀의 이러한 모든 주장이 성경의 가르침에 위배되지 않았음에도
불구하고 그녀가 매사추세츠의 교회와 정부 당국이 요구하는 도덕률과
명령을 반박했다는 바로 그것 때문에 심판의 대상에 오르게 되었다.
허친슨 여사의 가르침은 대개 보스톤 사회에서 소외받은 상인들이나
장로들의 엄격한 규율에 반항적이었던 젊은이들과, 남성 중심적인 사회
제도에 불만을 가진 여자들과 정부 당국의 임금 조정에 아무런 힘을
갖지 못하는 기능공들 사이에 크게 인기를 얻고 있었다. 결국 1637년에
허친슨 여사는 성직자들과 치안 판사들에 의해서 재판을 받고 반란 및
사회 기강 혼란 조성 혐의와 그들의 사회에 맞지 않는 여자로 낙인이
찍혀서 추방 명령을 받았다. 그리하여 허친슨 여사와 추종자들은 로저
윌리암스의 뒤를 따라 로드 아일랜드(Rhode Island)로 이주하였고 이제
로드 아일랜드는 매사추세츠의 청교도 사회에 반대하는 사람들의 피
난처가 되었다. 청교도 사회내에서 청교도 정부와 교회 당국을 비판하는
세력들이 갈수록 늘어나게 되었으며 매사추세츠의 항구에서 유럽과의
교역이 증진하면서 물밀듯이 닥쳐오는 상업주의와 물질주의, 그리고
서쪽 토지에 대한 강한 욕망들이 겹쳐서 청교도들이 원래 꿈꾸었던 잘
연합되고 자제된 유토피아적인 공동체 건설의 꿈은 갈수록 부식되고
말았다. 특히 2, 3세대를 지나면서 이들 원래의 종교적인 꿈은 서서히
퇴색되었고 초대 청교도 사회 건설자들의 권위는 갈수록 힘을 잃어갈
수밖에 없었다. 종교적인 헌신보다는 물질적인 관심이 더 높아졌고
공동체 일반의 이익보다는 개인주의적인 요구가 더 강하게 드러나게
되었다. 1636년까지 윌리암스와 허친슨의 추종자들뿐만 아니라 기타

많은 청교도들이 매사추세츠를 벗어나서 로드 아일랜드나 하트포드
(Hartford), 그리고 뉴 헤이븐(New Haven) 등으로 이주하였다. 이러한
세속화와 여러가지 내적 갈등 속에서 1638년 뉴잉글랜드 입법부는 하
루를 기도의 날로 선언하여 그동안 만연한 나태주의와 당국에 대한 반항
의식을 속죄하기 위해서 기도하도록 요구하기에 이르렀다. 청교도 2세와
3세부터는 완전히 거듭난 경험이 없는 사람이 아이를 낳았을 때 그
아이에게 세례를 주느냐 마느냐로 큰 논쟁이 일어나게 되었는데, 1662
년에 '중도적 계약(half-way covenant)'이라는 규율을 새로 제정해서
거듭난 경험이 없는 사람의 자식이라 하더라도 교회는 그 어린아이에게
세례를 줘야 하며, 그 대신 그 아버지에게는 중간적인 교인의 자격을
부여해서 그가 전적으로 거듭나게 될 때까지는 오직 제한된 공인 자격을
갖도록 하였다. 이것은 원래 그들이 추구했던 강경하고 단합된 사회에서
일보 후퇴하고 양보한 것으로서, 청교도 사회가 시대를 거듭하면서
얼마나 갈등을 겪었는가를 잘 보여주고 있다. 청교도 사회의 문제가
되었던 세속적인 추세는 17세기 중반부터 급격한 상업 자본주의의 발
달로 가속화하였다. 이 상업 자본주의는 청교도들의 소명 의식에 쉽게
뿌리를 내릴 수가 있었다. 즉 직업 의식에 의하여 어떠한 직업이라도
하느님께서 부여한 것이며 그 직업에 성실하게 종사함으로써 하느님이
그에게 맡겨준 지상 사명을 다한다는 윤리는 이러한 상업주의와 잘
어울려서 청교도 사회에 깊이 침투하기 시작하였다. 이러한 물질주의
풍조에 많은 청교도 목사들이 비탄하였지만 이미 세속주의는 걷잡을
수 없는 흐름으로 청교도 사회에 들이닥치고 있었다.

　1688년 영국의 명예혁명은 청교도 역사의 전환점을 이루었다. 뉴잉
글랜드 거주민들은 에드먼드 안드로스(Edmund Andros) 총독이 영국
시민의 권리를 침해한다고 주장하면서 총독이 아니라 윌리암(William)의

왕권이 그들 자유의 보호자라고 주장하였다. 또한 그들은 1689년에 발표된 윌리암의 신교자유령(The Act Of Toleration)을 내세우면서 정부는 더 이상 국가계약(National Covenant)을 국민들에게 강요할 수 없다고 주장하였다. 이제 모든 것이 주민들 각자의 의사에 달려 있지, 결코 교회나 정부가 어떠한 방법으로도 그들의 신앙의 자유를 침해하지 못하게 되었다. 이러한 변혁에 따라 청교도 지도자들은 어떻게 하면 그들의 종교적인 헌신과 열정을 다시 부활시킬 수 있을까 하고 고심하기 시작하였지만 뾰족한 방도가 없었다.

청교도 사회내에서의 이러한 갈등과 와해는 1692년 봄에 일어났던 유명한 세일럼의 마녀 소동으로 그 절정을 이루었다. 이 마녀 소동은 뉴잉글랜드의 청교도 사회가 정치, 경제, 종교적으로 얼마나 심각한 갈등을 겪고 있는가를 단적으로 잘 보여주는 사건이기도 하다. 이것은 20명의 무고한 주민들이 마녀로 몰려 목숨을 잃었고 150여 명이 감옥에 투옥되는 미국 식민지 역사상 최대의 비극을 낳았던 사건이었다. 세일럼 마을에 새로 부임한 젊은 청교도 목사인 사무엘 패리스(Samuel Parris)의 집에 서인도제도의 노예 출신인 티투바라는 하인이 있었다. 그의 괴상한 마법에 마을 어린아이들이 매혹당하면서 괴상한 몸짓, 발짓과 여러가지 신체적인 발작을 하기 시작하였는데 이윽고 이러한 묘한 마법이 세일럼 마을에 있는 마녀들의 장난으로 간주되고 순식간에 수많은 무고한 사람들이 마녀의 혐의를 받아서 투옥되었다. 물론 이러한 마녀 선풍은 신세계에만 존재한 것이 아니었다. 사실 16세기와 17세기 동안에 전유럽을 통해서 이러한 마녀 선풍으로 수천 명의 사람들이 목숨을 잃었다. 그러나 세일럼 마을의 마녀 선풍은 그 마을의 독특한 사회 경제적인 체제와 시대적 중요성 때문에 청교도 사회의 모순에 대한 여러가지 측면을 지적해 주고 있다. 먼저, 시기적으로 17세기말은 뉴잉글랜드 청교도 사회의 변환기였다. 그들의 신성한 연합 공동체 건설의 꿈은 17세기 말에 이르러 심한 도전을 받았는데 갈수록 높아져 가는 중상주의의 물결이 전유럽뿐만 아니라 뉴잉글랜드 해안 지방까지 휩쓸게 되었다. 여기에 세일럼 마을도 예외일 수가 없었다. 특히 세일럼 마을은 모든 수출과 수입의 통로가 되는 중요한 위치에 놓여 있었기 때문에 이러한 중상주의적인 상업주의가 이 마을에 쉽게 침투할 수 있었다. 1661년부터 1681년까지 이 마을에서 가장 부유한 10%의 인구가 마을 재산의 대부분을 차지하고 있었으며, 마을 정치에 참여하는 사람들은 옛날의 농부들이 아니라 갈수록 부를 축적해 가는 상공인들이었으며 그들은 마을 정치를 독점하게 되었다. 또한 인구분포로 보아서도 상인들이 농부들에 대해서 6：1 정도로 우세하였다.

청교도의 이상주의를 품고 있던 원래의 주민들은 갈수록 가난한 농부로 전락하고 그들의 교회에서나 정치에서의 힘은 새로이 부상된 상인들에게 물려주게 되었다. 이러한 경제적인 위축감과 시간이 지날수록 더욱 세속적이고 물질화해가는 추세에 이들 청교도들은 심한 위협과 심적인 갈등을 겪고 있었다. 그들의 토지는 갈수록 가치가 떨어지게 되었고 또한 여러 세대를 거치는 동안 그들의 토지는 자식들과 손자들에 의해서 세분될 수밖에 없었다. 그들은 항구에 가까운 동쪽 읍에 거주하는 사람들을 공격하기 시작하였고 여러 가지 물질주의와 세속주의를 이들의 책임이라고 비난하기 시작하였다. 집회소는 갈수록 이러한 동쪽의 상인 계층에 의해서 지배됨에 따라 그들은 심각한 정신적인 위협을 느끼게 되었고 이런 추세를 뒤엎을 계기를 찾고 있었음에 틀림없었다.

결국 이러한 사회 추세는 마을 교회를 2개의 분파로 갈라놓게 되었다. 한쪽은 대부분 마을 동쪽에 거주하는 사람들로서 존 포터(John Porter)가 이끄는 가족을 중심으로 그 마을의 항구를 통해서 사업을 하는 상업

주도형의 세력이었고, 반면에 다른 그룹은 항구와 정반대인 서쪽에 거주하는 사람들로서 존 푸트남(John Putnam)을 중심으로 주로 토지에 의존하면서 농업에 종사하는 세력이었다. 동쪽의 포터 파들은 상업적인 부와 함께 서서히 교회의 실력자로 등장하게 되었고, 서쪽의 푸트남 파들은 이러한 닥쳐오는 물질주의와 세속주의가 동부인들에게 책임이 있다고 믿어 이들을 교회에서 힘을 쓰지 못하게 하려고 강력하게 단합되어 있었다. 젊은 패리스 목사가 1688년에 그 교회 목사로 부임하기 전에 여러 명의 목사가 이 마을에서 목회를 시도하였으나 그러한 세력간의 분파 싸움을 이기지 못하고 쫓겨났었다.

재미있는 것은 오래전에 푸트남 가족의 미움을 사서 쫓겨났던 목사까지도 마녀 선풍에 휩쓸려 목숨을 잃고 말았다는 점이다. 푸트남 가족에 의하면 그 목사가 오래전에 심어 놓았던 악마의 영이 아직까지 남아서 이 마을을 괴롭힌다는 것이었다.

이러한 사정을 잘 알고 부임한 젊은 패리스 목사는 부임과 동시에 푸트남 가족파와 연합하였고 여러가지 물질주의와 세속주의로 교회를 더럽히고 있는 악마의 세력들과 싸워서 이겨야 한다고 거듭 강조하였다. 상인으로 한때 보스톤에서 야망을 키우고자 했으나 사업에 실패한 후 하바드 대학에서 목사 수업을 받고 이 마을에 최초로 부임하게 된 그는 이러한 상업주의가 청교도 사회를 좀 먹는 악의 소행이므로 철저하게 배척되어야 한다고 믿고 있던 사람이었다. 그는 과거 사업에서의 실패와 그에 따른 경제적 불안정을 청산하고 이 조그마한 마을에서 명예와 존경을 얻기를 원했으며, 그 당시 사회를 타락시키는 원인이라고 믿었던 상업주의 세력을 철저히 타파하려고 결심하였다. 그는 설교를 통해서 상업주의가 악마의 세력이라고 강조하고 이 악마의 세력이 교회내에서도 판치고 있다고 경고하였다. 마녀 선풍이 서서히 일어나고 있을 즈음 한 일요일의 설교 제목은 "그리스도는 우리 중에 몇 명의 사탄들이 존재하고 있음을 안다"였는데, 이는 그가 이러한 마녀 선풍의 분위기를 조성하는 데 얼마나 큰 역할을 했는가를 잘 말해주고 있다. 어떻든 20 명이나 되는 무고한 주민들이 사탄의 하수인이라는 혐의를 받아 교수 대의 이슬로 사라져 버렸다.

교수형을 당하기 바로 직전 어느 한 희생자는 군중들에게 그는 무고하게 죽지만 앞으론 이러한 죄악이 다시는 없게 하기 위해서 다 함께 주 기도문을 낭송하자고 제의하면서 먼저 주 기도문을 낭송하고 처형을 당하였는데 그때에 군중들은 술렁대기 시작하였다. 왜냐하면 그들은 마녀들이 주 기도문을 낭송할 수 없는 것으로 믿어왔기 때문이다.

상업주의의 거센 바람, 청교도들의 독특한 정신, 마을의 독특싱, 마을내의 세력 다툼, 성직자의 역할, 이 모든 것들이 이러한 비극적인 사건에 여러 모습으로 작용하였음에 틀림없다. 역사적 사건을 해석할 때에 환경이냐 인간이냐 하는 갈등을 겪는 경우가 많다. 즉 자연적 환경과 인간적 요소 중에 어떤 점이 더 중요한 위치에 서는 것인가 하는 문제이다. 그런데 17세기의 세일럼 마을의 마녀 선풍은 두 요소 못지 않게 도덕적 문제가 크게 작용했음을 알아야 한다. 마녀 선풍이 인간의 감정적, 심리적 요소들을 포함하고 있었기 때문에 외부적 환경이 얼마나 주요한 역할을 했었든지간에, 그 마을 주민의 정신 상태가 그 사건의 필수적인 요소였음에 틀림이 없다. 17세기 청교도들이 가졌던 고정된 정신, 도덕 관념이 이러한 비극적 사건을 잉태하였다고 할 수 있다. 왜냐하면 17세기 뉴잉글랜드 지방의 청교도들에게는 사회, 정치적 문제들은 도덕적 분야와 불가분의 관계가 있었기 때문이다. 청교도 사회는 여러 개개인들이 편의에 따라 구성한 것이 아니라 가장 순수한 기독교 공동체를 구성하려는 이상 위에서 건설되었기 때문이다. 그러

▶ 세일럼의 마녀 재판 광경.

므로 가장 중요한 문제는 청교도들이 어떻게 분파주의를 극복하고 정치적 판도를 뒤집어 놓느냐가 아니라 어떻게 그들의 도덕을 좋지 않는 환경 속에서도 고수하느냐 하는 문제였다. 그러나 시대가 지날수록 그들의 이상과 목표는 실현 불가능한 유토피아적 환상임이 드러났고, 사회는 개인적 욕심과 공공 이익간의 커다란 간격으로 분열되기 시작하였다. 초기 상업 자본주의의 등장은 청교도들에겐 그들의 꿈과 목표와 사회 자체를 흔들어 놓은 사탄이었다. 그들은 이러한 악마의 세력에 정면으로 도전하려고 결심하였고 방법이 아무리 잔인하고 비인간적이라 할지라도 악마들을 신성한 하느님의 사회로부터 쫓아내려고 하였던 것이다. 이런 그들의 반격은 역사의 비극으로 남고 말았다.

한마디로 뉴잉글랜드에서 청교도들이 꿈꾸었던 이상적인 세계는 결국 이루어지지 않았다. 후대의 미국인들이 17세기 청교도 사회를 들먹이고 그 시대를 그리워하고 추앙하는 것은 역사의 허상이다. 미국은 물질주의와 세속주의가 극도로 치달을 때마다 17세기의 청교도 사회를 들먹이며 복고주의를 부르짖지만 그것은 역사적으로 사실과 어긋나는 일이며, 오히려 그들이 그때 이루지 못한 이상적 사회 건설에 대한 재도전이라고 보는 것이 더 정확한 표현일 것이다. 아직도 미국인들은 이러한 이상을 완전히 포기하지 않았다. "언덕 위의 도성"을 건설하고자 하는 환상은 독립전쟁의 이념 가운데에도 잘 나타나 있고 19세기 중엽의 영토 확장주의의 합리화 과정에서도 잘 나타났으며 유명한 아브라함 링컨의 게티스버그(Gettysburg) 연설에서도 잘 드러나 있다. 그것은 그 후 미국이 필리핀을 합병할 때의 합리화에서도 재현되었으며 윌슨 대통령이 1차 세계 대전에 참전하면서 참전 이유를 "세계의 민주주의를 더욱 안전한 것으로 만들기 위해"라고 밝힌 곳에서도 재현되었다. 그것은 베트남 전쟁 참전의 이유에서도 나타났으며 카터의 인권 외교

정책에서도 드러났다. 또한 그것은 레이건의 대소 강경 정책에서도 잘
나타났는데, 세일럼 마을의 패리스 목사가 그의 반대파들을 "악마의
세력"으로 공격하였듯이 레이건이 소련을 "악마의 제국(Evil Empire)"
으로 공격하였던 것은 좋은 예라고 하겠다.

청교도들이 이상적인 사회 건설의 꿈은 실현시키지 못하였지만 미
국의 역사에 귀중한 유산을 남겨 놓았다는 것은 사실이다. 미국의 우
월주의와 선민 사상뿐만 아니라 그들의 교육에 대한 강조는 19세기에
미국이 서부 개척을 통해 발전하는 데 중요한 역할을 하였다. 또한
그들의 직업 신성설 사상은 미국인들의 근면성과 직업 귀천주의의 부
재에 큰 영향을 주었으며, 무엇보다도 물질의 축적이 사회 진보에 필
요하다는 정신은 미국이 경제적으로 발돋움하는 데 결정적인 사상적
밑바탕이 되었다. 1923년에 캘빈 쿨리지(Calvin Coolidge) 대통령은 "공
장을 짓는 사람은 교회당을 짓는 것이며 그 곳에서 일하는 사람들은
그 곳을 예배하는 것"이라고 하였는데 이것은 캘빈주의적 자본주의
정신을 잘 표현해 주고 있다.

또한 청교도들이 정치적 권력으로 도덕적 문제를 조정하려고 하였던
전통은 역사적으로 계속 나타나고 있다. 20세기초의 피임 금지법, 금
주법, 오늘날의 낙태 금지법과 공립 학교에서의 기도 문제 등도 이러한
청교도 전통에서 유래하였다고 할 수 있겠다.

마지막으로 청교도들의 예정설(Predestination)과 인간의 자유 의지
(Free Will)간의 끊임없는 논쟁은 미국 역사에서 해결하지 못하는 미
지수로 남아 있다. 미국인들은 그들이 하느님의 선택된 국민으로서
세계를 미국의 자유 민주 사상으로 개조시키는 무거운 임무를 받았으며
그 임무의 완성을 위해서 최대한 헌신해야 한다는 것이었다. 그러나
세일럼 마을에서의 비극처럼 이러한 임무 수행 과정에서 정반대의 결

과를 초래할 수 있다는 점을 미국이 빈번히 잊어 왔다는 것은 안타까운 일이다. 그러한 고상한 사상 속에 숨겨 있는 인간 본능의 욕망과 편견을 미국은 과소 평가할 때가 많았다. 사실 많은 경우에 미국의 우월주의와 비뚤어진 선민, 선교 사상이 순수한 17세기초의 청교도 이상주의를 압도하였다. 이러한 면에서 청교도 사회는 물질과 정신의 화합하기 힘든 양면성이 끊임없이 갈등, 대립되어 온 미국 역사의 시작이었다.

# 제3장 완성되지 않은 혁명
## —— 미국의 독립

　　1776년 7월 4일 아메리카 합중국의 독립이 대내외적으로 선포되었다. 미국인들은 1세기 반 정도의 오랜 영국의 통치로부터 벗어나 공식적으로 아메리카 합중국이란 독립 국가를 이룩한 것이다. 그 당시 세계 최강이었던 영국에 대항하여 8년간의 오랜 독립 전쟁을 거친 후 1783년 파리 평화 조약으로 미국은 신생 공화국으로 정식으로 출발하였다. 미국의 독립 혁명은 식민지 반란으로는 세계 역사상 최초의 것이었으며 앞으로의 혁명과 식민지 독립 운동에 큰 영향을 끼치게 되었다. 미국의 혁명은 여러 가지 면에서 독특하다. 아시아나 아프리카의 독립 혁명과는 달리 미국 식민지는 모국인 영국과 사회와 경제 제도, 피부, 언어, 습관, 풍습에서 그다지 다른 점이 없었으며 이념과 사상 역시 영국의 영향을 지대하게 받고 있었다. 그 당시 해상권을 지배하고 있었던 세계 최강 제국의 영향권 밑에서 미국 식민지는 비교적 풍요롭고 안정된 생활을 하고 있었다. 통계에 의하면 여러 가지 산업 체제의 변혁과 정치적

불안과 전통적인 귀족 중심 사회에서 살고 있었던 영국이나 프랑스
국민들보다 미국 식민지인들이 훨씬 풍요로운 생활을 하고 있었다. 물론
미국내에서도 빈부의 차이가 있었으며 사회 계급의 차이도 있었음에
틀림없으나 유럽의 국가들처럼 이러한 계급의 차이가 고착되어 있었던
것은 아니었다. 광활한 토지와 경제적 기회로 인하여 미국에서의 계급의
벽은 성벽 같이 견고하고 높은 것이 아니라 유연하고 유동성이 있었다.

그렇다면 문제는 왜 미국인들이 독립을 원하였는가이다. 어떠한 이
유와 동기에서 미국인들이 반란을 일으켰으며 이들 반란을 누가 주도
했는가 하는 문제다. 또한 미국인들이 이러한 독립으로 과연 어떠한
이념과 형태의 정부를 수립하고자 하였는가도 중요한 문제이다. 소위
미국의 독립 정신은 미국의 정치 제도와 사상을 규정해 주는 것으로
미국의 역사에 중요한 의미를 갖는다. 소위 미국의 '건국의 부조(父祖)
들(Founding Fathers)'이 무엇을 생각했으며 어떠한 이유에서 영국에
반기를 들었으며, 어떠한 성격의 정부를 구상했는가 하는 문제는 오
늘날에도 정치가와 역사가들 사이에 자주 거론되는 것이기도 하다.
미국의 독립 혁명은 미국 역사의 사실상의 시작인 만큼 이러한 문제들은
미국 역사 자체를 규정하는 중요한 의미를 갖고 있기 때문이다.

19세기말까지 지배적이었던 해석은 미국의 독립이 영국의 가중되는
통상 규제와 정치적 압박으로 인하여 일어났던 우발적인 것이 아니라,
그동안 자유와 자치 사상에 젖어 있던 미국 정신이 18세기 중반에 들
어와 여러 가지 사건들에 의해 촉매 역할을 받아 독립 혁명으로 발전된
것이라는 주장이었다. 영국이 미국인들의 이러한 자유의 의지를 계속
압박하였기 때문에 혁명이 어쩔 수 없이 일어났다는 것이다. 즉 1776년에
미국은 인간의 자유에 대한 전쟁을 벌인 셈이다. '건국의 부조들'은
영웅시되었으며 이러한 자유의 사도들에 의하여 미국의 독립이 가능

하였다고 주장하였다. 그러나 20세기에 넘어오면서 인간적인 요소보다 사회경제적인 요소에서 독립 혁명의 근원을 찾는 움직임이 일어나게 되었다. 20세기초에 혁신주의적 분위기를 타고 급진주의 학자들이 등장하였는데, 이들에 의하면 미국의 독립이, 자유를 부르짖었던 여러 정치적, 사상적 지도자들이 영국의 압제에서 해방되기 위하여 독립운동을 벌였다기보다는 영국과 미국 사이, 그리고 미국내에서의 경제적 이해 관계 대립에 의하여 생겨난 독립이라고 주장하였다. 즉 인간적, 사상적 요소보다는 경제적 요소가 미국 혁명의 주된 원인이었다는 것이다. 또한 미국과 영국 상인들간에 경제적 이익이 마찰을 빚었던 것뿐만 아니라 식민지내에서의 계급 및 지역간의 불균형으로 인하여 혁명은 불가피하였다는 것이다. 이들의 해석은 미국내의 사회, 경제적 불평등 때문에 국내 혁명의 요소가 다분히 있었는데, 그때 때마침 영국의 더욱 강압적인 경제 정책으로 말미암아 미국인의 혁명적 동력이 모국인 영국으로 전환되었다는 것을 암시해 주고 있다.

1950년대 초반에 소위 신휘그주의자들(New-Whigs)은 혁명의 기원에 대하여 더욱 광범위한 해석을 하였다. 이들은 단지 경제적인 이해 관계 때문에 혁명이 일어났다기보다는 그밖에 여러 가지 심리적인 문제까지 포함하여 헌법의 원리, 정치적 권력, 자유, 재산의 보호, 법적 권리 등 여러 가지 이해 관계 때문에 혁명이 발생했다고 주장하였다. 이들은 영국에 대한 미국인들의 오랫동안 쌓여온 불평에 관심을 집중시켰는데, 혁명은 본질적으로 보수적인 운동으로서 미국인들의 권리와 자유를 위한 운동을 모국으로부터의 자극에 의해 폭발시켰다고 주장하였다. 예를 들어 1765년의 인지세(Stamp Act)는 미국인들에게 심각한 경제적 부담감을 안겨준 것은 사실이지만 식민지인들이 그토록 맹렬하게 이 세법에 대항하여 투쟁했던 것은 대표자 없는 곳에는 세금을 부과할 수 없다는 헌법적 원리 때문이었다는 것이다.

또한 많은 학자들은 혁명의 근원이 식민지에 있었다기보다는 영국 본토에 있었다고 주장하였다. 영국 왕과 의회의 갈등 및 이들의 식민지에 대한 불확실한 정책이 식민지인들에게 결정적인 피해를 주게 되었다는 것이다. 영국 왕 조지 3세는 독재자로서 헌법을 무너뜨리려고 구상하고 있었으며 의회도 이해 관계, 인척, 혈연 관계에 따라 여러 당파로 분리되어 미국에 대하여 지속적이고 확실한 정책을 펴지 못하고 우왕좌왕하였으며 때로는 너무나 상반되는 식민지 정책을 폄으로서 결과적으로 식민지인들을 자극하게 되었다는 것이다.

혁명이란 단어는 여러가지 복잡한 과정과 요소들을 한데 묶어 단순한 하나의 용어로 쓰는 것인데 미국 혁명의 경우에서도 예외는 아니다. 단순히 미국 식민지인들이 모국의 압제에 항거하여 독립 운동을 하였다라고 단순히 이야기하기에는 영국내의 문제뿐만 아니라 미국내에서 일어나고 있었던 여러 경제, 사회, 정치적 문제들이 복잡하게 서로 뒤얽혀 있었다. 특히 불인전쟁(French and Indian War)이라 알려진 프랑스와의 7년 전쟁의 종결과 함께 미국 대륙은 급격한 변화를 맞게 되었다. 이러한 변화 속에서 이유야 어찌되었든간에 미국인들은 7년 전쟁 이후에 미국의 경제와 정치를 압박하는 영국의 새로운 법들을 철회하고 옛날의 느슨한 제국 정책으로 복원해 줄 것을 요구하다가 결국 독립으로 향한 거센 반란의 물결을 타게 되었다. 이 과정에서 어떠한 일이 벌어졌으며 과연 누가 이 반란을 주도하였는가의 문제를 좀더 자세히 살펴볼 필요가 있다. 어떠한 고정된 선입 관념과 이념으로 이러한 사건의 연속들을 해석하기보다는 그 당시 구체적으로 어떠한 일이 벌어졌는가를 자세히 아는 것이 복잡한 역사적 사건일수록 더 중요한 것이라고 할 수 있다.

　7년 전쟁을 마무리 짓는 1763년의 파리조약 전까지의 영국의 식민지 정책은 비교적 온건하였다 할 수 있다. 무엇보다 영국의 식민지 정책은 일관성없이 왔다갔다 하였다. 17세기에 영국의 식민지 정책은 특별한 원칙에 의해서 시행되었다기보다는 왕의 개인적 호의에 의하여 토지를 영주들에게 부여하는 사적(私的)인 정책이었다. 1640년대에는 내란으로 말미암아 영국왕은 식민지에 대하여 힘을 쓰지 못하였으며 그리하여 식민지는 지방 분권적이고 자유 방임주의적 체제로 운영되었다. 1660년 왕권이 복구되면서 식민지는 좀더 조직적이고 강력하게 지배되었는데, 이때에도 식민지 정책의 주된 관심사는 정치적인 것보다 주로 경제적인 것이었다. 1688년의 명예혁명은 식민지에서 왕권을 그렇게 약화시킨 것이 아니었다. 왕은 여전히 특혜를 누렸다. 그는 임의대로 각료를 선임할 수 있었으며 영국 하원의 주도 세력을 형성할 수 있는 특권을 갖고 있었다. 명예혁명 이후 영국은 제국 건설에 더욱 박차를 가하였다. 그것은 경쟁국 프랑스와 오랜 전쟁을 유발시켰다. 1713년에 종결 지은 앤 여왕의 전쟁(Queen Ann's War)을 마지막으로 영국과 프랑스는 잠시 휴전을 하는 듯하였으나, 그동안에도 양국은 서로 전쟁 준비에 총력을 기울였으며 1750년에는 북미 지역에서의 우월권을 둘러싸고 다시 전쟁 상태로 들어갔다. 1740년대에 영국은 오하이오 계곡 서쪽으로 깊이 침투하여 그곳에 그들의 군대를 주둔시켰으며 프랑스가 장악하고 있었던 세인트 로렌스 강(St. Lawrence River)에서부터 5대호를 거쳐 오하이오와 미시시피 계곡의 서쪽에 이르는 프랑스의 귀중한 인디언 무역로를 위협하였다. 이러한 영국의 서부로의 팽창 정책에 프랑스는 무력으로 맞섰다. 프랑스는 1755년 영국 교역자들을 오하이오 계곡에서 무력으로 쫓아내고 지금의 피츠버그 부근에까지 군대를 주둔시켜 영국의 팽창을 막으려 하여 아메리카에서는 불인 전쟁이라고 불리는 7년 전쟁이 발발하였다.

처음 3, 4년간의 전쟁 양상은 프랑스의 우세로 진행되었다. 프랑스는 펜실바니아와 오하이오 강 경계선에서 버지니아 민병대를 이끈 훗날 미국 초대 대통령을 역임한 조지 워싱턴 부대를 섬멸한 것을 비롯하여 5대호 등지에서 영국군들을 성공적으로 물리쳤다.

한편 프랑스와 영국이 전쟁 상태로 들어가게 되자 미국 식민지에서는 서로간의 연락과 연합을 강화시키기 위하여 1754년 6월에 뉴욕의 올바니(Albany)에서 7개 식민지 대표들이 참석한 가운데 회의를 열었다. 그들은 '뭉치지 않으면 죽는다'라는 구호 아래 연합하여 영국과 함께 프랑스를 물리치는 데 노력하였으나 아직 아무런 공동체 의식이나 연합의 필요를 느끼지 못하였던 그들은 그 이상 별다른 합의를 보지 못하고 해산해 버렸다.

윌리암 피트(William Pitt)가 1757년에 영국의 새로운 수상으로 등장하면서 북미 대륙에서의 전쟁 양상은 급격히 바뀌어갔다. 피트는 유럽에서의 전쟁보다 먼저 미국에서 프랑스를 몰아낼 것을 결심하고 영국 군대를 미국에 총동원시켰다. 1757년에 23,000명의 육군과 14,000명의 해군이 미국으로 진출하여 프랑스를 밀어내기 시작하였다. 1759년에 프랑스의 나이아가라 항과 퀘벡이 영국의 수중에 들어갔고 1760년에는 몬트리올도 영국에게 빼앗기게 되자, 프랑스는 1763년 오랜 협상 끝에 파리조약을 맺어 영국의 승리를 승인하고 북으로는 세인트 로렌스 강에서부터, 서쪽으로는 미시시피 강 동부, 그리고 남쪽으로는 플로리다와 뉴올리언즈를 제외한 전지역을 영국에 넘겨주었다.

프랑스와의 7년 전쟁은 영국의 미국 식민지에 대한 결정적인 변화를 낳게 하였다. 전쟁을 종결하는 파리조약으로 말미암아 이제 엄청난 북미

대륙을 소유하게 된 영국은 이 제국을 어떻게 관리하고 보호해야 하
는가에 대한 문제로 고심하였다. 프랑스는 영국과의 전쟁에서 졌지만
서부 지역에 여전히 남아있던 프랑스의 동맹국인 인디언들은 영국에
승복하기를 거절하고 대대적인 기습 작전을 벌였다. 오하이오 주변의
인디언을 대표하는 오타와 족의 추장인 폰티악(Pontiac)은 1763년 5월
디트로이트를 습격하여 비록 내부적 문제로 실패는 하였으나 영국 부
대들을 향하여 끊임없이 산발적인 전쟁을 전개해 나갔다. 그들은 오
하이오 강 부근에서 영국군 부대를 섬멸하기까지 하였다. 서부 펜실
바니아 지역에서 1755년과 1763년 두 차례에 걸쳐 영국은 인디언들과
대대적인 전투를 벌였다. 인디언들은 끊임없이 서부 거주민들과 영국
부대를 괴롭히고 있었다. 사우스 캐롤라이나 지방에서는 체로키 족
(Cherokees)이 계속 백인 거주민들을 괴롭히고 있었다. 그들은 뉴올리
언즈 지방의 스페인과 합류하여 영국의 서부 거주민들의 미시시피 강
항해를 방해하였다.

　이러한 외부의 도전을 물리치기 위해서는 1만 명의 상비군이 필요
하였다. 식민지내의 상비군을 유지하기 위해서 영국은 국방 예산을 더욱
늘려야 했고 그러기 위해서는 미국인들로부터 더 많은 세금을 징수해야
할 처지에 놓였다. 그러나 영국은 프랑스와 마찬가지로 전쟁 후에 심
각한 경제난을 겪었고 부채에 시달리고 있었다. 결국 그렌빌(Grenville)
경의 새 내각이 생각해 낸 것은 더욱 엄격히 미국 식민지의 통상을
규제하고 새로운 법들을 적용하여 미국이 이러한 영국의 방위 체제를
돕도록 한다는 것이었다. 영국은 함대의 순찰을 강화하여 미국 항구
에서의 밀수를 철저히 단속하였다. 1764년에는 설탕법(Sugar Act)을 제
정하여 외국산 설탕뿐만 아니라 외국산 직물, 포도주, 커피 등에 새로운
수입 관세를 부과하여 식민지 경제와 안보 비용에 충당하려고 하였다.

이것은 영국이 식민지의 통상을 규제하는 과거의 전통적인 정책을 넘어서 그들의 예산을 늘리기 위한 소위 세수를 목적으로 한 최초의 세입법이었다.

계속되는 인디언과의 충돌을 예방하기 위하여 영국은 '1763년의 선포(Proclamation of 1763)'로 애팔레치아 산맥 능선을 경계선으로 하여 미국인들이 이 경계선 서쪽으로 이동하는 것을 금지하고 이 지역에 대한 토지 조사나 임의적인 토지 이양도 금지시켰다. 이러한 정책은 서부 지향적인 미국 식민지인들의 큰 반발을 사게 되었다. 미국인들은 선언서를 무시하고 비밀리에 인디언 부족과 조약을 맺거나 그렇지 않으면 전쟁을 통하여 계속 서쪽으로 이주해 갔다. 1688년에 서부인들은 이라쿠와 족 및 체로키 족과 조약을 맺어 서부 뉴욕과 펜실바니아의 남서부 지역까지 진출하였고 남으로는 오하이오와 테네시 중간 지역까지 차지하였다. 또한 벤자민 프랭클린(Benjamin Franklin)과 윌리암 존슨(William Johnson) 등을 포함한 투기꾼들은 지금의 웨스트 버지니아와 동부 켄터키까지 진출하여 그곳에 반달리아(Vandalia)라는 식민지 건설을 계획하였다. 이 계획은 결국 독립 혁명의 시작과 함께 무산되고 말았다. 그러나 그동안 오하이오 부근에 거주한 쇼니 족(Shawnees)은 이라쿠와와 체로키 족이 양도한 계약을 인정하지 않고 백인 거주민들을 공격하였다. 결국 1744년에 영국의 원정대에 의하여 그들은 패배당하고 오하이오 지역이 영국 영토임을 인정하였다.

미국 식민지 사회도 7년 전쟁으로 깊은 영향을 받아 여러 지역에서 소규모적 내란이 일어났다. 1763년에 펜실바니아 서부에서 일단의 변경인들이 인디언에 대한 방위와 과세 제도의 개정을 요구하여 퀘이커 교도들이 주도하는 필라델피아 정부를 공격하였다. 사우스 캐롤라이나의 오지 지역에서도 체로키 족과의 전쟁으로 인하여 사회적 불안이 계속되었고, 찰스톤 정부는 그것을 다스릴 수 없는 지경에까지 이르렀다. 버몬트 지역은 불인 전쟁으로 새로운 땅을 얻게 되었으나 그 땅을 다스리는 문제로 뉴잉글랜드 사람들과 뉴욕 사람들간에 투쟁이 일어 났다. 뉴저지와 뉴욕에서도 토지 영유권을 놓고 소요가 일어났다. 가장 심각한 소요가 일어났던 곳은 노스 캐롤라이나였다. 해안 지대의 엘리트 지도자들이 급격히 불어나는 서부 주민들을 통치할 수 없게 되자 부패한 정부와 경제적 불평등에 반항하여 서부 주민들이 소요를 일으켰다. 소위 '조정자(Regulator)'들의 반란이라고 알려진 이 항거는 결국 1771년을 고비로 점차 수그러들었지만 이러한 지역내의 투쟁은 앞으로 미국 독립전쟁 때까지 완전히 사라지지 않고 사회 불안 요소로 남아 있었다. 전쟁이 남겨 놓은 경제적인 악영향으로 인하여 매사추세츠에서도 정치적인 위기가 조성되고 버지니아에서도 정치적 부패로 인한 사회적 긴장이 고조되고 있었다.

독립 전쟁 전의 3세대 동안 미국 인구는 유럽으로부터의 이민으로 인하여 거의 10배로 늘어났다. 1700년경에 총 25만 명밖에 안되었던 식민지 인구가 1775년에는 250만 명으로 증가한 것이다. 그동안 비교적 동질적인 국가와 종교에 의하여 이룩된 미국 식민지가 혁명 시기에는 여러 종교와 국가적 기원을 가지는 다양한 사람들로 붐비고 있었다. 영국인 외의 인종으로 흑인 노예뿐만 아니라 독일 계통의 이민들, 그리고 스카치아일랜드인(Scotch-Irish)들을 합하여 거의 50만 명이 혁명 전에 미국에 이주하고 있었다. 1763년까지 북미 대륙은 인종적으로 다양하였으며 지역적으로는 동쪽 해안 중심의 사회에서 서부로 뻗어나가는 확장된 식민지로 발전하고 있었다.

7년 전쟁이 가져다 준 중요한 결과의 하나는 식민지 입법 의회가 전쟁 기간에 그 권력을 강화하였다는 점이다. 영국과 함께 전쟁 수행을 위하여 식민지 의회는 더 강력한 권위를 갖고 전쟁에 필요한 예산을 충당하기 위하여 세금을 부과하였을 뿐만 아니라 민병대를 훈련하였다. 이러한 전쟁의 경험은 앞으로 미국 독립을 주도할 많은 정치적 인물들을 낳았다. 그 중에서도 조지 워싱턴(George Washington), 사무엘 아담스(Samuel Adams), 벤자민 프랭클린(Benjamin Franklin), 패트릭 헨리(Patric Henry) 등은 유명하였다. 전쟁중 식민지인들의 연합은 올바니 회의에서 보여준 것처럼 성공은 거두지 못하였지만 식민지인들 사이에서 서서히 동질감을 갖게 하는 계기가 되었으며, 영국의 도움 없이도 그들이 뭉치면 스페인이나 인디언, 프랑스로부터 미국 식민지를 방어할 수 있으리라는 생각을 갖게 하였다.

7년 전쟁이 이렇게 영국뿐만 아니라 미국 식민지에도 여러 가지 경제, 사회, 정치적 분위기를 바꾸고 있을 즈음에 영국 의회는 결정적인 실수를 범하고 있었다. 그렌빌 수상은 설탕법이나 현존하는 식민지에 대한 관세법 등의 세수만으로는 전후 미국에 주둔하게 되는 10,000명의 영국 군대를 유지하기에 부족하다는 것을 알고 1765년초에 런던에 거주하는 식민지 대표단에게 인지세를 부과할 계획을 타진하였다. 식민지 대표단은 이구동성으로 이러한 세금이 식민지인들을 자극할 뿐만 아니라 미국 경제에 크나큰 타격을 준다고 하여 반대하였다. 그러나 이들이 뚜렷한 대안을 제시하지 못하자 그렌빌 경은 인지세 법안을 의회에 제출하고 의회는 쉽게 이 법안을 통과시켰다. 영국은 인지세법에 의해 징수된 세금을 미국내에 주둔하고 있는 상비군 유지비의 일부로 충당시키려 하였다. 동법은 그 당시 미국에서 나오는 모든 신문, 팜플렛, 벽보, 연감, 계약서, 대학 졸업장, 그리고 심지어 주사위와 카드에까지도 인지를 부착하게 하였는데 이것은 전미국인들의 크나큰 반발을 사게 되었다. 그전의 설탕법과 같은 식민지법들은 대부분 해상 교역을 주

업으로 하는 뉴잉글랜드 상인들에게만 피해를 주었는데 이 인지세법은
전미국 식민지에 영향을 가하게 되어 전국적으로 거센 반발을 유발시
켰다. 거기에다 그해 5월에는 군대 숙영법(Quartering Act)을 제정하여
식민지가 영국군의 숙식을 책임지게 하였다. 인지세법은 시기적으로도
좋지 않았다. 그것은 이 법이 그동안 미국인들의 정신 속에서 움트고
있던 자유와 평등 정신에 크게 도전하였기 때문이다. 1690년에 발간된
존 로크(John Locke)의 『정부론(Two Treaties on Government)』이라는 책을
통하여 미국 식민지 지성인들은 이미 영국의 역사를 왕정 독재에 대
항하여 생명, 자유, 재산을 보장하려는 의회 투쟁으로 인식하고 있었으며
청교도들의 오랜 종교적 유산으로서 인간은 본질적으로 악하며 타락할
수밖에 없는 존재임을 잘 알고 있었다. 그들은 인간이 세운 사악한
권력은 권력으로 대응해야 한다고 믿고 있었다. 또한 그들은 영국의
정치가 왕, 귀족, 평민으로 나뉘어 서로 견제하는 정치 제도라는 것도
잘 알고 있었으며 더 나아가 프랑스의 몽테스키외(Montesquieu)가 『법의
정신(Spirit Of Law)』에서 영국의 이러한 견제 혼합 정치 제도 외에도
행정부, 입법부, 사법부에 의한 삼권 분립의 새로운 정치 제도를 제시
하였던 것도 잘 알고 있었다. 식민지인들은 영국의 그렌빌 행정부가
인지세법과 같은 독재 방법을 통하여 이제 왕권 독재가 아닌 의회
독재를 시도하려고 한다고 생각하였으며, 미국내에 거주하고 있는 영
국의 상비군은 역사에서 증명된 것처럼 그들의 친위대로서 독재 정치를
옹호하려는 수단이라고 믿게 되었다. 이러한 인지세에 대한 항거 열기가
한창일 때인 1765년에 존 아담스는 자유의 정신이 영국과 관련된 국
가들에 이미 확고하게 자리잡고 있는데 소수의 개인들이 이러한 계몽
주의적 역사적 추세를 뒤엎고 옛날의 전제주의로 되돌아가려는 복고
주의적 획책을 하고 있다고 경고하였다. 이전의 스튜어트 독재 왕조와

대중의 자유와의 투쟁이 이제 미국에 그대로 재현될 가능성을 보여주면서 이러한 타락한 인간들의 획책이 재발될 경우에 미국인들은 과감하게 이에 대응해야 한다는 것을 그는 암시하였다. 그당시 이러한 계몽주의 사상들은 급속히 발전하고 있던 신문이나 팜플렛 따위의 문서 등으로 미국인들 사이에 널리 알려지고 있었는데 바로 이러한 자들에게 인지세를 부과하려는 그렌빌의 계획은 바싹 마른 짚단에 성냥을 그어대는 것처럼 위험스러운 것이었다. 버지니아 하원에서는 패트릭 헨리가 미국은 영국인들과 똑같은 대우를 받아야 하며 그래서 영국법대로 대표자가 없는 곳에서는 세금을 부과할 수 없다고 주장하였다. 즉 영국 의회에 미국 식민지인들은 대표자를 보내지 않고 있기 때문에 영국 의회는 인지세와 같은 세금을 부과할 권한이 없다는 것이었다. 그렌빌은 미국이 그들의 대표자를 보내지 않아도 영국 의회는 식민지를 '사실상 대표(virtual representation)'하고 있다고 주장하였다. 그는 영국의 맨체스터나 버밍햄과 같은 신흥 공업 도시들이 영국 의회에 대표자를 보내지 않고 있지만 의회는 전국민을 대표하는 것이라는 논리로 영국 의회의 과세권을 합리화하려 하였다.

인지세에 대한 항거 운동은 식민지 사상 최초로 농민, 기능공, 노역자, 장사꾼, 부두 노동자, 선원 등 하층민들이 정치에 참가하는 기회를 마련해 주었다. 이것은 미국의 혁명을 이해하는 데 중요한 요소 중의 하나이다. 그동안 미국내의 사회적 불평등과 빈부의 격차 등으로 불만 세력을 형성하였던 사회 계층이 본격적으로 정치 운동에 참가하게 되면서 앞으로 미국 혁명의 중요한 열쇠를 쥐게 되었다. 특히 보스톤, 뉴욕, 필라델피아 지역의 빈부 격차는 갈수록 심각하였으며 계급간에 불편한 관계가 계속되어 왔었다. 보스톤에서는 토마스 허친슨 총독이 소수 부유한 상인들과 법률가 등의 상부 계층과 결탁하여 그들 부유층의 이익만을 대변하는 정책을 펴고 가난한 자들에게는 불리한 정책을 펴서 하층민들의 불만을 사고 있었다. 어느 학자의 통계에 의하면 1771년에 보스턴 인구의 상부 10%가 전체 부의 3분의 1을 차지하고 있었으며 그들은 도시의 한복판 부자촌에 살면서 하층민들에게 존경을 강요하였다는 것이다. 특히 새로 들어오는 이민의 수가 늘어나면서 이러한 경제적 불균형은 더욱 심각해졌다. 극빈자들이 1771년에 30~40%였던 것이 20년 뒤에는 37~47%로 늘어났던 것을 보아도 가난한 빈민의 수가 갈수록 늘어갔던 것은 틀림이 없다. 물론 이러한 추세는 그 당시 영국과 프랑스를 비교해 볼 때는 훨씬 조건이 좋은 것이었다고 할 수 있다. 그러나 미국 식민지에 거주하였던 빈민자들이 그들의 생활을 다른 유럽국가들과 비교해서 자위했으리라고는 생각되지 않으며, 다만 그들이 도시의 부를 장악하고 있었던 귀족들과 비교하면서 서서히 계급 차별주의적인 사회 구조에 불만을 가졌다고 보아야 할 것이다. 미국의 귀족층 역시 영국과 비교하면 그 세력과 정치적 위치상 훨씬 약했고 수적으로도 영국 귀족과 비교할 바가 되지 못했다. 그렇다고 해서 미국의 귀족층들이 하층민들에게 덜 강압적이었고 식민지 정치에 덜 능동적이었다는 추측은 할 수 없다. 오히려 미국의 귀족층은 영국의 제도를 흠모하였으며 영국 귀족들을 흉내내려고 하였다. 값비싼 생활 도구와 물품들을 외국에서 수입하고 호화스러운 저택을 지었으며 그들 나름의 사교 혹은 정치 모임으로 위신을 높이기에 여념이 없었다. 또한 그들은 대부분의 미국의 주요 도시 관료직을 독점하여 영국의 식민지 관료들과 함께 미국의 정치를 주도해갔다.

　뉴저지나 허드슨 계곡 그리고 뉴욕의 북동부에 살고 있던 농민들은 독립전쟁이 일어나자 점차 조직적으로 그들의 불만을 해소하기 위해 부유층의 집이나 재산을 파괴하고 농작물을 망쳐놓고 심지어 죄수들을 석방하는 등 과격한 행동을 하고 있었다. 이들은 아직도 조직적이고 집합적인 청교도적 유산을 지니고 있는 자들이었지만 강한 개인주의와 물질주의의 등장으로 사회 계급의 차이가 벌어지면서 불만은 점차 고조되고 있었다. 남쪽에서는 노스 캐롤라이나의 조정자들의 반란이 가장 대표적이었다고 할 수 있다. 이 지역은 다른 어느 식민지보다도 부가 비교적 균등하게 분배된 지역이었음에도 불구하고 이곳의 농부들은 비생산자인 변호사, 대상인, 고리대금업자, 토지 투기꾼 등이 정치와 법률을 주무르고 그들의 이익에 따라 불공평한 세금 정책을 펴고 있다고 불평하다가 18세기말부터는 대대적인 투쟁을 벌였다. 이들은 자기들의 불만이 지방 관료들에게 올바로 전달되기를 원했으며 이러한 사회적 불평등을 해소하기 위해 지방 관료들과 계속적으로 협상을 추진하거나 법정에서 싸우기도 하였고, 때로는 폭력을 동원하여 시민들을 모아 민중봉기를 일으킴으로써 미지근한 지방 관료들을 위협하기도 하였다. 이들은 미국 독립이 시작되자 대개 중립을 지켰다. 이들에게는 왕당파나 부유한 휘그 혁명파 세력들이 근본적으로 별반 차이가 없는 것이었기 때문에 이들은 어느 한쪽으로 치우치지 않았던 것이다.

보스톤에서는 '로얄 나인(Royal Nine)'이란 조직체가 설립되어 항의 투쟁을 주도하였다. 이들은 영국 왕과 의회에 서신을 보내 인지세법이 식민지 경제를 마비시킨다고 주장하고 이 법을 철회해 줄 것을 요구하면서 군중들을 모아 대규모 집회를 가졌다. 그들은 보스톤 중심지 하노버 광장에 있는 자유의 나무(Liberty Tree) 앞에서 대대적인 집회를 열어 인지세 대리인이었던 앤드류 올리버(Andrew Oliber)의 허수아비 화형식을 갖고 인지세 사무실을 파괴하였다. 올리버는 두려워서 사임하였다. 올리버의 경우처럼 다른 세금 징수 대리인들도 거의 다 두려워서 사임하였을 뿐만 아니라 인지세법은 사실상 사문화한 것이나 마찬가지였다. 식민지인들은 인지를 부착하지 않고 신문 등을 발간하였으며 인지가 들어가야 할 문서의 모퉁이에 해골바가지와 뼈를 교차해 그려 놓음으로써 인지세법을 조롱하기도 하였다. 일부 군중들은 그동안 그들의 사회적, 경제적 불평등의 대상이었던 허친슨의 집으로 쳐들어가 집을 파괴하였다. 이 과정에서 그들은 보수파와 온건파로 나뉘어지게 되었다. 로얄 나인은 사회적으로 보수적이며 경제적으로 중산층 이상의 사람들로 구성된 자들로서 질서를 요구하고 온건한 시위를 주도했고, 보스턴에서 가장 가난하였던 자들은 과격한 군중 행동의 주류를 이루었다. 군중들이 올리버의 화형식을 거행하고 그의 사무실과 집기들을 파손하였을 때 이들 보수 세력들의 모습은 보이지 않았으며 허친슨 집을 습격할 때도 그들은 참가하지 않았다. 오히려 이들은 중무장하여 보스턴 시내를 순찰하고 과격한 폭도들을 체포하면서 질서를 강화시켰다. '자유의 아들들(Sons Of Liberty)'이란 단체가 창립되어 독립 운동에서 주도적인 역할을 하게 되었는데 이들 역시 식민지의 엘리트들로 구성되었으며 하층민들의 항거를 완화시켜 온건한 범식민지적 반영 투쟁 운동을 벌이고자 하였다. 인지세법에 따른 군중들의 투쟁은 이러한 엘리트 집단들에게 두려움을 던져주었다. 군중들이 단합하여 투쟁을 할 경우 엄청난 정치적인 힘을 과시하게 될 것이며 결국 이들 정치 엘리트들의 통치 범위를 벗어나 독자적인 투쟁을 할 것이기 때문이었다. 그리하여 보스턴의 지배 계층에서는 대부분 하층 민중과 소(小)상인들로 구성되어 있는 극렬 과격 분자를 대(對) 영국 항의 투쟁 운동으로부터 분리시키려고 노력하였다.

　미국의 상인들은 영국 상품 불매 운동을 전개하였다. 그들은 단합하여 영국 상품 배척을 약속하고 영국 상품 수입업자들에게 압력을 가하여 영국 상품이 미국 항구에 들어오지 못하도록 하였다. 그즈음 영국에서는 로킹햄(Rockingham) 경이 그렌빌을 대체하여 새로운 수상으로 들어섰다. 그는 의회에서 인지세법을 반대해 왔던 사람이었다. 결국 식민지내의 반란과 영국 의회내의 반대 세력으로 말미암아 새 정부는 1767년에 인지세법을 폐기하였다. 그러나 영국 의회는 식민지의 항의 투쟁 때문에 그들이 인지세법을 포기하였다는 인상을 주지 않기 위하여 같은 해에 선언법(Declaratory Act)을 발표하였다. 이 법에서 어떠한 경우에서든지 영국 의회는 미국 식민지에 세금을 부과하고 식민지를 구속할 법을 제정할 수 있다고 선언하였다. 그러나 이것은 미국인들에게는 영국의 단순한 체면 유지 제스처로 보였을 뿐이고 실제로는 인지세법 투쟁에서 자신들이 승리했다고 생각하여 그들은 불꽃놀이, 시가 행진 등의 축제를 벌였다.

그러나 계속 경제적으로 쪼들리게 된 영국은 1767년에 재무 장관 찰스 타운센드(Charles Townshend)의 건의에 따라 일종의 외국세(external tax) 인 '타운센드법(Townshend Acts)'을 제정하였다. 이 법은 영국으로부터 수입되는 종이, 유리, 차, 납, 페인트 등의 품목에 수입 관세를 붙이게 한 것인데 주목적은 식민지에 거주하는 영국 관료들의 봉급을 지불하기 위함이었다. 영국은 또한 관세청 감독관과 해사 법원을 신설하여 옛날의 느슨한 관세법 규제와는 달리 강력하게 법을 집행하려고 하였다. 이것은 그동안 영국의 관세를 피하여 밀수 등으로 상행위를 해오던 상인들에게 큰 타격을 주었다. 식민지에서는 다시 대대적인 항의 집회가 거행되고 영국 상품 불매 운동을 전개하기 시작하였다. 존 디킨슨(John Dickinson) 은 '어느 펜실바니아 농민의 편지(Letters Of A Pennsylvania Farmer)'라는 12개의 글을 발표하여 영국 의회는 식민지 통상을 규제할 수 있되 세 입을 늘리기 위한 법률을 제정할 수 없다고 주장하였다. 그러나 디킨 슨은 자유란 혼란으로 얻기에는 너무 고상한 것이라고 주장하면서 온

건한 방법을 사용하도록 군중들을 설득하였다. '자유의 아들들'의 주
도자였던 사무엘 아담스는 하바드 대학 졸업생으로 비교적 과격한 투
쟁을 전개하였던 엘리트였다. 그는 영국 의회가 식민지에 세금을 부과할
아무런 권한이 없다고 주장하면서 다른 식민지 인들도 이러한 투쟁
운동에 동참해 줄 것을 요구하였다. 특히 그는 '순회편지(Circular Let-
ters)'를 발간하여 영국 의회가 제정한 식민지법의 부당성을 시민들에게
계몽하는 데 큰 역할을 하였다.

이러한 식민지의 분위기에는 아랑곳없이 국무 장관이란 신설 직위에
오른 힐스보로우(Hillsborough) 백작은 식민지 의회로 하여금 이러한
불법 서신들을 압수하라고 명령하였다. 그러나 매사추세츠 의회가 92대
17의 압도적인 투표로 이러한 공고를 무시하자 동의회는 결국 해산당
했다. 영국 의회는 반란 음모자를 체포해서 식민지 법정이 아닌 영국
법정에서 재판을 받아야 한다고 명령하고, 이에 대해서 식민지인들은
그러한 영국의 일련의 정책들을 과세 문제 이상의 것으로 자유와 자치
문제를 위협하는 것이라고 경고하고 대대적인 집회와 시위를 전개하
였다.

그러나 전반적으로 볼 때 동법에 대한 항거는 인지세법에 대한 항
거와는 달리 비교적 조용한 형태를 취하였다. 그들은 대부분 영국 상품
불매 운동에 투쟁력을 집중하였다. 여기에서 일반 노동자, 농부, 기능공
집단과 대상인 및 엘리트 집단은 의견 차이를 보여 투쟁 방법을 둘
러싸고 그들 사이에 온건파와 과격파로 나뉘어지게 되었다. 엘리트들에
의해 주도되고 있던 투쟁 지도자들은 신문 등을 통하여 그들의 의견을
발표하여 영국이 그러한 부당한 법들을 철회하도록 요구하면서도 군
중들이 직접적으로 실력 행사를 하는 것을 방지하고자 하였다. 1768년
3월 중순경에 군중들이 2명의 세금 관료들을 교수형에 처하자 '자유의

아들들'은 될 수 있으면 이러한 사건들이 밖으로 퍼져나가지 못하게 하고, 그러한 짓은 단지 철없는 사람들의 소행이라고 간주하여 사건이 쉽게 아물도록 노력하였다.

1769년 10월부터 보스톤 학살이 있었던 1770년 3월까지 보스톤에서는 일반 민중들과 2천 명의 영국 군인들 사이에 계속 불편한 관계가 유지되고 있었다. 그 큰 이유 중의 하나는 영국 군인들이 근무 시간 이후에 부두 주변에서 일감을 잡아 돈을 벌자 그 지역의 일반 노동자들의 심한 반발을 산 것이었다. 그렇지 않아도 경제, 사회적인 불안으로 말미암아 실업자들이 많이 있었던 그 당시에 영국 군인들까지 그들의 일을 가로채자 노동자들은 분노하였다. 그럴 때마다 지방 엘리트 세력들은 그들의 운동을 영국 상품 불매 운동에 집중하도록 하고 읍민 회의 등을 통하여 영국에 대한 항의 연설을 하는 것을 제한하고 민중들의 직접적 실력 행사를 무마하고자 하였다. 그 과정에서 1770년 3월 5일에 관세청을 지키던 군인들과 군중들 사이에 마찰이 일어난 소위 '보스톤 학살 사건(Massacre of Boston)'이 발생하였다.

군중들은 군인들에게 욕을 퍼붓고 눈덩이를 던지면서 조롱하기 시작하였는데 그때 누군가가 읍내 종을 쳐서 수많은 인파가 군중들과 합류하였다. 그때 어느 한 병사가 밀쳐서 뒤로 넘어지고 그가 바로 일어설 순간에 총성이 보스톤항을 메아리쳤다. 총성이 멈추고 군중들이 흩어진 뒤에 거리에는 4명의 시체가 땅바닥에 누워 있었고 8명이 부상을 당하였다. 사건의 긴박성을 알아차린 엘리트 지도자들은 신속히 움직였다. 하층민들이 총기를 가지러 가는 사이에 이들은 읍민 회당에 모여서 군중들로 하여금 영국과 타협안이 이루어질 때까지 자제해 주도록 요구하였다. 존 아담스와 조시아 퀸시(Joshia Quincy) 등은 군중들이 실력을 행사하지 못하도록 설득하였다. 아담스는 변호사로서 사격을 하

▶ 보스턴 학살 사건(1770).

였던 영국군을 변호하였다. 결국 체포된 자 중 2명의 군인들은 무죄 판결을 받아 석방되고 나머지는 가벼운 형벌을 받는 것으로 마무리되었다. 이러한 사건에 당황한 영국 의회는 그들의 권위를 유지하기 위한 상징으로 차에 대한 관세만을 남겨두고 모든 수입 관세를 철회하였다. 그러나 여전히 불신은 남아 있었다. 설탕법, 숙영법, 해사법원, 관세감독관 등이 식민지에 대한 강압적인 정책의 상징으로 계속 남아 있었고 영국의 상비 군대가 식민지로부터 철수는 했지만 해군 함정들이 계속 순찰을 강화하면서 식민지 상인들과 빈번한 마찰을 빚고 있었다.

보스톤 학살 사건으로 대대적인 투쟁이 벌어질 것으로 기대하였으나 이렇다 할 항의 없이 사건은 잠잠해졌다. 1770년부터 1772년말까지 이상하리 만큼 식민지는 조용하였다. 사무엘 아담스 등의 급진 세력들은 영국에 대한 투쟁 운동이 갑자기 잠잠해지자 1772년 11월에 통신 위원회(Committee Of Correspondence)를 조직하여 식민지끼리 서로 연락을 하면서 영국의 부당한 처사에 대한 자료를 수집하여 국민들에게 알리며 서로간의 일치된 행동을 강구하여 영국에 대한 식민지인들의 분노가 식지 않도록 노력하였다.

1773년에는 타운센드법 조항에서 오직 차에 대한 관세만 유일하게 남아 있었는데 바로 이 차에 대한 문제가 혁명의 결정적인 도화선이 되었다. 1773년에 영국 의회는 차세법(Tea Act)을 제정하여 파산 위기에 있었던 영국의 동인도 회사로 하여금 창고에 쌓여 있던 차를 미국에 덤핑 판매할 수 있도록 하였다. 영국은 이러한 값싼 차가 미국인들의 감정을 상하게 하지 않으리라고 보았으나 동인도 회사에 차수입권을 빼앗긴 미국의 상인들은 이러한 정책에 분노를 금치 못하였다.

사무엘 아담스와 패트릭 헨리 등의 급진 세력은 드디어 그들의 통신 위원회에 때가 왔다고 보았다. 이들은 상인들의 강력한 협조로 영국차

불매 운동을 대대적으로 전개하였다. 뉴욕과 펜실바니아에서는 군중
들이 압력을 넣어 차 수입 대리인들을 사임시켰으며 아무도 차를 사지
못하도록 강요하였다. 이러한 강력한 식민지인들의 대응으로 차를 싣고
온 많은 상선들이 다시 영국으로 되돌아갔다. 보스톤에서는 허친슨
총독이 강압적으로 차를 하역시키려 하여 문제를 일으켰다. 그의 두
아들이 화물 인수자로 내정되어 있던 허친슨 총독은 영국의 차가 아무런
저항없이 보스톤 항에 하역되도록 조치를 취하고 식민지 관료들로 하
여금 그의 계획을 돕도록 명령하였다. 그러나 11월 30일에 통신위원회가
주도하는 읍민회는 식민지 관료들로 하여금 허친슨의 명령을 따르지
말라고 경고하고 그날 밤 사무엘 아담스와 존 헨콕(John Hancock) 등
150여 명의'자유의 아들들'은 모호크 족(Mohawks) 인디언으로 분장하여
보스톤 항에 정박중이던 세 척의 배에 침투하여 싣고 있었던 차를 전부
바다로 내던졌다. 이것이 유명한 '보스톤 다당(Boston Tea Party) 사건'
이었다.

　이에 분노를 금치못한 영국 의회는 1774년 3월에 이러한 사건을 응
징하기 위하여 '강제법(Coercive Acts)' 을 제정하였다. 이 법은 4개로
나누어지는데 첫째는 손실된 차의 값을 배상할 때까지 보스톤 항구를
봉쇄하는 것이며, 둘째는 통치법(Government Act)으로 식민지 의회의
상원 의원과 보안관을 영국 국왕이 직접 임명하게 하고 보안관이 배
심원을 임명할 수 있게 하였다. 그리고 연례적으로 관료를 뽑기 위하여
모이는 읍민회를 제외하고는 모든 읍민들의 모임은 총독의 승락 없이는
열 수 없게끔 하였다. 세번째는, 재판 운영법(Administration of Justice Act)
인데 유죄 혐의를 받은 영국 관리나 병사는 식민지 법정이 아니라 영국
본토에 와서 재판을 받도록 한 것이었다. 마지막으로, 군대 숙영 민박법
(Quartering Act)은 필요한 경우에 식민지가 영국의 군대에 민박을 제

공해야 한다는 것이었다. 그리고 5월에 토마스 게이지(Thomas Gage) 장군이 허친슨의 후임으로 매사추세츠의 새 총독겸 영국군 총사령관으로 부임하였다. 이는 영국이 보스톤을 다른 식민지로부터 고립시켜 강압적으로 통치하여 다른 식민지인들에게 본때를 보여주려고 한 것이었다.

그러나 이러한 영국의 의도는 오히려 역효과를 내고 말았다. 식민지인들은 매사추세츠에 가한 이러한 일련의 법들을 '참을 수 없는 법(Intolerable Acts)'으로 간주하면서 그들이 이러한 법에 대항하여 투쟁하지 않으면 매사추세츠와 똑같은 심한 압제가 전식민지에 퍼질 것으로 믿고 대대적인 투쟁을 벌였다. 버지니아 통신 위원회의 젊은 회원이었던 토마스 제퍼슨은 6월 1일을 버지니아의 금식과 기도의 날로 선포하고 매사추세츠에 대한 영국의 강압적인 정책에 간접적으로 항의하였다. 이에 대응하여 총독이 버지니아 하원을 해산시키자 그들은 독자적으로 투쟁 방법을 논의하고 제1차 대륙 회의를 소집할 것을 결의하였다.

1774년 9월 5일 필라델피아의 카펜터즈 홀(Carpenter's Hall)에서 조지아를 제외한 모든 식민지에서 뽑혀 온 55명의 식민지 대표들로 구성된 제1차 대륙 회의(Continental Congress)가 열렸다. 여기에서 버지니아의 페이튼 랜돌프(Peyton Randolph)가 회장으로 선출되었으며 필라델피아의 사무엘 아담스로 알려진 찰스 톰슨(Charles Thomson)이 서기로 선출되었다. 그러나 이 대륙 회의에서는 아직 미국 독립에 대한 구체적인 대안이 나오지 않았고 다만 매사추세츠에 대한 영국의 법들을 참을 수 없는 법들이라고 규정하고 영국에 대한 항의안을 채택하였다. 이어서 이 대륙 회의는 미국인의 권리 선언을 채택하여 미국은 영국 의회가 미국의 통상을 규제하기 위하여 제정한 법은 인정하지만 식민지의 내정 문제는 간섭할 수 없다고 선언하고, 또한 영국왕에 대한 청원서를 작성하여 식민지인에 대한 억압 정책을 국왕이 철회해 주기를 요구하였다.

그러나 영국 의회에서는 비교적 온건한 대륙 회의의 결의안조차도 받아들일 분위기가 아니었다. 의회는 매사추세츠가 반란 상태에 있다고 선포하고 뉴잉글랜드가 다른 나라와 통상하는 것을 전면 금지시켰으며 북대서양에서 어업권을 행사하지 못하도록 하였다.

이제 영국과 미국 식민지는 걷잡을 수 없는 파경으로 곤두박질쳤으며 그것은 결국 독립 전쟁으로 확대되기에 이르렀다. 인간적인 요소들과 감정들이 역사를 움직이는 데 아주 중요한 역할을 하고 있다는 실례를 우리는 여기에서 엿볼 수 있다. 영국과 미국 양측은 이제 서로를 믿지 못하였으며 상대방을 가장 나쁜 면으로 해석하기 시작하였다. 대륙 회의에서 보수파는 급진파의 강경론을 제압하고 조셉 겔로웨이(Joseph Galloway) 등을 중심으로 사실상 영국과의 타협을 모색하였다. 그들은 영국왕에게 청원서를 보내 식민지인들은 영국 국왕의 충성스러운 신민(臣民)임을 재천명하면서 영국이 식민지에 대한 억압적인 정책을 철회함으로써 옛날의 평화스러웠던 식민지 체제를 복구하도록 촉구하였다. 그러나 영국은 식민지인들이 모국의 권위를 추락시키면서 반란 음모를 획책하고 있다고 보았다. 타협의 소지가 다분히 있었음에도 불구하고 한번 불신과 의심을 하게 되자 이러한 부정적인 관념은 연쇄 반응을 일으켜 어떠한 행동도 서로에게 위협을 주는 것으로 받아들이게 되었다. 미국은 영국이 미국 식민지를 노예화하려고 획책하고 있다고 두려워하였고, 영국은 미국의 폭도들을 제압하기 위하여 강압적인 수단으로 맞서야 한다고 생각하였다. 결국 수많은 역사의 경우와 같이 결과는 전쟁으로 결판이 났다. 고정된 불신과 의심의 꼬리를 무는 인간적인 요소가 전쟁의 피를 불러일으키게 된다는 좋은 본보기가 된 셈이다. 나중에 미국의 북부와 남부가 이와 똑같은 편견과 의심의 가속화로 인하여 타협의 소지가 있었음에도 불구하고 4년간의 처절한 남북 전쟁을 치렀던 것이나 2차 세계 대전이 일어나기 전에 미국과 일본과의 관계가 이러한 인간적인 요소에 의하여 가속화되었던 것, 그리고 제 2차 세계 대전 종결과 함께 미국과 소련이 등을 돌리고 원수지간이 되었던 것도 이러한 인간적 요소가 크게 작용했다고 할 수 있다.

역사란 자유를 억압하는 세력으로부터 끊임없이 해방되려고 하는 인간 몸부림의 연속이라고 할 수 있다. 이러한 역사적 추세를 가정한다면 미국의 독립도 분명 언젠가는 오게 될 것임에 틀림이 없었다. 그러나 1775년 이전까지 미국인들의 대부분은 영국으로부터의 독립은 생각하지 않았으며, 다만 영국의 강압적인 식민 정책에 대해 항의하고 영국 정부가 그것을 철회해 주도록 요구하였을 뿐이다. 사무엘 아담스나 패트릭 헨리와 같은 급진 세력들도 미국이 궁극적으로 독립을 해야 한다고는 생각하였지만 구체적인 방안을 제시하지 못하고 있었고, 제 1차 대륙 회의에서와 같이 미국은 온건주의가 지배하여 세계 최강의 영국의 식민지로서 과거에 평안하였던 식민지 관계를 지속시키려고 하였다. 특히 경제적, 사회적으로 하부 구조를 이루고 있던 민중들은 영국으로부터의 완전한 독립을 생각하지도 않았다. 그들의 가장 큰 관심사는 오히려 3,000마일 떨어진 영국 본토에서 왕과 의회가 어떠한 정책을 펴고 있었는가보다는 식민지내에서의 사회적, 경제적 불평등에 더 관심이 있었다. 영국의 식민지 정책에 불만이 있었다면 바로 그들의 일상 경제 활동을 제약하는 일련의 영국의 통상 규제법이나 관세법들에 대한 불만이었다.

이러한 강압적인 법들이 철회되고 정상적인 상업 활동이 재개될 경우에는 미국 식민지의 일반 군중들이 과격하게 미국 독립을 외칠 아무런 이유가 없었다. 이런 점에서 미국혁명의 가장 직접적이고 중요한 이유는 영국 정부가 매사추세츠에 적용하였던 강제법과 같은 일련의 강압적인 식민지 정책을 편 데 있었다고 하겠다. 그러한 강압 정책들은 그동안 미국의 정치, 경제를 장악하고 있던 식민지의 엘리트층들에게 직접적인 도전을 한 것이었다. 영국이 그들의 의견을 무시하고 더욱 강경한 정책을 펴게 되자 식민지 엘리트들은 인지세법 이후로 과격해지고 있던 민중들의 힘을 이용하여 영국으로부터의 독립을 구상하게 되었던 것이다.

1775년 4월 19일 영국군 일개 중대와 식민지 민병대와의 역사적인 렉싱턴(Lexington) 전투를 시작으로 영국과 미국은 전쟁 상태에 들어갔음에도 미국 식민지내에서는 영국으로부터의 완전한 독립을 주장하는 급진파와, 영국의 강압적인 정책들을 철회하도록 계속 노력하자는 온건파가 대립하고 있었다. 그러나 1776년 중엽 이후로 대세는 토마스 페인(Thomas Paine) 등의 급진주의 사상가들의 영향으로 미국은 타락한 영국의 군주제로부터 벗어나 독립을 해야 한다는 쪽으로 기울어졌다. 그리하여 1776년 7월 4일 대륙 회의에서는 공식적으로 독립 선언서를 채택하였다. 이 선언서에서 인간은 자연적 평등권과 자연권을 소유하고 있으며 이 사실에 대하여는 논쟁할 여지가 없는 자명한 진리라고 밝혔다. 이러한 인간의 절대 자연권에 따라 인간은 생명, 자유, 행복 추구의 권리를 갖고 있으며 이러한 인민의 권리를 보장하기 위해 정부가 필요하며 그 정부는 인민들에 의해 구성되어야 한다고 발표하였다. 즉 영국의 왕권으로부터 독립하여 인간 자연권을 보장한 새로운 독립 정부를 인민들에 의해 구성한다고 선언한 것이다.

그러나 자연권에 의한 새로운 정부 건설은 그렇게 쉽지는 않았다.

▶ 델라웨어를 건너는 조지 워싱턴. 영웅적으로 그려진 건국의 아버지의 초상을 통해 미국민의 그에 대한 존경심을 엿볼 수 있다.

존 아담스가 말한 것처럼 이 문제는 세계 역사의 어느 순간에도 해
결되지 못하였으며 앞으로도 해결이 가능하지 못할 어려운 과제였다.
주권이 인민의 손에 있어야 한다는 이론이야 오래전부터 있었지만 어
떻게 구체적으로 주권을 인민의 손에 돌려줘야 할 것이냐에 대해서는
모두들 막연한 생각뿐이었다. 타락한 영국으로부터 독립을 해야 한다는
데에는 동의하고, 또한 새 국가를 창조한다는 희망으로 모두 다 들떠
있었지만 독립 국가를 구성하는 일은 통치의 경험이 없었던 미국인들
에게는 너무나 벅찬 것이었다. 독립이 단지, 그들의 경제적 고통과 영
국의 부당한 정책 때문만이 아니라 어떠한 숭고한 이념적 이유에서
발생하였다는 것을 주장하기 위하여 미국의 엘리트들은 고심하였고,
결국 그들이 주장하고 나선 것이 소위 혁명적 공화주의였다. 이 공화
주의는 독립 선언서에서 잘 나타나 있듯이 인민들에 의하여 움직여지며
인민들의 생명, 자유, 평등을 보장하는 정부를 건설하는 것이었다. 그
러나 이상주의적 공화주의를 내세웠지만 구체적으로 어떠한 세력이
정부를 주도해야 하는가에 대하여는 날카로운 대립을 보였다. 즉 보
수주의자들은 깊은 청교도적 사상을 가지고 있어서 인간은 본래 타락
하고 부패하기 마련이기 때문에, 순수한 인민에 의한 정부가 들어서고,
인민들에게 절대적 자유를 주게 되면 타락한 인간 속성 때문에 그
자유조차 다수에 의한 독재의 경향으로 갈 수가 있으며 사회 질서가
개개인의 이익 때문에 깨질 수 있게 되고, 한번 질서와 체제가 깨어지면
오히려 국민들의 공익을 해치게 되므로 구체적인 강력한 견제 세력이
있어야 한다고 주장하였다. 이미 전쟁중에도 계급 투쟁적 요소가 보였고,
전쟁에 협조하지 않는 세력도 많았으며, 전쟁으로 자기의 욕심만 채우는
사람들도 나타나게 되었다. 이와 같이 이미 독립 전부터 다양해진 사
회에서 당파적 문제 등으로 완전한 인민에 의한 자유 정부를 수립하

기에는 많은 어려움이 있었다. 만약 혁명 후에 이러한 불안한 요소가 재현될 경우 새 정부는 걷잡을 수 없는 파경에 이를 가능성이 농후하였다.

혁명 기간 농부, 소작인, 노동자, 기능공들을 포함한 그동안 정치에서 소외되었던 자들이 정치에 깊이 참여하게 되었다. 정상적인 입법 회의나 대표자 회의 등이 독립전쟁 기간에 불가능하게 되자 각 지역마다 읍민회 등을 소집하여 그때그때 필요한 사항들을 스스로 결정하였다. 인지세 반대 투쟁 때부터 당국의 허가 없이도 읍민 회의에서 가격과 임금을 규정하였다. 토리 당원들을 협박하여 세금을 징수하고 심지어 무엇을 먹고, 마시고, 입고, 말하고, 생각할 것인가까지도 이러한 읍민회에서 결정하였다. 이러한 국민의 자치와 자유주의는 인쇄물과 종교로부터 크게 영향을 받았다. 신문 외에도 팜플렛 등이 이러한 공화주의적 사상을 국민들에게 전달하는 데 큰 역할을 하였다. 1,500개 정도나 되는 팜플렛이 독립 혁명과 공화주의 문제를 집중적으로 다루었다. 그때까지 세계사의 어느 시대 어느 나라에서도 이렇게 값싸고 광범위하게 퍼진 문서로써 새로운 정부 구성에 대한 문제로 노동자, 농민 할 것 없이 모든 국민들을 계몽했던 적은 없었다. 또한 독립전쟁 30년 전부터 시작된 미국 전역에 걸친 대각성운동(The Great Awakening)의 복음주의적 신앙 부흥 운동은 미국인들로 하여금 그리스도가 곧 재림하여 지상 왕국을 건설할 것이라고 믿게 하였다. 그리하여 그들은 하루 빨리 타락한 영국으로부터 분리되어야 하며 새로운 이스라엘로 미국이 하느님의 선택을 받았으므로 모든 국민은 능동적이고 긍정적으로 악하고 타락한 세상을 타도하고 자유를 보존하는 이상적인 국가를 건설해야 한다고 주장하였다.

그러나 이러한 대중 운동과 인민들의 정치 참여는 공화주의를 부르

짓으며 영국으로부터 독립을 주장하였던 엘리트 귀족층에게 심대한
우려를 안겨주었다. 특히 독립전쟁이 막바지에 들어서자 사회, 경제
엘리트들은 새 정부는 일반 대중들에 의하여 주도되는 것보다 능력이
있고 지혜로우며 어느 정도의 기본 재산을 갖고 있는 귀족들에 의하여
주도되어야 한다고 주장하였다. 이들은 공화주의적 국가를 이룩하는
데에 일반 민중이 정치에 참여하는 것을 위험스럽게 생각하였다. 일반
민중에 의한 정치는 사회 불안을 조성하고 이러한 불안은 오히려 일
반인들의 공익을 해칠 수 있다고 생각하여 대중들의 정치 참여를 제
재하려는 움직임을 보였다.

　이러한 보수파와 과격파간의 논쟁은 쉽게 합의를 보지 못하였다.
그간의 사정은 펜실바니아와 매사추세츠 주의 헌법이 잘 나타내 주고
있다. 펜실바니아는 토마스 페인, 토마스 영(Thomas Young)의 진보적
세력과, 서부의 농민, 필라델피아의 기능공, 소상인 등이 뭉쳐서 가장
진보적인 색채를 띤 정부를 수립하였다. 여기에서는 지사나 상원 등의
기존 정치 체제를 벗어나 매년 선거를 통해 당선된 하원으로만 구성된
하나의 강력한 의회를 구성하였는데, 이 의회는 인민 전체의 이익을
대변하는 것이었다. 그동안 관직 취임 요건으로 공식화되었던 재산권을
없앰으로써 재산이 없는 하층민도 관직에 오를 수 있게끔 되었다. 또한
권리장전(The Bill of Rights)을 제정하여 종교 및 언론의 자유와 배심원에
의해 재판을 받을 수 있는 권리 등을 보장하였다. 가장 진보적이었던
것은 재산의 재분배 원칙이었는데, 펜실바니아 정부는 소수 개인들에
의하여 장악된 엄청난 양의 재산은 일반 국민의 자유에 위험한 것이라고
생각하여 이러한 재산 소유를 제한하는 법을 제정하려는 움직임을 보
였다.

　한편 존 아담스가 큰 영향을 끼쳤던 매사추세츠 주에서는 주권이

전적으로 국민에게 있는 공화주의 정부를 설치하되 상부 계층과 하부 계층의 균형을 맞추기 위해 양원제를 채택하였다. 하원은 인민을 정확히 대표하는 기구로서 그들과 함께 생각, 느낌, 행동, 이성을 같이 나누는 자들로 구성되며, 상원은 토지 귀족이나 기타 많은 재산권을 소유한 부유한 엘리트로 구성되게 하였다. 아담스에 의하면 어차피 인류 역사는 민주주의 세력과 귀족 세력과의 분단이 필연적인 것인데, 이러한 양 세력을 견제하기 위해서는 독립적인 지사 중심의 행정부를 구성하여 이 행정부로 하여금 의안 거부권, 군사 지휘권, 지출 감시권, 관리 임명권 등을 담당하도록 하는 것이었다. 물론 이 제안은 매사추세츠 지방의 노동자와 농민 그리고 하층민들로부터 완강한 반대를 받았지만 당분간 이런 정도만으로도 만족해야 한다고 설득하여 결국 1779년 7월에 주 헌법으로 제정하였다.

영국에 대한 미국의 승리가 거의 확실해져가던 1781년 3월에 대륙 회의에서는 13개 식민지를 연합하는 영구적인 동맹을 맺기로 하고 그 헌법으로 연합헌장(The Artides of Confederation)을 채택하였다. 이에 의하면 각 나라는 아메리카 합중국으로 불리우는 하나의 국가에 속해 있지만 그 자신이 조그마한 국가로서 존재하고 다만 공동 방위와 안전을 위하여 서로 동맹을 맺을 뿐이었다. 이것은 다만 '우정의 동맹'으로 그동안 대륙 회의가 가졌던 권위를 그대로 인정하고, 그 규모와 관계 없이 각 나라는 동일하게 한 표를 갖게 하였다. 연합 의회는 선전 포고권, 조약 체결권, 동맹 체결권, 해상 지배권, 육해군 유지권, 대사 파견권의 권한을 가졌다. 그것은 전쟁중에 대륙 군대를 훈련시키고 유지하는 데 크게 이바지하였으며 프랑스와 동맹을 맺고 외국과의 통상을 체결하여 독립전쟁을 수행하는 데 재정적 문제가 없도록 하였다. 그러나 연합 의회는 중앙 정부로서 통상을 규제하거나 각 나라의 재정 문제를 조절할 수 있는 권한을 갖지 못하였다. 간단히 말해서 연합 의회는 영국으로 부터의 독립 전쟁을 성공적으로 수행하기 위해 성립된 것이었으나 전쟁 이후에 여러가지 경제, 외교, 정치적인 문제를 해결할 중앙 정부로서의 법적 권한을 갖고 있지는 않았다. 실로 그것은 미국인의 강력한 중앙 정부에 대한 불신의 산물이었다. 미국인들은 강력한 중앙 정부에 반 대하고 있었다. 강한 중앙 정부는 인민에 의해 구성되고 인민의 전반 적인 이익을 대변하는 공화주의적 정치에 위반하는 것이며, 자칫하면 다시 유럽과 같은 독재 전제주의적 경향으로 전환될 수 있다는 것이 었다. 그러나 전쟁이 끝나고 독립을 이루게 되면서 연합 의회는 전후의 여러 문제들에 대처할 권한을 소유하지 못하였고, 갓 태어난 공화국의 독립을 성공적으로 유지하는 데 부족하다는 것을 깨달은 것은 독립 후의 제반 문제가 야기되면서부터였다.

# 제4장 독립 후의 문제
## —— 연합 헌장과 헌법 제정

영국과의 전쟁의 승리가 아메리카 합중국의 독립을 보장해 주는 것은 아니었다. 갓 태어난 공화국은 심각한 경제, 외교, 정치적 혼돈을 겪어야 했으며 많은 유럽의 국가들은 과연 아메리카가 성공적으로 독립을 유지할지 의문을 가졌다. 파리 조약에 의하면 영국은 북서부 영토에서 군대를 철수하기로 되어 있었으나 조약을 어기고 여전히 주둔시키고 있었다. 그들의 목적은 인디언 부족과의 모피 무역을 계속 지배하고 또한 인디언과 잠정적인 동맹을 맺고자 하는 것이었다. 외형적으로는 영국은 미국이 파리 조약에 의거해 미국내의 영국 거주민들에게 성실한 대우를 할 때까지 군대를 주둔시킬 것이었다. 파리 조약에서 미국은 미국내 토리당원들의 재산을 복원하고 그들의 채권을 갚아주도록 되어 있었다. 그러나 연합 의회는 이러한 문제를 강압적으로 국민들에게 요구할 수 없었는데 이것은 민중들의 감정과 관련된 것이어서 함부로 할 수 없는 일이었다. 그러나 이것은 영국 군대의 주둔과는 상관이 없는

일이었다. 이러한 영국 군대의 주둔은 신생 공화국의 자존심을 건드리는
것이었다. 그것은 서부 거주민뿐만 아니라 동부인들에게까지도 달갑지
않게 보였다. 더군다나 인디언들이 파리 조약을 승인하지 않고 계속
서부 거주민들을 습격하자 미국인들은 인디언의 습격 뒤에는 자동적
으로 영국이 개입되었을 것으로 보고 더욱 영국군 부대의 철수를 요
구하였다. 연합 의회는 거듭해서 영국 군대 철수를 요구하였다. 존 아
담스를 영국에 특파하여 이들의 요구를 관철시키려 하였으나 성공을
거두지 못하였다.

  남쪽으로는 스페인이 문제였다. 스페인은 신생 공화국의 진보적인
정치적 이념과 서부 거주민들의 영토에 대한 욕심을 두려워하여 미국에
대해 더욱 강력한 외교를 펴나갔다. 가장 심각한 문제를 일으켰던 것은
스페인이 미국인들로 하여금 미시시피 강 하구를 항해할 수 없게끔 한
것이었다. 스페인은 뉴올리언즈 상부의 미시시피 하구 지역을 점령하고
있었는데, 이 지역은 애팔레치아 산맥 등성이 부근에 거주하는 미국
인들에게는 생명선이나 다름이 없었다. 아직 교통의 발달이 미비했던
그 즈음에 그들의 농산물을 마차 등으로 동부까지 운반하기는 너무 힘이
들었기 때문에 그들은 농산물을 미시시피 강을 통해 멕시코 만을 거쳐
선박으로 동부로 수송하고 있었다. 만약 스페인이 미시시피 강의 통행을
막는다면 이것은 미국의 서부 거주민들의 숨통을 막는 것과 똑같은
것이었다. 이러한 사정하에서 제임스 윌킨슨(James Wilkinson) 장군은
스페인의 뇌물을 받고 켄터키를 스페인령으로 가입시키려는 계획까지
세웠으나, 거주민 대부분이 스페인보다도 미국에 소속하기를 원하여
그 계획은 성사되지 못하였다.

  스페인령 플로리다와 미국과의 경계선 문제도 자주 마찰을 빚게 되
었다. 스페인이 그 지역 인디언 부족들과 동맹을 맺어서 조지아 및

테네시 지역의 서부 주민들의 교역을 방해하여 미국인들의 원성을 사게 되었고, 결국 1785년에 조지아는 크리크 족(Creeks)과 전쟁을 하기에 이르렀다.

외교뿐만 아니라 미국의 통상도 큰 어려움을 겪고 있었다. 스페인과 영국 등 유럽 국가들이 미국의 독립을 비웃는 것처럼 미국의 대서양에서의 해상 활동을 제한하고 있었다. 특히 영국은 미국의 통상에 가장 중요한 몫을 하고 있었던 미국의 서인도 제도와의 무역을 심하게 제한하였다. 영국내에서도 아담 스미스의 『국부론(Wealth of Nation)』 등의 영향으로 자유무역 체제가 영국의 경제에 유리하며 특히 미국과의 호의적인 교역 활동은 두 나라를 위해 필수적이라는 의견도 있었지만, 식민지와의 전쟁에서 패배를 당한 영국은 위신 문제 때문에라도 새 공화국의 무역을 제한하고자 하였다. 미국의 조선 사업은 침체되고 외국과의 무역량은 급격히 떨어졌다. 반면에 외국 상품의 수입이 증가해 그나마 부족한 미국의 금은 갈수록 줄어들었다. 관세 때문에 미국내의 각 나라들 사이에 혼란이 일어나 국내 경제가 침체되자 어떤 나라들은 서로 관세를 부과하기도 하였다. 또한 하나의 통일된 통화제도가 없어서 각 나라간 통상은 사실상 힘들었으며 중앙 정부의 간섭이 없이 각 나라들은 다른 국가들과 개별적으로 통상 조약을 맺어서 그들의 경제난을 해결하려고 하였다.

연합 의회는 과세권이 없었기 때문에 각 나라의 보조금으로 지출을 충당하였는데 전쟁 부채와 같은 큰 부채에 대한 이자를 지불할 능력이 없었으며 다만 서부의 국유지를 팔아서 충당하려고 하였다. 1781년에 연합 의회는 이러한 예산의 적자를 메꾸기 위하여 관세로 물품당 5%를 부과하려고 하였으나 11개 나라만이 찬성하였다. 13개 나라에서 11개 나라가 그러한 제안을 찬성하였다는 것은 중앙 정부의 필요성과 국민

주의의 발달의 증거로 볼 수가 있겠으나 여전히 만장일치로 합의를
보아야 한다는 연합 헌장의 규례에 따라 관세는 성사를 보지 못하였다.

외국의 통상 제재와 국내의 통화량 부족 등으로 인한 1780년대의 경기
침체는 곡물 가격의 하락을 촉진하였으며 부족한 금에 대한 가치를
높였다. 그렇기에 부채를 갚지 못하는 일반 시민들은 심각한 타격을
받았다. 그리하여 국민들은 지폐(paper money)를 요구하였고 실제로 7개
나라에서는 채무자들이 입법 의회를 장악하여 지폐를 남발하기 시작
하였다. 그러나 다른 6개 나라에서는 채권자들이 지폐 발행을 거부하여
농부들에게 심각한 타격을 주었는데, 그 결과 1786년에 세이즈의 반란이
일어났다. 벙커 힐(Bunker Hill)과 사라토가(Saratoga) 전투의 참전 용사
였던 다니엘 세이즈(Daniel Shays)가 서부 매사추세츠에서 농민들을 규
합하여 무력으로 채권자들의 횡포를 비난하였다. 보스톤의 민병대가
출동하여 이들을 진압하였으나 이러한 농민들의 반란은 다른 나라들의
지배 계층에 큰 우려를 끼쳤다. 채권자들과 보수주의적 계층은 강력한
중앙 정부가 이러한 민란을 규제하지 않으면 새 공화국은 무정부 상태에
들어가게 되고 다시 한번 국내 혁명을 겪어야 한다고 생각하여 더욱
강한 중앙 정부를 구성할 것을 제의하였다.

정부 형태 변화의 필요성에 따라 1785년 5월에 워싱턴의 생가에서
버지니아와 메릴랜드의 대표들이 모여서 포토맥 강의 항해와 통상 증진
등을 의논하게 되었다. 여기에서 이들은 더욱 광범위한 주간 통상(州
間通商) 문제를 논의할 필요성을 느껴 모든 나라에 현존 연합 헌장을
수정하기 위한 모임을 갖자고 제의하였다. 그해 9월 아나폴리스(Annapo-
lis)에서 모임을 갖게 되었으나 여기에는 5개 나라만이 대표자들을 보
내어 이렇다할 논의도 하지 못하고 헤어졌다. 그러나 여기에서 해밀턴
(Hamilton)의 강력한 제안으로 다음해 필리델피아에서 연합 헌장을 수

정하기 위한 범국가적 모임을 갖자는 데 동의하였다. 1787년 5월 25일 필라델피아의 독립관(Independent Hall)에서 로드 아일랜드를 제외한 모든 나라에서 파견된 55명의 대표들이 역사적인 회담을 가졌다. 이들은 연합 헌장을 수정한다는 본래의 의도를 무시하고 비밀리에 새 헌법을 만들 것에 동의하였다. 이들의 이러한 논의를 비밀로 했던 것은 완전한 새 헌법의 초안이 나오기까지는 외부 군중들의 압력 없이 자유롭게 토론하기 위함이었다.

뉴욕의 변호사였던 명석한 해밀턴이 그 회의에서 가장 주도적인 인물이었으며 또한 가장 보수주의적인 세력의 대표자 역할을 하였다. 조지 워싱턴이 의장으로 선출되었다. 헌법의 아버지라고 불리우는 버지니아의 제임스 매디슨(James Madison)은 큰 나라의 이익을 대변한 대표자 역할을 하였고 또한 원내 총무격으로 여러 가지 의견과 회의 진행 과정을 면밀히 검토하고 주도하였다. 벤자민 프랭클린은 고문격으로 활동하였는데 서로 다른 의견으로 논란이 일어나고 대표자들 간에 감정이 상하였을 때 이것을 중재하는 중요한 역할을 하였다. 새로운 정부에 의심을 품었던 버지니아의 패트릭 헨리는 불참하였다. 제퍼슨은 프랑스 대사로 파견되어 있었으며 존 아담스는 영국의 대사로 파견되었기 때문에 헌법회의에 참석하지 못하였다. 그러나 토마스 제퍼슨은 이 회의를 신인(Semi God)들의 모임이라고 불렀는데 그가 보기에 여기에는 그당시 미국내의 유명한 사람들이 총망라되었기 때문만이 아니라 그들이 세기적인 미국의 헌법을 창출했기 때문이었다.

대부분의 대표자들은 젊은 보수주의자들이었으며 훌륭한 교육과 재능을 겸비한 사람들이었다. 또한 그들은 많은 재산을 소유하였고 직업별로는 법률가들이 주세력을 이루었다. 즉 이들은 경제, 사회적으로 상부층을 대변했던 것이고 강하고 효율적인 중앙 정부를 구성하는 데

관심이 있었던 자들이었다. 헌법 회의의 대표자들과 그 모임 자체가
미국 역사를 통해서 신성화되었으며 영웅화되었다. 그러나 이러한 해
석은 20세기초에 들어서 도전받았다. 찰스 비어드(Charles A. Beard)는
『미국헌법에 대한 경제적 해석(An Economic Interpretation of the Constitu-
tion of the U.S.A.)』이라는 책을 발간하여 헌법을 만들었던 '건국의
아버지들'은 국가의 전반적인 이익보다는 그들의 경제적, 사회적 지배
체제를 강화하기 위한 개인적인 욕심에서 헌법을 만들었다고 주장하
였다. 비어드에 의하면 대표자들은 거의 모두가 엄청난 양의 토지와
자산을 소유하였던 채권자들로서 자유, 평등, 민주주의와 같은 문제에
관심이 있었다기보다는 그들의 경제적 이익을 확고히 하기 위하여 민
주적인 미사여구를 구사하여 평민들은 쉽게 이해할 수 없는 애매한
헌법을 작성하였다고 주장하였다. 그렇기 때문에 헌법은 본질적으로
사유 재산권의 확립에 기반을 두었던 경제적 문서라고 결론지었다.
비어드는 '프론티어 이론(Frontier Theory)'을 주장하였던 프레드릭 잭슨
터너(Frederick Jackson Turner) 교수와 함께 미국 근대사에서 가장 중요한
역사학자라고 할 수 있는데, 비어드의 이러한 수정주의 해석은 아직도
학자들 사이에 큰 논쟁의 대상이 되고 있다. 미국학자들은 전반적으로
비어드의 의견에 동의하는 수정주의와, 전통적인 국민주의적 해석으로
양분되어 있다고 보아도 과언이 아니다. 실제로 헌법을 작성하였던
사람들은 많은 재산과 유가 증권을 소유하고 있었으며, 동부의 제조
업자들과 금융가들의 이익을 대표하는 자들이었음에는 틀림이 없다.
그러나 이들이 노골적으로 그들의 경제적 이익만을 위해서 헌법을 작
성했다고 주장하기에는 결정적인 증거가 부족하다. 이들의 경제, 사회적
출신 배경으로 보아 당연히 그러한 개인적인 욕심을 채웠으리라는 추
측을 낳게 할 뿐이다. 회의에 참석했던 그 누구도 그들의 자서전이나

서간에서 제헌 회의가 그들의 경제적 이익을 위한 모임이었다는 기록을 남겨 놓고 있지 않기 때문에 이 문제는 영원히 수수께끼로 남을 수밖에 없을 것 같다.

그러나 비어드의 이론은 헌법 제정과 미국 공화국의 출발에 새로운 해석의 각도를 제공해 주는 중요한 이론임에는 틀림이 없다. 왜냐하면 그들이 직접적으로 그들의 경제적 이익을 대변했는지는 자세히 알 수 없으나 그들은 혁명 전부터 보수적인 사상을 가진 자들이었기에 그들이 미국 전체 국민의 이익을 대표했다고 할 수 없기 때문이다. 이미 보아온 바와 같이 혁명 전부터 미국은 보수 세력과 진보 세력이 팽팽하게 대립하고 있었다. 진보 세력은 영국의 왕권으로부터의 독립과 인민에 의한 순수한 공화주의 수립을 부르짖었고 그에 따라 강력한 중앙 정부 설립을 반대하였다. 반대로, 보수주의자들은 대중들의 과격한 투쟁과 그에 따른 무질서에 대해 심각한 우려를 표명했으며 강력한 중앙 정부에 의한 질서 있는 정부를 주장하였고, 무엇보다도 새 공화국은 충분한 재산을 소유하고 교육을 받았던 엘리트들에 의하여 주도되어야 한다고 믿어왔던 자들이었다. 이들은 전후 다니엘 세이즈의 반란과 같은 사회적인 불안에 대하여 좌시할 수 없었다. 그들은 이러한 사회적 불안이 자칫 제2의 국내 혁명을 일으키게 할지 모르며 그렇게 된다면 결국 그들의 지배 체제가 심각한 도전을 받게 되기 때문에 강력한 중앙 정부를 구성하려 하였다고 볼 수 있다. 5월 30일의 헌법회의는 중앙 정부에 어떠한 권한을 주느냐와 이 새 정부를 어떠한 세력이 주도해야 하는가 하는 주요 안건을 제기하였다. 그러나 중앙 정부가 어떠한 권한을 갖느냐에 대하여서는 사실 별다른 토론 없이 통과하였고 문제는 누가 이 정부를 주도해야 하는가 하는 것이었다. 가장 심한 논쟁을 불러일으켰던 것은 큰 나라와 작은 나라간의 논쟁이었다. 큰 나라의

의견은 제임스 매디슨이 작성하였던 '버지니아 안(Virginia Plan)'이 대
표하고 있었고, 작은 나라의 계획은 윌리암 패터슨(William Patterson)이
제출했던 뉴저지 안(New Jersey Plan)으로 대표되고 있었다. 버지니아
안에 따르면 각 주의 인구수에 비례하여 연방 정부의 대표자를 선출해야
한다는 것이며, 뉴저지 안은 주의 크기와는 무관하게 똑같은 수의 대
표자를 연방 정부에 보내야 한다는 주장이었다. 큰 나라 출신 대표들은
주의 크기와 인구수에 무관하게 똑같은 숫자의 대표자들을 국회에 보
낸다는 것은 비민주적인 것이라고 생각하였고, 작은 나라 출신의 대
표자들은 인구수에 비례하여 대표자를 뽑는다면 결국 약한 주는 강한
주에 예속당할 수밖에 없기 때문에 공평하지 않다고 주장하였다. 결국
7월에 대타협(Great Compromise)이 이루어져 큰 나라와 작은 나라의
이론을 절충하는 헌법안이 마련되었다. 하원 의원은 각 주의 인구수에
비례하여 선출되고 상원 의원은 인구수에 관계 없이 주당 2명을 선출
하도록 하였다.

또한 남부와 북부간에 논쟁이 일어난 것은 바로 흑인 노예 문제였다.
북부 나라 대표자들은 남부가 흑인들의 수까지 포함해서 거기에 맞는
연방 세금을 내야 한다고 주장하였고, 남부는 흑인들 수까지 포함한
인구에 비례하여 하원 의원을 선출하되 흑인들을 그들의 세금 기준에
포함시키지 않기를 주장하였다. 결국 5분의 3이라는 타협안이 남북간의
동의를 얻어 통과되었다. 이것은 흑인 5명을 3명으로 간주하여 흑인들의
5분의 3을 대표자 구성과 세금 부가 판단 기준으로 삼게 한다는 것이
었다. 그리고 남부의 요구에 따라 향후 20년 동안 계속해서 노예 수입을
허가하는 타협안이 만들어졌다.

또한 2조 4항에는 도망 노예에 관한 문제를 추가하였는데 이는 도망한
노예는 주인의 요구에 따라 되돌려 줘야 한다는 것으로 이것은 그후

북부인들의 양심을 자극하게 되고 훗날 남북전쟁으로 치닫게 되는 노예
문제의 불씨를 낳게 하였다.

정부 조직과 권한에 관해 많은 논쟁이 있었으나 기본적인 문제에
관해서는 의견이 일치했다. 첫째로 정부는 3권 분립에 입각하여 입법,
사법, 행정의 3부를 세워 각기 독립성을 유지하면서도 서로 균형을
이루고 서로 견제하도록 한다는 것이었다. 둘째로 입법부는 과세, 통상,
국방, 외교 문제 등 국가 전체의 문제에 관한 입법권을 갖는다는 것
이었다. 셋째로 연합의회가 아직도 해결하지 못하고 짊어지고 있는
채무를 새 정부가 인수한다는 것이었다. 끝으로 각 나라의 주권에는
연방 차원에서 많은 제한을 가한다는 것이었다. 그러나 이와 같은 원
칙을 실현시키는 방법과 절차를 둘러싸고 열띤 논의가 일어났다. 지역적,
계층적, 또는 크고 작은 나라의 이해 관계의 대립은 어느 일방의 승
리만으로 문제를 해결할 수 없게 하였다. 문제의 해결은 타협밖에 없
었다. 미국의 헌법을 흔히 '타협의 묶음(Bundle of Compromise)'이라고
하는 이유가 여기에 있다.

제헌 회의는 9월 15일 헌법 초안을 작성하고 9월 17일 55명의 대표
중 41명이 서명함으로써 초안을 확정하였다. 이 헌법은 전문과 7조 21
절로 구성되었다. 헌법은 상황 변화에 따른 수정 조항을 두어 1971년
현재 26개조의 헌법 수정이 이루어졌다.

행정부의 수반은 대통령으로 임기가 4년이며 재선될 수 있었다. 대
통령은 국회나 국민의 직접 투표가 아니라 별도의 대통령 선거인단이
선출하게 하였다. 선거인단은 각 주가 각 주의 연방 상하 양원 의원
총수만큼의 선거인단을 선임하고 선거인단은 2명의 후보에게 투표하여
그 중 최고 득표자가 대통령이 되고 차점 득표자가 부통령이 되게
하였다. 부통령은 상원의 의장이 된다. 만약 어느 후보도 과반수 이상을

득표하지 못할 경우에는 각 주마다 한 표로 계산하여 연방 하원에서 대통령을 최종 결선하도록 하였다. 대통령과 부통령을 따로 선출하지 않고 다만 최다 득표자를 대통령으로, 차점 득표자를 부통령으로 선출하도록 한 헌법 규정은 1800년의 대통령 선거 때 36번이나 투표를 하도록 하였다. 이러한 번잡한 사례에 덧붙여 정당 발전이라는 새로운 요인 때문에 1804년 헌법을 수정하여 대통령과 부통령을 따로 선출하도록 하였다. 대통령의 재선 이상의 여부에 대해서는 아무 규정이 없었으며 다만 조지 워싱턴 초대 대통령이 재선되어 2차 임기를 마치고 3선의 권유를 물리치고 퇴임한 것이 전례가 되어 그후의 대통령은 워싱턴의 전례를 따랐을 뿐이었다. 이러한 관례는 프랭클린 루즈벨트 대통령이 뉴딜과 제2차 세계 대전중이라는 구실로 4선됨으로써 깨어졌으나 1951년의 헌법 수정 22조는 대통령의 재선 이상을 금지시켰다.

대통령은 국회에서 통과된 법을 집행하고 필요할 경우 특별 의회를 소집할 수 있으며 한편 국회에서 통과된 법안을 거부할 수 있는 권한을 갖도록 하였다. 대통령이 거부한 법안은 상하 양원에서 3분의 2 이상의 찬성 투표에 의해서만 번복될 수 있도록 되었다. 또한 대통령은 상하 양원의 3분의 2의 충고와 동의에 따라 외국과 조약을 맺을 수 있고 육군과 해군의 총사령관이 되며 정부 각료를 임명할 수 있는 권한을 가지게 되었다.

반면에 대통령은 국회가 탄핵할 수 있도록 하였다. 대통령 탄핵 소추는 하원에서 발의하되 탄핵 결의는 상원에서 하도록 하였다. 탄핵 심의의 엄정성을 유지하기 위해서 이 경우의 의장은 부통령이 아니라 대법원장이 맡도록 하였다. 탄핵의 남용을 막기 위해서 헌법은 탄핵 결의의 통과는 출석 의원의 3분의 2 이상의 찬성을 얻도록 하였다.

입법부는 상하 양원으로 구성되었다. 하원 의원은 임기 2년으로 각 주에서 제정하는 선거법에 따라 선출하도록 하고 상원 의원은 임기 6년으로 주 의회에서 선출하도록 하였다. 이러한 상원 의원의 간접 선거는 1963년의 수정 헌법 제17조에 의해서 주민이 직접 선출하도록 되었다.

사법부에 관해서는 별다른 이론이 없었다. 국회는 연방 대법원과 그밖에 하급 법원들을 설치하도록 하였다. 판사는 상원의 동의를 얻어 대통령이 임명하고 임명된 판사는 종신직이었다. 연방 법원의 사법권에 관한 규정은 있었으나 사법부의 위헌 심사권에 대해서는 명확한 규정이 없었다. 사법부에 관한 이러한 애매한 규정은 누가 대법원 판사에 임명되느냐에 따라 사법부의 위헌심사권 등 사법권의 확립이 결정되기 마련이었다. 1800년부터 1836년까지 대법원장을 지낸 존 마샬(John Marshall)은 그 유명하고 시의 적절한 판결을 통해서 사법부의 권한을 확고하게 강화시켰다.

국가의 주권(主權)이 과연 누구에게 있는가 하는 기본적인 문제에 대해서는 뚜렷한 결론이 나지 않았다. 주권이 중앙 정부에 있다고 분명하게 명문화시키지 않았는데 이 문제는 국가라는 것 대신 연방이라는 단어로 대체함으로써 논란을 회피하였다. 단지 헌법은 주권이 국민들에게 있다고만 말하였고 각 주들과 연방 정부와의 관계에 대해서는 명확한 제시를 하지 못하였다. 뒷장에서 밝히겠지만 바로 이 문제는 훗날 잭슨 대통령 시절 사우스 캐롤라이나 주의 관세 무효화 사태와, 계속되는 남북 주간의 논쟁의 주요 테마로 남아 결국 남북전쟁으로 문제가 해결되었다.

이제 헌법을 각 주에서 비준하는 것만 남아 있었다. 그러나 이 비준 문제는 헌법을 작성했던 문제보다 훨씬 어려운 문제였다. 왜냐하면 중산층 및 하층민들로 이루어진 각 주의 시민 대표자들은 부유층의 헌법 제정자들과는 사상과 이해 관계상 상당한 차이가 있었기 때문이다.

헌법 비준에 반대하던 자들은 반(反)연방주의자(Anti - Federalists)로 불려졌다. 이들은 헌법이 국민 전체의 이익을 대변한 문서가 아니라고 역설하고, 무엇보다도 부유한 귀족층들이 작성했던 것이기에 반대하였다. 그리고 이들은 필라델피아에 갔던 자기 주 대표들이 그들의 권한을 넘어 전적으로 새로운 헌법을 작성하였다고 주장하면서 헌법 비준을 거부하였다. 또한 그들은 이 새 헌법에는 독재로부터 시민들을 보호할 권리장전(Bill of Rights)이 빠져 있다고 비난하였다. 그들에 의하면 새 헌법이 각 주의 권한을 심각하게 제약하고 있으며 새 정부가 관세법 등을 제정하게 되면 결국 북동부 상인들에게만 유리할 것이라고 비판하였다. 이들은 대개 내륙 지방의 농부들과 채무자, 지역 중심주의자들로 구성되었는데 사무엘 아담스와 패트릭 헨리의 영도하에 헌법의 비준을 반대하였다. 이들에게 가장 두려웠던 것은 이 애매한 헌법이 강한 연방 정부를 구성하여 그들의 자유 공화주의적인 혁명 이념을 무너뜨릴 것이라는 것이었다. 아담스는 헌법의 첫 문장을 읽으면서 하마터면 문지방에 걸려 넘어질 뻔하였다고 고백하였는데, 왜냐하면 헌법의 첫 시작이 "미국 합중국의 인민인 우리는 (We the people of the United States)"이라고 시작했기 때문이다. 그는 헌법의 첫 문장에서 인민이라는 애매한 단어 대신 주(States)로 대체되어야 한다고 믿고 있었다. 헌법이 막연하게 강력한 중앙 정부의 구성을 인정함으로써 중앙 정부는 개인의 자유를 쉽게 침해할 수 있게 될 것이었다. 헌법 1조 8항에 기록된 것처럼 국회는 '일반적 복지(general welfare)'를 위하여 '필요하고도 적절한(necessary and proper)' 조치를 취할 수 있다는 대목은 너무 막연하고 애매하여서 쉽게 국민들의 자유를 침해할 수 있다는 것이었다. 간단히 말해서 이 반연방주의자들은 혁명의 이념이 공화주의인 만큼 정부는 간단, 단순해야 하며 보통 인민들이 이해할 수 있는 단순한 헌법에 기반을 둔 정부를 만들어야 한다는 것이었다. 이들에 의하면 이 새로운 헌법은 너무 복잡해서 학식이 많은 엘리트 세력들이 그들의 이익을 위하여 무지한 인민들을 교묘히 조정하는 등 일반 국민의 자유를 침해할 가능성이 다분히 있다고 믿었던 것이다.

이에 반해 연방주의자들은 연합 헌장에 의한 기존 정부로서는 사회, 경제, 정치, 외교 문제 등을 강력하게 다룰 수 없다고 주장하면서 새 헌법의 비준을 찬성하였다. 이들은 대개 동부 해안 지대의 도시에서 강한 호응을 받았으며, 특히 상부 계층과 부유층으로부터 대대적인 환영을 받았다. 상인들, 대농장주들, 선박 소유자들, 그리고 채권자들이 헌법의 비준을 찬성하였다. 이들은 강력한 중앙 정부가 그들의 해외 무역뿐만 아니라 국내에서의 경제 문제를 안정되게 다룰 수 있다고 믿었기 때문이다. 사실 이들은 연방주의자들이라고 불리기보다는, 중앙 정부주의자 혹은 국민주의자들로 불리는 것이 더 적절한 것 같다. 왜냐하면 반연방주의자들도 연방에 대해서는 찬성을 하였지만, 다만 새 헌법에 의해 연방의 중앙 정부가 너무 강력해지는 것을 반대하였기 때문이다.

찰스 비어드는 반연방주의자들의 주장을 옹호하여 미국의 헌법이 미국혁명에 대한 배반이며 반민주주의적인 문서로서 부유한 상부 지배 계층들이 그들의 지배를 계속하기 위하여 의도적으로 헌법을 작성하였다고 주장하였다. 그러나 최근에 많은 학자들은 비어드의 이론이 너무 극단적이며 헌법이 이러한 계급 의식이나 경제적 이익에 의하여 국민들을 분리시켰다고 말하기에는 여러 가지 점에서 증거가 불충분하다고 주장한다. 예를 들어서, 일반 소농민과 노동자들 사이에서도 연방주의자들이 많이 있었으며 반대로 부유한 상인과 엘리트층에도 반연방주의자들이 있었기 때문이다. 한마디로 가난한 자들이라고 전부 헌법을 반대했다고 말할 수 없고 부자라고 전적으로 찬성했다고 말할 수가 없다.

또한 벤자민 프랭클린, 조지 워싱턴, 토마스 제퍼슨 등 미국 시민의 우상과 같은 인재들이 그들 자신의 경제적, 사회적 이익만을 위하여 헌법을 만들고 헌법 비준을 성사시키기 위해 운동을 폈다고 말하기에는 불충분한 면이 없지 않다.

그러나 헌법을 반대하였던 중심 세력은 가난한 자들이 대부분이었으며 그들은 특히 지방 분산주의적인 소농민들에 의하여 강력한 지지를 받았고, 헌법을 강력하게 찬성했던 자들은 대부분 상인, 도시 거주자 등 경제적으로 풍요로웠던 사람들이었음에는 틀림이 없다. 대체로 부유한 사람들이 강력한 연방주의자들이었고 배우지 못하고 가난한 사람들은 반연방주의자들이었다. 결과적으로 교육, 재능, 부, 정치적 경험을 겸비한 연방주의자들이 반연방주의자들보다 훨씬 조직적이었고 국민들을 계몽하는 데 여러 가지 이로운 점이 많이 있었음에 틀림없다. 그당시 미국에 존재하였던 약 100여 개의 신문들 가운데 10여 개를 제외하고는 모두다 친연방주의적인 것이었는데 이는 부유한 연방주의자들만이 이러한 신문을 만들 수 있었기 때문이다. 이들 신문들은 반연방주의자들의 헌법 반대 의견을 싣지 않았고 그들 자신의 의견들만 실어서 인민들을 설득하여 헌법을 비준하도록 힘썼다. 또한 해밀턴은 제임스 매디슨과 존 제이와 함께 「연방주의자 논고(Federalist Papers)」라는 문서를 발간하여 조직적이고 설득력 있게 새 헌법의 중요성을 강조하면서 국민들로부터 그들 연방주의자들과 합류하여 헌법 비준 운동에 참가하도록 권유하였다. 이들 논고에 의하면 정부의 권력이 자유의 적이 아니라 오히려 자유의 보장이라고 주장하였는데, 연약한 정부는 자칫하면 무지한 국민들이나 선동가들에 의하여 주도권을 뺏기게 되고 그렇게 되면 오히려 자유가 보장되기는커녕 일반 대중들의 자유와 재산권이 침해될 수 있다고 주장하였다. 이들은 당파와 계급간의 차이가 역사에서 필연적이며 중앙 정부는 이들 계급들간에 심판자의 역할을 하면서 사회 각 계층의 이익들이 평등하게 보장될 수 있도록 역할을 할 수 있다고 보았다.

매디슨은 이 논고에서 옛날의 고대 그리스 로마 시대의 도시 국가들과 같은 조그마한 영토를 중심으로 한 공화주의가 가장 이상적이라는 전통적인 견해를 반박하면서 미국과 같이 광활한 공화국은 여러 가지 이해 관계가 얽혀 있기 마련이며, 오히려 이러한 이해들을 국가가 보장할 수 있어야만이 민중 독재를 막을 수 있다고 주장하였다. 그들은 중앙 정부에서 하원, 상원, 대통령 그리고 대법원이 여러 이해 관계를 서로 견제하며 보장하기 때문에 개개인의 자유와 재산권도 보존될 수 있다고 주장하였다.

결국 연방주의자들이 이겼다. 그러나 헌법 비준 과정에서의 연방주의자와 반연방주의자들의 대결은 막상막하였다. 만약 비준 과정에서 버지니아의 제안에 따라 권리장전이 헌법 수정안으로 첨가되지 않았다면 아마 헌법은 비준되지 못하였을지도 모른다. 일반 국민의 신앙, 언론, 출판, 집회, 청원의 자유 등을 포함한 기본적인 자유를 보장하는 수정안이 헌법에 첨가된다는 보장이 있은 후에야 버지니아 등의 주요 주들이 헌법을 비준하였다. 어떻든 헌법 비준 과정이 그렇게 연방주의자들 마음대로 되지 않았음에도 불구하고 왜 결국 연방주의자들이 승리를 하였을까? 여러 가지 이유가 있을 수 있겠다. 무엇보다도 연방주의자들은 앞에서 지적했던 것과 같이 교육과 부를 겸비하고 있었으며 대부분 정치적인 경험이 있었기 때문에 인민들을 계몽하는 데

▶ 헌법 비준 서명식.

반연방주의자들보다 훨씬 유리한 입장에 있었다. 대체로 연방주의자들은 헌법 비준을 위하여 단합되었으며 그들에게는 강력한 지도자들이 많이 있었다. 특히 버지니아에서의 헌법 비준을 위해서는 매디슨이 주요한 역할을 하였다. 뉴욕에서는 1788년말까지 비준을 하지 못하고 연방파와 반연방파가 논쟁을 하고 있었을 때 해밀턴에 의하여 대부분 작성된「연방주의자 논고」는 근세기 정치 철학으로는 가장 논리적이며 설득력이 있었던 하나의 고전으로서 많은 사람들을 연방파 세력으로 들어오도록 설득할 수 있었다. 해밀턴은 이에 그치지 않고 비준을 주저하는 대표단들에게는 저녁 식사를 대접한다거나 공짜 술을 제공하여 그들이 마음을 바꿀 수 있도록 노력하였다. 해밀턴은 뉴욕이 만약 헌법 비준을 거부하고 연방으로부터 탈퇴할까봐 걱정하였고, 비준이 안되면 뉴욕 출신으로서의 그가 새 정부에서 세력을 구축하는 데 어려움이 있다고 생각하여 적극적으로 앞장 서서 연방 헌법 비준을 위하여 노력하였던 것이다. 뉴햄프셔와 버지니아가 비준하게 되자 뉴욕에서도 반대파들이 수그러지고 헌법 수정안을 위한 제2차 국민회의를 제안하기로 하여 30 : 27이라는 근소한 차이로 결국 비준을 하였다.

반연방주의자들보다 연방주의자들이 대체로 국민들을 설득하는 데 성공한 이유 중의 하나는 그당시 시대적인 배경에 있었다고 할 수 있겠다. 일반 국민들은 독립 혁명 후에 따랐던 여러 가지 불안한 사회, 경제, 외교 문제 때문에 우려하고 있었다. 연방주의자들은 이것을 잘 이용하여 새 헌법에 의한 강력한 중앙 정부가 들어서지 못하면 그들이 피흘려 세웠던 독립이 허물어질 가능성이 있다고 주장하였다. 국민들은 순수한 공화주의적, 지방자치주의적인 정부를 갖기를 원하였으나 이러한 시대적 분위기에서는 좀더 강한 중앙 정부가 들어서기를 원하기 마련이었기 때문이다. 이것 외에도 연방주의자들이 승리한 또 하나의 중요한 요인은 바로 일반 국민들의 무관심과 무지였다고 볼 수가 있겠다.

투표권이 있었던 자 중에 겨우 4분의 1 정도만이 주 헌법 비준 집회에 나가서 투표를 하였을 뿐 대부분의 미국 인민들은 강한 중앙 정부가 들어서는 것을 원하지도 않았고 그렇다고 두려워하지도 않았다. 그들은 단지 이런 문제들에 대하여 무관심하였으며 그들의 개인적인 일과 지역적인 일에만 관심을 보였을 뿐이었다. 일반 미국인들의 정치적 보수성 그리고 정치적 무관심은 오늘날까지도 계속되는 주요한 전통 중의 하나로서 때론 미국 민주주의의 파수꾼으로 때론 가해자로 역사의 수레바퀴를 돌리고 있다. 이러한 전반적인 국가 분위기에서 연방주의자들이 결국 승리했던 것은 당연한 결과라고 할 수가 있겠다. 그러나 여러 가지 악조건 가운데에서도 반연방주의자들이 헌법의 비준을 강력하게 반대하였고 특히 버지니아, 뉴욕과 같은 주요 주에서는 막상막하의 대결을 보였던 점을 미루어보아 미국 헌법과 그에 따른 새로운 연방 정부의 구성이 국민 대다수의 지지를 받아 성립되었다고 할 수 없다. 바로 이 점은 향후 50여년간의 미국 역사에 커다란 문제점을 던져주었다. 특히 노예 문제나 연방과 주의 권리에 관한 애매한 조항들은 훗날 4년여에 걸친 남북전쟁의 처절한 피의 대가로만 해결될 수 있었다. 수많은 역사의 경우에서처럼 이념적 이해 관계와 갈등은 피를 통해서만 해결될 수 있다는 좋은 예라고 할 수 있다.

그후 미국의 역사는 누가 행정부의 책임자로 들어서느냐에 따라 성격이 좌우되게 되었는데 헌법의 비준을 파기하는 데는 실패하였으나 미국인들 중에는 반연방주의적인 피가 면면히 흐르고 있다. 제퍼슨, 잭슨뿐만 아니라 남북전쟁 이후에서부터 20세기초 데어도어 루즈벨트가 등장하기까지 이러한 반연방주의적인 대통령들의 등장으로 미국은 연약한 중앙 정부 체제를 유지하게 되었다. 연방주의와 반연방주의와의 투쟁은 미국 독립 후 1세기 반 동안 계속되다가 1932년 프랭클린 루즈벨트가 대통령으로 당선되면서 오랜 투쟁은 끝이 나고 그 이후로는 냉전 등으로 인하여 미국의 국제적 위치가 높아지면서 해밀턴주의적인 연방주의가 미국 정치의 주류로 재등장하게 되었다.

아무튼 미국의 정치 제도와 헌법은 고정된 것이 아니다. 이런 점에서 미국의 독립과 독립 정신은 아직도 계속 만들어지고 있는 중이라고 할 수 있겠다. 오늘날 여러 가지 인권 문제 등을 놓고 대법원에서 일률적인 판정을 하지 못하고 국회에서도 하나의 원칙을 정하지 못하고 있는데, 앞으로 미국 사회가 더욱 복잡하게 되어감에 따라 이러한 헌법상의 논쟁은 계속될 것임에 틀림이 없다.

# 제5장 해밀턴주의 대 제퍼슨주의
## —— 초기 공화국의 발전과 그 토대

　미국의 역사는 끊임없는 경험과 수정을 거치면서 합리적인 방향으로 진행해온 듯하다. 대부분의 역사가 그렇듯이 미국의 사회와 정치도 이미 정해진 틀에 박혀서 똑같은 절차를 반복하기보다는 확신할 수 없는 미래를 향해 계속 만들어지고 있는 것이다. 그렇지만 어떤 점에서 미국의 전통은 건국 초기부터 상당량이 이미 결정되었다고 할 수 있다. 물론 19세기 중엽의 아브라함 링컨(Abraham Lincoln)이나 20세기의 우드로우 윌슨(Woodrow Wilson), 프랭클린 루즈벨트(Franklin D. Roosevelt), 그리고 존 케네디(John F. Kennedy) 등 위대한 대통령들이 나왔지만 그 누구도 미국의 '건국의 부조(父祖)들(Founding Fathers)'로 영웅시되는 건국 초기 인물들이 미국 역사에서 지니는 위치를 부인할 수 없을 것이다.

　초대 대통령인 조지 워싱턴(George Washington)으로부터 시작해서 알렉산더 해밀턴(Alexander Hamilton), 존 아담스(John Adams), 토마스

제퍼슨(Thomas Jefferson), 제임스 매디슨(James Madison) 등 '건국 영웅들'
은 후대 국민들과 정치가들에게 엄청난 사상적 유산을 남겨 놓았다.
　그 중에서도 해밀턴과 제퍼슨의 역할은 미국 역사의 뿌리라 할 수
있겠다. 해밀턴주의(Hamiltonianism)와 제퍼슨주의(Jeffersonianism)의 양대
산맥은 미국 역사의 전통에 결정적 쐐기를 박았으며, 시대를 거듭할수록
미국의 역사는 해밀턴주의와 제퍼슨주의의 끊임없는 사상적 투쟁과
타협을 반복해 온 것이었다 해도 과언이 아니다. 이런 점에서 해밀턴과
제퍼슨은 미국의 정치, 외교적 운명을 결정지은 장본인이자 미국 사상의
실질적인 선조들이다.
　전혀 다른 삶과 정치 철학을 가진 이 두 정치인이 미국 건국의 기본적
골격을 형성시켰다는 것은 외견상 모순으로 보였지만 바로 이러한 차
이점이 미국 사회의 강점(强點)으로 나타날 때도 있었다. 강한 중앙
정부와 중상주의(重商主義)를 주창한 해밀턴과, 약한 중앙 정부와 중
농주의(重農主義)를 주창한 제퍼슨의 전혀 상반되는 사상이 어떻게
미국 역사에 작용했는지를 파악하는 것은 미국의 독특한 정치, 경제
체제를 이해하는 데 필수적이라 하겠다.
　이들 해밀턴주의와 제퍼슨주의의 골격은 무엇인가? 먼저 해밀턴과
제퍼슨은 삶의 배경에서부터 큰 차이가 있었다. 영국령 서인도제도의
한 섬에서 이름 없는 한 상인의 아들로 태어나 거의 반 고아처럼 생
활하다 훗날 미국으로 건너와 현 콜럼비아 대학 본신인 킹스 대학(King's
College)에서 수학한 후 독립 전쟁에 뛰어들어 워싱턴 장군에 의해 발
탁되었던 해밀턴, 그와 정반대로 부유한 버지니아 농장주의 아들로
태어나 미국 식민지 기간 동안 최고의 교육과 명성과 재산을 마음껏
누리며 성장한 제퍼슨. 미국의 독립 운동은 이 서로 다른 두 사람으로
하여금 정치 무대에 뛰어들게 하였으며 새로이 창조되는 아메리카 합

중국의 진로를 결정하는 사업에 숙명적으로 동참하게 하였다.

서로 다른 성격과 자라난 배경에도 불구하고 이들에겐 공통적으로 신비로운 무기가 있었는데 그것은 바로 그들의 문장력이었다. 해밀턴은 독립 전쟁중에 워싱턴의 오른팔로 주요한 문서와 책자를 집필하고 미국 헌법 비준 과정에서 결정적인 역할을 한 유명한 「연방주의자 논고(Federalist Papers)」의 대부분을 작성하였다. 그후 그는 워싱턴 행정부에서 재무 장관으로 있으면서 강력한 중앙 정부에 의한 여러가지 경제 정책을 입안, 실천하였다. 그의 논리는 확신에 차 있었으며 항상 설득력이 있었다. 그는 여러 정치적 견제를 무릅쓰고 워싱턴 대통령을 그의 노선으로 끌어들인 강력한 인물이었다.

앞 장(章)에서 살펴본 것처럼 해밀턴은 순전한 민주주의를 행사하는 것은 신생 미합중국에 위험한 제도라고 주장하였다. 즉, 국민 대중이 광범하게 정치에 참여하고 다수당에 의해 정치가 지배되는 것을 그는 용납할 수 없었던 것이다. 그는 세계의 역사는 극단적인 왕권 독재 정치와 극단적인 무정부 정치 사이의 끝없는 투쟁의 악순환이라고 보고 미국은 결코 이러한 전철을 밟지 않도록 해야한다고 역설하였다. 그 방법은 바로 강력한 대통령을 중심으로 한 중앙 정부 통제하의 민주 주의를 하는 것이었다. 미국의 "건국의 부조들"이 받아들인 캘빈주의적 정치 이론과 홉스(Hobbes)주의적 정치 이론을 해밀턴은 받아들였다. 캘빈의 원리처럼 인간은 본래가 악하며 타락할 수밖에 없는 존재이고 홉스의 생각처럼 이기적이며 다투기를 좋아하기 때문에 이러한 인간의 선천적 악성을 견제할 수 있고 방지할 수 있는 정부 기구가 필요하다고 주장하였다. 이러한 이론들은 그의 「연방주의자 논고」에 잘 표명되어 있다. 그는 새로 제정될 미국 헌법이 여러 이익 집단과 계급간의 갈등, 그리고 여러 정부 기관과의 마찰을 해결할 수 있다고 보았다. 만약에 국민 전체의 이익에 관련되는 경우에는 대통령이 헌법을 최대한 확대 해석해서 강력한 힘을 발휘할 수 있어야 한다는 것이었다. 그래서 그는 어떠한 무정부 상태나 통제되지 않는 자연적 국가에서 파생할 수 있는 무질서와 공포를 제어하는 데 중앙 정부가 최대한의 역할을 해내야 한다고 역설하였다.

해밀턴은 국민들에게 전폭적인 자유를 주어서는 안된다고 믿었다. 인간의 타고난 반란 기질과 악성을 고려해 볼 때 자유 그 자체가 민주주의 체제를 위협할 수 있다는 것이었다. 그는 자유는 재산 소유와 밀접한 관계가 있다고 보았다. 정부는 국민의 재산을 보호하는 역할을 해야 하고, 그렇기 때문에 오직 일정한 재산을 소유한 시민이 선거에 참가하도록 해야 한다는 것이었다. 이에 대해 미국 헌법을 반대했던 자들은 종교의 자유, 언론·표현의 자유, 정당한 절차와 배심원에 의한 재판권, 그리고 "정당하지 못한 수색이나 체포"로부터의 보호 등을 더욱 강력하게 외쳐대었다. 이들 반(反)연방주의자들(Anti-Federalists)의 강력한 요구는 결국 권리장전(The Bill of Righs)으로 알려진 최초의 10개항의 수정 헌법을 탄생시켰다.

해밀턴은 주(州) 정부보다는 연방 정부에 더 권위가 있어야 한다고 주장하였다. 안정되고 평화로운 국가를 위해서는 연방 정부가 주 정부보다 권위와 힘을 소유해야 하며 주 정부는 연방 정부의 정책에 순응해야 한다는 것이었다. 이러한 해밀턴의 연방 우선주의는 19세기 중반 존 캘훈(John Calhoun)의 주 우선주의의 숙명적인 도전을 받게 되었으며 결국 근본적인 해결을 보지 못한 채 남북전쟁의 소용돌이로 빠져버리고 말았다.

워싱턴의 재무 장관으로서 해밀턴은 중상주의적인 정책을 시도하였다. 그는 독립전쟁 후 어지러워진 경제 질서를 회복하고 국가의 안정과 질서를 보장하기 위해서는 중앙 정부 주도하의 강력한 상공업 촉진 정책이 필요하다고 보았다.

무엇보다도 먼저 그는 국가의 신용을 확립하기 위해서 독립전쟁 중에 정부가 진 각종의 채무를 연방 정부가 그대로 인수하도록 하였다. 1790년 1월에 국회에 제출한「공신력에 대한 보고서(Report on the Public Credit)」에서 해밀턴은 정부가 모든 채권에 대하여 액면가 그대로 상환할 것과 주 정부의 부채를 정부가 2,100만 달러까지 인수해 줄 것을 요청하였다.

곧이어「공신력에 대한 두번째 보고서」에서 증가되는 정부 부채를 메우기 위해서 물품세(excise tax) 부과를 요청하였다. 또한 그는 국립 은행 창설을 건의하였다. 장기적인 상공업 발전을 위해서는 통화의 안정을 조정하는 정부 주도 금융 기관이 필수적이라고 생각했기 때문이다. 그리하여 의회의 인준을 받아 20년 기한으로 창설된 미국 은행(Bank of the United States)은 정부 감독하에 통화를 조정하고 설립 자본 천만 달러의 4/5는 민간 투자로 이루어지고 나머지 1/5은 정부가 맡기로 하였다.

이러한 경제 정책은 해밀턴의 정치 철학을 가장 잘 반영한 것으로 해석될 수 있다. 물론 외형적이고 직접적인 이유는 독립전쟁 이후의 채권과 부채, 그리고 통화량의 부조화 등을 해결함으로써 국가 경제를 튼튼한 기반 위에 세우는 데 있었다. 그러나 해밀턴은 더 깊은 동기에서 경제 정책을 폈다. 한마디로 말하자면, 그의 연방주의적 철학을 경제 정책을 통해서 완성시키려 한 듯하다. 정부가 채권을 상환함으로써 신생 정부의 권위를 높였을 뿐만 아니라 주 정부의 부채를 연방정부가 인수함으로써 은근히 연방의 권위와 힘을 주 정부에 행사하도록 한 것이었다. 오랫동안 과세권이 주 정부에 있었던 것을 깨고 연방 정부에서 과세함으로써 연방 정부의 우위를 시험하려고 하였다. 한편 그는 헌법에

▶ 알렉산더 해밀턴.

명시되지 않았을지라도 헌법 제1조 8항의 "필요하고 적절한(necessary and proper)" 조치를 확장 해석해서 국립 은행이라는 기구를 창설함으로써 중앙 정부가 힘을 발휘할 수 있다는 그의 신념을 시험하고자 하였다.

물론 해밀턴의 이러한 정책은 반대와 부작용이 없지는 않았다. 제임스 매디슨(James Madison)은 국립 은행에 관한 조항이 헌법에 명시되지 않았다는 점을 들어서 그 설치에 반대하였다. 펜실베니아 위스키 제조 농부들은 1794년에 물품세에 항거하여 반란을 일으켜 워싱턴 행정부를 당황하게 하였다. 해밀턴은 1791년 세수를 올리기 위해서 주세를 제정하였다. 농민들은 당시 교통 수단의 미비로 자기들이 생산한 곡물을 동부 시장에 수송할 수 없었으므로 곡물로 술을 만들어 동부 시장에 수송 판매하여 마치 술이 화폐와 같은 환금 수단이 되었다. 그러므로 주세는 이들 농민에게는 화폐에 세금을 부과하는 꼴이 되었고 그들의 생활 수단에 커다란 위협이 되었다. 펜실베니아 오지에 살던 농민들은 1794년 7월에서 11월에 걸친 소위 위스키 반란 사건을 일으켜 이에 항거하였다. 해밀턴은 연방 정부의 위엄을 보이기 위해 대통령을 설득시켜 1만 3천 명이나 되는 군대를 현지에 파견하여 반란을 진압하였다. 반란자 중 18명이 재판을 받고 2명이 유죄 판결을 받았다. 그러나 워싱턴 대통령은 그 2명마저 사면하였다. 이와 같이 연방 정부는 그 통치력을 과시하는 데 성공하고 워싱턴은 그 주모자를 사면하였음에도 불구하고 다수의 농민들은 연방 정부에 대한 반감과 두려움을 지니게 되었다.

국립 은행의 적법성 문제는 41년 후인 1832년에 앤드루 잭슨(Andrew Jackson) 대통령의 제2 국립 은행 비준 거부로 해소되었고 그와 같은 중앙 은행 기관은 20세기 초반 우드로우 윌슨(Woodrow Wilson) 대통령 때에 와서야 연방 지불 준비 은행 제도로 재생되었다.

미국 역사에서의 해밀턴의 위치는 간단히 정립될 수는 없다. 그는
국민들이나 후세 사학가들 사이에 절대적인 사랑을 받든지 아니면 절
대적인 증오의 대상으로 남을 인물이다. 그는 뛰어난 현실적 정치인
이었다. 해박한 지식과 뛰어난 문장력을 소유하고 자기가 옳다고 생
각하는 철학과 정책을 지칠 줄 모르게 실천했던 정치인이었다. 그는
이제 막 태어난 미국의 위치를 정치, 경제적으로 튼튼하게 확립시킨
장본인이었다. 그는 전쟁으로 인한 경제적 난관과 중앙 정부의 힘의
부족으로 과연 미국이 하나의 독립 국가로서 계속 버티어 나갈는지
회의적이었던 유럽 국가들의 의구심을 뒤바꿔놓은 사람이었다. 그는
처음으로 대두한 상업적 자본주의를 신뢰하였으며 전쟁 이후의 또다른
민중 운동이나 사회적 무질서를 막기 위해 부유한 귀족 엘리트 계층이
나라를 다스리는 주인이 되어야 한다고 역설하였다. 그는 가장 혁명적인
시대의 사람이었지만 또한 가장 전통적인 휘그(Whig) 당원으로서 전
형적인 18세기 보수주의의 인물이기도 하였다.

바로 이러한 계급 차별주의 때문에 해밀턴은 미움의 대상이 되기도
하였다. 그의 부유한 엘리트 위주의 정책은 미국 혁명의 배반으로 여
겨졌으며 제퍼슨과 그의 공화주의자들로부터 심각한 도전과 비판을
받았다. 그의 연방주의는 1800년에 제퍼슨이 대통령에 당선됨으로써
종말을 보았다. 그런 점에서 1800년은 또 다른 국내 혁명의 해라고도
할 수 있다. 그것은 제퍼슨이 해밀턴주의의 여러 정책을 답습했지만
적어도 이론상 그의 집권은 정치의 주인을 엘리트가 아니라 보통 국
민에게 환원시킴으로써 미국혁명의 정신을 완성시킨 계기가 되었기
때문이다.

해밀턴의 중상주의 정책은 농업을 기반으로 하는 남부와 서부인들의
원한을 사고 남북전쟁 전까지 미국 역사에서 가장 골치덩어리였던 지역

분리와 지역 감정을 야기시킨 하나의 원인이 되었다. 이제 미국은 상공업 중심의 북동부와 면화 등의 대농장 중심의 남부, 그리고 광활한 땅을 중심으로 토지 투기와 각종 농사에 종사하는 서부로 분리되었고 이들의 정치적인 양상이나 사고 방식 또는 생활 철학까지도 서로 갈라져 살게 되었다. 특히 남부인과 북부인의 지역 감정은 날로 증대되었으며 그것은 결국 1861년의 내란으로 치달았다.

1800년 제퍼슨의 대통령 당선으로 시작된 공화주의 시대와 특히 1829년부터 시작되는 공화주의의 전성기인 잭슨 시대에 접어들자 해밀턴의 연방주의는 한동안 미국 역사에서 잊혀지는 듯하였다. 그러나 연방주의 철학은 끊임없이 미국 정치에 나타났다. 제퍼슨, 매디슨 시대에도 제퍼슨이 고백한 것처럼 하나의 연방주의는 숨어서 미국 정치에 나타났다. 19세기의 오랜 자유 방임주의(laissez-faire) 시대가 지난 후 20세기에 들어오면서 연방주의는 다시 꽃을 피우게 되었다. 정부 주도 개혁의 바람으로 데어도어 루즈벨트(Theodore Roosevelt), 우드로우 윌슨으로 시작된 연방주의 정치는 1933년에 플랭클린 루즈벨트(Franklin D. Roosevelt)에 의해 더욱 강화되었고 여러 가지 뉴딜 개혁(New Deal)으로 미국 역사의 새 장을 열게 된다. 사실 이런 면에서 뉴딜 정책은 오랜 자유 방임주의에 정면 도전하는 사실상의 국내 혁명이라고 볼 수 있다.

여러 가지 면을 고려해 볼 때 해밀턴의 역사적인 위치는 쉽게 설명될 수 없다. 해밀턴주의가 과연 미국의 민주주의에 좋으냐 나쁘냐를 따지기보다는 얼마나 그의 이상과 철학이 미국의 역사에 영향을 끼쳤는가를 더 고려해야 할 것이다. 해밀턴주의의 평가 문제는 어느 나라든 갓 독립한 국가들이 갖는 고뇌인 듯하다. 국가 부강이 먼저냐 전적인 민주주의가 먼저냐? 이 질문은 오늘날에도 세계 여러 국가들 특히 개발 도상 국가들의 문제이다.

미국의 초기 역사에 제퍼슨이 등장한 것은 미국의 행운이었다. 제퍼슨이 없는 미국의 민주주의는 상상도 할 수 없다. 미국 역사에서 다른 어떤 정치가도, 그리고 대통령도, 제퍼슨만큼 엄청난 영향을 끼친 사람은 없다. 워싱턴, 링컨, 프랭클린 루즈벨트와 함께 가장 유명한, 그리고 가장 존경받는 대통령의 한 사람인 제퍼슨은 그의 정치 철학과 민주주의에 대한 이상으로 미국의 진로를 결정해 놓은 미국사의 반석이었다.

14세 때 아버지의 유산을 받아 일만 에이커가 넘는 땅과 100명 내지 200명에 이르는 흑인 노예를 거느린 버지니아의 대농장 주인이 미국 혁명과 함께 민주주의의 선봉장으로, 그리고 독립 선언문의 작성자로서 자유, 평등, 정의의 수호신으로 등장하게 되었다. 그가 자라난 배경과 18세기의 귀족 문화를 고려해 볼 때 그의 평등주의는 크나큰 가치가 있다. 물론 그가 소유한 평등 의식은 선천적으로 몸에 배인 것이라기보다는 이성과 교육에서 나온 후천적인 것이었다. 그는 미국의 정치가 해밀턴 등이 주장한 귀족 엘리트 중심이 아니라 일반 대중에 의해 운영되어야 한다고 믿었으며, 이것을 위해 그는 평생 동안 정치와 글로써 국민들을 계몽하려고 하였다. 1785년부터 1789년까지 프랑스 주재 미국 대사로 있으면서 그가 목격한 영국 노동자의 비참한 현실이나 프랑스 농노의 빈곤한 생활이 미국에서는 재현되지 않아야 한다고 제퍼슨은 생각하였다. 그는 미국의 광활한 토지에 기반을 둔 농업 경제가 미국을 평등한 사회로 만들 것이라고 확신하였다. 그는 미국의 넓은 토지는 도시에서 실패한 여러 빈곤자들을 수용하게 될 것이고, 이들은 곧 토지에 기반을 둔 농부들로 참정권을 획득하여 정치에 참여함으로써 미국은 농부에 기반을 둔 순수한 농업 민주주의를 꽃피게 할 것이라고 믿었다.

해밀턴이 상공업에 기반을 둔 다양한 상업주의를 내세웠다면 제퍼슨은 농업 위주의 정치를 해야 한다고 주장하였다. 제퍼슨은 도시 그 자체와 도시에 거주하는 상인, 노동자, 투기꾼들이 모두 사악하며 오직 농부들이야말로 선한 인간이라고 믿었다. 또한 해밀턴이 일반 대중과 무정부 상태를 싫어했다면 제퍼슨은 독재와 소수 엘리트에 의한 정치를 싫어하였다. 해밀턴은 질서를 존중했으나 제퍼슨은 자유를 사랑하였다. 제퍼슨은 일반 대중이 적당한 교육으로 계몽되어질 수 있으며 이러한 대중들이 자치적으로 사회를 다스려야 한다고 생각하였다. 그리하여 그는 강력한 중앙 정부보다는 지방 분권적인 약한 정부를 표방하였다. 제퍼슨은 정부는 헌법에 규정된 정치를 해야 한다고 주장하면서 좁은 헌법상의 해석을 주장하였다. 이러한 그의 신념은 1791년에 해밀턴이 미국 은행을 설치할 때에 정면으로 연방주의자들과 맞부딪쳤는데, 그는 헌법의 그 어디에도 연방 정부는 국립 은행을 설치할 권한이 주어지지 않았다고 반박하였던 것이다.

　워싱턴 행정부에서 국무 장관으로 있으면서 그는 재무 장관인 해밀턴과 빈번히 이념적인 마찰을 빚었으며, 그들의 대결은 결국 미국 최초의 정당 정치의 씨가 되는 연방파와 공화파를 구성하게 하였다. 연방파는 해밀턴의 주도에 따라 강한 중앙 집권적, 상공업 중심적, 그리고 귀족 엘리트 주도적 정치를 표방하고 나섰고, 제퍼슨과 매디슨으로 주도되는 공화파는 약한 중앙 정부, 농업 중심적, 그리고 민중 주도적 정치를 주창하였다. 갈수록 해밀턴의 연방파에 접근하는 워싱턴 대통령의 태도에 공화파는 정세의 변환을 모색하였다. 연방파 정부의 미약한 외교 정책과 친영국적인 정부의 태도에 불만을 느낀 공화파는 프랑스 혁명을 미국의 혁명과 동질화시키려는 친프랑스파 세력과 함께 연방파를 공격하기 시작하였다. 연방파의 결정적인 실수는 존 아담스(John Adams) 행정부 시대에 친프랑스적인 공화파를 공격하려고 만든 1798

년의 외국인 규제법(Alien Acts)과 보안법(Sedition Acts) 제정이었다. 연
방파들은 이러한 강경 조치로 정부 비난을 주도하는 공화파 세력을 반
(反)국가적으로 몰아붙여 약화시키려고 하였으나 결과는 정반대가 되고
말았다. 정면 공격을 받은 공화파는 국회내의 세력을 결집시켜 이러한
조치들이 자유와 민권을 탄압하는 위헌적인 것이라고 규탄하였고 일반
국민도 순식간에 이에 호응하였다. 1798년에 켄터키와 버지니아 주의
회는 외국인 규제법 및 보안법을 규탄하는 결의안을 채택함으로써 연
방파와 공화파 대결의 절정을 이루었다. '켄터키, 버지니아 결의안(Ken-
tuckey, Virginia Resolution)'으로 알려진 이 규탄안에서 외국인 규제법 및
보안법 등이 위헌적이며 이러한 위헌적인 연방 의회의 법률은 주(州)
의회가 거부할 수 있는 권한이 있다고 선포하였다.

공화파는 재차 주의 권한이 중앙 정부의 권한에 우선한다는 그들의
철학을 내세웠다. 헌법이란 단지 각 주들의 대표가 모여서 만든 계약
이기 때문에 만약 이 헌법이 비합리적으로 주권(州權)을 침해하거나
자유와 민권에 저촉되는 사항이 있다면 각 주는 이것을 간섭(interposi-
tion)하고 무효화(nullification)할 수 있다는 점을 명시하였다. 이것은 주
권이 연방권에 우선한다는 원칙을 내세우고 연방 정부의 법안을 주
정부가 파기할 수 있다는 헌법상의 해석으로 공화파가 연방파에 정면
도전하였던 의미 있는 사건이었다. 이것은 훗날 사우스 캐롤라이나의
상원 의원인 존 캘훈(John E. Calhoun)이 잭슨 대통령에 대항하여 주권이
연방 정부에 우선하기 때문에 어떠한 국회의 법안이라 할지라도 그것
들이 주 권익에 위반되는 경우에는 주가 그 법들을 무효화할 수 있다고
선언하면서 문제를 일으켰던 사태의 이론적인 초석을 만들어 놓은 것
이었다. 상기한 일련의 강압 정책들은 오히려 공화파들을 단합시키는
계기를 만들었으며, 결국 국민의 신임을 급속히 잃게 된 존 아담스는

1800년 대통령 선거에서 패배하여 제퍼슨에게 대통령 자리를 물려주었다.

그러면 과연 제퍼슨이 그의 대통령 재임 기간 동안 얼마나 연방파의 정책들을 파기했으며 그의 공화주의 철학을 어느 정도 정책에 반영하였을까? 제퍼슨은 그의 대통령 당선을 1800년의 혁명이라고 생각했다. 혁명이란 단어에는 오랜 연방파의 주도로부터 공화파로 정부가 바뀌었다는 것만이 아니라 정치, 경제 조직의 전반적인 재조정이 포함된 것이었다. 이것은 어떤 의미에서 무혈 혁명이며 미국 역사에서 가장 행운의 순간이기도 하였다. 공화파와 연방파의 그 동안의 치열한 논쟁과 편견 그리고 사상에서의 근본적인 차이를 고려해 볼 때 이렇게 평화적으로 정권이 이양된 것은 그야말로 미국의 미래를 밝게 해주는 행운의 순간이었다. 그렇지만 제퍼슨 재임 기간에 그의 정책을 자세히 살펴보면 그렇게 혁명적인 정권 이양만은 아닌 것 같다. 혁명적이기보다는 융화적인 면이 다분히 있었다. 제퍼슨의 이러한 융화적인 태도는 그의 대통령 취임사에서 명백히 밝히고 있다. 취임사에서 제퍼슨은 "우리는 다 연방파이며 우리는 다 공화파이다"라고 선포함으로써 모든 국민이 당파주의를 넘어 국가적인 차원에서 연합해야 한다는 점을 강조하였다. 그는 오랜 친구이자 정치의 동반자인 제임스 매디슨을 국무 장관에 임명했으며 유능한 펜실베니아의 공화주의자인 알버트 갤라틴(Albert Gallatin)을 재무 장관에 임명함으로써 주요 각료는 공화주의자들로 임명하였지만 그렇다고 해서 연방주의자들을 전적으로 제거하지는 않았다. 오히려 제퍼슨은 공화파들로부터 그가 연방파에게 너무 온건한 태도를 취한다고 불평을 받기도 하였다. 제퍼슨은 그의 옛 주장을 철회하고 국립 은행이 미국 경제에 필요하다는 것을 인정했으며 상공업의 증진도 미국 경제 안정에 중요하다는 것을 깨달았다. 다만 해밀턴과 다른 점이 있었다면 그는 중앙 정부가 이러한 상공인들에게 도움을 주는 것이 아니라 오히려 이들이 자유 의지에 따라 그들 나름대로 정부의 간섭 없이 자유스럽게 상업 활동을 하도록 보장하는 것이었다. 해밀턴은 농부를 희생하는 한이 있더라도 정부는 상인을 도와야 한다고 생각했는데 제퍼슨은 상인들을 희생하여 농부들에게 정부가 이득을 주자는 것은 아니었다. 다만 자유 방임(laissez - faire) 정책을 써서 각자가 자기들의 이익에 따라 상업 활동을 할 수 있도록 정부는 비간섭주의를 펴야한다는 것이었다. 경제 정책에서 제퍼슨은 무계획적 자유 방임주의를 국가의 정책 지침으로 삼았다. 전반적으로 그는 공화주의적인 철학을 경제 정책에 그대로 반영하도록 노력하였다. 특히 북서부 농부들의 가장 큰 불평이었던 물품세를 철회하였으며 1803년에는 오하이오를 연방에 가입시킴으로써 농부들이 더 많은 토지를 보유할 수 있게 하였고 도시의 빈민들이 서부로 향할 수 있는 계기를 만들어 주었다. 특히 그는 1803년에 프랑스로부터 루이지애나(Louisiana)의 광활한 토지를 매입함으로써 미국의 영토를 2배 가까이 늘리고 그가 평소에 부르짖었던 농업 경제 중심적 국가 체제를 펼 수 있는 기반을 닦아 놓았다. 그는 상비군은 자유 사회를 위협할 수 있다고 생각해서 군대를 축소시켰다. 국가 방위에 절대적으로 필요한 이상의 군대는 국민의 민권을 제압하는 데 이용될 수 있다는 우려 때문에 그는 육군과 해군을 더욱 축소시켰던 것이다. 그리고 물품세의 폐기에 따른 정부 예산의 결손은 관세를 높임으로써 메꾸려 하였다. 전쟁의 폭풍이 유럽을 휘몰아치자 유럽의 미국에 대한 무역은 날로 증대하고, 특히 영국 상인들이 미국 시장에 덤핑하여 미국 제조업이 곤경에 빠지게 되자 제퍼슨은 관세를 올림으로써 재정 부족을 보존하고 외국 상인들의 횡포를 막으려고 하였다. 이러한 높은 관세 정책은 이전의 연방주의자들도 감히 시행하지 못했던

▶ 토마스 제퍼슨.

것으로 아이러니컬하게도 제퍼슨의 공화파가 연방파나 펼 수 있었던
고(高)관세 정책을 채택했던 것이다. 이러한 연방주의적인 경제 정책은
제퍼슨 재임 기간뿐만 아니라 제퍼슨의 후임인 매디슨 행정부까지도
지속되었다. 제임스 매디슨(James Madison) 대통령은 공산품을 장려하
였고 미국 은행을 후원하였으며 높은 관세율을 견지하였다. 그는 1812
년에 미영 전쟁이 발발하자 육해군을 확장하였다. 이것은 모두가 다
그동안 연방주의자들이 부르짖었던 정책들로서 이러한 것들이 공화주
의자들에 의해서 사실상 꽃을 피우게 됐다는 사실은 미국 역사의 아
이러니가 아닐 수 없다.

사실 공화주의 시대의 가장 큰 관심은 국내 개발이 아니라 외교
정책에 있었다. 미국 건국의 부조(父祖)들은 이제 갓 태어난 합중국의
경제적, 사회적 안정 못지 않게 외교적인 힘을 기르는 것이 무엇보다
필요했다. 프랑스와 영국은 과연 근본적으로 미국이 하나의 독자적인
국가로 성공적으로 커갈 수 있을까 회의적이었으며 여러 가지 면에서
미국을 업신여기기까지 하였다. 이러한 상황에서 미국이 처리해야 할
가장 큰 난관은 어떻게 해서 유럽 국가들에게 미국이 독자적인 국가임을
확인시키고, 동시에 유럽의 여러 가지 분쟁과 전쟁에 휘말려 들지 않
도록 할까 하는 것이었다. 워싱턴에서부터 5대 대통령인 제임스 먼로
(James Monroe)에 이르기까지 역대 대통령들은 이러한 외교 문제를 놓고
갈등을 느꼈는데, 이러한 갈등 속에서 형성된 미국의 초기 외교 철학이
향후 미국 외교의 기본 골격이 되었다.

무엇보다도 미국의 지도자들이 그들의 외교 목적으로 내세운 것은
바로 유럽의 세력으로부터 실질적인 독립을 하는 것이었다. 그들은
미국을 제외한 모든 서유럽 국가들은 근본적으로 이기적이며 사악하고
또한 호전적이기 때문에 미국이 국내에서의 순수한 민주주의를 발전

시키기 위해서는 미국을 유럽의 영향권으로부터 분리시켜야 한다고 믿었다. 이러한 미국의 유럽 탈피 사상은 미국 식민지 시대부터 뿌리 박은 하나의 전통이었다. 토마스 페인(Thomas Paine)은 그의 유명한 독립 운동 선전 책자인 『상식론(Common Sense)』에서 미국의 경제를 위해서는 미국이 영국뿐만 아니라 유럽 여러 나라와 함께 자유 무역을 해야 하며, 이러한 자유 무역은 결코 어떠한 정치적인 동맹 관계도 수반하지 않아야 한다고 주장하였다. 유럽과의 정치적인 동맹을 피함으로써 미국은 다른 어떠한 나라에도 예속됨이 없이 독자적이고 자유스러운 무역 활동을 할 수 있다고 하였다. "건국의 부조(父祖)들"처럼 페인은 특히 영국과의 정치적 동맹의 위험성을 거듭 강조하였다. 그는 사악한 영국의 왕권 정치에 미국이 정치적인 동맹을 맺기 시작하면 미국은 해군과 정치력을 구사하는 영국에 걷잡을 수 없이 예속될 수밖에 없기 때문에 영국과의 정치적인 동맹은 결코 맺어서는 안된다고 주장하였다.

반(反)영국 정책은 어떤 면에서 미국의 기원까지 올라갈 수가 있겠다. 초기 이주자의 대부분은 사실 결코 한 문화와 정치 체제의 연장으로서 미국에 왔다기보다는 도피성 이주자들이었다. 미국으로 이민 온 대부분의 사람들은 여러 가지 유럽의 혼란으로부터 탈피하기 위해서 3천 마일의 대서양을 횡단하여 미국에 왔기 때문에 미국 독립과 함께 어떠한 형태로든지 유럽과의 정치적인 동맹은 피해야 한다는 것이 "건국의 부조(父祖)들"의 공통된 의견이었다. 이러한 사상들은 독립전쟁중에 프랑스와 맺었던 조약에서 잘 나타나고 있다. 1779년 2월 미국과 프랑스는 동맹 조약을 체결하였다. 이 조약으로 프랑스는 아메리카 합중국의 독립을 승인하였고 또한 아메리카의 독립이 달성될 때까지 영국에 대해서 계속 전쟁할 것을 약속하였다. 또한 쌍방은 서로 "최혜국(the most favored nation)"의 관계임을 인정하였다. 프랑스는 북아메리카에 그들의 식민지 제국을 다시 부활시킬 의사가 없음을 분명히 하였다. 왜냐하면 프랑스는 아메리카의 독립을 통해 영국을 약화시키는 것만으로도 만족하였기 때문이다. 그런데 소위 '모범 조약(model treaty)'이라고 불려지는 이 조약은 근본적으로 통상 조약이지 정치, 군사적인 동맹은 아님을 발견할 수가 있다. 즉 미국이 독립전쟁 중에 경제, 군사적으로 긴박한 상황에 있었으며 또한 간절히 외국의 원조가 필요한 때였는데도 그들은 결코 정치적, 군사적 동맹을 맺기를 꺼려했다. 이것은 18세기 당시의 전반적인 분위기와는 너무나 대조적인 미국의 독특한 외교 철학이었다. 미국 이외의 세계는 모두가 부패했고 타락했기 때문에 미국은 독자적으로 외교를 추진해야 하며 그것도 순전히 상업적인 관계에만 국한시키려 했던 것이다.

이러한 미국의 초기 외교 정책은 그렇다고 절대적인 고립주의 정책은 아니었다. 물론 많은 학자들이 미국의 정책들이 근본적으로 고립주의 정책이라고 주장하지만 고립주의라기보다는 오히려 독자적인 외교 정책이라고 보는 것이 더 객관적인 평가일 것이다. 이러한 미국의 초기 외교 정책은 시간이 지남에 따라 그리고 복잡한 국제적 현실에 따라 끊임없이 갈등을 겪으면서 수정할 수밖에 없었다. 그러나 제 2 차 세계 대전 이후 미국이 세계 질서의 주도권을 잡기 전까지는 이러한 "건국의 부조(父祖)들"의 뿌리깊은 독자주의 노선이 미국의 외교 정책의 기본이 되었다. 물론 19세기말과 20세기초에 미국이 팽창주의적, 제국주의적 노선을 걷기도 하였지만 그런데도 여전히 미국의 독자적인 외교 정책은 팽창주의와 제국주의에서 제외되지 않았다.

문제는 과연 이제 갓 태어난 합중국이 얼마나 성공적으로 이러한 독자적인 노선을 걸을 수 있는가 하는 것이었다. 18세기 유럽의 외교는 힘의 균형의 외교로서 이러한 균형은 누가 북아메리카에서 그들의 무역을 장악하느냐에 달려 있었다. 과연 미국이 유럽 세계와 완전히 분리될 수 있을까? 전적인 고립주의가 아니라 상업적인 교류는 허용한 외교 정책이기 때문에 18세기의 유럽 외교의 분위기로 보아 미국이 순수한 독자 노선을 지켜 나간다는 것은 너무나도 어려운 처지였음이 틀림없다. 여기에서 또 다시 해밀턴의 현실주의와 제퍼슨의 이상주의가 마찰하지 않을 수 없었다.

해밀턴은 외교의 목적은 자국(自國)이 다른 국가로부터 존경을 받게 하는 것이라고 믿었고, 외국으로부터 존경을 받기 위해서는 국내의 안정과 평화를 가져올 수 있는 강한 중앙 정부가 필요하다고 주장하였다. 그리고 현실적으로 미국과 영국은 오랫동안 무역을 해왔고 영국이 미국의 수출과 수입의 대부분을 차지하기 때문에 미국은 다른 어떠한 유럽 국가들보다 영국에 우호적인 정책을 펴나가야 한다고 역설하였다. 이와 반대로 제퍼슨은 영국이 미국에 대한 편파적인 무역으로 결국 미국 혁명을 망쳐 놓지 않을까 두려워하였다. 그는 미국내에 남아 있는 친영파들이 영국 상인들과 함께 미국 독립혁명의 이념과 목표를 해칠 것이라고 생각하였다. 그는 친영파의 두목이 해밀턴이라고 믿었고 연방파들이 친영 우호 정책을 펴나가면서 미국의 공화주의를 전복시키려 한다고 경고하였다. 그는 오랫동안 프랑스에서 미국 대사를 역임하는 동안 자연적으로 친프랑스적인 기질이 생겼다. 1789년에 프랑스 혁명이 터지자 이제는 경제뿐만 아니라 정치적으로도 미국과 프랑스는 형제 같은 우애를 지니게 되었다고 그는 주장하였다. 그리하여 그는 영국의 대서양 지배권을 배제하기 위해서는 미국이 프랑스와 우호적인 관계를 맺어야한다고 역설하였다.

매디슨 역시 미국은 상업적으로도 영국으로부터 분리되어야 한다고 믿었다. 영국령 서인도제도는 미국의 농산물 없이는 살 수가 없지만 미국은 영국의 제품이 없이도 살 수가 있기 때문에 미국은 하루 빨리 경제적인 자립을 이룩해야 한다는 것이었다. 영국이 미국 수출의 1/2을 차지하고 또한 수입의 3/4을 차지한 점을 밝히면서 이러한 영국 의존 정책이 계속되면 결국 미국은 구세계에 정치적으로도 의존할 수밖에 없는 처지에 놓일 것이었다. 그리하여 제퍼슨이 주장한 것처럼 미국은 서둘러 서부를 개척해서 농산물 생산을 늘리고 동부는 제조업을 증진 시켜 하루 빨리 자급 자족적인 경제 체제를 완성해야 한다고 주장하였다.

이러한 해밀턴과 제퍼슨의 외교 정책의 차이는 1812년 영국과 전쟁을 하기 전까지 해결되지 않는 난제로 남아 있었다. 이러한 외교 정책은 정치적인 철학과 야망에도 밀접한 관계가 있었다. 해밀턴은 프랑스 혁명의 항거 정신이 다시 미국인들에게 수용될까 두려웠고 미국내의 프랑스 혁명에 대한 우호적인 분위기가 영국과의 전쟁으로까지 치달을까 걱정하였다. 반면에 공화파들은 미국의 독립전쟁부터 남아있던 친영적인 요소들이 결국 미국혁명의 궁극적 이상을 망쳐 놓지 않을까 우려하여 반영 정책을 강력히 펴나갔다. 그러나 연방파와 공화파는 원칙적으로 어떠한 경우에서든지 어느 특정 국가와 정치, 군사 조약을 맺는 것을 반대하였다.

1793년에 영국과 프랑스가 전쟁을 선포하자 워싱턴 내각에서는 과연 어느 나라에 우호적인 상업 외교 정책을 펼 것인가 하는 문제로 논쟁이 벌어졌다. 결국 제퍼슨의 공정한 중립 정책이 워싱턴의 인정을 받아 워싱턴은 즉각 중립을 선언하였다. 프랑스는 미국과 이념이 같았고 또한 미국 독립전쟁 중에 도와준 은인이기는 하였지만 막강한 해군력을 소유하고 있는 영국을 건드릴 필요가 없기에 미국은 최선의 방책으로 중립을 선언하였던 것이다. 영국은 그들의 해군력을 사용하여 대서양에서 미국의 통상 활동을 번번히 제재하였다. 영국은 미국 선박을 나포하거나 화물을 압수하였으며 미국 상선이 프랑스 항구로 가는 것을 금지하였다.

1794년 4월에 워싱턴 행정부는 대법원장 존 제이(John Jay)를 영국에 파견하여 일명 '제이 조약(Jay's Treaty)'을 런던에서 체결하였다. 이 조약에서 영국은 미국으로부터 최혜국 대우를 받게 되었고 그 대신에 1796년까지 미국 북서부 지역에 주둔하고 있던 그들의 군대를 철수시키기로 약속하였으며 미국이 서인도제도에 한정된 통상을 하는 것을 허락하였다. 바로 이렇게 제한된 미국의 통상권에 대해서 해밀턴과 제퍼슨은 다 같이 조약의 수정을 원하였다. 그러나 해밀턴과 제퍼슨의 불평이 런던에 도달하기 전에 이미 조약은 성사되고 말았다. 특히 제퍼슨을 중심으로 한 공화파는 이 조약에 대해서 범국민적인 반대 운동을 전개했는데 그것은 이 조약이 불평등 조약이라는 것이었고 특히 이 조약에는 전쟁중 나포해간 흑인 노예의 송환에 대해 일체 언급이 없었기 때문이다. 여러 남부 지역에서는 제이의 화형식을 거행하면서 이러한 불평등 조약을 파기해야 한다는 운동을 전개해 나갔고 의회에서는 공화파들이 조약 파기를 부르짖었다. 그러나 비밀리에 전개된 상원에서 문제가 된 제12항(제한된 미국 통상을 약속하였던 조항)의 삭제를 전제로 6월에 상원은 이 조약을 통과시켰다.

사실 제이 조약에 따른 문제는 외부적인 것보다는 국내 정치에 있었다. 제이 조약의 찬반을 놓고 연방파와 공화파는 정면으로 충돌하였다. 연방파는 친영국 세력이 강하여 영국과의 무역에 의존하는 동북부와 중부의 해안 지대로부터 지지를 받았고, 공화파는 남부와 서부의 농업 세력과 채무자들로부터 지지를 받았다. 이로 인해 미국 정가에는 심각한 당파싸움이 일어나게 되었고 지역간의 감정은 더욱 심화되었다. 결과

적으로 공화파가 이러한 반(反)제이 조약의 운동으로 말미암아 이득을
보았다. 그들은 그동안 다양했던 여러 층의 반(反)연방주의자들을 규
합해서 하나의 강력한 정당으로 그들의 힘을 결집시켰으며 4년 뒤의
선거에서는 제퍼슨을 대통령에 당선시킬 수 있었다. 미국 역사를 통해
볼 때 미국의 외교 정책은 전반적인 국익에 관계되는 것보다도 정당이나
정치가의 이익에 결정적인 영향을 끼친 경우가 많았다. 예를 들면 1919
년에 민주당의 윌슨은 베르사이유 조약을 비준받는 데 실패했기 때문에
다음 선거에서 공화당이 정권을 이양받을 수 있었다. 한국전쟁의 소
용돌이 속에서 민주당은 아이젠하워의 공화당에 정권을 내주게 되었다.
닉슨 공화당은 존슨 대통령의 베트남전쟁 실패로 다음 선거에서 이길
수 있었고, 70년대말에 이르면 지미 카터(Jimmy Carter)는 인권 외교
정책을 성공시키지 못한 것과 또한 이란의 미 대사관 인질 사건을
해결하지 못한 것 때문에 공화당의 레이건 행정부에게 정권을 이양하는
결과를 초래하였다.

　1796년 가을에 워싱턴은 고별사를 발표하였다. 이 고별사는 그가 8
년간 봉직했던 대통령직을 떠나면서 미국 국민에게 자신의 심정을 토
로하고, 앞으로의 미국의 국내외 정책에 대한 소견을 밝힌 미국 역사
에서 가장 중요한 문서 중의 하나이다. 우선 그는 더 이상 대통령 선거에
출마하지 않으리라고 발표하여 미국 대통령은 두 번 이상 집권하지
않는다는 통례를 만들어 놓았다. 이 선례는 오직 20세기에 들어서서
프랭클린 루즈벨트에 의해 깨졌을 뿐이다. 워싱턴의 고별사는 오랫 동안
미국의 독립을 위하여 헌신했던 한 장군이요, 초대 대통령으로서 감
회어리고 긍정적인 내용을 술회하였다기보다는 오히려 당파 싸움에
시달린 노정치가의 쓰라리고 우려에 찬 서사시였다. 그는 이 고별사에서
미국의 지역주의와 당파 싸움에 지쳐왔음을 한탄하고 미국은 하루 빨리

북부와 남부, 그리고 동부와 서부간의 지역적인 편견과 차별을 해소해야 한다고 밝혔다. 또한 그는 앞으로의 미국 외교사에서 밑거름이 되는 중요한 원칙을 발표하였다. 그것은 세계의 어느 나라와도 "영원한 동맹(permanent alliance)"을 맺어서는 안된다는 것이었다. 그는 미국은 세계 모든 나라와 우호와 정의를 나누어야 하지만 특정 국가에 대한 "습관적인 미움이나 습관적인 우호 감정"은 피해야 한다고 밝혔다. 이렇게 대통령직을 떠나면서 워싱턴이 국민들을 향하여 마지막으로 부탁한 이러한 외교 방침은 시대가 바뀌고 환경이 달라져도 미국 역사에 오랫동안 메아리치게 되었고, 적어도 제2차 세계 대전전까지는 이 원칙에 큰 변화가 없었다.

워싱턴 행정부가 해결하지 못한 여러 가지 외교 문제는 시간이 흐를수록 더욱더 지역간의 감정과 괴리를 증대시켜 갔다. 미국은 영국과 프랑스의 전쟁 사이에서 어찌할 줄을 모르고 방황하였다. 2대 대통령인 존 아담스(John Adams) 집권 동안에는 명백한 연방주의자의 득세로 친영국적인 정책을 펴나갔고 그리하여 프랑스와는 선전 포고는 없었지만 사실상 해상 전쟁 상태에 있었다. 1797년에 아담스 대통령은 존 마샬을 주축으로 하는 미국측 대표단을 파리에 보내어 독립전쟁 당시에 프랑스와 체결했던 동맹 조약을 파기하려고까지 하였다. 협상 과정에서 프랑스 외무 장관이 조약 폐기의 조건으로 미국이 프랑스에 막대한 액수의 차관을 제공해 줄 것과 개인적으로도 뇌물을 요구하였기 때문에 미국인들의 분노를 사게 되었다. 소위 엑스와이지(XYZ) 사건(프랑스 정부는 이름을 밝히지 않은 XYZ로 표시한 세 명의 관리를 내세워 협상하였다)으로 말미암아 미국은 프랑스와 사실상의 전쟁 상태에 들어가게 되었으며, 이를 계기로 연방파는 친프랑스 공화파를 맹렬히 비난하고 나섰다. 그러나 이미 언급한 것과 같이 '외국인 규제법 및 보안법'의 제정은 오히려 국민의 우려와 반감을 사 1800년 선거에서 제퍼슨에게 대통령직을 물려주는 결과를 낳고 말았다.

제퍼슨 행정부는 이러한 불편한 프랑스와의 관계를 개선하여 다시금 순수한 중립 정책을 펴나아가려고 노력하였다. 그러나 영국과 프랑스는 각기 해상에서 미국이 상대방 국가와 해상 무역을 하는 것을 사실상 제재하였다. 프랑스보다 해군력이 강한 영국의 영향이 컸기 때문에 제퍼슨의 후계자인 매디슨의 요구에 의해서 1812년 의회는 영국에 선전 포고를 하기에 이르렀다. 대부분의 공화파들은 전쟁을 지지하였고 연방파들은 전쟁을 반대하였다. 독립 후의 최초의 전쟁인 미영 전쟁에서 미국의 사회는 극단적인 두 파로 갈라져 있었다. 전쟁 찬성파는 서부의 토지에 관심이 있는 농업 세력과 남부의 주민들이었으며, 전쟁 반대파는 북동부와 중부 해안의 상공업 세력에 기반을 둔 연방파들이었다. 서부의 주민들은 인디언의 습격에 영국이 작용하고 있다고 믿어 왔다. 서부 인들은 더 많은 땅을 서부 팽창으로 소유하기를 원했으며 이 전쟁이 캐나다와 플로리다의 새 땅을 보장해 줄 것으로 생각하였다. 한편 연방파들에게는 영국과의 무역이 그들의 생존권과 다름이 없었다. 그들은 영국과의 전쟁으로 인하여 그들의 무역이 막힌다면 막대한 손해를 보게 될 것을 잘 알고 있었다. 그리하여 동부 곳곳에서는 전쟁에 반대하는 폭동이 일어나기 시작하였다. 1814년말에 코네티컷의 하트포드(Hartford) 에서 뉴잉글랜드 연방파들이 모임을 가져 이 전쟁은 매디슨의 전쟁이고 공화파가 석권하고 있는 의회가 선포한 것이기 때문에 헌법에 위배된 다고 주장하였다. 이들은 의회의 결정이 그들 주(州)의 이익에 위배 된다면 주는 의회의 결정을 무효화할 권리가 있다고 주장하고 심지어 연방으로부터 탈퇴하려는 움직임까지 보였다. 그러나 앤드루 잭슨 장 군이 뉴올리언즈에서 영국군을 대패시킴으로써 전세가 미국의 승리로

끝날 공산이 크자 이 하트포드 선포는 실효를 얻지 못하고 흐지부지되어
버렸다. 이 선포는 다시 한번 주 정부가 연방 정부의 결정을 무효화할
수 있다고 주장함으로써 훗날 남북전쟁의 중요한 이론적 씨앗으로 남
았다.

영미 전쟁의 승리는 미국에게 커다란 의미를 부여하였다. 무엇보다도
갓 태어난 합중국에 엄청난 자신감을 불러 넣어 주었다. 또한 전쟁중에
민족주의가 강력히 대두되어 미국이 강력한 국민 국가로 성장할 수 있는
계기를 마련해 주었다. 이제 유럽의 그 어느 나라도 미국을 깔보지
못하게 되었고 미국의 정책과 통상에 함부로 간섭을 할 수 없었다.
그동안 지중해 해안에서 알제리의 해적들이 계속 미국의 상선을 괴롭혀
왔는데 영미 전쟁의 승리와 함께 이제는 지중해 연안국들이 미국 상선을
대우하기 시작하였다. 1815년 6월 30일에는 알제리 정부가 그 동안 미국
상선의 해적 노릇을 했던 것을 청산하고 손해 배상을 해주겠다고 약
속까지 하였다. 한 가지 재미있는 사실은 이 영미전쟁이 미국 국내의
정치 판도와 역할을 뒤바꿔 놓은 계기가 되었다는 것이다. 이제 공화
파는 얼마나 강력한 국가가 필요한가를 실감하게 되었다. 공화파는
해밀턴이 원래 주장하였던 강력한 육군과 해군, 그리고 강력한 중앙
정부의 필요성을 느끼게 되었으며 전쟁중에 미국에서 급성장한 여러
가지 제조 업체를 보호하기 위하여 보호 관세 정책을 펴나가게 되었다.
반대로 연방주의자들은 오히려 강력한 중앙 집권적인 정부를 반대하고
나섰으며 강한 주권을 외치게 되었다. 또한 헌법 해석에서 연방파는
좁은 헌법 해석 원칙을 주장하고 공화파는 확대 해석을 주장하여 이젠
연방주의자와 공화주의자들의 정치 철학이 그 전의 원칙에서 서로 뒤
바뀌게 되었다.

여하간 신생 미국의 위치는 미영 전쟁의 승리로 인하여 높아졌으며

이젠 감히 유럽의 어느 국가들도 쉽게 미국의 영토와 항해를 직접 간섭하려 하지 않았다. 워싱턴이 고별 연설에서 선언하였던 것과 같이 "영원한 동맹"은 피하면서 필요한 상업적 교역을 하려는 미국 외교의 전통은 순탄하게 진행되었다.

그러나 1820년대초에 들어오면서 이러한 미국의 정책은 다시 한번 유럽 열강들의 도전을 받게 되었다. 미국은 태평양 연안의 국경 분계선 때문에 러시아의 진출과 대응해야 했고 스페인과 프랑스가 남아메리카에 급속히 세력을 증강함에 따라 적절한 조치를 취해야 했다.

러시아 항해가인 비터스 베링(Vitus Behring)이 1727년에 시베리아와 북미 대륙을 연결하는 해협(오늘날 그의 이름을 따서 베링 해협으로 명명됨)을 발견한 후 러시아는 그들의 전통적인 남하 정책을 펴나갔다. 1799년에 미국과 러시아는 조약을 체결하여 북미 영토에서 쌍방간에 교역 전유권을 부여하고 북위 55도선 이내에서의 자유 거주를 인정했으며 주인없는 땅은 어느 편이나 임의로 처리할 수 있도록 하였다. 그러나 끊임없는 인디언들의 습격으로 러시아인들이 북미 대륙의 북서해안 해상 활동과 거주에 곤란을 받게 되자 러시아 정부는 이러한 인디언들에게 미국이 무기를 팔고 있다고 공공연히 비난하고 나섰다. 1821년에 러시아의 황제 알렉산더 1세는 칙령을 발표하여 북서 해안에 외국 상선의 항해를 금지시켰으며 남방 한계선을 51도로 하향 조정하였다.

1817년에서 1822년에 이르는 동안 리오 그란데(Rio Grande)에서부터 마젤란 해협(Strait of Magellan)까지 이르는 남아메리카의 거의 모든 지역들이 독립을 선포하였다. 오랫동안 남미의 주인격이었던 스페인이 그들의 식민 제국을 부활할 힘이 부치자 오스트리아, 프러시아, 프랑스 및 러시아는 스페인에 대신하여 1822년 베로나 회의(Congress of Verona)

체제로 이들 남미 지역을 다스리려고 계획하였다.

이러한 시대적 분위기에서 먼로(James Monroe) 대통령과 국무 장관 존 퀸시 아담스(John Quincy Adams)는 적절한 대응책을 강구하기 시작하였다. 영국 또한 이러한 유럽 국가들의 계획에 가만히 있을 수 없었다. 특히 라이벌인 프랑스가 남미에서 식민 제국의 부활을 시도하는 것이 영국인들에게는 달갑지 않았다. 영국의 외무 장관 조지 캐닝(Gorge Canning)은 프랑스의 남미 진출에 반대하여 어떠한 유럽 국가도 스페인의 옛 남미 제국을 합병해서는 안된다는 공동 성명을 미국과 함께 발표할 것을 미국측에 제의하였다. 이것은 영국이 이제 미국의 위치를 인정하고 미국과 함께 세계 질서를 조정해 가고자 하는 첫 신호였다. 그러나 워싱턴의 고별사에서 남긴 당부는 아직도 먼로 대통령과 아담스 국무 장관의 귓가에 생생하게 남아 있었고 전통적인 유럽 불신임 감정도 그들의 피 속에 남아 있었다. 이들은 영국의 우호적인 제의를 거절하였다.

영국의 제안을 거절한 후 1823년에 먼로 대통령은 아담스의 건의에 따라 훗날 '먼로 독트린(Monroe Doctrine)'으로 알려진 미국 역사상 가장 중요한 정책 중의 하나를 발표하였다. 이 독트린의 골자는 아메리카 대륙은 자유롭고 독립적이며 결코 유럽 열강들의 식민지 대상이 될 수 없다는 것이었다. 미국의 "건국의 부조(父祖)들"이 믿어왔던 것처럼 유럽의 구세계와 신대륙은 본질적으로 다르기 때문에 서로 분리되어야 한다는 것이었다. 또한 미국은 유럽 정치에 간섭하지 않을 것을 천명하였다. 반면에 유럽 국가의 서반구에 대한 어떠한 비우호적인 표명도 미국의 평화와 안전을 위협하는 것으로 간주할 것이라고 선포하였다.

먼로 독트린은 당시에는 유럽이나 남미 대륙에 신통한 반응을 일으키지 못했으며 유럽인들로부터는 교만하고 철면피한 조치라는 비난을

제5장 해밀턴주의 대 제퍼슨주의

받았다. 그러나 이 독트린은 그 당시보다는 앞으로의 미국 외교 진로에 워싱턴의 고별 당부와 함께 가장 기본적인 원칙으로 남게 되었다. 먼로 독트린은 미국 독립 선언서에서부터 시작해서 워싱턴의 중립 선언 그리고 그의 고별 당부, 또한 제퍼슨이 취임사에서 밝힌 구대륙과의 '뒤얽히는 동맹(entangling alliance)'으로부터의 탈피 등 독립 후 반 세기 동안의 미국 외교 철학과 개념을 재확인했고 본격적으로 남미에 대해서 미국의 야심을 간접적으로 드러낸 의미 심장한 발표였다.

먼로 독트린의 발표에 내포된 또 하나의 중요한 사실은 미국의 외교 정책이 국내 정치와 불가분의 연관이 있었다는 점이다. 국무 장관인 아담스가 서둘러서 이러한 미국의 입장을 밝히는 성명을 준비한 것은 애국심의 발로에서 순수하게 미국의 안보를 겨냥했기 때문이라고 볼 수도 있지만 국내 사정을 자세히 살펴보면 또한 국내 정치적인 배경이 먼로 독트린의 등장을 촉진시켰다고 볼 수도 있다. 다가오는 대통령 선거에 대비해서 아담스는 국방 장관인 존 캘훈과 재무 장관인 헨리 크로포드(Henry Crawford) 그리고 서부의 압도적인 지지를 받고 있는 켄터키 주의 상원 위원 헨리 클레이(Henry Clay) 등과 치열한 4각 다툼을 시작하고 있었다. 더군다나 아담스는 연방파의 2대 대통령인 존 아담스의 아들로서 연방파적인 요소가 다분하여 친영국적 기질을 갖고 있다는 비판을 받아오고 있었다. 아담스는 이러한 불명예와 의심을 씻어줄 계기를 찾고 있었는지 모르며 1823년의 먼로 독트린 발표로 그의 애국심을 천명하고 그가 전통적인 "건국의 부조(父祖)들"의 이념을 계승하고 있다는 사실을 국민들에게 확인하려 했는지도 모를 일이다.

아무튼 1823년 먼로 독트린은 1947년의 트루만 독트린(Truman Doctrine)과 함께 가장 중요한 미국의 외교 독트린으로 간주되어 오고 있다. 1947년까지는 먼로 독트린의 비간섭주의가 미국 외교의 기본 골격이었고 이 후에는 트루만의 개입 정책(세계 어느 나라든 전체주의의 위협을 받는 곳은 결국 미국의 평화와 안보를 해치는 것이므로 미국은 적극적으로 대처해야 한다고 천명)이 미국 외교의 기본 골격으로 자리잡게 되었다. 재미있는 사실은 먼로 독트린이나 트루만 독트린이 러시아를 겨냥한 (물론 먼로 독트린은 남미에 더 관심이 있었지만) 사실이다. 먼로 독트린이 발표된 후 124년 만에 미국은 다시 소련의 팽창 정책에 경고하고 나섰던 것이다.

# 제6장 골육 상쟁
## —— 남북전쟁과 재건

거의 대부분의 국가들은 역사상 한 번 이상 내란을 겪게 된다. 어떤 나라이고 그 명칭이야 전쟁이든 혁명이든간에 내적 갈등의 시기가 있게 마련이다. 이 갈등은 일반적으로 그들 사회의 사회, 정치, 이념적인 갈등을 잘 반영되고 있으며 또한 향후 그들 역사의 진로에 큰 영향을 미친다. 미국 역사도 예외는 아니다. 아니 가장 대표적인 경우인지도 모른다. 세계의 다른 내전과 마찬가지로 미국의 내전인 남북전쟁은 여러 가지 공통적인 발발 이유와 그에 따른 결과를 가지고 있다. 그러나 미국의 남북전쟁은 다른 어느 전쟁과 비교하여 보아도 독특한 점이 있다. 첫째는 노예제의 존재가 전쟁의 궁극적인 이유가 되었고, 둘째는 서로 다른 지역끼리 서로 다른 두 개의 이념적, 정치적 제도를 쟁취하기 위하여 싸웠다기보다는 오랜 존경과 숭배의 대상이었던 헌법에 대한 의견 차이 때문에 일어났다는 것이다. 첫번째의 노예 제도의 문제는 사회 제도라기보다는 도덕적인 문제였고, 두번째의 헌법에 관한 문제는 미국의 정치 제도의 모순에서 기인한 법적인 문제였다. 도덕이 먼저냐 법이 먼저냐 하는 문제는 대답하기 쉽지 않다. 미국의 "건국의 부조들" 이 1787년에 헌법을 제정할 때 노예 문제로 남부 출신 대표자들과 북부 출신 대표자들은 보이지 않는 미묘한 갈등을 드러냈다. 하루 빨리 새로운 정부를 수립해야 한다는 긴박감에서 이들은 노예 문제를 자세히 거론하지 않았는데 어느 학자의 말과 같이 노예는 '헌법의 암'으로 남아 있었다. 또한 이 노예 문제 못지 않게 헌법은 이미 언급한 바와 같이 권위에 대한 명확한 규정을 하지 못하였는데 이것 역시 남북전쟁을 일으키게 하였던 헌법상의 근본 문제였다. 그렇다면 남북전쟁은 이러한 헌법의 암을 치유하기 위해서 치루어졌던 불가피한 전쟁이었을까? 1787년의 대타협(Great Compromise)을 시작으로 1820년의 미주리 타협 (Missouri Compromise) 등, 1861년 전쟁이 발발하기까지 수없는 타협이 나왔다. 만약 미국의 독립전쟁이 헌법상의 문제 때문에만 일어났다면 왜 1787년에는 타협이 가능하였는데 1820년 이후의 타협은 무위로 돌아갔는가?

그러면 도덕적인 문제가 남북전쟁의 궁극적인 이유가 되었을 가능성이 많다. 그러나 이 도덕적인 문제만 강조하기에는 여러 가지 다른 증거들이 많이 있다. 북부인들이 노예 제도가 부도덕하다고 믿었던 것은 1830년 이후보다 훨씬 전의 일이었다. 다만 노예 해방 운동이 미국 사회에서 본격적으로 부각되었던 것이 1830년 이후였을 뿐이다. 이러한 노예 해방 운동조차도 북부내에서 절대적 지지를 받지 못했으며 항상 과격하고 광적인 소수 집단의 일로 여겨 왔다. 이들 노예 해방론자(Aboli tionist)들은 남부에서 북부로 도망온 노예들을 해방시키기 위하여 각 지방 나름대로 법을 제정하도록 압력을 가하였으나 1850년대에 가서야 몇몇 북부의 주에서 도망 노예(Fugitive Slave)를 보호하는 개인 자유법

(Personal Liberty Laws)을 제정하였을 뿐이고, 이것조차 노예 해방론자의 압력만으로 되었다기보다는 여러가지 복합적인 정치적 문제와 결부되어 그렇게 되었을 가능성이 높다.

남북전쟁의 원인에는 여러 가지 정치 경제적 요인이 있었지만 도덕적 문제와 헌법상의 문제가 가장 기본적인 이유라고 할 수 있다. 이 '헌법의 암'이 자연적으로 치유되기에는 경제 사회적인 면에서 남부와 북부가 이미 서로 다른 국가 형태를 지니고 있었다. '헌법의 암'이 1830년 이후에 주위의 여러 가지 변화들로 인하여 더욱 확산되었으며 미국의 본격적인 골치덩어리로 드러나게 되었을 뿐이다. 1830년 이후에 세력은 약하였지만 북부인들의 도덕적 양심을 자극하였던 노예 해방론자들의 무서운 집념과 1803년의 루이지아나 구입, 그리고 1848년의 멕시코와의 전쟁으로부터 획득한 대부분의 서부 영토의 획득은 남부와 북부로 하여금 이 노예 문제를 명확히 해결할 것을 요청하였다. 미국의 소위 '명백한 운명(manifest destiny)'에 의한 팽창주의를 펴기 위해서는 헌법에 드러난 정치 제도의 모순과 노예 문제를 확실히 정립할 필요가 있었다. 대서양 연안을 중심으로 한 조그마한 미합중국이 이제 전 북미 대륙을 차지하는 대국으로 발전하기 위해서는 이러한 헌법과 노예 문제가 선결되어야 했다.

남북전쟁 전의 노예 문제와 그에 따른 헌법상의 논쟁들은 사실상 1787년의 헌법 제정에 관한 논쟁의 연장이라 할 수가 있다. 그렇기 때문에 노예와 헌법의 문제를 자세히 이해하고 남북전쟁 이후에 정부가 이러한 문제를 어떻게 해결했는지를 알아보면 미국 정치 제도의 근본이라 할 수 있는 헌법 자체를 더욱 자세히 이해할 수 있게 될 것이다.

1828년, 1832년 그리고 1833년에 앤드류 잭슨 대통령과 사우스 캐롤라이나의 존 캘훈(John C. Calhoun) 상원 의원 사이에 벌어진 관세법

무효화(Nullification)에 관한 역사적인 논쟁은 겉으로 보기에는 단순히 정치적이고 개인적인 문제처럼 보인다. 그러나 진정한 문제는 노예 제도에 있었다. 캘훈이 관세 문제를 논하면서 지방 분권적 주장을 폈던 것은 관세 문제 그 자체 못지 않게 남부인들의 주장을 대변하여 앞으로 서서히 논쟁의 씨가 될 노예 문제를 겨냥했던 것이다. 이런 의미에서 연방정부가 제정한 관세에 관한 사우스 캐롤라이나의 무효화 선언(Ordinance of Nullification)은 일종의 노예 제도의 영구화 선언(Ordinance of Perpetuity of Slavery)이었던 것이다. 잭슨 대통령은 1833년에 강제법(Force Act)을 통하여 캘훈 세력이 그들의 무효화 선언을 포기하게 하는 데 성공하였다. 그러나 캘훈과 그 추종자들은 잭슨의 압력에 따라 관세에 관한 무효화 선언은 포기하였으나 강제법을 주의회로 하여금 다시 무효화함으로써 전적인 패배로부터 체면을 유지하였다. 노예 제도를 보장받으려는 것은 사우스 캐롤라이나인들만이 아니라 모든 남부인들의 공통적인 희망이었다. 남부인들은 북부에서 일어나고 있던 노예 해방 운동에 민감한 반응을 보였고, 인구 비례로 볼 때 그들의 숫자가 북부에 비하여 갈수록 줄어들고 있었기 때문에 앞으로 이러한 노예 문제가 정치적 논쟁으로 번질 때 북부 세력에 의하여 그들의 정치적인 독특한 제도(peculiar institution)가 위협을 받을까 걱정하였다. 더군다나 1831년에 버지니아에서 냇 터너(Nat Turner)의 노예 반란이 발생하여 55명의 백인들이 사망하자 남부인들의 이러한 불안은 더해가기만 하였다. 1833년에는 필라델피아에서 미국 반(反)노예 협회(American Anti-Slavery Society)라는 노예 해방운동 단체가 성립되면서 노예 문제를 둘러싼 심각한 사회적 충돌을 예고하였다. 1834년부터 1840년까지 이러한 노예 문제에 따른 사회적 불안은 북부에서 더욱 심각하였다. 노예 해방론자들은 대개 광적이고 위험스러운 존재라고 인식되었는데 1835년에 노예 해방론자

144

들의 대부격이었던 윌리암 로이드 개리슨(William Lloyd Garrison)은 군중들에 의하여 밧줄로 그의 목이 묶인 채 보스톤 시가를 질질 끌려 다니다 간신히 생명을 구하는 사태가 일어났다. 1837년에는 일리노이 주의 노예 해방론자였던 일리야 러브조이(Elijah P. Lovejoy)가 폭도들에게 살해되었고 그가 발간하던 신문사도 파괴되었다.

1831년 봄에 의회에서는 노예 문제 토론 종결(Gag Rule) 법안을 제출하여 노예 문제가 상원이나 하원에 제출되면 의회는 자동적으로 그에 대한 심의를 보류시키고자 하였다. 즉 노예 문제가 복잡한 사회적 문제로 번지게 되자 의회는 이러한 문제를 취급함으로써 사회 문제가 더욱 크게 증폭되는 것을 미연에 방지하기 위하여 노예 문제를 의회가 다루지 않는다는 인상을 국민들에게 심어주고자 했던 것이다. 그러나 이러한 의회의 태도는 노예 해방론자들을 더욱 분노하게 만들었으며 그들의 행동을 더욱 강화하는 결과를 낳았다. 노예 해방론자들은 노예 해방을 주장하는 출판물을 북부나 남부 지역으로 발송하였는데, 1835년에는 사우스 캐롤라이나의 찰스톤에서 폭도들이 우체국에 침입하여 이러한 반노예주의적인 문서들을 소각시켜 버렸다. 잭슨 대통령은 이러한 사회 문제를 조장하는 우편물은 발송을 거부할 수 있도록 한 법안을 제시하였으나 의회가 기각하였다. 대통령은 우체국 당국이 각 주의 법에 의하여 그러한 임무를 수행하도록 하였고 그에 따라 노예 해방론자들의 문서는 남부에서 일시 사라졌다.

노예 해방 운동의 가장 중요한 인물은 개리슨이었다. 그는 1831년에 26세의 나이로 가장 과격한 노예 해방론을 폈던 「해방자(The Liberator)」라는 신문을 발간하였다. 개리슨은 이 신문에서 노예 제도는 미국이 갖고 있는 가장 악마적인 요소로서 즉각 폐지되어야 한다고 주장하였다. 그는 1832년에 매사추세츠에서 반노예 운동 단체를 조직하고 다음 해에는 미국 반노예 협회를 건설하는 데 큰 역할을 하였다. 그는 그 당시에 젊은 복음주의적 목사들로부터 큰 영향을 받았는데, 그는 그리스도의 복음과 노예 해방의 복음은 같은 것으로 믿었고 노예 제도가 악한 죄이므로 타협의 여지 없이 즉각 폐지되어야 한다고 주장하였다. 1838년까지 미국 반노예 협회는 1,300개의 지방 단체들을 보유하게 되었고 25만 명의 회원을 확보할 수 있었다.

1839년에 노예제 폐지 운동은 온건과 강경 양파로 갈라지게 되었다. 개리슨은 그 자신만이 하느님의 계획을 알고 있다고 확신하였다. 그는 현행 미국 헌법이나 제도하에서는 노예 해방 운동을 정치적으로 해결할 수 없다고 믿었다. 반면 온건한 노예 해방론자들은 그들의 목적을 달성하기 위해서는 정치에 적극적으로 뛰어들어야 한다고 주장하였다. 특히 그들은 의회내에서 노예 문제를 거론하지 않기로 의원들이 약속을 하였기 때문에 그들은 제3당을 창립하여 본격적인 노예 해방 운동을 전개해야 한다고 믿었다. 그리하여 그들은 자유당(Liberty Party)을 창당하였다. 1840년 대통령 선거에서 자유당은 제임스 버니(James G. Birney)를 대통령 후보로 내세웠으나 전체 투표자의 0.3%에 해당하는 7,053표만 획득하였을 뿐이고 4년 뒤에도 2.3%에 해당하는 62,300표밖에 획득하지 못하였다. 1844년 선거에서 자유당이 4년 전의 선거에 비하여 많은 표를 얻을 수 있었던 것은 자유당이 노예 해방주의 이념에다 다른 사회 개혁안을 섞었기 때문이었다. 자유당은 노예제가 존재하고 있는 주에서는 이 문제를 해당 주가 결정할 수 있지만 새로 연방에 가입하는 주는 노예주를 가입시켜서는 안된다고 주장하였고 도망 노예 송환법을 반대하였다. 이러한 자유당의 견해에 대하여 개리슨과 그 밖의 과격한 노예 해방론자들 사이에는 결정적인 의견 차이가 있었다. 개리슨파들은 미국내에서의 노예 제도는 어디에서나 위헌이라고 주장하였다. 왜냐하면 그들에게 노예제도는 헌법 4조 2항의 '특권과 면제에 관한 항목 (Privileges and Immunities)'에 위반되는 것이었기 때문이다.

그러나 노예 해방주의자들의 운동은 북부에서 적극적인 호응을 받지 못했고 오히려 과격하고 광적인 단체로 낙인이 찍혀서 그들의 집회가 방해를 받곤 하였다. 대체적으로 북부인들은 이러한 미묘한 도덕적인 문제에 대하여 깊이 관여하기를 꺼려하였다. 이러한 도덕적 무관심 분위기 속에서 개리슨 못지 않게 북부인들의 양심을 자극하였던 자는 웬델 필립스(Wendell Phillips)였다. 그 자신은 스스로를 노예 해방론자 라기보다 개혁가나 선동가로 생각하였다. 그는 미국 국민들이 노예 제도가 죄악이라는 것을 알면서도 이 문제에 무관심한 것은 범죄 행위라고 주장하였다. 왜냐하면 바로 그 무관심 자체가 죄악이기 때문이라는 것이다. 그는 어떠한 것이든 그 원리가 옳은 것이면 그것을 실천해 옮기는 것도 옳은 것이라고 생각하고 과격한 노예 해방론자들의 행동을 인정하였다. 그도 역시 개리슨과 마찬가지로 즉각적 노예 해방을 주장하였다. 그는 남부가 노예 해방을 포기하지 않을 경우 북부는 연방으로부터 탈퇴해야 하며 그렇지 않은 경우 노예 해방을 믿는 자들은 투표를 하지 않아야 하며 관직도 보유하지 않아야 한다고 주장하였다. 왜냐하면 이러한 악마적인 연방정부를 후원하는 것은 바로 악마를 후원하는 것이며 그 자신이 크나큰 죄를 범하는 것이기 때문이었다. 그는 미국 역사는 의로운 인간들로 구성되는 사회와 단지 수적으로만 우세한 다수로 구성되는 정치적 제도의 끊임없는 투쟁으로 생각하였으며 미국 정치인들은 도덕적으로 무관심한 다수인들을 위한 정치를 펴기보다는 도덕적으로 의로운 소수 국민들의 의견에 더욱 귀를 기울여야 한다고 주장하였다. 이러한 과격한 도덕주의적인 노예 해방주의는 많은 북부인들의 양심을 자극하였고 링컨과 같은 정치인들에게도 많은 영향을

▶ 1860년대의 흑인 가족.

주었다. 특히 필립스가 주장했던 것과 같이, 노예 제도는 죄악이며 이 죄악에 대해서는 타협의 여지가 없이 적극적으로 대처하여 이를 소멸 시켜야 한다는 이론은 링컨에게 크나큰 감동을 주었다. 노예 해방주 의자들이 그 당시 정치인들을 감화시켜 노예 해방을 위한 강력한 법을 제정하는 데에는 실패하였지만 수많은 사람들의 양심을 자극하였으며 남북전쟁으로 치닫게 하는 데 보이지 않는 큰 역할을 하였다. 그러나 이들 노예 해방 운동가들의 등장으로 말미암아 남부인들은 노예제에 더욱 방어적인 입장을 취하게 되었고 결국 노예 문제가 미국의 고질적인 문제였던 지역간의 감정을 더욱 악화시키는 데 결정적인 역할을 하였다.

남북전쟁 전의 남부에서의 개인주의에 대한 강조는 어느 학자가 얘기한 것처럼 이탈리아의 르네상스 이래로 세계에서 가장 강력한 것이었다. 이들에게 인간의 개인주의는 어떠한 외부 세력도 간섭할 수 없으며 이러한 자유 정신이야말로 미국 혁명의 가장 기본적인 정신으로 여겨왔다. 그들의 정치 사회는 대농장을 중심으로 해서 경제적으로 부유한 자들에 의하여 지배되었다. 이들 상부 계층 역시 그들 나름대로 정부나 외부 세력의 도움이 없이 스스로 노력하여 얻은 것이기 때문에 가난한 농민들까지도 그들의 권위를 인정하였다. 북동부의 하급 계층 과는 달리 가난한 자들이 사회 구조를 받아들이고 노예 제도를 인정 하였다는 것은 흥미있는 현상이었다. 무엇보다도 이들 하부 계층의 백인들은 적어도 그들의 위치가 흑인보다는 상위에 있다는 것으로 만 족하였던 것 같다. 흑인 노예들이 해방되어 그들과 똑같은 입장에서 그들과 경쟁하게 된다는 것은 이들 백인들에게는 상상도 할 수 없는 일이었다. 노예 해방은 그들의 우월함과 사회 경제 체제에 대한 혁명 적인 도전이 되는 것이기 때문에 생각할 수도 없는 일이었다. 북부인 들보다도 남부인들은 종교적 색채가 더 강하였는데 감리교, 침례교,

장로교도들의 믿음은 이러한 노예 제도가 구약이나 신약의 어느 곳에
서도 직접적으로 반대된 대목이 없으며 오히려 노예 제도를 인정하는
부분이 많다고 하여 신앙적으로도 그들의 독특한 제도를 절대시하였다.
전반적으로 볼 때 1830년대에는 미국의 민주주의와 노예 제도 그리고
그에 따른 헌법상의 해석이 비교적 안정된 시기였다고 할 수 있다.
그러나 여러 면에서 1830년대는 노예 문제와 그에 따른 헌법상 그리고
지역간의 분쟁 등을 예고하는 불길한 징조를 보인 시기이기도 했다.
1830년대가 비교적 평온했던 이유는 노예 문제에 관한 논쟁이 심각하지
않았다기보다도 잭슨 대통령 영도하의 강력한 중앙 정부와 국민주의의
분위기 때문이었다고 할 수 있다.

1842년에 프릭 대(對) 펜실바니아(Prigg Vs. Pennsylvania)의 판결에 따라
노예 문제가 다시 미국 사회에서 논란의 대상이 되기 시작하였다. 이
판결에서 대법원은 1793년의 도망 노예법의 합헌성을 인정하였다. 대
법원은 노예 소유주가 도망 노예를 다른 주까지 쫓아가 체포하여 데려갈
수 있다는 판결을 내렸다. 대법원장인 로저 태니(Roger B. Taney)는 헌법
4조에 기록된 것처럼 각 주들은 도망온 노예를 원래의 주로 되돌려 줘야
할 의무를 갖고 있다고 말하였는데, 태니와 민주당측의 판사들은 헌법을
확대 해석하여 주의 권한이 헌법에 의하여 최대한 보호를 받아야 한다고
판결하였던 것이다. 그러나 이러한 판결은 그 당시 북부에서 급격히
세력을 확장해가고 있었던 노예 해방론자들을 분노케 만들었다. 그들은
각 주의 입법부에 압력을 넣어서 노예 소유자나 연방 관료들이 도망
노예를 잡아 임시로 구속하는 과정에서 주내의 공공시설을 사용할 수
없게 하는 법안을 작성하게 하였다. 같은 해에 의회는 휘그파 하원
의원이었던 조슈아 기딩스(Joshua Giddings)가 제출한 소위 '크레올 결
의안(Creole Resolution)'으로 큰 논쟁을 일으켰다. 당시 국무 장관이었던

다니엘 웹스터(Daniel Webster)는 미국의 상선이었던 크레올을 타고 노예가 해방된 바하마로 도망갔던 노예들을 보상해야 한다고 주장하였는데, 기딩스는 도망한 노예들이 그들의 자연적인 위치인 자유를 다시 찾았기 때문에 그 노예들을 다시 송환하거나 보상할 수 없다는 제안을 내었다. 결국 하원은 이 의안을 파기시켰고 기딩스가 이러한 크레올 의안을 제시하여 그동안 흑인 노예 문제는 국회가 거론하지 않기로 하였던 규칙(Gag Rule)을 위반하였다 하여 그를 제명시키고 말았다. 그러나 기딩스가 그 다음 선거에서 압도적인 지지를 얻어 다시 재선된 점을 고려해 볼 때 미국인들이 얼마나 노예 해방 운동에 깊은 호응을 보냈는지를 알 수 있다.

미국 역사에서 전쟁은 미국에게 축복과 저주를 동시에 가져다 주었다. 1846년에 시작된 미국과 멕시코와의 전쟁도 예외는 아니었다. 그 전쟁이 미국에게 북아메리카 대륙의 대부분을 차지하게 하여 그들의 '명백한 운명'을 완성시킬 수 있는 기회를 주었지만, 동시에 새로운 영토의 획득은 그동안 미국을 정치적, 감정적으로 분열시키고 있었던 문제를 다시 가열시켜 남북전쟁을 향한 결정적인 전주곡의 역할을 하였다. 역사학자 데이비드 포터(David Potter)는 이것을 잘 요약해 주고 있다.

"이것은 미국 국민주의의 충동을 위한 불길한 완성으로서 미국의 명백한 운명을 위한 아이러니컬한 승리였다. 이것은 이러한 국민주의의 불길한 양면성을 잘 반영해주고 있다. 왜냐하면 놀라운 힘을 보유한 국가적 힘들이 하나의 외부적 승리를 성취한 반면에 또 한 편으로는 승리 그 자체가 앞으로 30년 안에 국가에 극적인 위기를 가져다 줄 내적인 갈등으로 전락했기 때문이다."

멕시코 전쟁 전에는 미국인들은 서부의 노예 제도에 관하여 어느 정도

합의를 본 듯하였다. 1787년에 서북 조례(Northwest Ordinance)에 의하여 새로운 영토에서는 노예 제도를 금지하였으며 1820년 미주리 타협(Missouri Compromise)에 의하여 루이지아나 구입에 포함되는 영토 중 북위 36도 30분 북쪽에 위치한 곳에는 노예제를 금지하였다. 그러나 이제 멕시코와의 전쟁으로 인하여 엄청난 규모의 영토가 미국에 소속되자 이제 다시 미국은 근본적인 문제에 봉착하게 되었다. 즉 새로운 영토를 자유주로 연방에 가입시킬 것인가 그렇지 않으면 노예주로 가입시킬 것인가 하는 문제였다.

북부인들은 대부분 월못 규정(Wilmot Proviso)에 동의하였는데 이 규정에 의하면 멕시코 전쟁의 결과로 얻어진 영토는 노예제를 금지시켜야 한다는 것이다. 펜실바니아 출신 의원이었던 데이비드 월못(David Wilmot)은 미국과 같은 자유 민주주의 국가가 그동안 멕시코 정부와 같은 3등 국가에 의하여 지배되었던 땅에 흑인 노예 제도를 도입시킨다는 것은 미국의 수치인데, 더욱이나 이미 멕시코 치하에서 노예가 해방되었던 그곳에 노예 제도를 지속시킨다는 것은 미국의 명예를 더 럽히는 것이라고 주장하였다. 그는 이러한 규정이 토마스 제퍼슨이 1787년에 서북 조례에서 언급하였던 새 영토에서의 노예 금지를 다시 재확인하는 것이라고 주장하였다.

그러나 남부인들은 이러한 월못 규정을 받아들일 수가 없었다. 이들은 몇 가지 대안을 가지고 월못 규정과 대치하였다. 어떤 자들은 옛날의 타협선이었던 36도 30분의 선을 태평양 연안까지 연결시켜서 그 선 위쪽에 위치하는 영토에는 노예 제도를 금지하는 대신 그 선 아래쪽에는 노예 제도를 적용할 것을 제안하였다. 그러나 멕시코 전쟁으로 획득하였던 대부분의 영토가 이 선 아래쪽에 위치하고 있었기 때문에 북부 세력은 이 제안을 승락할 수 없었다. 북부 민주당은 주민 주권

(Popular Sovereignty)으로 알려진 수정안을 제시하였는데 이 안에 의하면 의회는 새로 획득한 영토의 노예 문제에는 일체 개입하지 않고 다만 그 지역에 거주하는 주민들이 자치적으로 노예 문제를 결정해야 한다는 것이었다. 그러나 이 제안 역시 애매한 내용을 포함하고 있었다. 문제는 만약 지역 주민들이 그들 나름대로 노예 문제에 대한 결정을 내린다고 가정할 때 과연 언제 이 문제를 결정해야 하는가였다. 남부의 노예 소유자들은 새로운 영토가 하나의 주로 승격될 때 거주민들이 이 문제를 결정해야 한다고 주장한 반면, 북부인들은 거주민들이 그들의 영토가 일정한 과정을 밟아 연방에 소속되기 전인 거주 기간 동안에 이 문제를 결정해야 한다는 것이었다. 노예 소유자들은 새로운 영토가 주로 승격될 때까지는 상당한 기간이 필요할 것이며, 그러는 동안에 남부의 많은 노예 소유자들이 그들의 노예와 함께 그곳으로 이주하여 그곳이 연방에 가입할 때쯤이면 자기들이 노예 반대자들을 압도하여 쉽게 노예주로 만들 수 있을 것으로 믿었다. 북부인들은 바로 이러한 위험 때문에 노예 문제를 훗날 그곳이 주로 승격할 때 결정하는 것보다 그전에 결정해야 한다고 주장하였다.

또 하나의 대안은 1847년에 캘훈으로부터 나왔다. 인생을 얼마 남기지 않았던 이 노(老) 상원 의원은 새로운 영토는 모든 주들의 공동 재산이기 때문에 연방 의회나 새 영토의 입법부도 특정 주의 거주자들로 하여금 그들의 재산과 함께 그 영토로 이주하는 것을 금지할 수 없다고 주장하였다. 물론 그가 재산이라 함은 노예를 염두에 두고 한 말임에 틀림없다. 그는 또한 의회는 새로운 주가 노예제를 허락했다고 하여 연방에 가입하는 것을 거절해서는 안된다고 주장하였다.

1848년에 휘그파 소속이었던 자커리 테일러(Zachary Taylor)가 대통령으로 당선되면서 새 영토에서의 이러한 복잡한 노예 문제는 잠시 잠잠해지는 것 같았다. 왜냐하면 테일러는 새 영토에서의 노예 문제에 관하여 어느 당의 제안에도 찬성하지 않았고 될 수 있는 대로 이러한 복잡한 문제를 기론하지 않으려고 하였기 때문이다. 그러나 테일러의 이러한 정책도 이미 남북간의 심한 지역적, 감정적 문제로 번져버린 노예 문제를 잠재울 수는 없었다. 거기에다 1849년에 캘리포니아에서 금이 발견되자 수많은 사람들이 서부로 이주하고 그리하여 의회는 하루 빨리 새로 연방에 가입될 서부 주들에 대하여 노예제 문제를 확실하게 결정해야만 했다. 이제 문제는 노예제 찬반을 놓고 대결하는 도덕적인 것에서 앞으로의 의회내에서의 세력을 판가름할 정치적 차원의 중대사로 옮아갔다. 전반적으로 남과 북이 팽팽한 대결을 하고 있을 즈음에 새로이 주로 승격될 서부의 세력이 과연 남으로 기울어지느냐 아니면 북으로 기울어지느냐에 따라 앞으로의 미국 정치는 향방이 판가름나기 때문이었다.

　1849년부터 1861년까지 12년간 미국 정치는 제퍼슨이나 잭슨과 같은 위대한 지도자 없이 계속 방황하였다. 미국의 "건국의 부조들"이 제정하였던 정치 제도의 원리에 따라 삼권 분립에 따른 견제와 균형의 원칙은 서서히 무너져 갔고 정치의 주도권은 의회가 장악하였다. 사실 잭슨과 링컨 시대를 제외하고는 19세기의 미국의 정치는 의회 정치라 해도 과언은 아니었다. 의회가 행정부나 사법부보다 훨씬 강력한 힘을 발휘하면서 노예 문제뿐만 아니라 경제, 사회 문제에 이르기까지 주도권을 장악하고 있었던 것이다. 가장 지도력이 필요할 때 미국의 행정부는 가장 미약하였다. 잭슨과 링컨을 제외하고는 아무도 이 기간 동안 재임을 하지 못했고 오직 마틴 반 뷰렌(Martin Van Buren)만이 재공천되었을 뿐이다. 테일러와 밀라드 필모어(Millard Fillmore) 대통령은 휘그파 소속으로서 대통령의 권한은 민주주의 정치에서는 제한되어야

한다고 믿었던 자들이며, 프랭클린 피어스(Franklin Pierce)와 제임스 부
캐넌(James Buchanan) 대통령 역시 지방 분권적인 원칙을 믿었고 국내
문제보다는 외교 정책에 치중하였다.

대통령 권한의 약화는 그 시대적 분위기로 어쩔 수 없는 상황이었다.
노예 제도라는 도덕적인 문제가 지역을 양분하였으며 그 지역을 대표
하는 정치인들이나 지역 주민들이 타협을 완강히 거부하였기 때문에
중간 위치에 있는 대통령으로서는 어떻게 할 도리가 없었다. 그렇기에
각 지역을 대표하는 의회가 자동적으로 권한과 책임을 갖게 되었으며
국내 문제를 주도하기 시작하였다. 이것은 19세기 후반에 대통령들이
힘을 쓰지 못했던 것과 유사하다. 19세기말 폭발적인 산업화와 사회적
변혁의 시기에 대통령이 어떠한 정치적 주도권을 행사하기에는 너무나
복잡하고 다양한 주변 환경이 인간적인 요소를 압도했던 것처럼 남북
전쟁 전의 대통령도 국가의 총책임자로서 정치를 뜻대로 주도하기에는
노예 문제가 너무나 복잡하고 중요했다.

그리하여 의회가 모든 정치적 책임을 지게 되었다. 남북전쟁 전의
정치는 상원에 의하여 주도되었다고 해도 과언은 아니다. 특히 1848년
부터 1850년까지의 지역 분쟁은 세기적인 웅변가들에 의하여 좌우되
었다 할 수 있다. 남부를 대표하던 존 캘훈과, 서부를 대표하고 있었던
켄터키 출신의 상원 의원 헨리 클레이(Henry Clay), 그리고 북동부를
대표하는 유명한 국민주의자 다니엘 웹스터(Daniel Webster)의 삼두마
차가 미국의 정치를 주름잡았다. 이들 세 상원 의원들은 하나의 왕국에
존재하던 세 명의 왕과 같은 존재들로서 남북전쟁 전 20~30년간의 미국
정치를 좌우하였다.

이제 남은 것은 대법원의 역할이었다. 대법원이 노예 문제에 대하여
최종적으로 어떤 결정을 내리느냐에 따라 향후 노예 문제는 결정이 날

수밖에 없었다. 행정부의 지도력은 이미 무너져버렸고 입법부의 지도력도 지역 분쟁으로 인하여 국가적인 이익보다는 지역적인 욕심을 채우는 데 급급한 이때에 대법원이 가장 중요한 심판자 역할을 하였다. "건국의 부조들"이 사법부를 만들 때 사법부가 입법부와 행정부 중간에서 심판을 보는 심판자의 역할을 해야 한다고 생각하였는데 이제 바로 사법부가 이러한 역할을 수행해 낼 국가적 위기를 만난 것이었다. 만약 사법부마저도 이러한 문제를 해결할 수 없다면 미국의 독립은 채 1세기도 지나기 전에 붕괴될 수밖에 없는 운명에 놓이게 되었다.

그러나 사법부마저도 그 시대의 산물이며 감정과 사상을 소유한 인간들의 집단이었기 때문에 도덕적인 문제인 노예 문제를 객관적으로 판단할 수는 없었다. 1857년 드레드 스캇(Dred Scott) 판결에 의하여 결정적으로 남부 노예주 세력을 옹호하기 전까지는 사법부가 비교적 공정한 위치에 있었는데 이들에게 가장 중요했던 원리는 이중적 연방주의(Dual Federalism) 사상이었다. "건국의 부조들"이 헌법을 제정하였을 때 연방은 이중적인 원리를 내포하고 있었다. 중앙 정부는 국가의 책임자요 대표자로서 모든 주에 우선하여 국가적 문제를 다스려야 하는 반면 미국의 연방이 각 주의 연합에 의하여 이루어진 것이기 때문에 헌법에 명시되지 않은 점에 대하여는 주권(州權)을 최대한 옹호해야 한다는 것이었다. 이것은 이미 역사적으로도 애매하다는 것이 입증된 바 있다. 존 마샬이 연방 우선주의적인 철학으로 연방의 권위를 높인 반면 제퍼슨이나 잭슨 등은 지방 분권적인 철학을 내세워 주권도 상당히 강화시켰다. 이 연방의 이중성을 누가 해석하느냐에 따라 미국 정치의 판도가 결정되었다. 1840년대와 1850년대에 이르러서는 이러한 연방의 이중성을 놓고 지역별로 심한 해석상의 차이를 낳고 있었는데 사법부는 확실한 선을 긋지 못하고 좌시하고만 있었다. 한편으로 다니엘 웹스터와 링컨이 주도한 국민주의자들은 연방이 주에 우선한다고 주장한 반면 캘훈 등의 지방 중심주의자들은 주권이 연방에 우선한다고 주장하였다. 이들에 의하면 연방이란 단순히 각 주간의 신성한 계약에 의하여 성립된 것이기 때문에 연방 정부는 주권을 침해할 수 없다는 것이었다. 그러나 실제적으로 그들은 연방의 이중성을 받아들여 때로는 그들이 주장하였던 사상과 이율배반적인 방향으로 나가기도 하였다. 예를 들면 도망 노예 문제에서 남부의 노예주의자들은 연방이 강력한 권위를 갖고 노예를 원래의 주인에게 송환시켜야 한다며 강력한 연방 위주의 이론을 편 반면 노예 폐지론을 주장하였던 북부인들은 그동안 캘훈이 주장하였던 무효화 원리를 주장하여 도망 노예 문제는 연방 정부보다는 각 주에서 알아서 결정해야 한다고 하였다.

이러던 중 1850년의 타협에 의하여 노예 문제가 잠시 안정되는 추세를 보였다. 이 타협으로 인하여 캘리포니아가 자유주로서 연방에 가입하는 동시에 그외의 지역은 주민 주권론에 의하여 그 지역에 거주하는 자들이 자기 주의 노예제 여부를 결정하도록 하였다. 북부인들에게는 경제적으로나 인구비례로 가장 중요했던 캘리포니아가 자유주로 연방에 가입할 수 있게 되자 이 타협안에 긍정적인 반응을 보였고 남부에서는 주민 주권주의 원리에 따라 연방 정부가 새로운 주 정부에 간섭할 수 없게 됨에 따라 적극적으로 이에 찬성하였다. 남부인들은 노예 소유자들의 서부 이주를 격려하고 그리하여 캘리포니아를 제외한 대부분의 서부 영토들이 노예주로서 연방에 가입되기를 희망하였다. 이러한 그들의 계획을 정당화하기 위하여 그들은 캘훈의 헌법 이론을 고수하였다. 즉 의회는 노예 소유자들이 그들의 재산과 함께 다른 주로 이주하는 것을 간섭할 수 없다는 것이었다.

1852년에 민주당의 프랭클린 피어스가 1850년의 타협안을 후원하여 대통령에 당선되자 미국 국민들은 새 대통령이 지역 분쟁을 해결해 줄 것으로 기대하였다. 그러나 전임자와 마찬가지로 피어스 역시 복잡한 지역 문제와 지역 감정을 해결할 수 없었다. 1850년의 타협은 남부와 북부인들이 그들의 주장을 포기해서 이루어졌다기보다는 국가의 안정을 바라는 경계주 국회 의원들의 노력에 의하여 잠정적으로 이루어졌을 뿐이었다. 사실 이런 점에서 1850년의 타협은 진정한 타협이 아니라 일종의 휴전 협정으로서 다가올 결정적인 남북의 대결을 위하여 잠시 휴식하는 기간이었다고 보아야 할 것이다.

결국 1854년에 캔사스-네브라스카 법(Kansas - Nebraska Act)에 의하여 정국은 걷잡을 수 없는 소용돌이로 치닫게 되었다. 이것은 일리노이 주 출신 상원 의원인 스티븐 더글라스(Stephen Douglas)에 의하여 제안된 법인데 그동안 미주리 타협에서 결정되었던 노예 제도 금지선을 없애고 주민 주권론으로 대체한 것이었다. 이에 의하면 미주리 타협에 의하여 노예 제도가 허용될 수 없는 캔사스와 네브라스카의 광활한 영토가 주민의 결정에 따라 노예주와 자유주가 될 것이었다.

더글라스는 일리노이 주 출신으로 노예 문제 해결보다는 영토 팽창을 우선으로 삼았던 정치인이었으며 시카고를 중심으로 한 대륙 횡단 철도 건설을 꿈꾸었던 자였다. 그는 시카고가 아닌 멤피스에서부터 텍사스를 거쳐 뉴멕시코에 이르는 남부 중심의 대륙 횡단 철도 건설의 가능성을 우려하였고 어떻게 하든지 그의 출신인 일리노이 주를 거쳐가는 대륙 횡단 철도 계획을 성사시키려고 하였다. 그러기 위해서는 그들의 경계주인 캔사스, 네브라스카 영토가 하루 빨리 연방에 가입돼야 하는데 이곳이 연방에 가입되는 경우 미주리 타협에 의해서 자유주로 가입될 가능성이 높았다. 따라서 남부 주들은 이들의 연방 가입을 강력히 저지하고 있었다. 그는 시카고 중심의 대륙 횡단 철도 계획에 대한 남부의 호응을 얻기 위하여 상기한 캔사스-네브라스카 법안을 의회에 제출하였는데 노예 문제가 얼마나 복잡한 것이었는가를 그는 알아차리지 못한 것 같았다. 그는 주민 주권주의라는 그럴듯한 방법으로 남부인들의 환심을 사려고 하였으나 윌못의 "자유 토지(Free-Soil)"주의자들의 세력을 과소 평가하였다.

더글라스는 캔사스, 네브라스카 지역이 주민 주권에 의하여 자유주로 연방에 가입할 것으로 예상하였으나 자유 토지주의자들이 갖고 있었던 더 깊은 우려를 그는 깨닫지 못하였다. 주민주권론에 의하여 많은 노예들이 이곳 영토에 노예 주인과 함께 이주하게 되면 백인들은 그들보다 훨씬 열등하다고 생각하는 흑인들과 몸을 맞대고 일을 해야 할 것인데 백인들에게 이러한 것은 참을 수 없는 일이었다. 그들은 이들 주가 자유주로 가입하게 되면 자동적으로 노예들은 해방이 될 것이며 그에 따라 백인과 흑인간의 계급 차이는 없어지게 되고 자칫 잘못하면 백인들이 흑인 노예와 같은 신분으로 전락할 가능성이 있다고 걱정하였다. 이들은 백인 노동자들에 의해서만 구성되는 자유스러운 사회 체제를 설계하려고 하였고 이러한 백인들에 의한 자유로운 사회는 그동안 북동부에서 팽배하였던 계급 차별이나 사회 불평등을 없앨 수 있으리라고 생각하였다. 그러나 만약 흑인 노예들이 그들과 섞이게 되면 이러한 그들의 이상적인 사회 질서는 깨질 것이며 남부의 계급차별주의적인 체제가 되살아날 것이었다. 이를 우려하여 그들은 더글라스의 법안을 강력하게 반대하기 시작하였다.

북부인들은 남부인들이 조지 핏츠휴(George Fitzhugh) 등의 사상가들을 중심으로 하여 계급 사회를 옹호하고 있는 것을 잘 알고 있었다. 그들은 이러한 계급 차별주의적인 남부 세력이 새 영토에 섞이게 되면 결국 북부인들이 구상하였던 순수 백인만의 이상적인 평등 사회를 결코 이룰 수 없다고 믿고 있었다. 핏츠휴는 자유 경쟁 원리에 의한 정부는 결국 전쟁과 착취를 낳는 위험한 것이라고 생각하였고 이러한 자유 경쟁 체제는 강한 자가 약한 자를 착취할 수 있도록 법적 도덕적 호응을 해주는 것이라고 주장하였다. 그는 마르크스가 10년 뒤에 주장했던 것처럼 자유 경쟁은 비인간적인 산업주의를 낳고 결국 어린이나 여자들까지 노동을 착취당하게 되는, 가진 자와 능력 있는 자만이 득세하는 계급 불평등의 사회를 낳는다고 주장하였다. 그리하여 그는 남부의 사회 경제 체제가 가장 이상적인 것이어서 귀족층과 노예층 그리고 중간에 건전한 백인 중산층의 사회 체제를 유지하는 것만이 사회 질서와 비인간적인 착취를 방지하기 위해 적합하다고 생각하였다. 그에 의하면 20명 중 19명 정도는 나머지 한 명의 주도 세력에 따라갈 수밖에 없는데 이러한 한명의 귀족이 나머지 19명의 노예나 하층 시민들을 잘 다스릴 수 있도록 정부가 보장해야 한다는 것이다. 노예 제도는 이런 점에서 긍정적인 미덕으로서 노예들이 전적으로 주인에게 복종함으로써 사회 체제에 이익을 가져온다고 그는 주장하였다.

캔사스-네브라스카 법은 북부에 정치적 혁명을 가져왔다. 북부 전역에 휘그파(Whigs)와 노우 낫싱당(Know-Nothings, 반(反)이민 운동가들이 세운 정당으로 세인들이 그들의 정책을 물을 때 아무 것도 모른다고 해서 생긴 이름)과 민주당의 연합 세력이 강력하게 반 캔사스-네브라스카 법 대중 집회를 개최하고 나섰다. 이들은 이 캔사스-네브라스카 법안이 자유 노동에 의한 자유로운 사회를 반대하는 노예 세력들의 음모라고 주장하고 이 법안을 철회하도록 요구하였다. 그러나 더글라스가 피어스 대통령의 호응을 얻어 법안을 통과시키자 6주 후에 이러한 캔사스-네브라스카 법 반대 조직이 규합하여 공화당(Republican Party)을 창설하였다. 그들은 자유 토지, 자유 노동, 자유 인간의 기치를 걸고 새 영토로의 노예제 확장을 결사 반대하고 나섰다.

1854년 선거에서 공화당은 북부의 하원 의석을 석권하였고 민주당은 거의 반 정도의 의석을 상실하고 말았다. 상실된 의석은 거의 북부에서 나왔기 때문에 이제 민주당의 기반은 거의 남부에 국한되어 앞으로의 정치 판도는 남부의 민주당과 북부의 공화당 양세력으로 갈라졌다. 1854년 이전에는 북부의 민주당이 남부의 민주당보다 우세하였고 이러한 북부의 민주당 때문에 여러가지 복잡한 노예 문제가 어느 정도 타협될 수 있는 길이 마련되어 있었다. 이제 북부의 민주당 세력이 잠식되자 노예 문제를 타협할 중개자가 없어진 셈이 되어 미국은 남의 민주당과 북의 공화당 양당 제도로 곤두박질치게 되었다.

이러한 정국에 나타난 1857년의 드레드 스캇 판결은 노예제에 따른 지역 분쟁을 더욱 가열시켰으며 그것은 남북전쟁의 가장 중요한 원인의 하나가 되었다. 1857년초에 드레드 스캇(Dred Scott)이라는 미주리 출신의 노예는 그의 주인과 함께 자유주인 일리노이와 위스콘신 영토에서 생활하였기 때문에 자기는 자동적으로 그들 영토의 법에 의하여 자유를 얻었다고 주장하고 따라서 자기는 미주리에서도 더 이상 노예의 신분이 아닌 자유인이라는 소송을 냈다. 이것은 단지 어느 한 노예의 소송이라기보다는 남부의 노예주와 북부의 노예 해방론자들간의 대결로서 전국적으로 비상한 관심을 모으게 되었다. 그런데 이 판결에서 남부 출신이 대부분이었던 대법원 판사들은 흑인은 미국의 시민이 아니며 1820년의 미주리 타협은 위헌이라고 판결하였다. 대법원장이었던 태니에 의하면 흑인 노예의 후손들은 헌법에서 미국 시민 보장을 받지 못하는데 헌법이 채택될 당시에 미국 영토에 거주하였던 시민들의 후손이 아니고서는 미국의 시민이 될 수 없다고 판결하였다. 즉 흑인들은 헌법 제정 당시에 어떠한 주의 시민도 아니었기 때문에 자동적으로 아직까지 미국 시민이 될 수 없다는 것이었다. 또한 그는 1820년의 미주리 타협은 시민들의 재산권을 박탈하였기 때문에 위헌이라고 선언하였다. 그는 미국 연방 정부가 일반 국민들의 재산권에 간섭할 수 없다고 헌법에 명시되었기 때문에 흑인도 노예 소유자들의 재산인 만큼 정부는 특정한 법을 제정하여 노예제를 금지할 수 없다고 판결하였다.

대법원의 이러한 판결은 그동안의 노예 문제에 대한 논쟁에 종지부를 찍는 것으로 일종의 북부에 대한 최후 통첩이었다. 태니의 대법원은 북부가 무조건 항복함으로써 미국은 평화를 누릴 수 있다고 보았다. 이 드레드 스캇 판례는 그동안 입법부 주도하의 정국 혼란을 사법부가 강력하게 대응함으로써 사회적 평안을 이룩하려고 한 것이었다. 그러나 정반대의 결과를 낳고 말았다. 불행하게도 사법부의 이러한 판결은 객관적인 판결이었다기보다는 판사들의 인종 차별적인 편견에서 발생한 것으로 받아들여졌다. 대법원은 1830년대 이후에 노예 문제가 얼마나 복잡하였으며 사회적, 경제적, 도덕적 문제를 수반하고 있는지를 잘 파악하지 못한 듯하다. 그들은 이렇듯 혼돈된 시기에 헌법을 좁게 해석함으로써 문제를 단번에 해결하려고 하였으나 문제는 그들이 생각했던 것보다 훨씬 복잡 미묘하였다.

이러한 대법원의 결정은 그동안 캘훈이나 기타 남부 지도자들이 오랫동안 바라왔던 것이다. 이 판결에 의하여 이제 노예 제도는 법적인 합법성뿐만 아니라 도덕적으로도 그들의 논리를 뒷받침하게 되어 앞으로 남부 지도자들이 더욱더 완고하게 노예 제도를 주장하게 하는 계기를 만들어 주었다.

북부의 노예 해방주의자들은 이러한 판결이 노예제를 자유주에 침투시킴으로써 궁극적으로 자유주마저도 노예주로 바꾸려는 음모라고 비난하였다. 그들은 미네소타, 오레곤, 워싱턴과 같은 자유 영토들이

결국 노예 제도로 바뀔 것을 두려워하였다. 북부의 여러 주의회에서는
개인 자유법을 확장하는 의안을 통과시킴으로써 태니의 대법원 판결에
정면으로 도전하였는데 뉴욕 입법부에서 제정하였던 법안이 좋은 예
라고 하겠다. 뉴욕 주는 이 법안에서 어떠한 형태, 어떠한 모습, 어떠한
기관이라도 그들의 주 경계선 안에서는 노예제를 허락하지 않을 것이
라고 선언하였다. 북부의 대부분의 주에서는 노예 해방론자들이 새로운
힘과 의욕을 갖고 대법원의 결정에 정면 도전하면서 전적인 노예 해방을
부르짖고 나섰다. 이러한 북부의 움직임이 남부 노예주들의 눈에는
헌법에 도전하는 반란으로 보일 수밖에 없었다. 이들은 북부의 노예
해방론자들이 남부의 노예 소유권자들의 법을 비난하면서 결국 헌법에
도전함으로써 그들의 독특한 제도를 파괴시키려 한다고 두려워하였다.
사실 대법원의 드레드 스캇 판결은 현금으로 바꿀 수 없는 엄청난
액수의 수표와도 같은 것이었다. 대법원의 이러한 판정은 그들의 노예
제도를 도덕적으로 합리화시키는 데 필요하였기 때문이다. 그러나 실
제적인 면에서 대법원의 판결은 효능을 기대할 수가 없었다. 그리하여
남부는 그들이 오랜 동안 주장하였던 지방 분권적 사상을 버리고 정부가
대법원의 판례에 따라 그들 영토내의 노예제를 보호해야 한다고 주장
하면서 강력한 연방 정부의 권력에 호소하기에 이르렀다.

1860년에 공화당의 아브라함 링컨이 대통령으로 당선되면서 이제
남부와 북부는 오직 실력 행사만이 노예 문제를 해결할 수 있다고
보았다. 링컨이 북부의 99%의 찬성 투표를 얻어 당선되자 남부인들은
그들이 완전한 소수파로 전락되기 전에 먼저 연방으로부터 탈퇴해야
한다고 주장하였다. 그들은 1789년에 각 주가 주권을 그대로 가진 채
연방을 구성하였기 때문에 이제 각 주는 미국의 헌법을 비준할 때와
똑같은 방법으로 협의회를 다시 소집하여 연방을 탈퇴할 수 있다는

주권론을 펴게 되었다. 그리하여 1860년 12월에 사우스 캐롤라이나가 연방을 탈퇴하였고, 곧 이어 미시시피, 플로리다, 알라바마, 조지아, 루이지애나, 텍사스가 연속적으로 연방에서 탈퇴하였다. 이 남부 6개 주는 1861년 12월말에 남부 연합(Confederate States of America)을 조직하고 새 정부를 알라바마의 몽고메리(Montgomery)에 세웠다. 이들은 미시시피 주 출신의 제퍼슨 데이비스(Jefferson Davis)를 남부 연합의 대통령으로 선출하였고 아직 링컨이 대통령에 취임하지 않은 기간을 틈타 정부의 우체국, 세무서, 병기창 등의 공공시설을 하나 둘 접수하기 시작하였다. 1861년 4월 12일에 남부군이 섬터(Sumter) 요새를 공격함으로써 4년에 걸친 남북전쟁이 시작되었다.

　남북전쟁은 미국의 헌정 질서를 새로 정립하는 계기가 되었다. 남부주들이 연방으로부터 탈퇴함으로써 연방의 본질과 개념에 대한 헌법상의 원리를 다시 확립시키는 시기가 도래한 것이었다. 존 마샬이 확고히 하였던 이중적 연방주의의 균형된 정치 제도가 주권이 연방 정부에 우선한다고 주장하는 자들의 탈퇴와 함께 무너지게 되었다. 남북전쟁으로 헌법 제정 이후 60년간 계속되었던 이러한 헌법의 이중적 연방 개념에 대한 논쟁은 사라지게 되었고 전쟁으로 말미암아 연방 정부와 행정부의 역할이 극적으로 높아지게 되었다. 이제 연방의 정치 체제는 더 이상 미약하고 비효율적인 제도로 남아 있을 수 없게 되었다.

　전쟁의 긴박성과 함께 연방주의는 수정이 불가피하게 되었다. 링컨은 북부의 승리를 보장하기 위하여 어느 정도 국민의 자유를 제한하고 연방의 권위를 더욱 높일 수밖에 없었다. 그러나 링컨은 연방 탈퇴자들을 패배시키기 위하여 그 자신을 군사적 독재자로 세웠다기보다는 될 수 있는 대로 헌법에서 제한한 권력의 범위내에서 그의 대통령직을 수행하였다. 그러기에 그는 헌법의 수호자였으며 단순히 해밀턴, 웹스터,

클레이와 같은 국민주의자의 한 일원이었다고 보아야 할 것이다. 링컨은
잭슨주의자도 아니었으며 그렇다고 개혁가나 선동가도 아니었다. 그는
웹스터와 같이 국민주의를 믿었지만 그렇다고 주권에 대하여 회의적
이지는 않았다. 그는 전통주의자로서 확고한 종교적인 신념과 국가
단합의 필요성, 그리고 미국의 헌법 숭상주의와 사유 재산의 권리를
존중하는 전형적인 미국 민주주의의 보수주의자였다. 링컨은 역사상의
신의 존재를 믿었으며 자유주의의 고귀함과 세계 문명에서 미국의 선
교적 사명을 잘 깨닫고 있었던 자였다. 그는 웬델 필립스가 주장한
것처럼 노예 제도는 죄악이기 때문에 어떠한 타협보다는 그 죄악을
전적으로 청산시켜야 한다고 믿었던 자였다. 그러나 이러한 그의 종교적
신념도 미국 연방 고수를 위한 그의 열정적인 애국심을 앞서지는 못
하였다. 그는 어떠한 희생을 감수해서라도 미국 연방은 지속되어야
한다고 믿었던 국민주의자였다.

링컨은 자유 노동의 고귀함에 대한 절대적 신념을 갖고 있었지만
그렇다고 흑인들이 백인들과 동등해질 수 있다는 데에는 회의적이었다.
그는 선거 유세 동안 더글라스와 세기적인 토론을 벌였다. 더글라스는
링컨이 흑인들의 사회적 평등을 믿고 있다고 주장한 데 대하여 링컨은
이것을 반박하면서 그의 인종 차별주의적인 생각을 드러냈었다. 링컨에
의하면 흑인과 백인 사이에는 분명한 신체적 차이점이 있기 때문에
흑인과 백인은 사회, 정치적 위치에서 동등한 입장에서 공존하는 것은
영원히 막아야 한다고 주장하였다. 그는 또한 그가 훨씬 우월한 백인
이라는 점에 대해 자부심을 느낀다고 하였고 흑인과 백인은 질적으로
서로 다른 인간이라고 주장하였다. 이런 점에서 링컨은 웬델 필립스나
조지 핏츠휴, 그리고 더글라스 등과 마찬가지로 강한 인종 차별적인
편견을 소유하고 있었던 그 시대의 보수적 인물이었다. 다만 링컨이

다른 인종 차별주의자들과 다른 점이 있었다면 독립 선언서에 기록된 대로 모든 인간은 신으로부터 똑같은 권리를 부여받았다고 믿었던 점이다. 즉 인간나나 그 질(質)은 서로 다를 수 있지만 인간 본체가 신으로부터 부여받은 평등권이나 자연권에 대하여서는 모든 사람이 평등하다고 믿었던 것이다.

링컨은 역사적으로 '위대한 해방자(Great Emancipator)'라고 알려졌으나 그는 그 당시 흑인들을 싫어하였거나 두려워한 미국인과 노예 제도를 증오한 미국인이 모두 다 호응하는 정책을 펴려고 하였다. 그는 예리한 정치가로서 노예 해방론자들의 투표 못지 않게 인종 차별주의자들의 투표도 염두에 두고 있었다. 즉 그가 정치적으로 위대할 수 있었던 것은 바로 그가 도덕적인 확신을 정치적인 인간성과 함께 잘 조화시켰던 점이다.

마지막으로 링컨은 미국이 세계 역사에서 하나의 선교적 사명을 지니고 있다고 믿었다는 것이다. 그는 청교도들이 굳게 믿어왔던 것처럼 미국의 숭고한 민주주의와 종교적 이상은 타락한 세계의 빛이 되어야 한다고 생각하였다. 그는 노예 제도와 같은 비인간적인 죄악이 미국에 그대로 남아 있다는 것은 미국의 명예를 손상시키는 것이라고 보았다. 독립 선언서에서 약속한 대로 모든 인간에게는 평등한 기회가 주어져야 한다고 그는 생각하였다. 이것이 바로 링컨이 생각하였던 미국의 선교적 사명이었다. 그가 취임하기 위해 워싱턴에 오는 길에 독립 기념관에 들러 그곳에서 말하기를 자기는 위와 같은 미국의 사명을 포기하는 것보다는 차라리 바로 이 자리에서 암살당하는 편이 낫겠다고 할 정도였다.

이러한 링컨의 보수주의는 대부분의 미국인들로부터 큰 호응을 받았으며 오늘날까지 그가 미국 연방과 민주주의의 수호자로 영웅시되게 된 중요한 요소였다. 그는 연방을 구제하기 위하여 남부와 타협할 준비가 되어 있었다. 남부가 연방을 탈퇴하였음에도 그는 도망 노예법을 파기하지 않았고, 남부가 먼저 선전 포고하기를 기다렸으며, 전쟁 후의 연방 재건에도 비교적 온건한 자세를 취하였다. 미국이 명백히 노예 문제의 도덕성 때문에 남북전쟁을 벌이게 되었으나 링컨은 전쟁이 시작된 이후 근 2년 동안이나 노예 해방 선언을 유보하고 있었다. 링컨은 노예 해방이라는 도덕적인 문제보다도 연방의 고수에 더욱 신경을 썼으며 그가 누누히 얘기했던 것처럼 한 명의 노예도 해방시키지 않고 연방을 구제할 수 있다면 기꺼이 그렇게 하리라고 밝혔다.

4년간의 전쟁으로 산산조각이 난 연방을 다시 재건하는 문제는 전쟁에서 이기는 문제 이상으로 어려웠다. 링컨은 이러한 재건 문제에 대하여 확실한 계획을 세워 놓지 않고 1865년에 대통령으로 재임된 지 한 달이 지나기도 전에 존 윌크스 부스(John Wilkes Booth)에 의하여 암살되고 말았다. 링컨은 재임 기간 동안 전쟁 후에 남부주들이 다시 연방에 대한 충성을 서약한다면 될 수 있는 한 간소한 방법으로 연방에 복귀할 수 있어야 한다고 생각하였다. 그는 남부주에서 각주 거주민의 1/10이 연방과 헌법에 대한 충성을 약속하면 새로운 주정부를 수립하도록 허가하려고 하였고 연방 복귀의 조건으로 노예제 폐지를 요구하지 않았다. 그는 하루 빨리 전쟁의 상처를 잊고 남부와 북부가 다시 연합하는 것을 기대하였다.

그러나 링컨이 생각했던 것처럼 재건은 그렇게 쉽지가 않았다. 헌법적, 정치적 문제 이전에 노예 문제를 놓고 남부와 북부가 도덕적, 감정적으로 대립하였기 때문에 재건 문제는 그리 쉽게 해결될 수가 없었다. 4년간의 피비린내나는 전쟁을 통하여 그 동안 노예 문제에 미온적이었던 북부인들도 남부의 노예 제도의 사악성을 지적하면서 남부가 연

방에 가입하려면 노예 제도를 완전히 폐지할 뿐만 아니라 사고 방식도
철저히 바꿔야 한다고 생각하였고, 반대로 남부는 비록 전쟁은 졌지만
그들이 오랫동안 보유하고 있던 독특한 제도를 쉽게 버릴 수는 없는
일이라고 맞섰다. 북부는 전쟁에서 엄청난 인명, 재산의 피해를 입었기
때문에 전쟁의 종결과 함께 승리의 열매를 맛보고 싶어했다. 승리의
열매란 구체적으로 먼저 남부 연합이 연방 탈퇴의 잘못을 뉘우치고 연방
정부를 더욱 신뢰해야 하며, 둘째로 노예 제도가 영원히 폐지되어야
하며, 셋째로 연방 탈퇴와 남북전쟁의 실질적인 책임을 지고 있는 남
부의 귀족 지도층은 완전히 정치에서 사라지고 대신 남부의 정치는
북부의 지도에 따라 다스려져야 한다는 것이었다. 남부와 북부의 서로
다른 사상은 그들의 종교에서도 찾아 볼 수가 있다. 아이러니칼하게도
남북에는 다 같이 침례교, 감리교, 장로교 등 어느 정도 유사한 신교
세력들이 강하였으나 남부와 북부의 신자들은 서로 다른 종교를 믿는
다는 듯이 노예와 연방 문제에 대하여 의견이 나눠져 있었다. 필립
브룩스(Philip Brooks)라는 어느 북부의 목사가 남북전쟁이 종결된 직후
예배에서 하였던 기도문은 그 당시 북부인들의 감정을 잘 나타내 주고
있다.

  "주여! 당신의 의로운 오른 팔이 우리를 위하여 부서지사 우리에게
  길을 제시해 주고 배반과 반란의 중심 도시에 우리 연방의 깃발을
  꽂을 수 있게 해준 것을 감사드리나이다. 또한 의로움이 악에 대하여
  승리할 수 있게 됨을 감사드리고 사악한 거리에 뿌려진 우리의 충성된
  군인들을 위하여 감사를 드리나이다. 당신은 우리에게 지혜와 용기와
  헌신을 허락하셔서 우리가 당신의 일을 수행하고 영광스러운 승리를
  얻을 수 있도록 보살펴주시니 감사하나이다. 오 주여! 당신의 놀라운
  뜻대로 우리를 인도하사 당신의 사역이 완성되도록 하여 주소서."

북부인들은 노예제를 옹호하고 연방을 탈퇴했던 남부인들을 사악하고 악한 존재로 보았으며 전쟁의 승리는 바로 그들의 도덕적인 의로움을 증명하는 것으로 보았다. 전쟁이 끝난 그 해 현충일날 알링톤 국립묘지는 북군의 복장을 한 근위병으로 에워싸여 있었고 남군의 전사자들의 묘지에는 헌화를 할 수 없게 하였는데 이는 그 당시의 분위기를 잘 나타내 주는 것이다.

그러나 남부는 다른 감정을 가지고 있었다. 그들은 패배는 물질적이고 군사적인 몰락이었지만 그들의 정신과 도덕은 몰락시킬 수 없다는 것이었다. 그들은 그들이 사악하거나 도덕적 죄악 때문에 패한 것이 아니라 단순히 전쟁 물자의 부족 때문에 졌다고 생각하였다. 그들은 그들의 독특한 사회 제도를 사악한 것으로 보지 않고 전쟁 이후 남부의 정치적, 경제적 황폐를 이용하여 이득을 보려고 북에서 내려온 양키들을 오히려 더욱 사악한 인간으로 보았다. 비록 전쟁의 패배와 함께 북군들이 그들의 정치를 지배하고 있는 것에 대하여 눈에 보이는 신체적 투쟁을 전개하지는 않았으나 그들의 내면에는 연방 군인들과 정치인들에 대한 깊은 분노가 도사리고 있었다. 교회 지도자들 역시 그 당시 남부인들의 감정을 대변해 주고 있었다. 어느 한 목사는 북부인들에 대한 그의 감정을 다음과 같이 밝히고 있다.

"나는 결코 그들을 용서하지 않는다. 용서하려고도 노력하지 않는다. 뭐라고! 우리 고장을 침입하여 우리 도시들을 불태우고 우리 집들을 파괴하였으며 우리 젊은이들을 살육하였고 우리의 고상한 토지를 망쳐 놓았던 그들을 용서하라고? 절대로 나는 그들을 용서할 수가 없다."

▶ 남군과 북군으로 갈라져 참전한 젊은이들.

겉으로 연방 정부 차원에서는 재건 문제가 링컨의 뒤를 이은 앤드류 존슨(Andrew Johnson) 대통령과 과격한 공화당 의원들과의 싸움으로 보였으며 패배한 남부에서는 공화당 정치인들과 남부연합의 주도세력이었던 백인 귀족들의 투쟁으로 보였다. 이러한 투쟁은 입법부와 행정부 간에 심한 마찰을 불러일으켰으며 미국 역사상 처음으로 대통령이 탄핵을 받아 제명될 위기까지 가게 되었다. 그러나 이러한 혼란의 가장 중요한 문제는 이중적 연방주의와 그에 따른 헌법의 해석 문제였다. 남북전쟁의 발발도 이러한 헌법상의 해석 때문에 생겨났고 남북전쟁이 끝난 이후도 연방권과 주권에 관한 문제를 해결하지 못하고 팽팽한 대결을 한 것이었다. 존슨 대통령은 지방 분권적인 사상을 가진 자로서 해방된 흑인의 문제는 각 주별로 결정해야 한다고 생각한 반면, 급진 공화당 의원들은 연방 정부가 이러한 노예 문제를 강력하게 주도해야 한다고 믿었다. 결국 재건에 관한 입법부와 행정부의 논란은 연방 정부의 적절한 역할에 대하여 중요한 영향을 미치게 되었고 다가올 19세기 후반의 자유 방임주의적인 헌법주의 정신의 중요한 기반을 쌓게 되었다.

링컨의 사망과 함께 역사의 우연으로 대통령이 되었던 존슨은 그 자신이 남부 출신으로서 전에 노예를 소유하였던 자였다. 그러나 그는 링컨과 마찬가지로 열렬한 연방주의자였으며 링컨과 같이 패배한 남부주는 될 수 있는 한 간소한 방법으로 빠른 시일내에 연방에 복귀해야 한다고 생각하였다. 그가 제의한 재건안은 남부주들이 연방에 가입하려면 그들의 새로운 주 헌법이 노예제를 폐지하고 그들의 연방 탈퇴의 조례를 무효화하는 등의 기본적인 형식을 갖춘 뒤 유권자의 과반수 이상의 동의를 얻도록 하였다. 이것은 링컨이 생각하였던 10%안 보다는 강경한 것이었지만 여전히 관대한 조치였으며 그리하여 1865년이 지나기 전에 텍사스를 제외한 모든 남부의 주들이 존슨의 요구 조건을 수락하였다.

이러한 존슨의 유화 정책은 급진파 공화주의자들을 분노시켰다. 이들은 남부의 반란자들이 연방에 가입하기 전에 자기들의 죄악을 깊히 회개해야 하며 그 증거가 있어야 한다고 주장하였다. 그들의 생각은 주는 연방내에서만 존재하는 것으로 각 주가 연방에 연관을 맺음으로 인하여 비로소 그들이 주권을 행사할 수 있다는 것이었다. 그러므로 찰스 섬너(Charles Sumner) 상원 의원과 같은 과격한 공화당 의원은 미국 헌정사의 이정표라 할 수 있는 수정 헌법 제14조를 통과시켰다. 이 수정안에 의하여 흑인들에게 미국 시민권이 주어졌고 어느 주든지 개인의 특권과 면제권(Privilege and Immunities)을 빼앗을 수 없으며 법의 정당한 절차 없이 개인의 생명, 자유, 재산권을 박탈할 수 없다고 선언하였다.

급진파 공화당 의원들은 이 수정 헌법 14조가 존슨과 그들의 의견을 절충한 재건을 위한 최적의 법적 근거로 생각하였으나 존슨이 완강히 이 법안을 반대함으로써 대통령과 급진파 공화당은 정면 충돌을 하게 되었다. 존슨은 남부주들로 하여금 이 수정안을 거부하도록 종용하였고 테네시를 제외한 모든 남부의 주들이 존슨의 권유에 따라 이 수정헌법안을 비준하지 않았다. 공화당 의원들은 이제 그들 나름대로의 재건 정책을 펼 수밖에 없다고 생각하여 1867년에 일련의 재건법(Reconstruction Acts)을 제정하였다. 이 법은 10개의 남부주를 5개의 군정 지구로 나누어 연방 군인, 관료들이 주와 지방 정부의 행동을 감시하고 군사 재판을 실시할 수 있으며 법에 어긋나는 행동을 한 관료들을 제거할 수 있는 권한을 갖게 되었다. 그러나 이들 연방 군인들의 수는 채 2만 명도 되지 않았으며 이 숫자로 8백만이 넘는 남부의 인구를 감시하기에는 역부족이었다. 그러나 남부인들에게는 이러한 연방 군인의 주둔이 그들의 자존심을 심히 상하게 하였다. 그들은 법을 교묘히 회피하여 그들 나름대로 흑인들의 자유를 압박하였다. 이러한 군정은 각 주가 협의회를 열어 새로운 헌법을 준비한 뒤에 종식될 수 있었는데 이러한 헌법 협의회에 보낼 대표자들은 인종에 관계 없이 남성 보통 선거에 의하여 뽑을 수 있도록 하였다. 이렇게 하여 성립된 주 헌법에 의하여 새로운 주정부가 탄생하게 되면 주정부는 수정 헌법 14조를 비준한 다음에 연방에 가입할 수 있었다.

존슨은 이러한 군정 재건 정책이 일종의 군사적 전체주의로서 미국의 이념에 어긋날 뿐만 아니라 자유주의의 적인 열등한 인종들에게 권력을 부여하게 되는 결과를 낳는다고 맹렬히 비판하였다. 그는 헌법상의 군대의 총수로서 남부에 주둔한 연방 군인들이 의회의 재건법에 따라 임무를 수행하는 것을 여러가지 방법으로 방해하려고 하였으나 각 주들이 헌법협의회를 구성하고 남자 보통선거에 의하여 주정부를 구성하는 것을 막을 수는 없었다. 그리하여 1867년말에서 1868년초에 이르는 시기에 재건법에서 제시한 절차를 받아 대부분의 남부주들이 연방에 가입하였다.

대통령과 입법부와의 불편한 관계는 결국 1868년 존슨이 미국 대통령으로는 최초로 탄핵 심의를 받게 됨으로써 절정에 달했다. 1868년 2월에 존슨은 의회의 급진파와 가까운 국방 장관 에드윈 스탠턴(Edwin Stanton)을 해임하였다. 이에 의회는 대통령이라 할지라도 상원의 동의 없이는 함부로 각료를 해임시키지 못하게 하는 1년 전에 제정된 관직 보유법(Tenure of Office Act)을 대통령이 위반한 것이라 하여 존슨을 탄핵 소추하였다. 하원은 존슨 대통령 탄핵안을 통과시키고 상원에도 탄핵안을 지지할 것을 요구하였다. 의회의 분위기로 보아 존슨의 탄핵이 통과될 것으로 예견되었으나 캔사스의 에드먼드 로스(Edmund G. Ross)

공화당 의원의 결정적 반대표로 존슨은 한 표차로 간신히 탄핵을 면하였다. 존슨이 탄핵을 모면했던 것은 그가 공화당 의원들로부터 그의 반재건적인 행동에 대하여 인정을 받았다기보다는 로스 상원 의원과 같은 뜻있는 정치인들이 미국의 대통령이 단지 정치적인 이유 때문에 탄핵을 받아야 한다는 선례를 남기고 싶지 않았기 때문이었다. 비록 한 표 차로 대통령직을 유지하였으나 대통령으로서의 존슨의 권위는 급격히 하락하게 되었고 앞으로 재건 정책은 전적으로 의회에 의하여 전개되었다.

1877년초에 남부에 주둔하였던 마지막 연방 군대가 철수함으로써 재건은 공식적으로 종결을 지었다. 군정 기간은 주마다 달랐는데 보통 4년 반 정도의 기간을 겪었다. 1861년 연방을 탈퇴하여 남부 연합 정부 아래 남북전쟁을 수행했던 모든 남부주들이 연방에 가입하는 것으로 재건은 성공적으로 끝마쳤다고 할 수가 있다. 재건은 단순히 옛날의 남부 연합주들을 다시 연방으로 복귀시키는 것 외에 다른 여러 가지 사회 정치적인 요소를 포함하고 있었기 때문에 재건 정책이 결과적으로 성공했다고 판단할 수는 없다. 남부에서는 세월이 흐르면서 공화당의 세력은 갈수록 약해지고 대신 남부에 기반을 가지고 있던 민주당이 점차 우세해져 갔다. 남북전쟁 전과 남북전쟁 기간에 남부의 경제, 정치, 사회를 주도했던 엘리트 계층이 다시 정계에 복귀하여 그들의 독특한 체제를 유지하였다. 비록 흑인들이 법적으로 자유를 인정받았고 수정 헌법 제15조에 의하여 참정권까지 부여받았으나 호전적인 남부인들의 방해로 실제적으로 그들의 법적 권리를 행사할 수가 없었다.

특히 1867년에 테네시에서 조직되어 남부 전역으로 퍼진 큐 클럭스 클랜(Ku Klex Klan, 일명 K. K. K.) 조직은 흑인들에 대해 조직적인 폭력을 사용하였다. 그들은 매질, 고문, 살인 행위들을 저지르며 흑인들이 참정권을 행사하는 것을 적극적으로 방해하였고 흑인들이 정치, 경제, 사회적으로 계속해서 하등 세력으로 남아 있게 하기 위하여 갖가지 폭력을 사용하였다. 정확한 통계는 알 수 없으나 1876년 선거의 경우만 보더라도 어느 한 주에서는 수백 명의 흑인들이 이런 인종 차별주의적인 폭력 단체들에 의하여 살해되었다. 1873년에 1만4천 명의 흑인들이 미시시피 주에서 선거했는데, 3년 뒤인 1876년에는 이러한 폭력 단체들의 방해로 오직 723명만이 선거에 참가했다. 이것만 보아도 얼마나 이들의 횡포가 무서웠는가를 알 수가 있다.

급진적 공화당 의원들이 1860년대 후반 이후로 서서히 정계에서 사라져가자 정책은 점차 온건한 방향으로 전환되었다. 급진 공화당의 가장 주도적인 인물이었으며 흑인들의 실질적인 자유를 보장하기 위하여 정부는 남부 연합을 주도하였던 엘리트 계급의 토지를 몰수하여 흑인들에게 무료로 나눠줘야 한다는 과격한 이론을 폈던 테데우스 스티븐스(Theddeus Stevens)는 1868년에 세상을 떠났고 벤자민 웨이드(Benjamin Wade)는 1869년에 상원 의석을 놓치게 되었으며, 같은 해에 에드윈 스탠턴은 사망하였다. 1875년에 찰스 섬너가 사망하였으며, 1878년에는 웨이드도 사망하였다. 1878년 웨이드의 사망을 마지막으로 그 동안 국회내에서 흑인들의 자유와 민권을 위해 헌법 수정안 13조, 14조, 15조를 제정하는 데 주도적인 역할을 했던 급진파 공화당원이 사라지게 됨에 따라 강력한 재건 정책도 뚜렷한 지도자 없이 방황하게 되었다.

이들 급진파 공화당원의 소멸 못지 않게 국민들의 일반적인 여론 또한 재건을 종식시키는 데 큰 역할을 하였다. 남북전쟁 이후에 국민들의 관심은 초기 몇년간은 재건 문제에 기울어졌으나 철도 건설과 기타 미국의 급격한 산업 발달에 따라 미국 국민은 그밖의 사회, 경제적인 문제에 더욱 관심을 갖게 되었다. 이러한 시대적인 분위기를 타고 1874

년에 민주당이 하원의 다수당으로 등장하게 되면서 이제 흑인 보호 등의 문제는 정치의 관심사에서 갈수록 멀어져갔다.

1861년에 노예 해방 문제와 그에 따른 헌법상의 논쟁에 의하여 4년 간의 처절한 내란을 겪게 되었으나 전쟁이 끝난 후 재건 기간에도 이러한 흑인 문제와 헌법의 문제가 확실히 해결되지 않은 것은 미국사의 아이러니가 아닐 수 없다. 물론 수정 헌법 제 13조, 14조, 15조에 의하여 흑인들이 법적으로 자유를 누리고, 미국의 시민의 한 사람으로 참정 권까지 보장을 받았지만 현실적으로 흑인들에게는 아침이 없는 새벽과 같은 것이었다. 그들이 자유를 행사할 수 있는 강력한 정부의 뒷받침이 부족하였다. 그들에게 아침이 오기까지는 또 다른 세기가 소요되었다. 1960년대 중반기 마틴 루터 킹(Martin Luther King) 목사와 같은 인권 운동가들의 활동에 의하여 흑인들이 실질적인 자유와 권리를 보장받을 때까지 흑인들은 미국 사회에서 소외당하고 속박받는 존재로 생활할 수밖에 없었다.

# 제7장 격동의 19세기말
## —— 사회진화론과 자본주의 발달

남북전쟁은 여느 전쟁과 마찬가지로 파괴적인 역할을 하였으나 또한 건설과 창조의 계기를 마련하였다. 의회에서 농업적 남부의 저항이 없어진 상태에서 전쟁중과 전쟁 후의 연방 정부의 지원에 의해서 미국의 산업은 비약적으로 발전하였다. 산업 발전과 자본주의 발달을 합리화시켜 준 이론적 근거를 제공해 준 것은 사회진화론이었다. 사회진화론에 의해서 자기 합리화가 된 대기업가들은 갈수록 그들의 부를 축적하고 이제는 정부로부터의 간섭을 받지 않으려고 하였다. 사회진화론에 의하면 경쟁은 미덕이며 이러한 자유 경쟁에 의해서만 진정한 사회 지도층이 등장할 수 있다는 것이었다. 그러나 실제로 이들 산업 자본가들은 경쟁을 싫어하였으며 매점, 매석, 독점, 기업 연합·합병 등으로 중소기업의 도전을 제지하였다. 그들은 사회진화론에 의하여 정부의 간섭은 배제하였으나 직접·간접으로 정치인들에게 뇌물 공세를 하거나 혹은 협박으로 그들에게 유리한 법을 제정케 하고, 불리한 법은 제정하지 않도록 하였다. 이러한 악덕 기업가들의 횡포로 수많은 노동자들이 비인간적인 대우를 받았다. 그들은 작업 환경이 좋지 않은 공장에서 간신히 생계를 유지할 만큼의 임금을 받아가면서 하루 12시간 내지 15 시간씩 혹사당하였다. 아직 최저 임금제나 하루 8시간 노동에 관한 법이 제정되지 않은 상태에서 모든 권한은 이러한 기업가들의 손에 놓여 있었다. 노동자들은 더 이상 참지 못하고 1877년 전국 철도 총파업 등과 같은 과격한 투쟁을 벌이게 되었다. 그러나 그들은 미비한 조직과 지도자 부족 등으로 번번이 실패하였다. 무엇보다도 물밀듯이 닥쳐오는 새 이민자들이 쉽게 노동 공백을 메울 수 있었기 때문에 노동자들은 그들의 직장을 잃을까봐 파업하기를 꺼려하기도 하였다. 또한 그 당시에는 수많은 여자와 어린이들까지도 공장에서 일하였다. 이들이 겪는 육체적, 정신적 고통은 많은 지식인들 사이에 연민을 낳게 하고 그리하여 서서히 이들의 노동을 금지하는 법을 제정하도록 요구하기 시작하였다.

농민들 또한 이러한 산업주의 시대에 가장 크게 피해를 당했던 자들이었다. 치솟는 물가와 높은 관세로 인하여 농산물 수출은 타격을 받고 농촌은 술렁대기 시작하였다. 더군다나 정부의 금본위 정책으로 말미암아 통화가 긴축되어 그들의 부채는 갈수록 늘어만 갔기 때문에 불평은 더해갔다. 결국 1890년초에 농민들은 참다 못해 그들 자신의 '인민당(Populist Party)'을 창설하여 그들의 목소리가 국회에 상달되도록 노력하였고 1892년과 1896년에는 대통령 후보까지 내세웠다. 그러나 지역 감정과 인종 차별 그리고 전통적인 양당 제도와 관습 등으로 인하여 그들은 성공할 수 없었다.

이러한 노동자·농민의 항거와 반란은 소위 지식인 개혁자들과 함께 그 당시의 부정 부패와 대기업가들의 횡포를 고발하게 하였고 20세기

초에는 범국민적인 사회 혁신 운동을 주도하도록 하였다. 19세기말에
진보적인 지식인들은 미국 사회의 부조리를 고발하는 책들을 출간하기
시작하였으며, 특히 사회진화론의 불합리성과 비도덕성을 공격하기에
이르렀다.

19세기의 미국 사회는 가진 자와 가지지 못한 자들간의 마찰이었다.
그것은 소위 '원 미국인(native Americans)'과 새 이민자들과의 마찰이
었으며, 도시 상공인과 농민과의 마찰이었고, 경영자와 노동자의 마찰
이었다. 학자들은 이 시기를 '반란(Revolt)'의 시기로 묘사하기도 하고
혹은 "개혁의 출발"이라고 부르기도 하였다. 19세기말의 노동자, 농민의
항거가 없었다면 20세기초의 혁신주의 운동은 있을 수 없었기 때문이다.
19세기말의 이러한 상황은 미국만이 갖는 독특한 환경만은 아니었다.
유럽 지역에서는 이미 사회주의 사상이 무서운 속도로 전파되고 있었
으며 마르크스 이론이 사회 경제적으로 많은 국가들 사이에 관심과
매혹의 대상이 되기도 하였다. 실제로도 19세기말과 20세기초에 많은
국가들이 사회주의 체제로 국가 모습을 바꾸기 시작하였다. 영국과 같이
자본주의 체제를 고수했던 국가마저도 노동당이 들어섬으로써 강한
사회주의적 자본주의 체제를 구성하였던 것이다. 그러면 문제는 왜
미국에서는 이러한 노동자·농민의 반란이 실패하게 되었으며, 왜 사
회주의와 같은 사상들이 미국의 자유 방임주의적 자본주의를 이길 수
없었는가 하는 점이다. 19세기말은 미국 사회의 분기점이 된 시기로
오랫동안 농업주의적이었던 제퍼슨주의가 산업자본주의적인 상공업의
시대로 넘어가는 과도기였다. 이 시기는 오랫동안 세계 경제에서 2등급
국가로 존재했던 미국이 1등급 국가로 등장하게 되는 변화의 시기였
으며, 오랫동안 계속되어오던 전통적인 제퍼슨주의와 잭슨주의적인
자유 방임주의적 자본주의 체제가 국민들로부터 최초로 강한 도전을

받게 되는 도전의 시기였다. 이러한 격동의 시기에 왜 노동자·농민 등에 의한 사회 구조적 혁명이 성공할 수 없었는가 하는 문제는 앞으로의 미국 근대사를 이해하는 데 중요한 몫을 차지한다. 그래서 이 19세기말은 미국사 전체를 이해하는 데 분수령이 되는 시기이기도 하다.

19세기말에 미국의 노동자들은 산업주의의 발달과 대기업가들의 횡포에 의해서 심각한 괴로움을 받고 있었다. 그들은 갈수록 현대화 되어가는 산업 기술과 커져가는 공장 규모에 따라 단순히 임금 노동자로 착취되는 것 외에 리차드 홉스타터(Richard Hofstadter)가 주장한 것처럼 심각한 심리적·정신적 위기를 맞게 되었다. 미국 독립혁병에서나 남북전쟁에서나 또는 산업 발전에서 애국적 헌신을 다하였다고 자부하였던 노동자들이 이제는 새로운 부르조아 세력에 의하여 밀려나고 착취당하게 되자, 미국 노동자들은 자아를 상실하는 위기를 맞게 되었다. 농부들 역시 그들 자신이야말로 서부를 개척하고 미국의 흙을 개간한 가장 전형적인 미국인의 상징이었다고 믿었는데, 이제 19세기 후반에 모든 국민의 관심은 대기업가와 도시 거주 상공인들에게 집중되자 농민들은 심각한 자아 정체성 위기(Identity Crisis)를 겪게 되었다. 경제학자 리카르도(Ricardo)가 내세웠던 "부(富)란 노동의 유일하고도 전적인 산물이다"라는 기치는 이제 더 이상 의미가 없게 되었으며, 자급자족적인 기능공 시대는 현대화된 노동 윤리와 질서에 의해서 더 이상 존중될 수가 없었다. 노동자들이 자유 노동 개념과 반(反)노예 운동 등으로 그들의 의사와 이익을 정치에 충분히 반영하였던 시대는 이제 먼 옛날의 얘기가 되었다. 이제 19세기 후반에 와서 이들의 의사는 폭력에 의한 파업이나 태업 등으로 인하여 정치인들의 관심을 환기시키는 정도 외에는 직접적으로 그들의 의사를 정치에 반영하는 길이 막히게 되었다. 19세기 후반에 정치가 대기업가들의 영향권에 있었기

때문에 이들 노동자들의 의사와 이익이 정치인들의 관심을 끈다는 것은
불가능할 수밖에 없었다.

19세기 후반에 대부분의 노동자들은 그들의 노동의 질(質)에 의해서
대가를 받는 것이 아니라, 그들이 일에 투자한 시간에 따라 임금을 받는
피고용인으로 전락하였다. 이러한 수는 1880년경에 500만 명 수준으로
육박하였는데 이들은 이제 어셈블리 라인(Assembly Line) 등 새로운 생산
수단의 발달과 함께 한정된 장소에서 똑같은 일만 하루 종일 반복하
였다. 그들은 일하는 시간에 의해서 임금을 받고 한정된 시간내에 조
립한 상품의 양과 일의 효율성에 의해서 평가를 받았다. 새로운 기계
들과 어셈블리 라인은 더 이상 숙련된 노동자들을 필요로 하지 않았
으며, 공장 고용주들은 여자와 어린애들까지 고용하면서 생산가를 줄
이려 하였다. 갈수록 기능이 필요없게 되자 값싼 임금으로 고용할 수
있는 여자와 어린애들은 생산가를 줄이는 데 크게 작용하였으며, 물
밀듯이 밀어닥치는 남동부 유럽 이민자들에 의해서도 고용주들은 이
득을 보았다. 특히 전신, 전화 등의 발달에 의해서 수많은 여자들이 비서
직종의 일에 종사하게 되었는데 이러한 비서직조차 새로운 기계의 현
대화에 따라 기본 교육만 받은 사람은 누구든지 그러한 사무보는 일을
해낼 수 있었다. 1880년경에는 총 비서직의 4%만이 여자였던 것이 1920
년대에는 거의 반 이상이 여성이었던 점을 보면 얼마나 여성 근로자들의
숫자가 높아졌는가를 알 수 있다.

대기업의 횡포에 대한 최초의 노동자 항거는 1877년의 대(大)철도
파업이었다. 1873년 공항 이후로 철도 소유주들이 노동자의 임금을 계속
인하하고 효율성이란 이름 아래 많은 노동자들을 해고하자, 1877년에
전국적 총파업이 일어났다. 이들 철도 노동자들의 파업은 처음에는 일반
국민들로부터 많은 후원을 받았다. 일반 국민들은 철도 기업가들이

▶ 굴 공장에서 굴 껍질을 벗기는 여성 노동자들.

노동자들에 대한 착취를 중단하고 하루 빨리 철도를 정상 운행하기를
원했던 것이다. 이러한 철도 파업은 미국 주요 각 도시에 순식간에
파급되었으며 메릴랜드에서부터 시카고, 샌프란시스코에 이르기까지
무섭게 전파되었다. 7월 19일 피츠버그에서 군집한 노동자 데모대와
지역 민병대 사이에 정면 충돌이 일어났다. 민병대는 노동자들의 포위를
견디다 못해 해산하거나 도망가고, 노동자들은 회사 기물을 파괴하고
선로를 망쳐 놓는 등 대규모 소요를 일으켰다. 이렇게 노동자들의 투
쟁이 폭력화되어가자 일반 국민들의 의견은 처음에 동정적이었던 감
정에서 점차 노동자들의 과격성을 비판하면서 파업의 중단을 요구하게
되었다. 1877년 철도 총파업은 여러가지 면에서 앞으로 있을 미국의
노동자 파업과 항거에 중요한 모델이 되었다. 대부분의 경우에 노동
자들의 파업은 처음에는 일반 국민들의 동정을 사다가 점차 이들 노
동자들이 과격화되면서 국민들은 노동 운동에 등을 돌리곤 하였다. 1877
년 철도 파업이 시작되자 많은 사람들은 파리 코뮌(Paris Commune)과
유사한 사회 혁명이 일어나지 않을까 생각하였으나, 일반 국민들의
지지가 약화되고 헤이즈(Hayes) 대통령이 연방 군대를 동원하여 진압
하자 파업은 실패하였다.

　노동자의 위치가 산업주의 시대로 갈수록 약화되고 대자본가들에
의해서 착취당하자 노동자들은 노동 조직의 필요성을 느껴 여러가지
형태의 직능별 노동조합을 조직하였다. 그중 가장 범국가적인 노동조
합은 1860년에 조직되었던 노동 기사단(Knights of Labor)과 1886년에
등장한 미국 노동 총연맹(American Federation of Labor : A. F. L.)이었다.
노동 기사단은 1860년에 필라델피아 의복 재단사들에 의해서 형성되
었고, 1879년에 테렌스 파우더리(Terence V. Powderly)가 총책임자로 들
어서면서 적극적인 노동 운동을 전개하게 되었다. 노동 기사단은 이

상주의적인 노동조합으로 기업, 은행, 철도 등의 독점 세력에 대항해서 모든 노동자들이 함께 대항할 것을 추구하였다. 그들의 궁극적 목적은 생산자와 소비자에 의해서 세워진 평등한 사회를 건설하는 것이었다. 이들은 각 직종을 달리하는 모든 노동자들이 이들의 이상에 의해 단결·단합될 것으로 예상하였고, 파업이나 폭력적 수단에 의존하지 않고 고용주들을 설득시킴으로써 그들의 목적을 달성할 줄로 믿었다. 그러나 그들의 사상은 너무 이상적이었으며 노동자들의 가장 강력한 교섭권의 하나였던 폭력과 파업을 권장하지 않았으므로 그들의 요구를 쉽게 관철시킬 수 없었다. 그들은 정치에 참여함이 없이 그들 나름대로의 사회주의적 노동자 연합이 국민과 정치인들의 호응을 얻을 줄로 알았는데 이것은 이들의 결정적인 실패의 원인이었다. 이들은 정치인들이 대기업가와 얼마나 밀접하게 결탁해 있으며 전체 노동자들이 그러한 고상한 이념을 위해 단합하기에는 인종, 국가적 출신, 노동 형태 등에서 얼마나 다양했는가를 깨닫지 못하였다. 이들의 사상은 다소 복고주의적인 경향이 있었다. 그들은 19세기초와 같이 공화주의의 한 일원으로서 정부 시책에 호응하면서 그들의 중소 농민과 기능공에 의한 자유 노동 질서를 유지할 것으로 믿었다. 한마디로 그들은 급격히 성장하는 대기업과 비인간적인 산업 발달의 추세를 깊이 파악하지 못하였으며, 노동자들이 어떠한 이념적인 단결보다는 그들의 생계와 임금에 직접적으로 이익을 줄 수 있는 그러한 노동조합을 원했다는 것을 알지 못하였다. 그러나 노동 기사단은 이러한 복고주의적 경향과 이상주의적인 이념에도 불구하고 온건하고 보수적인 공화주의적 노동 운동 관념에서 19세기말의 다소 진보적인 노동 총연맹에 중요한 사상적, 이념적 교훈을 주었다. 또한 노동 기사단은 1890년초에 거세게 불어닥친 농민 반란에 이념적으로 크게 기여하였으며 인민당을 지지하였다. 1890년에 농민들에 의해 주도된 인민주의(Populism)가 일어나면서 노동 기사단은 서서히 세력을 잃어갔다. 이들이 인민주의자들과 연합하게 된 것은 바로 그들의 이상주의에서 파생했다고 볼 수가 있다. 인민주의자들은 그 당시 범람하던 물질주의와 산업 자본주의에 대항하여 노동자 농민 등 생산자와 소비자를 중심으로 한 19세기초의 미국 전통 사회로 되돌아가고자 하였기 때문이다. 1890년 중반쯤에 이르자 노동 기사단은 미국 노동자들 사이에서 관심을 끌지 못하고 미국 노동 운동의 주류로부터 탈락해 갔다.

1886년 5월 1일에는 미국 근대 노동사의 분기점이라 할 수 있는 유명한 헤이마켓 소요 사태(Haymarket Riot)가 일어났다. 시카고 중심부에 있던 헤이마켓 광장에서 국제 수확기 회사(International Harvester Company) 노동자들이 임금 인상과 8시간 노동제를 요구하면서 군중 집회를 열었다. 이 과정에서 어느 무정부주의자가 포위하던 경찰에게 폭탄을 투척하였다. 노동자와 경찰이 충돌하여 7명이 사망하고 67명이 부상당했다. 이 소요는 미국의 중산층 사이에 과격 노동 운동에 대한 두려움을 불러일으켜, 앞으로 미국의 중산층이 어떠한 노동 운동에도 머리를 돌리는 중요한 시발점이 된 사건이었다. 19세기 후반 미국인들에게는 헤이마켓 소요가 그들의 기억에 강하게 남아 있었으며, 그후 과격 노동 운동이 일어날 때마다 반미국적, 반민주적인 무정부주의자들의 소행이거나, 아니면 마르크스 사회주의자들에 의해 주도된 극단적인 유럽 이민자들에 의한 소행으로 간주되었다. 이러한 중산층의 노동 운동에 대한 무관심과 회의는 앞으로 미국 노동 운동에 크나큰 장애물로 나타났다. 헤이마켓 소요에 직접 관련이 없었던 노동 기사단도 결정적으로 국민의 신임을 잃게 되어 그 세력을 급속히 잃어갔다. 미국 중산층은 새로이 밀어닥친 가톨릭 교도 중심의 남동 유럽인들에 대한 이민 금지

운동을 전개하고, 미국당(American Party)이나 미국 보호협회(American Protection Association)와 같은 인종 차별적 사회 단체들을 결성하였다. 이 단체들은 이민들이 미국의 전통과 민주주의를 좀 먹는다고 주장하면서 이들에 대한 법적, 사회적 제재를 가하도록 주장하기 시작하였다.

헤이마켓 소요로 전국이 뒤숭숭한 가운데 미국 노동 총연맹(A.F.L.)이 1886년에 탄생하였다. 이 연맹은 지금까지도 미국 노동조합의 주류로서 노동자들의 가장 두터운 신임을 얻고 있으며 또한 많은 국민들의 지지를 받고 있다. 이들은 노동 기사단과는 달리 추상적이고 이상주의적인 목표는 내어 던지고, 가장 현실적이고 즉각적인 목표를 위해서 조직되었다. 즉 이는 더 높은 임금과 더 짧은 노동 시간 등 세밀한 요구 사항을 관철하기 위해 특정 직종에 종사하는 노동자들이 함께 뭉쳐서 투쟁하기 위해 성립된 노동조합으로 필요하다면 폭력과 파업 등 과격 행동도 불사하였다. 이들은 이러한 목표를 달성하기 위해서 비기능공은 조합 회원으로 받아 들이지 않고 오직 숙련공만 조합에 가입할 자격을 주었다.

대기업의 횡포와 국민들의 무관심 속에서 A.F.L이 노동자들을 규합하고 이를 오늘날까지 살아 남게 한 것은 초대 조합장 사무엘 곰퍼즈(Samuel Gompers)의 역할 때문이었다. 그는 A.F.L을 창설하였을 뿐만 아니라 이 운동의 철학적 기반을 다졌다. 카네기, 록펠러, 모건 등이 대기업의 거물급들이었다면 곰퍼즈는 미국의 노동자들을 인도하는 노동 운동가로서의 거물이었다고 볼 수 있다. 곰퍼즈가 성공적으로 A.F.L을 이끌 수 있었던 것은 그가 미국인의 마음을 정확히 파악하였기 때문이다. 그는 미국인들이 본질적으로 미국 사회의 가장 중요한 정신이었던 낙천주의, 개인주의, 보수주의를 포기하지 않으려는 성향을 지니고 있다는 것을 잘 알아차렸다. 그는 산업화가 역사에서 막을 수

없는 필연적인 과정이라는 것과 그리하여 노동자들은 이러한 산업화와
미국의 자본주의 체제내에서 투쟁해야 한다는 것을 설득하였다. 인민
당이나 사회주의자들이 실패했던 것과는 달리 그의 이러한 현실주
의적 판단은 그와 그의 A. F. L.을 오늘날까지 살아 남게 한 가장 중요한
요인이었다.

곰퍼즈는 일종의 실용주의자였다. 그는 이상이나 이념이 아무리 고
상하고 고귀하다 할지라도 노동조합 활동에 실제적으로 도움을 주지
않으면 이를 과감히 배격하였다. 그는 "어떠한 이념적 포장 속에서
허덕이기보다는 가볍게 여행"하고자 하였다. 그는 정치가는 노동자들
에게 공허한 약속만 할 뿐이고, 사회주의자는 미국 사회에 들어맞지
않는 원리를 주장하여 노동자들의 에너지만 빼앗아간다고 공격하였다.
그러나 비숙련공들을 그의 노동조합에서 제외시킴으로써 노동조합이
하나의 연합된 세력으로 정치에 강력한 영향을 줄 가능성을 배제하였다.
만약 그가 비숙련공까지 그의 노동조합에 포함시켰다면 아마 미국의
노동조합은 19세기말에 더 큰 성공을 거두었을는지도 모른다. 또한 그는
법적, 정치적 수단을 배제함으로써 노동 운동의 가장 잠재적인 후원
세력을 놓쳤다. 비숙련공을 기반으로 한 전국적 산업 노동 조합인 산업
조직 회의(Congress of Industrial Organizations, C. I. O.)가 결성된 것은 1938
년에 이르러서였다.

1863년에 13세의 어린 나이로 가족과 함께 영국으로부터 이민을 와서
뉴욕시에 정착한 그는 그가 영국에서 보고 들었던 노동 운동을 미국에
적용하려 하였다. 뉴욕 담배 제조 공장에서 일하면서 담배 노동조합을
구성한 후 여러가지 투쟁을 벌이다가 1870년 초반에 그는 그의 정치·
경제 철학을 다지게 되었다. 그는 마르크스, 엥겔스로부터 시작해서 여러
유럽 사회주이자들의 이론을 미친 듯이 읽고 섭렵하였다. 이러한 과

정에서 그는 한 가지 중요한 결론을 얻었는데, 그것은 바로 노동자들의 목표를 위해서는 어떠한 고정된 이론에 집착할 필요가 없다는 것이었다. 그는 어떠한 이론이라도 노동자들의 복지와 이익을 직접 대변하지 않는 것은 과감하게 배제해야 하며, 반대로 노동자들의 이익을 대변할 수 있는 이념은 적극적으로 수용해야 한다고 믿었다.

곰퍼즈는 1877년의 대철도 파업과 1886년의 헤이마켓 소요 등의 노동 운동과 그에 따른 미국인들의 반응을 유심히 살펴 본 후에, 미국인들은 극단적 과격주의와 비민주적 사회주의 이론을 반대하고 미국의 자본 주의 체제가 완전히 뒤엎어지는 것을 원치 않는다는 사실을 알아차렸다. 그리하여 그는 A.F.L.을 조직한 후 혁명이 아닌 자본주의 체제내에서의 개혁주의적인 노동 운동을 설득하기 시작하였다. 또한 그는 노동자들이 실질적으로 필요로 하는 처우 개선을 위해 집중적인 투쟁을 전개하였다. 그의 "좀더 좀더, 바로 지금 당장(More and More, Here and Right Now)"의 슬로건은 노동자들의 적극적인 호응을 얻었다. 그는 경영주들로부터 좀더 높은 임금과 좀더 짧은 노동 시간, 그리고 좀더 나은 노동 조건을 얻어내려고 노력하였다. 그는 필요하다면 과감하게 파업이나 보이코 트를 단행하였을 뿐만 아니라 그들의 요구가 관철될 때까지는 최대한의 폭력 투쟁도 서슴지 않았다. 그는 19세기말에 극단주의적인 노동 운 동으로부터 A.F.L.을 성공적으로 분리시켰으며, 노동 기사단과는 달리 1890년에 인민주의자들과의 연합을 회피하였다. 이렇게 일반 국민들의 지지를 얻지 못하는 과격 세력으로부터 A.F.L.을 분리시킴으로써 그는 국민과 정치인들에게 A.F.L.이 가장 미국적이며 건전한 노동조합이라는 인상을 심어주었다. 이러한 그의 방어적이고 실용주의적인 방법은 성 공을 거두었다. A.F.L.의 회원은 1892년에 250,000명으로 성장하였고 1890 년 중반까지는 철도에 관계되는 조합 이외의 거의 모든 노동조합들이

A.F.L과 직접·간접으로 연합하게 되었다. 1924년 사망할 때까지 곰
퍼즈는 200만 명의 회원을 갖는 거대한 A.F.L을 육성시켰다. 그의 노
력에 의하여 20세기초에 노동 시간은 현저히 단축되었고 그들의 임금은
상당히 올라가게 되었다. 물론 이러한 개혁은 20세기초의 혁신적 사회
분위기의 산물이기도 하였지만 곰퍼즈의 노력 역시 큰 역할을 했음에
틀림이 없다. 1955년에 산업 조직 회의(C.I.O)와 A.F.L이 연합하여 오
늘날까지 A.F.L.-C.I.O.는 미국 노동조합의 주축으로 노동자들의 권익
신장을 위한 주체적 역할을 담당하고 있다.

1894년에는 미국 근대 노동사에서 중요한 풀만 철도 파업(Pullman
Strike)이 일어났다. 시카고 교외에서 침대 기차를 만드는 조지 풀만
(George Pullman)이 그의 고용자들의 임금을 25~40% 삭감하려 하자
노동자들이 파업을 단행하였다. 그 당시 미국 철도 노동조합(American
Railway Union)의 카리스마적 존재였던 젊은 노조운동가 유진 뎁스
(Eugene V. Debs)가 그의 조합원들과 함께 풀만 철도 파업에 동참하면서
이 파업은 엄청난 규모의 파업으로 번져갔다. 결국 클리블랜드 대통령이
연방 군대를 풀어 시카고의 파업을 강제로 끝장냈고 뎁스는 6개월간의
형을 받고 투옥되었다. 이 사건은 다시 한번 미국 중산층으로부터 노동
운동이 과격한 반미국적 사회주의자들에 의해서 주도되고 있다는 비
난을 사게 하였다. 한편 이것은 미국의 사회주의 혁명의 선봉장이 된
뎁스가 처음으로 국민들의 관심을 끌기 시작했던 파업이기도 하였다.
갈수록 세력을 잃어가는 노동 기사단과 보수적인 A.F.L에 불만을 가진
많은 극렬 노동운동가들은 소규모로 노동자들을 선동하여 극렬한 파
업을 시도하였으며, 유진 뎁스를 비롯한 사회주의 사상가들은 사회주의
체제에 의한 미국 혁명을 부르짖었다. 그들은 미국의 사회 경제 체제에
불만이 많았던 하층 노동자와 농민, 그리고 이민들 사이에 급속하게

영향을 주기 시작하였다. 20세기초에 정식으로 형성된 세계 산업 노동자 조합(Industrial Workers of the World, I. W. W.)은 서부 광산촌을 중심으로 과격한 노동조합으로 발전하였다. 그들의 궁극적인 목표는 노동자·농민에 의한 사회 혁명이었다. 그들은 노동자들이 조직화되어 국가 산업 기관을 장악하고 산업가들이나 정치가들의 간섭없이 그들 자신이 이를 운영해야 한다고 주장하였다. 물론 소수이기는 하였지만 A. F. L.에 불만을 품은 노동자들이 I. W. W.에 가입하기 시작하였고 I.W.W.는 계급 투쟁에 의한 프롤레타리아 사회 혁명을 부르짖었다. 그들은 노동 기사단과 같이 하나의 거대한 노동조합을 구성하여 숙련공이든 비숙련공이든 모두가 참가하여 그들을 착취하고 억압하고 있는 정부와 산업 자본가들을 전복시키려고 하였다. 그들의 혁명적인 목표는 노동 기사단처럼 너무 이상적이었고, 그들의 행동 전략과 철학에도 애매한 점이 많았다. 또한 A. F. L.과는 달리 그들에게는 미국 노동자들 속에 잠재적으로 내재해 있던 혁명적인 요소를 폭발시킬 세부적인 전략과 그들을 사로잡을 지도자가 없었다. 이 같은 반(反)자본주의적 노동운동은 그래도 제 1차 세계대전 전까지 상당한 세력을 규합해서 정치와 대기업가들을 위협하였고, 계급 투쟁적 혁명 투쟁을 전개하였으나 1924년 반(反)공산주의 빨갱이 숙청에 의하여 그 세력을 급작스레 잃고 말았다.

19세기 후반의 미국의 노동조합 운동이 많은 노동자들의 호응을 얻기는 하였지만 1900년에 약 2,700만 노동자들 가운데 단지 100만 정도의 숫자가 노동조합에 가입한 것을 보면, 아직도 미국 노동자들은 19세기초의 개인주의적 사고 방식에 젖어 있었고 어떠한 노동조합에도 가입하기를 꺼려하였다는 것을 알 수 있다. 1920년에는 약 500만 정도가 노동조합에 가입하였는데 여전히 이 숫자는 전체 노동자의 13%에 불과한 소규모 조합 세력이었다. 영국에서는 이러한 노동조합 운동이

성공하였지만, 미국에서는 비교적 약한 면을 보였는데, 이것은 영국에
비해서 미국에는 아직 강한 계급 의식이 등장하지 않았고 아직도 상존해
있던 강한 개인주의 사상 때문에 노동자들이 조합을 통해서 그들의
이익을 대변하려 하지 않았기 때문이다. 또한 영국인들보다 미국인들이
이동 성향이 강하였으며 그들에게는 더 많은 기회가 주어졌기 때문에
미국인들은 노동조합에 묶여서 활동하기를 꺼려하였기 때문이다. 나
중에 살펴볼 인민당의 실패 원인과 유사하게, 미국의 노동 운동은 미
국이 민주당과 공화당의 양당 정치가 토착화된 이후에 발전하였기 때
문에 사회당이나 노동당 같은 제3당으로 그들의 세력을 정치적으로
펴지 못한 것도 그 원인의 하나였다. 그러나 19세기말 미국 노동 운동이
실패한 가장 중요한 이유는 아마도 미국인에게 결핍되어 있었던 계급
의식일 것이다. 광활한 토지와 풍부한 천연 자원으로 말미암아 미국
인들은 항상 그들이 성공할 수 있다고 믿었으며 카네기나 록펠러, 혹은
20세기초의 헨리 포드처럼 그들이 성실성과 야망을 가지고 노력한다면
자기들도 언젠가는 행운을 찾게 될 것이라고 믿었다. 유럽의 어느 민
족보다도 미국인들은 낙천적이었으며 진취적이었다. 미국의 많은 노
동자들은 그들이 비록 한때 사회의 하부 구조를 차지하고 있다 할지라도
그들은 그러한 하부 계층에 오래 소속되지 않으리라고 믿었다. 이러한
미국인들의 특성을 살펴볼 때 너무 이상주의적인 사회주의 혁명적 노
동운동은 실패할 수밖에 없었다. 이런 점에서 A.F.L.의 지도자인 사무엘
곰퍼즈는 가장 예리하게 미국의 사회구조와 미국인의 특성을 이해하
였다고 볼 수 있다.

　19세기 후반, 산업의 발달과 대기업 주도의 경제 체제는 노동자 못지
않게 농민들에게 큰 타격을 주었다. 앞장에서도 설명했던 것처럼 농
민들에게 가장 큰 문제는 초과 생산이었고 그에 따른 농산물 가격의

하락이었다. 남북전쟁 이후에 광적으로 팽창된 철도의 확장과 이 철도
교통의 발달로 인해서 서부의 광활한 토지가 농민들에게 개방되면서,
이제 미국 농민들은 자급자족적 소규모 농업에서 대규모 농업을 하게
되었다. 게다가 존 디어(John Deere)와 같은 사람들이 트랙터와 같은
많은 현대식 농업 기계를 발명함에 따라서 이젠 조그마한 노력으로
엄청난 양의 농작물을 수확할 수 있었다. 그렇게 되자 농민들은 갈수록
국내외적으로 심한 경쟁에 직면하게 되었으며, 공업 제품에 대한 미국의
높은 관세에 보복을 한 유럽의 높은 농산물 수입 관세 때문에 미국
농작물 수출은 타격을 받기 시작하였다. 농부들은 갈수록 하락되어 가는
농산물 가격과 높은 관세로 인하여 아우성이었다. 거기에다 철도 산
업가들의 농부에 대한 횡포는 농부들의 감정을 극도로 상하게 만들었다.
철도끼리 요금 경쟁을 하였던 인구 밀집 지역이나 철강 석유 등의 산업
제품에 대해서는 값싸게 수송해주는 대신 철도 경쟁이 없었던 서부에
서의 농작물 수송에는 엄청난 수송비를 부과하였기 때문에 농민들의
원성을 사게 되었다. 정부는 대기업의 요구에 따라 금본위에 입각한
통화 긴축 정책을 견지하였는데 빚에 쪼달리던 농부들에게는 이러한
정부의 통화 정책은 큰 부담이었다. 수많은 농부들이 빚을 갚지 못하고
파산하여 큰 농장에 예속되기 일쑤였다. 농산물을 저장하는 데 엄청난
저장료를 내야만 했던 농부들은 정부가 농민들을 위해서 지역 단위별로
공립 농산품 저장소를 지어줄 것을 요구하기 시작하였다. 보이지 않는
또 하나의 심리적 요인이 19세기 후반의 농민 운동의 중요한 원인이
되었는데, 바로 노동자들처럼 농민들도 급격히 변화하는 산업주의 시
대에 커다란 자아 의식의 위기를 맞게 된 것이 그것이었다. 미국의
경제가 제퍼슨주의적 농업 경제에서 해밀턴주의적 산업 상공업 위주로
바뀌게 되자 농민들은 그 동안 미국 민주주의 주체로서 자부하였던

▶ 말을 동력으로 쓰는 현대화된 농기계의 등장은 소농의 몰락을 가져왔다.

자존심을 상실하고 오히려 자기들의 위치에 대해서 심각한 불안을 느꼈으며, 도시인들에 비해서 그들의 처지가 갈수록 낙후되어 가는 것을 보고 낭만적인 옛 시대를 동경하는 노스탈지어에 사로잡히게 되었다.

농민 운동은 세 단계에 걸쳐 발전하였다. 첫번째에 나타난 것이 1860년대 후반과 1870년대 전반에 걸쳐 일어난 공제조합(Grange) 운동이었다. 이것은 농민의 이익을 대변하는 정치적 기구라기보다는 그들의 외로운 농장 생활을 위안하기 위한 친교 위주의 모임이었다. 이들은 이러한 친교 외에 그들이 직접 물건을 사고 파는 협동 기구를 만듦으로써 중간 도매업자들을 배제하려고 하였다. 그들은 공동으로 곡식을 빻고 저장하는 방법을 고안하였고, 심지어 그들 나름대로의 은행까지 설치하여 통화 부족으로부터 오는 고통에서 그들 자신을 구제하려고 하였다. 그러나 기본적으로 자금 부족으로 인해서 이 운동은 성공을 거두지 못하였다.

다음으로 농민들은 농민 동맹(Farmers' Alliance)이라는 다소 정치적인 연합체를 만들기에 이르렀다. 이 동맹은 정부가 농민의 농작물을 보관하고 그 대신 정부는 이 보관된 농작물을 담보로 일정량의 지폐를 농민에게 발행할 것을 요구하였다. 농민들은 이 지폐로 그들의 부채를 갚고 필요한 물품을 매매하고 예치된 농작물이 다 팔렸을 때에 정식 지폐로 정부에 상환할 수 있을 것이라고 생각하였다. 이러한 그들의 제안을 관철시키기 위해서 농부들은 북부와 남부 농부들이 정치적으로 연합해야 한다는 것을 느끼게 되었다. 그러나 여전히 미국의 고질적인 문제였던 지역 감정과 지역간의 이해 관계의 상충이 남북 연합을 가로막았다. 북부 농민들은 대부분 공화당으로서 높은 관세율을 지지한 반면 남부 농민들은 높은 관세를 반대하였다. 그러나 남북 농민들은 똑같이 정부가 교통 시설을 주관해야 하며 자유스러운 통화 정책과 평등한 세금 그리고 통화 개혁을 해야 한다는 점에는 서로 의견이 일치하였다. 비록 그들이 남북 연합을 성공시키지 못하였지만 농민 연합은 각 주에서 그들에게 관심이 있는 정치가들을 선출하는 데 힘을 기울여 1890년 선거에서 4명의 주지사와 8명의 주의회 의원 그리고 44 명의 연방 하원의원과 3명의 상원의원을 선출시키는 데 성공하였다.

1890년 선거에서 어느 정도 성공을 거두게 되자 미국의 농민들은 마지막 단계로 하나의 연합된 농민 정당이 필요하다는 것을 느끼게 되어 인민당(Populist Party)을 창설하였다. 1892년에 채택된 당 강령은 주로 세 가지 문제의 관철을 요구하였는데 그것은 교통과 토지와 돈이었다. 즉 정부가 교통 수단을 직접 운영해야 하며, 불법 토지 소유를 금지하고, 통화 제도를 개혁해야 한다는 것이었다. 이것 외에 누진 소득세 제도와 미국 상원의원의 직접 선거, 그리고 노동자들을 위한 노동 시간 단축 등을 강령에 포함시키기도 하였다. 1892년 대통령 선거에서 그들은 아이오와 출신의 제임스 위버(James Weaver)를 대통령 후보로 내세웠으나 전체 투표의 약 8%인 100만 표밖에 얻지 못하였다. 그러나 1856년 이래 제3당이 그렇게 많은 국민들의 투표를 얻기는 처음이었다.

1892년 선거 결과에서 나온 것처럼 아직도 미국 농민들은 지역 감정과 전통적인 양당 정치의 관념화, 그리고 인종 차별주의 등 지역적·사상적 분단에서 벗어나지 못하였음이 드러났다. 그러나 농민들의 운동이 아무리 지역적이고 편견이 심했다 하더라도 농민들이 최초로 그들의 경제 침체와 농민들에게 불합리한 정책에서 벗어나고자 과감하게 일어났다는 것, 처음으로 자본주의적 경제 체제가 미국 경제에서 가장 적합한 체제가 아니라는 것, 연방 정부는 사회 복지를 위해서 책임이 있다는 것을 주장하였다는 것은 커다란 의미를 갖는다. 이들 인민주의자들의 반란은 다음 세대에 있을 혁신주의 운동의 중요한 기원이 되었다. 이들

인민주의자들이 주장하였던 여러가지 개혁안들은 20세기초의 개혁가
들에 의해서 거의 모두가 실현되었다.

인민주의자들의 반란은 이렇다 할 성과 없이 결국 1893년에 밀어닥친
미국의 사상 최대의 경제 불황을 맞아 사라져갔다. 1893년부터 1897년
까지의 4년간의 경제 불황은 1930년대에 있었던 미국의 경제 대공황을
제외하고는 미국 역사상 가장 심각한 경제 공황이었다. 공황의 가장
큰 원인은 바로 통화 문제에 있었다. 1893년 4월에 금 예치가 최저 수준인
10억 달러 수준 이하로 떨어지자 심리적인 여파로 외국의 투자가 중
단되었고 그들은 미국내의 예치금을 찾아가기 시작하였다. 위급한 상
황에 처한 클리블랜드 대통령은 당시 미국 최대의 산업 금융가였던 모건
(J. P. Morgan)과 비밀리에 협약을 맺어 정부가 모건 회사로부터 어느
정도의 금을 대여받았는데, 이것은 많은 국민들의 눈에 수치스러운 일로
보였다. 이것은 대기업가의 세력이 미국 경제에 얼마나 막대한 영향력을
행사했던가를 단적으로 보여주는 한 예였다. 이 공황은 미국의 철도
회사들이 파산하기 시작하면서 더욱 악화되었다. 철도 회사들이 미국
경제 발전의 중심부를 이루면서 그 동안 새로운 시장을 개척하고 제철
산업을 촉진시켰으며 은행과 금융 시장을 석권하였기 때문에 만약 이
철도 산업이 무너지게 된다면 자동적으로 철강, 은행, 기타 여러가지
미국의 산업이 파산하게 마련이었다. 또한 1893년 공황은 이제 세계가
점차 서로 밀접한 경제 체제를 이루고 있다는 것을 보여주어 한 나라의
경제 운명이 다른 나라의 경제 운명에 얼마나 큰 영향을 끼치고 있
는가를 보여주었다. 미국의 경제가 공황에 빠지자 유럽의 경제도 걷잡을
수 없는 경기 침체에 빠지게 되었다.

1896년의 대통령 선거에서 인민주의자들은 공화당의 윌리암 맥킨리
(William Mckinley)에 대항해서 민주당 후보인 윌리엄 브라이언(William

Bryan)을 후원하였다. 맥킨리는 금본위 통화 제도를 주장하였고 브라이언은 자유스러운 은화를 주장하였다. 1896년 선거는 금본위주의와 통화 팽창주의와의 싸움이었다고도 볼 수 있었는데 맥킨리의 승리로 끝났다. 1896년 선거 문제가 이러한 통화 문제에 집중되자 그 동안 인민주의자들이 부르짖었던 사회개혁과 도시, 농민 연합에 의한 광범위한 개혁운동 계획이 무산되어 버렸다. 1900년 대통령 선거에서도 다시 맥킨리는 브라이언을 압도하고 승리하였는데, 이것은 얼마나 미국 사회가 보수적이며 기업 위주의 사회인가를 잘 설명해 주는 것이다. 선거에서의 맥킨리의 승리는 그 동안 미국내의 새로운 금광이 발견되어 미국이 서서히 경제 침체에서 벗어나고 다시 번영의 시기를 맞게 된 덕분이기도 하였다.

카네기의 '부의 복음(Gospel of Wealth)'과 사회진화론(Social Darwinism)이 대부분의 보수적 정치인들과 기업인들에게 환영받았고 지식층에서도 많은 추종자들을 만들었지만 국민 전체에게 받아들여진 것은 아니었다. 많은 지식인들 가운데에는 사회진화론 사상이 대기업가들의 이론적 합리화이며 정치적 무기력의 그럴싸한 합리화로서 산업자본주의 시대에 허덕이는 대다수의 국민들을 억압하고 불평등을 조장, 격려하는 비도덕적인 사상이라고 비판하기 시작하였다.

레스터 워드(Lester F. Ward) 교수는 1883년에 그의 『동태적 사회학(Dynamic Sociology)』이란 책자에서 인간 사회는 동물 세계와 근본적으로 다르기 때문에 사회진화론은 아무런 의미가 없다고 주장하였다. 인간은 동물과 달리 그 이성으로 인간의 경제적 환경을 전환시킬 능력이 있으며, 자연적 선택에 의한 적자생존의 이론은 틀린 이론이며 극히 비인간적인 학설이라고 주장하였다. 적자생존설은 단지 강자의 생존설이며, 이것은 강자가 약자를 파괴해도 된다는 것을 뒷받침해주고 있다고 비난하였다. 동물 세계는 강자가 약자를 짓밟고 진보하는 반면 인간 세계는 이러한 약자를 보호하면서 진보한다고 하였다. 그에게는 과당 경쟁이 사회 진보의 적이었다. 인간 사회란 경쟁의 압박감 없이 자유 스럽게 그들의 능력을 효과적으로 발휘할 때에만 진정한 사회 진보가 이루어질 수 있다는 것이었다. 그는 이러한 사회 진보를 위하여 정부가 적극적으로 사회 경제 활동에 개입하여 세밀한 계획하에 사회개혁을 주도해 나가야 한다고 역설하였다.

워드의 이론은 그 당시 사회주의자들에게 큰 영향을 주었다. 그의 책을 읽은 많은 지식인들도 정부가 경제 문제에 직접 개입해서 사회 불균형을 없애야 한다고 믿게 되었다. 그러나 워드 자신은 사회주의자가 아니며 마르크스주의에 전혀 관심이 없었다. 마르크스주의자들은 인 위적으로 사회 평등을 창조하도록 주장하였지만, 워드 교수는 이러한 사회 불평등은 인간 사회의 어쩔 수 없는 사실이며 다만 정부가 이러한 불평등을 해소하기 위해서 최선을 다해야 한다는 복지 국가(Welfare State) 개념을 강조한 것이었다. 워드의 이러한 복지 국가 개념은 윌리암 브라이언과 데어도어 루즈벨트, 로버트 라폴렛(Robert LaFollette), 우드 로우 윌슨 등의 후기 혁신주의 정치가들의 이론적 기반이 되었다.

헨리 조지(Henry George)는 1879년에 『진보와 빈곤(Progress and Pove-rty)』이라는 책자에서 미국 사회가 계급 격차와 불평등으로 위협받고 있다고 밝히면서, 이러한 사회 불균형의 모든 이유는 치솟는 부동산의 가치 때문이라고 주장하였다. 부동산은 그 주인의 노력과는 아무런 상관 없이 단지 인구 증가와 시장 경제의 발달에 따라 자동적으로 그 가치가 치솟았는데 이러한 부동산의 가치 증가로 인해서 저소득층은 더 많은 방세 등을 내게 됨으로써 빈곤에 허덕이는 것은 당연한 일이었다. 그 래서 정부는 이러한 "불로 소득(unearned increment)"에 대해 세금을 부과함으로써 부동산 가치를 억제해야 한다는 그 당시로 보아 급진적인 주장을 내세웠다. 그는 이러한 부동산 세금이 단번에 불로소득층(rentier)을 소멸시키고 토지를 생산자에게 환원시켜 줄 것이라고 주장하였다.

일반 대중에게 가장 영향력이 컸던 사람은 소설가 에드워드 벨라미(Edward Bellamy)로서 그의 사회주의 소설『과거를 되돌아보며 2000-1887, (Looking Backward, 2000-1887)』는 미국 사회주의자들의 성서가 되었다. 이 소설은 주인공이 2000년의 미국 사회에서 19세기 후반을 되돌아보면서 정부 주도하에서 철저히 평등하게 된 유토피아적인 2000년을, 경쟁으로 인해서 심각한 사회 불평등으로 찌들었던 19세기 후반과 비교하였다. 그는 거기에서 간접적으로 그 당시 19세기 후반의 미국 사회가 경쟁, 독점, 사회 불평등, 정부 무기력 등으로 심각한 상태에 이르렀다는 것, 그리하여 정부 주도형의 사회주의적 개혁을 통해서 그러한 사회 경제 체제의 부조리를 쇄신해야 한다고 주장하였다. 벨라미의 이 소설은 미국 사회에 큰 호소력을 갖게 되었고 미국 전역에 벨라미 클럽 등의 사회주의 클럽이 등장하여 서정 쇄신 개혁, 사회 복지 법안, 그리고 철도와 기타 공익 사업의 국영화를 요구하는 운동이 일어났다.

월터 라우센부쉬(Walter Rauschenbusch) 목사는 사회 진화론 대신 사회복음(Social Gospel) 사상을 부르짖었다. 그는 워싱턴 글래든(Washington Gladen) 등 사회 정의를 외치는 성직자들의 영향을 받았다. 직접 뉴욕의 슬럼가(도시 빈민 밀집 지역)에서의 목회에서 얻은 경험을 바탕으로 하느님의 나라(Kingdom of God)는 지금 당장, 현세에 실현되어야 하며 개인 구원은 사회의 구원과 동시에 이루어져야 한다고 주장하였다. 그는 정부가 도덕적 책임을 소유한 하느님의 권위의 대행자이기 때문에 사회, 경제의 불평등을 해소해야 할 책임이 있다고 역설하였다. 그는 진정한 기독교적인 공산주의가 가장 이상적인 사회이며, 종교 지도자들과 정치인들은 이러한 국가 건설을 위해 전력을 다해야 한다고 주장하였다. 이러한 그의 사회 복음 사상은 결코 마르크스 사상에서 연유된 것은 아니며 초대 교회의 순수한 공산주의 사회에서 교훈을 얻은 것이었다. 라우센부쉬의 사상은 그 당시 기독교인들에게 그들이 사회 불평등과 비도덕적 추세를 바로잡을 도덕적, 종교적 책임이 있다고 확신시켰다. 물론 이러한 진보 신학은 아직도 보수주의적인 근본주의자들(Fundamentalists)로부터 비난을 받기도 하였지만, 훗날 미국 개혁주의의 큰 사상적 지주였던 라인홀드 니버(Reinhold Niebuhr) 등에 결정적인 영향을 끼쳤다.

톨스타인 베블렌(Thorstein Veblen)은 『유한(有閑) 계급의 이론(The Theory of the Leisure Class)』에서 그 당시 산업자본가들을 풍자적으로 비난하였다. 경제적으로 성공한 부유한 자들은 대개가 게으르며, 탐욕적이며, 거만하며, 타산적인 데다가 거의 다 약물 중독에 빠져있으며, 변덕스럽고 괴상한 성격을 소유하고 있다고 하였다. 또한 이들은 "유별난 소비(conspicuous consumption)"로 그들의 부를 자랑하려고 하였고 전쟁을 선동시킴으로써 그들 자신을 즐겁게 하려 한다고 비난하였다. 그가 말하고자 하는 것은 간단하였다. 즉 소위 "자연의 선택자"들이 이러한 괴상한 인간들을 형성시켰다면 사회진화론은 뭔가 문제가 있으며, 우리 사회는 이러한 불합리한 사회 진화를 막고 좀더 발전적이고 진보적인 사회 질서를 형성해야 한다는 것이었다.

19세기 후반의 반(反)사회진화론자들은 20세기 초반의 혁신주의자들의 정신적 지주가 되었는데, 그들은 타락하고 혼탁한 사회를 마르크스주의적 사회 혁명이나 기타 과격한 사회주의적 사회 혁명 대신 자본주의 체제를 파괴하지 않는 범위내에서 사회 체제를 개혁하는 것이

가능하다고 주장하였다. 가장 급진적인 사회주의자라고 할 수 있는 벨라미도 낭만적인 사회를 부르짖었으나 구체적으로 어떠한 방법에 의해서 건설해야 하는지에 대해서는 애매하였다. 그들은 대개가 워드나 조지, 라우센부쉬처럼 미국의 전통적 자본주의 사회 체제를 유지하면서 정부 주도하의 사회 개혁을 원하였지 결코 과격한 사회 혁명을 원하지는 않았다. 그들은 미국이 19세기말에 과격한 사회 혁명을 막고, 다가올 개혁주의 운동을 전개하는 사상적인 반석이 되었다. 그들은 미국의 전통적인 민주주의와 자본주의의 충성된 아들이기도 하였고 20세기 미국 근대사의 복지 국가주의의 아버지이기도 하였다.

19세기 후반의 미국의 사회·경제 변화에서 빠져서는 안 될 요소는 바로 물밀듯이 들어닥친 이방인들의 유입이었다. 이들 이민들이 앞으로의 미국 역사에 결정적인 변수로 작용하였다. 이민들은 경제, 정치, 문화 등 거의 모든 면에서 광범위하게 영향을 미치는 미국 근대 사회의 공통 분모가 되었다. 그들은 20세기초까지 해서 미국 인구의 1/3 정도를 차지할 정도로 숫자 면에서도 이제 미국의 새로운 세력으로 등장하였으며 남북전쟁 전까지 이민왔던 소위 원(原)미국인(Native American)들과 심각한 마찰을 빚게 되었다.

인간의 역사란 이동과 이민의 역사라고 해도 과언이 아니다. 아담과 이브가 에덴 동산에서 쫓겨난 이래로 인간은 좀더 나은 곳을 향하여 끊임없이 미지의 세계로 이동하면서 살아왔다. 1650년에 약 5억 4천 5백만 명의 인간이 지구상에 살았는데 300년 후인 20세기 중반에는 25억 명으로 증가해서 약 4배 정도 불어난 셈이다. 같은 기간의 유럽 인구만 보더라도 1억 명에서 5억 6천만 명으로 증가하였다. 19세기 후반에 수많은 유럽인들이 미국으로 이동하였는데 거기에는 여러가지 이유가 있었다. 아일랜드에서는 19세기 중엽에 유명한 감자 흉작이 계속되어

기아 상태에서 벗어나고자 많은 사람들이 광활한 대륙 미국행 선박에
몸을 던졌다. 역시 경제적인 이유로 남유럽 국가 국민들이 그들의 고
향을 떠났다. 특히 이태리와 그리스에서는 사상 최대의 농작물 흉작
시대를 맞고 너도나도 미국으로 건너왔다. 또한 많은 사람들이 정치적,
종교적 압박에서 해방되기 위해서 미국으로 건너왔다. 주로 동부 유
럽인들과 폴란드, 러시아에 거주하던 유태인들이 이 부류에 속하며
그들은 대부분 가족을 거느리고 미국으로 건너왔다.

여러가지 이유 중에서 한 가지 확실한 것은 이들 유럽인들이 그들
조국에서 만족을 못해서 고향을 떠나 미국으로 건너왔다는 사실이다.
그리고 대부분은 어떻게 하면 말로만 듣던 풍요의 대륙인 미국에서
경제적으로 성공해 볼까 하는 것이었다. 죽도록 일을 해서라도 어느
정도의 행운을 쥐게 되면 그 이후에 고향으로 돌아가서 편안한 여생을
살고자 하는 소망 또한 그들에게 간절하였다. 특히 이러한 정신은 철도
건설의 붐을 타고 건너온 중국인들에게 가장 강하였다. 이들은 그 당시
중국의 정치·경제적 어려움에서 잠시 해방되어 미국에서 몇 년 정도
부지런히 돈을 번 후에 금의환향(錦衣還鄕)하여 가족과 평생 동안 편
안하게 살고자 하는 희망을 안고 미국에 건너왔다. 그래서 그들 대부
분은 가족을 남겨두고 혼자 건너왔다. 그들은 언젠가는 돌아간다는
생각에서 미국 사회와 문화에 융화되기를 거부하고 그들 나름대로의
차이나 타운(China Town)을 건립하여서 그곳을 중심으로 생활하였다.
특히 1882년에는 캘리포니아 금광이 성황을 이루자 한 해에 4만여 명의
중국인들이 미국으로 건너왔는데 로스앤젤레스만 해도 도합 15만 명의
중국인들이 거주하였다. 대부분의 중국인들은 다른 유럽인들보다 값싼
임금을 받았으며 육체 노동자로 철도 건설이나 광산에서 일하기보다는
대개 요리사, 세탁소, 정원사 등의 일에 종사하였다.

그들의 독특한 문화와 고립주의적 생활로 인하여 중국 이민들은 백인들의 공격 대상이 되었다. 샌프란시스코의 차이나 타운에서는 백인들의 횡포가 끊이지 않았다. 1879년에는 아일랜드 이민이었던 데니스 키어니(Dennis Kearney)의 주동으로 반(反)중국인 캠페인을 캘리포니아 전역에 걸쳐서 벌였다. 유럽의 이민들이 처지가 같은 아시아 이민들 추방에 앞장선 것은 역설적인 일인데, 아마 그들 자신이 미국인들에 의해서 천대를 받게 되자 이것을 무방비 상태인 중국인들에게 되돌렸을 가능성이 높다. 이러한 반중국인 캠페인이 여러 폭력 사태 등으로 번지자 미국 의회는 1882년에 중국인 이민 금지법(Chinese Exclusion Act)을 채택해서 중국인 노동 이민을 향후 10년 동안 금지하게 하고, 10년 뒤에는 다시 이 법을 10년 동안 연장하다가 1902년에 중국 이민을 전면 금지시켰다.

이러한 인종 차별적 법안이 미국인들의 뿌리 깊은 인종 차별적 편견에서 발생한 것이냐 아니면 경제적 이유에서 발생했느냐를 놓고 학자들 간의 의견이 분분하다. 중국인 학자들을 비롯한 친중국파 학자들은 이러한 19세기말의 반중국 운동이 미국인들의 인종 차별주의에서 기인했다고 주장하는 반면, 다른 한편에서는 경제적 이유에서였다고 주장하였다. 후자의 주장에 의하면 값싼 중국인 노동자들이 미국 철도, 광산 등에 수입되어 저임금으로도 아무런 반발 없이 노동하였기 때문에 고용주들은 백인 노동자들이 파업이나 태업을 시도하면 쉽게 해고해 버리고 값싼 중국인들로 공백을 메꾸었다는 것이다. 그렇기 때문에 여기에 불만을 품은 유럽인들이 주동이 되어 반중국인 운동을 벌였다는 것이다. 그러나 19세기 후반의 인종 차별주의는 숨길 수 없는 사실이며, 특히 새 이민들의 도착과 함께 이러한 전통적 인종주의는 더욱 심화되었던 점을 고려해 볼 때 중국인들은 일종의 이민들의 희생양이 된

셈이었다. 중국인들보다 몇 배나 많은 유럽인들에게는 1920년대에 가
서야 이민 제한법이 생겼던 점을 보아도 19세기 후반의 반중국인 운동은
미국의 인종주의적 편견 없이 해석할 수는 없다. 중국인들이 거의 침
투해 있지 않았던 동부 지역 사람들까지 반중국인 운동을 전개했던
사실도 또 하나의 증거이다. 중국인들이 다른 유럽 이민자들처럼 미국
사회에 융화하면서 단합해서 정치력을 행사했다면 상황은 달랐을지도
모른다. 중국인들이 미국 사회로부터 고립되고 비인간적 대우를 받으
면서도 반항하지 않고 고용되어 돈을 저축하면서 묵묵히 수동적인 생
활을 했던 것이 미국인의 미움을 받았던 것이다. 인종 차별주의의 폭
발로 미국인들이 중국인들을 공격하였을 때도 그들은 아무런 저항없이
희생을 감수하였다.

　중국인들이 반이민 운동의 희생 제물이 되었지만 유럽인들도 역시
원(原)미국인들로부터 심한 공격을 받았다. 많은 미국인들은 새로 들
이닥친 유럽인들이 그들이 그동안 다져 놓았던 미국의 사회와 경제를
좀 먹는다고 주장하면서 반이민 운동을 전개하였다. 새 유럽 이민들은
옛날의 이민들과 달리 여러가지 독특한 특색이 있었다. 그 중 제일 큰
문제는 그들 대부분이 남동 유럽인들로 가톨릭 신도들이었다는 점이다.
미국인들은 이러한 가톨릭 교도들이 결국 미국의 프로테스탄트 정신을
와해시킬까 염려하기 시작하였다. 특히 그러한 우려는 신교 세력이
강했던 미시간, 오하이오, 일리노이주 등의 중서부에서 심하였다. 미시
간의 어느 학교 교사는 새로 들이닥친 이민들이 로마 교황의 명령을
받고 미국 전역에서 조만간 반란을 일으킬 것으로 믿고 총을 휴대하고
근무했으며, 1893년 오하이오의 톨레도(Toledo) 시에서도 시장이 새 이
민들로부터 압수한 무기들을 시민들에게 공개하여 가톨릭 교도들의
반란을 경고하기도 하였다.

1894년의 이민 제한 연맹(Immigration Restriction League)과 같은 반이민 운동 단체들이 미국 전역에 생겨났다. 새 이민자들은 소정의 시험을 통해서 선별해 받아들여야 한다고 주장하는 정치가들이 등장하기도 하였다. 그들은 미국내 폭력 사태나 살인 사건이나 과격한 노동운동은 모두가 다 유럽 이민들에 의해 발생했다고 주장하였고, 1891년의 피츠버그 제철소의 소요도 영국계 미국인들이 주동했는데도 헝가리인들의 반란이라고 비난하였다. 웨스트 버지니아에서는 헝가리 이민이 한 소녀의 목을 잘랐다는 등의 유언비어가 나돌기도 하였다. 유태인 역시 주요 공격의 대상이 되었다. 많은 미국인들은 유태인들이 그들의 범세계적 금시장 독점을 이용해서 미국 경제를 질식시키려 한다고 믿었으며, 특히 1893년 대공황이 시작되자 이러한 의혹은 더욱 짙어져 갔다. 유태인에 대한 미국인들의 편견은 유태인들의 놀라운 성공을 질투하여 나온 것이라고도 볼 수 있다. 러시아의 알렉산더 2세 암살에 따라 1881년 수많은 유태인들이 처형당하게 되자 대규모의 유태인들이 미국으로 건너왔는데 그들은 채 한 세대가 지나기도 전에 미국의 경제·문화면에서 두각을 나타냈다. 1905년에 뉴욕시의 의사, 배우, 작곡가, 지휘자 등의 반 이상이 유태인 출신이었으며 1930년대 초반에는 뉴욕시의 판사, 변호사의 67.5%가 유태인 출신이었다.

새 이민들에 대한 미국인의 편견과 두려움은 일찍이 1890년대 초반에 인민주의자들의 등장과 함께 가속화되었다. 그 동안 동부 정치인들과 언론인들 사이에 팽배하였던 앵글로색슨-프로테스탄트 주의자들이 중서부 및 남부의 보수 농민 세력과 함께 대대적인 반(反)이민 운동을 전개하였다. 이들은 북서 유럽인들 출신인 앵글로색슨족들이 하느님의 축복을 받은 우수 민족으로서 이들은 다른 어느 인종들과 섞여서는 안된다고 주장하였다. 1891년부터 앵글로색슨 출신의 미국인들의 인구

▶ 대서양을 건너서 밀어닥치는 이민자들.

증가가 정체하자 이들은 더욱더 방어적으로 나왔으며, 데어도어 루즈벨트는 국회에서 피임법이 거론되자 이를 앵글로색슨족에게는 "인종자살"법이기에 절대 반대해야 한다고 역설하기도 하였다.

그 어느 것보다도 이민들은 미국의 노동 운동과 사회주의에 엄청난 영향을 끼쳤다. 이민들은 무엇보다도 돈을 벌어서 행운을 잡으려고 고향을 떠나 미국으로 건너왔기 때문에 어떠한 고착된 이념보다는 그때그때의 상황에 따라 고용주와 대처했는데, 바로 이러한 이민들의 이념적 유동성 때문에 사회주의나 이념 중심의 노동조합이 큰 타격을 받았다. 지리적으로도 이민들은 이동성을 보였기 때문에 노동조합은 고정 회원이 항상 결핍되었다. 통계에 의하면 보스톤 인구의 반 이상이 19년 뒤에는 다른 곳으로 이주했는데 이것은 미국인들이 얼마나 빈번하게 이동을 했는가를 말해주고 있다.

무엇보다도 풍요로운 천연 자원과 거대한 대륙으로 인해서 기회가 풍부한 미국에서는 유럽 이민들이 그들의 고향에서 오랫동안 관념화되었던 계급의식을 잃어갔으며, 이러한 계급 의식의 부재(不在)는 과격한 사회 혁명을 부르짖었던 당시의 혁명가와 노동 운동가들에게 결정적인 실망을 안겨 주었다. 그 외에 그들의 다양한 인종, 종교, 철학 등의 차이는 하나의 이념으로 미국을 무장하려는 어떠한 시도도 불가능하게 만들었다. 미국의 이러한 복수주의(Pluralism)가 여러 보수적 미국인들에게는 씁쓸한 것이었지만 역사를 돌이켜 볼 때 미국은 이러한 복수주의 때문에 여러가지 사회·정치적 위기를 넘길 수 있었으며, 민주주의의 가장 중요한 파수꾼의 역할을 할 수 있었던 것이다. 어느 정치인이나 철학가도 미국을 그들의 이론에 따라 단합시킬 수는 없었다. 56% 정도의 투표를 얻어서 대통령에 당선되면 압도적(landslide) 승리라고 하는 이유가 여기에 있다. 20세기 후반 히틀러, 뭇솔리니 등의

괴물들과 일본의 군국주의자들이 국민들을 세뇌시켜 역사에 처참한
과오를 남겼지만 미국에서는 이러한 국민 총화 단합이란 생각할 수 없는
일이었다. 1930년의 대공황으로 미국의 경제가 바닥을 헤매고 있을 때
영웅 루즈벨트가 등장했으나, 그도 역시 국민 전체로부터 압도적인
지지를 받지 못했으며 수많은 반대파들과 씨름을 했어야 했다. 미국의
복수주의는 미국 민주주의에 없어서는 안 될 진주이다. 국민 일원화
단결 사상이 때론 국가 발전의 중요한 뒷받침이 되지만 어떤 때는
비극적 종말을 불러일으킨다는 역사의 교훈을 생각할 때 미국의 복수
주의는 미국 민주주의의 주춧돌임에 틀림이 없는 것 같다.

# 제8장 해외 팽창
## ── 제국주의로의 발돋움

1898년 5월 1일, 조지 듀이 제독(Admiral George Dewey)이 이끄는 미국 태평양 함대가 필리핀 마닐라 만에 정박중인 스페인 전함을 포격하기 시작했다. 이로써 미국은 필리핀과 쿠바를 점령하고 있던 스페인 제국과 10주간의 전쟁을 시작하였다. 그러나 한때 남미 대륙과 태평양 등지에서 막강한 식민 제국을 구축했던 구대륙의 꺼져가는 스페인 제국이 무서운 속도로 성장해가는 신대륙의 왕자인 미국에게 패하여 결국 7월 16일 굴욕적인 항복을 하고 말았다. 마닐라 만에서의 전투만 해도 스페인 사상자는 350명이나 된 반면 미국측은 오직 1명의 사망과 8명의 부상 자만 나왔을 정도로 이 미서 전쟁은 상대가 되지 않는 전쟁이었다.

1898년의 미서 전쟁(Spanish American War)은 미국뿐만 아니라 세계사에 중대한 이정표가 되는 사건이었다. 미국이 먼로주의(Monroe Doctrine)의 오랜 고립주의에서 뛰쳐나와 더욱 적극적인 외교를 펴기 시작했으며 이 이후로 미국은 서구 열강과 함께 머리를 맞대고 국제 문제에 신속하고 강력한 간섭을 시작하게 되었다. 19세기말의 기적적인 산업 부흥과 경제 성장을 달성한 미국은 미서 전쟁 이후로 더욱 세력을 가속적으로 팽창하여 영국, 독일, 일본 등과 함께 20세기 초반 강국으로 등장하게 되었고 결국 제1차 세계 대전을 승리로 이끌면서 세계의 주도국이 되었다.

왜 미국이 1898년에 스페인과 전쟁하였는가? 미국이 원래 영국, 독일, 스페인, 일본처럼 제국주의 국가였는가? 왜 본격적으로 중국 대륙에 접근하였는가? 서구 열강의 세력으로부터 중국을 도와주려고 진출했는가 아니면 미국 자신의 욕심을 채우기 위해서였는가? 이러한 물음들은 앞으로의 미국의 외교 정책과 미국의 본질을 이해하는 데 중요한 질문들이며, 미국인들이 외국에 대해 어떠한 관념을 갖고 있는지를 알 수 있는 질문들이다.

미국 학자들간에는 미서 전쟁의 원인을 크게 두 가지 방향으로 해석한다. 보수주의적 민족주의론자들은 스페인 제국이 쿠바나 필리핀의 독립 운동을 무참히 분쇄하고 있었으며 남미와 태평양에서 이 유럽 세력이 등장하여 결국 미국의 안보를 위협하였기 때문에 미국은 스페인과 전쟁을 하지 않을 수 없었다는 것이다. 반면에 윌리엄 애플만 윌리암스(William Appleman Williams)를 중심으로 한 소위 수정주의(Revisionism) 학파들은 미국이 그들의 시장 개척을 위한 제국주의적 본성에 의해 전쟁을 감행했다고 주장한다.

좀더 구체적으로 미서 전쟁의 동기를 살펴보면 일반적으로 4 가지 형태로 나타난다. 첫째로는 미국의 일반 국민들이 전쟁을 원하였기 때문에 맥킨리 대통령은 전쟁을 선포하였다는 것이다. 즉 국내의 여러 가지 노사 문제, 인민주의자들의 등장, 사회주의 개혁가들의 아우성으로 나라 안이 시끄럽게 되자 국민들이 스페인과 전쟁을 함으로써 국내

문제를 전환시켜 보려 했다는 설(說)이다. 둘째는, 미국이 인본주의적
이유에서 스페인의 압제하에 신음하는 쿠바인들을 해방시켜 줘야겠다
는 사명감에서 전쟁을 했다는 설(說)이다. 셋째는, 미국 정치가들 중에
소위 "큰 정책(Large Policy)"을 폈던 자들이 미국의 경제 성장과 함께
이제는 남미와 태평양을 미국의 영향권 아래 놓고자 하여 전쟁을 감
행하였다는 설(說)이다. 마지막으로, 미국은 경제적 이유에서 전쟁을
했다는 것인데, 미국의 남아도는 석탄, 금, 원유, 밀가루, 농산물 등을
처리할 수 있는 시장을 개척해야 하는데 미국의 높은 관세에 대항하는
유럽 대륙보다 남미, 태평양 지역을 필요로 했기 때문에 전쟁을 했다는
설(說)이다.

그럼, 미국이 19세기말에 오랫동안의 고립주의 정책을 바꿔 갑자기
그리고 우연히 팽창주의 정책을 폈을까? 그렇지만은 않은 것 같다.
미국의 팽창주의는 미국 독립 이후, 아니 청교도들이 신대륙에 도착한
때부터 미국인의 핏속에 진하게 흐르고 있었다. 제2장에서 살펴보았
듯이 청교도들이 그들 공동체로 "언덕 위의 도성"을 만들려고 하였으며
하느님이 선택된 그들을 이용해서 세계를 개종시키고 문명화시켜야
한다고 믿었던 때부터 이미 미국의 팽창주의는 시작된 셈이다. 초창
기에는 인디언들을 처리하는 합리화의 방편으로 자연의 하느님을 내
세워 인디안이 가꾸고 생육하지 못하는 땅을 문명화된 그들이 차지해서
인디언 대신 땅을 다스려야 한다고 믿었다. 1848년에는 민주주의의 하
느님이 미국의 고상한 민주주의를 모든 사람들이 경험할 수 있게 하기
위해 그들로 하여금 멕시코로부터 캘리포니아, 텍사스, 유타 등 서부의
대부분을 차지하도록 하였던 것이다. 이제 19세기말에 들어서 미국
경제의 급격한 발전과 그에 따른 앵글로색슨주의의 인종주의가 미국

인들의 팽창주의를 다시 한번 자극한 셈이다.

미국 독립 이후로 미국인들은 과연 미국의 국경 한계선이 어디까지 인가에 대해서 결정을 내리지 못하였다. 제퍼슨은 해군을 사용하지 않고 방어할 수 있는 지역은 결국 미국의 영토가 되어야 한다고 믿었다. 즉 그는 캐나다, 록키 산맥의 서부, 남쪽으로는 플로리다, 쿠바, 텍사스 등까지 미국의 영토가 되어야 한다고 믿었던 것이다. 그는 미국인들이 태평양 해안까지 도달하려면 3000년 정도 걸릴 것이라고 보고 캘리포 니아 등의 서부에 대해서는 별다른 언급을 하지 않았다. 이것은 제퍼 슨만의 생각이 아니라 그 당시 미국 엘리트들이 공통으로 생각했던 것으로 그들은 심지어는 캐나다뿐만 아니라 남미 대륙 전체까지 미국의 영토가 되어야 한다고 믿었다. 1837년 저명한 언론인이었던 존 어설리반 (John L. O'Sullivan)은 "명백한 운명(Manifest Destiny)"이라는 유명한 말을 남겼는데, 그것은 하느님의 축복을 받은 미국은 세계를 미국의 민주 주의로 문명화시키기 위해 계속 팽창되어져야 하는 "명백한 운명"을 갖고 있다는 주장이었다. 그는 멕시코와의 전쟁에 즈음한 신문 사설에서 멕시코는 "앵글로색슨족의 월등한 기력에 융합되거나 굴복해야 하며 그렇지 않으면 완전히 패망할 수밖에 없는 필연적인 운명에 있다"고 주장하면서 멕시코에게 전적인 항복을 촉구하였다. 제임스 부캐넌(James Buchanan) 대통령은 1844년에 오래된 문제를 언급하면서 미국인들은 "전 북미 대륙에 기독교와 문명, 그리고 종교의 자유를 넓혀가야 하는" 선교 사명을 갖고 있다고 역설하였다. 뉴욕의 한 신문 사설은 하느님이 멕 시코 영토를 점령하도록 하였기에 이 사실을 무시하는 것은 어리석은 일이며 "멕시코인들은 원래의 인디언(Aboriginal Indians)들이기 때문에 미국내의 인디언족과 같은 운명을 나눠야 한다"고 주장하였다.

이러한 미국의 뿌리 깊은 "명백한 운명"주의는 1898년 미서 전쟁 뿐만 아니라 앞으로의 미국 외교를 이해하는 데 가장 근본적인 사상적 밑받침이 되었다. 미국의 정치 제도, 종교, 인종 등의 우월감은 그들의 종교적 선교 개념과 어울려 거의 모든 경우에 미국 외교의 근간이 되었다. 미서 전쟁뿐만 아니라 1917년 미국이 제 1 차 세계 대전에 참전하면서 월슨 대통령은 "세계 민주주의의 안전을 위하여"라는 유명한 이유를 들어 참전하였다. 제 2 차 세계 대전에 참전하면서 프랭클린 루즈벨트도 거의 똑같은 이유를 들어 참전하였다. 제 2 차 세계 대전 이후에 미국이 동부 유럽, 중동, 아세아, 남미, 아프리카 등 전세계에 걸쳐 그들의 세력을 펼 때에도 이 "명백한 운명"은 그들의 사상적 뿌리가 되었다. 우월한 미국이 열등한 국가를 다스려야 하고 문명화시켜야 한다는 것이었다.

그러나 이러한 미국의 "명백한 운명"주의에는 숨길 수 없는 경제적 동기와 인종 차별적 편견이 서려있음을 알아야 한다. 미국이 선교 사명에 의해 다른 나라에 진출해야 한다는 정신에는 그들의 경제적 야망이 포함되어 있다. 물론 그 누구도 공개적으로 미국이 경제적 필요에 의해서 팽창주의를 폈다고 하지 않았기 때문에 정확한 자료에 의해 그것을 증명할 수는 없지만 19세기말의 경제 상황을 살펴볼 때 그러한 견해는 충분히 유추할 수가 있다.

19세기 후반에 대기업가들은 갈수록 독점 등으로 부를 축적해갔지만 노동자, 농민을 포함한 일반 국민들은 거듭되는 경제 불황으로 심각한 타격을 받았다. 1885년부터 1892년까지 불황이 끊이지 않았다. 거기에다 사상 최대의 불황이 1893년에 불어닥치기 시작하였으며 미서 전쟁이 일어나기 1년 전에야 겨우 경기는 서서히 회복세를 보였다. 6명 중 1명이 실업자였고 대부분의 피고용자들은 가까스로 그들의 생계를 이어갈 정도였다. 모건, 록펠러 등의 대기업을 제외하고는 대부분의 중소기업이 파산하거나 대기업에 합병되었다. 실업자와 거지들이 거리에서 방랑

하였고 연일 노동자들의 파업은 끊이지 않았다. 사회주의자들에 의해
선동된 군중들은 과격한 시위를 일삼았다. 특히 시카고에서는 헤이마켓
소요나 풀만 파업 등으로 혼란이 지속되었다. 농부들은 갈수록 떨어지는
농산물 가격과 잉여 생산물을 처리하지 못해 안절부절하다가 결국 1892
년에 인민당(Populist Party)을 창설해서 정치 투쟁을 벌이고 대통령까지
도전하게 되었다. 1894년에 오하이오의 인민주의자였던 제이콥 콕시
(Jacob S. Coxey)는 '그리스도의 인민 군대'를 조직하여 공공기관에의
대중 취업을 주장하고 워싱턴으로 진격하기에 이르렀다. 연방군은 국토
방위보다는 소요 진압을 위해 시카고, 뉴욕, 피츠버그, 워싱턴 등으로
파송되느라 부산하였고 많은 사람들이 혁명이 다가온다고 불안해 하기
시작하였다.

1850년과 1910년 사이에 미국 제조업체들은 남북전쟁 전보다 거의 40
배 이상의 제품을 생산하였는데, 이것들은 엄청난 잉여 농산물로 인하여
고통받는 농민들의 경우와 더불어 외국의 새로운 시장을 고대하고 있
었다. 초과 생산과 이에 따른 가격 하락으로 남부의 농민들은 그들의
수확물을 팔지 못해 곡식을 연료로 태워야 하는 지경에까지 이르렀다.

이러한 국내 문제를 고려해 볼 때 맥킨리 대통령을 비롯한 미국의
정치가들이 1898년에 전쟁의 기회가 왔을 때 이를 그냥 지나칠리가
없었다고 생각하는 것은 큰 무리가 없는 추론이다. 그들은 새로운 시장
개척뿐만 아니라 국내 문제를 다른 데로 돌리기 위해서도 스페인과의
전쟁은 절호의 기회라고 생각하였을 것이다. 전쟁이 일어나자 노동자,
농민들은 환호성을 올렸다. 노동 총연맹 회장인 사무엘 곰퍼즈는 "영
광스럽고 의로운 전쟁"이라고 이 전쟁을 환영하면서, 전쟁으로 인해
수많은 사람들이 고용되었으며 임금이 높아졌다고 좋아하였다. 전쟁이
끝나자마자 미국은 쿠바의 철도, 광산, 사탕수수 회사 등을 접수하기

시작하였고 몇년 안에 3천만 달러의 거액을 투자하는 데까지 이르렀다. 식품 회사로 가장 컸던 미국의 연합 과일 회사(United Fruit Corporation)는 쿠바의 사탕수수밭을 헐값으로 사들였고, 미국 담배 회사도 쿠바에 들어가 그들의 영리를 채웠으며, 미국의 베들레헴 철강(Bethlehem Steel) 은 쿠바 광산물 수출의 80%를 장악하게 되었다. 많은 미국 사학가들은 스페인에 대항하는 쿠바를 돕기 위해 국민들이 전쟁을 원했기 때문에 맥킨리가 전쟁을 선포하였다고 하는데 맥킨리가 이유야 어떠하였든 이러한 전쟁의 경제적인 영향과 이익을 생각하지 않았을리가 없다. 미서 전쟁 이후로 미국 산업은 남미 대륙으로 물밀듯이 침투하기 시작하였다. 1870년초에 불과 5천만 달러의 교역을 했던 것이 1900년에는 1억 2천만 달러가 되었으며 1914년까지는 3억 달러에 이르게 되었다. 미국 시민의 투자는 1914년까지 10억 달러를 초과하게 되었다. 연합 과일 회사는 남미 국가들의 경제뿐만 아니라 정치를 조정하는 주요한 미국의 기업이 되었다. 미국은 멕시코 자산의 43%를 장악하고 반이상의 석유 시장을 독점하게 되었다.

19세기말의 미국 팽창주의의 부활은 이러한 국내 문제, 경제적 야망, 그리고 전통적인 "명백한 운명" 외에 소수의 특정 엘리트들의 역할이 컸다. 일반 대중들은 경제적 문제에 몰입되어 있었기 때문에 정치는 타락했거나 무기력했어도 국민들은 그러한 정치에 큰 관심을 보이지 않았다.

이러한 사정은 19세기말에 미국의 유권자들 중 10~20% 정도만이 투표에 참가했다는 것이 잘 증명해주고 있다. 하물며 일반 국민은 대외 관계나 세계 동향에 관심이 있을 리 없었다. 그러나 이러한 시대에 외교에 관심을 갖는 정치인들이 생겨나게 되었고, 소위 외교 정책 엘리트들이 그들 나름대로 사적 모임을 열어 세계의 동향과 미국의 외교 문제를 놓고 진지하게 토론을 벌이게 되었다. 이들 중에서 브룩 아담스 (Brook Adams), 헨리 캐봇 로지(Henry Cabot Lodge), 존 헤이(John Hay), 데어도어 루즈벨트 등이 특출한 인물들이었다. 이들은 훗날 대부분 정계에 등장해서 미국 외교를 주도하였다. 헤이는 맥킨리 행정부의 국무장관으로 미서 전쟁을 지휘하였으며, 로지는 상원의원으로 미국 강경 외교의 대표적 인물이 되었다. 유명한 루즈벨트 역시 맥킨리 행정부 때 해군차관보를 지내다가 전쟁이 나자 종군하여 직접 쿠바 전투에 투신하여 영웅이 되기도 하였다. 이들 소수의 개척주의자들에게 가장 큰 영향을 미쳤던 자는 알프레드 마한(Alfred T. Mahan)이었다. 그는 1890 년에 『해군 세력이 역사에 끼친 영향(The Influence of Sea Power upon History)』을 저술하여 미국이 강한 해군을 만들어야 한다고 주장하였다. 역사적으로 영국, 스페인, 네덜란드 등의 국가들이 강하게 될 수 있었던 이유는 그들의 위대한 해군력 때문이었다고 주장하면서, 미국도 이들의 세력에 도전하고 강한 국가가 되기 위해서는 시급히 해군력을 길러야 한다고 주장하였다. 이러한 그의 주장은 그 당시 철과 아연 그리고 석유 산업을 지배하였던 미국에게 그렇게 막연하고 공상적인 목표는 아니 었기 때문에 루즈벨트, 헤이, 로지 등은 정부와 국회에서 이러한 강한 해군 구축을 위해 막후 노력을 시작하였다. 결국 맥킨리 대통령 때에 와서는 이러한 그들의 주장이 정치인들을 설득시켜 미국은 마침내 해 군을 성장시키기로 합의를 보아 미국의 풍부한 철강을 이용해서 철선을 건조하기 시작하였다. 이것은 강한 육군과 해군은 다른 나라와의 전쟁에 쉽게 몰입될 수 있다는 이유로 육군과 해군의 증강을 꺼려하였던 제 퍼슨주의자나 먼로주의자에 의하여 그동안 거의 정체 상태에 있었던 미국의 해군이 급작스럽게 성장하는 계기가 되었다. 이 밖에도 미국 혁명의 딸들(Daughters of American Revolution)이라는 애국 단체가 1890

년에 결성되어 미국이 강대국이 되는 것을 촉구하였다. 이들에게는 1893
년 시카고 만국 박람회에서 미국의 기계들이 세계 시장을 석권했던 것과
같이 미국이 경제 기술면에서도 세계의 으뜸인데 미국의 군사력이 뒤
져서는 안되는 것이었으며, 그리하여 그들은 강한 미국을 만들기 위해
군사력 증강에 많은 투자를 해야 한다고 주장하였다.

　이들은 거의 모두가 앵글로색슨족으로서 19세기 후반에 사회진화론의
영향을 크게 받았다. 그들은 앵글로색슨족이 세계에서 선택받은 가장
우수한 민족이기 때문에 세계 곳곳에서 아직도 야만적인 풍습에 젖어
있는 문맹국들을 앵글로색슨족이 기독교화시키고 문명화시켜야 한다고
주장하였다. 브룩 아담스는 인간 사회가 결국에는 미국을 중심으로
오른쪽 날개로는 영국을, 그리고 왼쪽으로는 중국을 중심으로 한 태평양
세력이 거대한 한 문명을 이루게 될 것이며 그 중간에 있는 인도양은
마치 로마 제국 시대의 지중해처럼 중간 호수의 역할을 하게 될 것
이라고 주장하였다. 이러한 새로운 문명을 위해서 미국이 가장 주도적인
역할을 해야 한다고 그는 역설하였다. 앵글로색슨족에 의한 세계 질서
재편성은 그당시 미국 지식인들을 사로잡았던 사회진화론에서 크게
영향을 받았다. 적자생존의 원리에 따라 가장 힘센 국가들이 약한 국
가들을 다스려야 하며, 약한 국가들은 순순히 이들 강한 국가에 순종
하거나 연합되어야만이 그들에게 유리하다고 주장하였다. 존 피스크
(John Fiske)라는 당대의 저명한 학자는 미국내에 있는 앵글로색슨족들이
세계에서 가장 적자(fittest)이므로, 미국이 미국의 이념과 정치 제도에
따라 세계를 지배해야 한다고 주장하였다. 이러한 앵글로색슨ㆍ미국
최고주의는 학계뿐만 아니라 종교계에서도 하나의 진리로 받아들여졌
다. 그 당시 미국 장로교 해외 선교를 대변하던 조시아 스트롱(Josiah
Strong)은 미국의 앵글로색슨족들이 세계를 개종시키는 데 앞장서야

▶ 미서 전쟁에 참전한 미국군.

하며, 미국의 풍부한 자원과 우수한 정치 제도에 따라 될 수 있는 한 많은 나라들에 진출해서 그들을 문명화시켜야 한다고 주장하였다. 그는 "미국이 가는 것은 바로 세계가 가는 것이다"라는 유명한 말을 남겼다. 스트롱 목사는 말하기를 "이 강력한 인종이 맥시코, 중앙 및 남아메리카로 진출할 것이며, 바다의 섬들까지 진출하고 아프리카와 그 너머에까지 진출할 것이다. 과연 그 누가 이러한 인종 경쟁의 결과를 적자생존의 원리대로 되지 않으리라고 의심을 할 것인가?"라고 역설하였다. 콜럼비아 대학의 존 버저스(John W. Burgess) 교수는 튜톤족(Teutonics)들이 세계에서 가장 훌륭한 재능을 갖고 있다고 밝히면서, 이러한 튜톤 국가들은 세계 질서를 주도해야 하고 비정치적이고 야만적인 인종들에 의하여 지배되는 세계에 진출하여 그들을 문명화시켜야 하며, 그들은 문명국의 식민 정책을 받아들여야 한다고 주장하였다. 루즈벨트는 콜럼비아 대학에서 공부할 때 버지즈 교수밑에서 공부하였는데 루즈벨트가 그 교수의 영향을 크게 받았다는 것은 말할 나위도 없다. 루즈벨트는 그의 책인『서부의 정복(The Conquest of the West)』에서 지난 3세기 동안에 세계사는 영어권 민족들이 세계의 황폐한 지역들을 메꾸고 지배하였던 역사라고 보았으며, 그 어떠한 것보다도 이러한 영어권 민족들의 세계 지배가 가장 위대했던 역사의 발전이었다고 저술하였다. 루즈벨트는 소위 큰 정책(Large Policy)을 가장 열렬히 주장했던 자인데, 그는 카리브 해안-파나마-태평양에 이르는 광대한 지역을 미국 영향권하에 두어야 한다고 주장해왔다. 그의 팽창주의적 동료들과 마찬가지로 루즈벨트는 제국주의가 미국뿐만 아니라 미국의 지배하에 들어오는 국가들에게도 이득을 줄 것이라고 믿었다. 바로 이것이 미국의 외교 정책이 갖는 비극이다. 다른 나라 민족들은 그들 스스로 그들의 문제를 해결할 수 없으며 오직 미국적인 정치 모델이나 정치 철학만이 그들의 문제를 해결할 수 있다는, 이러한 뿌리 깊은 미국인들의 편견과 우월감이 미국 외교의 근본이며 근대 세계사의 비극이다. 미서 전쟁 이후에 미국이 쿠바와 필리핀을 점령하고 엄청난 희생을 치르면서도 미군의 주둔을 연장시켰던 것은 바로 미국의 이러한 편견 때문이었으며, 오직 미국만이 그들의 경제·사회·정치 문제를 해결할 수 있다는 우월감 때문이었다. 아이러니칼하게도 미국은 스페인의 압제하에서 허덕거리는 쿠바인과 필리핀인들을 해방시키기 위해 미서 전쟁을 일으키고 그들 나라에 진출하였는데, 필리핀의 경우만 보더라도 필리핀 독립을 원하는 필리핀인들과의 4년여의 전투에서 입은 미국인의 인명 피해가 미서 전쟁에서 필리핀과 미국이 입었던 사상자보다 몇 배나 많았다는 것은 서글픈 일이다. 20세기초 미국이 남미 정치에 깊이 관여하게 된 것도 경제적인 이유도 있었겠지만, 가장 근본적인 이유는 바로 미국의 인종 차별적 편견이었다. 제2차 세계대전 이후로 미국이 동유럽과 중동 지역 그리고 아세아 지역에 진출한 것도 미국의 도움 없이는 그들이 그들 나름대로의 독립 국가를 형성할 수 없으리라는 가정하에서 행동한 것이었다. 카이로 회담과 포츠담 회담 그리고 얄타 회담에서 프랭클린 루즈벨트가 처칠과 스탈린에게 그의 전후 신탁통치 이론을 내세운 것도 그런 맥락에서였다. 그는 미국이 필리핀을 안정시키고 그들이 독립된 국가로 성장하도록 도와준 데 44년이란 세월이 걸렸기 때문에 아마 그 정도의 기간 만큼 신탁통치가 한반도에서도 필요하지 않겠느냐고 그의 신탁통치 이론을 밝혔다. 그러나 그는 미국이 필리핀을 제압하기까지 얼마나 많은 인간 희생이 따랐는가를 간과하였다. 제2차 세계 대전 이후에 남미, 이란, 베트남 등지에서 국민의 호응을 받지 못하는 정권들을 CIA를 통해서 강권적으로 세워 원격 조정하였던 것도 바로 미국의 이러한 뿌리 깊은 인종 편견주의에서 나온

것이라고 할 수 있다. 결국 1970년대 후반에 이란 혁명에 따라 미국의
도움에 의해 집권하였던 왕정이 무너지고, 미국 대사관이 이란인들에
의해 점령되어 카터는 국민의 신임을 잃고 대통령 선거에서 패배를
맛보았다. 그전에 베트남 전쟁의 비극적 종말이 있었음에도 불구하고
미국은 아직도 그들의 미국 우월주의의 늪에서 헤어나지 못하고 있으며,
여전히 남미 대륙에서 공식·비공식적으로 반정부 세력들을 부추겨서
혁명을 계속하도록 도와주고 있다. 물론 20세기 후반에 미국의 정책은
이념적인 것이나 경제적인 것보다도 공산주의에 대항하는 국가 안보적
이유가 더 강하다고 할 수 있지만, 이들 정책을 수행하는 미국인들의
핏속에는 지울 수 없는 강한 인종 편견과 미국 우월주의가 있다는 것은
부인할 수 없는 사실이다.

19세기 후반 미국의 팽창주의 정책에 가장 중요한 역할을 했던 자는
링컨과 존슨 행정부에서 국무장관을 역임하였던 윌리암 시워드(William
H. Seward)였다. 월터 라 페버(Walter La Feber)라는 학자는 "윌리암 시
워드가 링컨의 국무장관이 될 때 바로 새로운 제국이 시작되었다"고
주장하였다. 시워드는 남북전쟁 전까지의 비교적 고립주의적 미국 정
책과 19세기 후반의 팽창주의적 시대를 연결해주는 중요한 인물이었다.
그는 국무장관으로 재직하면서 캐나다, 카리브 해안, 쿠바, 남미, 멕시코,
하와이, 아이슬랜드, 그린랜드, 그 밖에 몇몇 태평양 섬들을 포함한
대대적인 미국을 건설할 꿈을 꾸었다. 그는 이러한 대미국 건설이 무
력에 의존하지 않고도 가능하다고 믿었다. 즉 오늘날의 말을 빌어 말
하자면 아인슈타인의 중력 이론에 따라 가장 강력하고 매력적 공화국인
미국으로 주위 세력들이 빨려들어 온다는 것이었다. 대미국 제국을
건설하는 데에서 그는 상업이 중요한 다리 역할을 할 것으로 생각하
였다. 그는 베니스의 상인들이나 영국의 상인들이 결국 세계를 지배했던

경험으로 보아 미국의 대산업 자본을 이용한 무역이 결국 미국을 대
국으로 만들 것이라고 예견하였다. 그렇기에 그는 남미에 운하를 건
설해야 하며 미국과 남미를 잇는 대륙 횡단 철도를 건설해야 하고, 또한
아세아에 시장을 개척하기 위하여 대륙 횡단 철도가 필요하다고 역설
하였다. 앞으로 다가올 미국 제국의 효과적인 운영을 위하여 전신 전화
체제를 강화해야 한다고 주장하였다. 물론 그의 이러한 이론에 따라서만
미국 철도 사업이나 통신 전화 시설이 확장되었다고 할 수는 없지만,
그의 이러한 이론을 따랐던 19세기말의 정치인들이 그러한 기계 문명의
이기를 팽창주의 정책에 그대로 사용한 측면도 있다.

　시워드 장관은 1840년부터 미국이 알래스카 북쪽으로부터 남미 대
륙까지 영향력을 행사해야 하며 태평양을 건너 동양 문화권까지 접촉
해야 한다는 막연한 이론들을 실제화하려고 노력하였다. 그는 무엇보
다도 캐나다와 쿠바를 미국의 수중에 넣으려고 노력하였다. 그는 아
일랜드계 미국인들을 조정하여서 이들이 버몬트주를 통하여 캐나다를
침략하도록 촉구하였으며, 쿠바가 미국의 수중에 들어오도록 스페인과
계속 접촉하였다. 이러한 시워드의 대캐나다 정책에 놀란 영국이 1866년
캐나다를 영국령 자치국으로 독립시켜버리자 시워드의 계획은 무산되
고 말았다.

　그러나 시워드의 계획 전체가 무산된 것은 아니었다. 1867년에 미국은
7,200만 달러를 러시아에 지불하고 알래스카를 구입하였다. 이것은 미
국이 에이커 당 약 2센트 정도밖에 지불하지 않았던 그야말로 러시아
로부터 거저 얻은 땅이었다. 이곳은 1896년에 금이 발견되기까지는 주로
어업과 모피 획득이 주업이었고, 그곳의 메마르고 차가운 기후 풍토로
인하여 일반 거주민들은 이주하지 못하였다. 알래스카 구입은 미국이
그 당시 경제적인 이유에서보다도, 시워드의 대미국 대륙 건설의 한

여파로 사들였던 것인데 오늘날에는 미국 경제와 안보에서 귀중한 한 부분을 담당하고 있다. 1868년 그는 벌링감 조약(Burlingame Treaty)을 체결하여 중국의 자유 이민을 허락하고 그 대가로 미국인들이 중국에서 상업 활동을 하는 것을 약속받았다. 1890년에는 그동안 시워드가 염두에 두었던 하와이가 미국의 영향권에 들어왔으며, 결국 하와이는 1898년 맥킨리 행정부 때 미국에 합병되었다. 1895년 베네주엘라와 영국령 기아나의 국경선 문제로 분쟁이 일어나자 이것을 중재하려고 나선 미국과 영국간에 불편한 마찰을 빚게 되었다. 영국은 그 지역이 베네주엘라 공화국이 들어서기 전에 이미 그들의 영토였기 때문에 미국이 간섭해서는 안된다고 주장하였다. 그곳에서 금이 발견되고 서구 열강들이 남미 대륙에 진출하는 것에 대해 안보상 민감했던 미국은 그러한 영국의 정책을 비판하기 시작하였다. 클리블랜드 대통령은 12,000자로 된 긴 경고문을 통하여 영국이 그 지역에서 후퇴하도록 경고하였다. 정부내에서 전쟁까지 불사하겠다는 강경론이 일어나기도 하였으나 독일과 경쟁을 해야 하는 영국이 하찮은 일로 미국과 전쟁을 하길 꺼려하였고, 또한 미국과의 우호를 필요로 하는 입장이었기에 결국 영국이 그 지역에서 후퇴함으로써 사태는 마무리되었다. 그러나 이 사건으로 미국은 중남미 지역을 자기의 영향권하에 두려는 의사를 서구 열강에게 간접적으로 시사하였다.

이러한 시대적 분위기에서 1890년대초부터 스페인의 압제에 항거해서 쿠바 민중들이 독립 전쟁을 일으키자, 미국의 팽창주의자들은 이것이 라틴 아메리카에서 미국이 영향력을 펼칠 중요한 계기가 될 것으로 생각하고 쿠바 민중을 도와 스페인에 대한 전쟁을 선포하기에 이른 것이었다.

그러면 미국이 필리핀에는 왜 관심을 갖고 있었는가 ? 한마디로

말해서 미국이 오랫동안 꿈꾸어왔던 중국 시장 개척을 위해서 필리핀이
중요한 교두보 역할을 할 것이었기 때문이다. 미국의 태평양에로의
진출은 미국 역사만큼 뿌리 깊은 것인데, 특히 1850년 이후로 중국 등
아세아에 대한 관심이 갑자기 높아져 갔다. 미국 서부 역사의 권위자
였으며 프론티어 이론(Frontier Thesis)으로 유명한 프레드릭 잭슨 터너
(Frederick Jackson Turner) 교수는 19세기말에 미국의 가장 고귀한 미국적
정신들은 미국인들이 서부를 개척하면서 길러졌다고 강조하면서, 19세
기말에 이러한 미개발 서부가 더이상 존재하지 않게 되자 미국인들은
깊은 자아 위기에 빠지게 되었다고 주장하였다. 즉 유럽의 이민자들이
미국 동부에서 그들의 경제적 야망을 꿈꾸다가 실패하면 중서부로 이
동하고 거기에서 그들 나름대로의 꿈을 키울 수가 있었다는 것이다.
그곳에서도 실패한 사람들은 다시 캘리포니아 등의 서부로 진출할 수
있는 희망이 있었다는 것이었다. 그리하여 항상 미국인들에게는 낙천
주의, 개척주의, 독립심 등이 길러졌다는 것이다. 이러한 서부 개척
과정에서 가장 기본적인 미국 민주주의의 개념이 싹트게 되었으며 국
민주의도 생성된 것이다. 그러나 19세기말경까지 서부 개척이 사실상
끝나게 되자 이제 미국은 태평양쪽으로 계속 전진을 하든지, 또는 정
치적으로 태평양쪽으로 진출해야 할 것임을 암시하였다. 그에게는 서
부로의 이동성이 미국 국민의 가장 강한 특질인데 미국이 캘리포니아를
마지막으로 서부를 정복했다고 해서 정체해 버린다면 국민 에너지는
고갈될 수밖에 없다고 주장하였다.

19세기말에 미국의 놀라운 경제 성장과 그에 따른 방대한 잉여 생
산물은 미국으로 하여금 남미 대륙뿐 아니라 본격적으로 중국 진출을
시도하게 만들었다. 특히 중국은 엄청난 미국의 잉여 농산물을 수출
하기에 적당한 나라였기에 농민의 지지를 받은 정치인들이 국회에서

중국 진출을 주장하고 나섰다. 미국이 중국과 정식으로 무역을 하게 된 것은 1784년이었으며 그후 미국의 회사들은 중국에 대한 투자를 강화해왔다. 특히 미국의 대중국 외교에서 중요한 변수로 나타났던 그룹은 선교사들이었는데, 남북전쟁 이후 수많은 미국의 선교사들이 주로 중국에 집중적으로 퍼져 있었다. 선교사들이 미국 본토에 들어와 중국의 여러가지 상황을 국회뿐만 아니라 여러 국민들에게 알리자 신비의 나라 중국에 대한 국민의 관심은 더욱 높아지게 되었다. 이런 때에 1897년 맥킨리 대통령과 그의 국무장관 존 헤이가 미국 외교사상 중요한 초석이 되는 문호 개방 정책(Open Door Policy)을 발표하였다.

문호 개방 정책이란 19세기말 미국 사회에 존재하였던 사회진화론 사상을 국제 외교에 적용시키려는 것으로서 세계 시장에서 모든 나라가 똑같은 권한과 공정한 경쟁으로 무역을 해야 한다는 것이며, 세계 열강들은 그들 무역 대상국에 민족자결주의와 평등한 기회 균등을 보장해야 한다는 것이었다. 이것은 주로 19세기말 서구 열강들에 의하여 산산히 분할될 위험에 처해 있던 중국을 염두에 두고 발표되었던 것으로, 이제 미국도 다른 서구 열강과 함께 중국에 공동으로 참여하고자 한 것이었다. 미국이 문호 개방 정책을 표방하여 민족 자결주의와 기회 균등주의를 주장하면서 서구 열강들과 함께 중국 시장에 들어오려 하였음에도 불구하고, 기실 미국은 유럽 국가들과 일본의 강압적인 중국 정책을 막지 못하였으며 막고자 하는 의지조차 보이지 못하였다. 태평천국의 난, 의화단 운동, 5.4 운동 등으로 중국이 열강의 지배에 대하여 항거하였을 때 미국은 아무런 힘도 쓰지 못하였다. 오히려 그들 선교 사들이 중국인들로부터 공격을 받게 되자 미국은 서구 열강과 함께 중국의 자주권을 침해하면서 강경 정책을 펴나갔다. 1905년 6월 루즈 벨트 대통령은 국방장관 윌리암 태프트(William H. Taft)를 시켜 가스라(桂) 일본 수상과 비밀 조약을 맺어 일본이 필리핀에서 손을 떼는 조건으로 한국을 합병하는 것을 승인하였다. 그런데도 루즈벨트 대통령은 러일 전쟁을 잘 마무리했다 해서 그 해 노벨 평화상을 받게 되었는데 이것은 세계사의 아이러니라 아니할 수 없다.

일본이 미국의 시장 개방 정책을 파괴한다고 해서 일본과 전쟁을 하게 된 것은 36년 뒤인 1941년에 이르러서였다. 미국의 많은 학자들은 미국이 세계 민주주의를 보호하기 위하여 일본 군국주의의 진출을 막으려 했으며, 또한 그런 순수 이념적인 이유로 태평양 전쟁을 수행하였다고 주장한다. 그러나 미국이 19세기말 이후 문호 개방 정책에 의하여 그들의 경제적 세력을 아세아에 구축하였던 것을 고려해 볼 때 미국이 태평양 전쟁을 하게 된 이유 중의 하나로 이러한 경제적인 이유가 없지 않다고 하겠다. 왜 루즈벨트가 일본이 한국을 합병하도록 방관하였을까? 만약 그가 정말로 미국이 세계 민주주의를 위한 파수꾼의 역할을 해야 한다고 믿었다면 1905년에 일본과의 비밀 조약은 생겨날 수 없었을 것이다. 대답은 간단하다. 즉 한국이 그 당시 미국에게 아무런 경제적·전략적 중요성을 갖고 있지 않았기 때문이다. 그는 이러한 하찮은 아세아의 한반도를 일본이 침범한다고 해서 미국이 희생을 감수하면서까지 한국을 보호할 수는 없다고 판단하였기 때문이다.

어쨌든 19세기 후반에 미국의 중국 진출을 위해서는 스페인이 지배하고 있던 필리핀이 중요한 전략적 의미를 갖고 있었다. 쿠바인들이 스페인에 대항하여 반란을 일으켰을 때 미국 정치인들은 이것을 '저 태평양에 있는 필리핀까지' 정복할 절호의 기회로 생각하였을 것이다.

미국의 대 중남미 정책과는 달리 대 아세아 정책은 전적으로 경제와 밀접한 관계가 있었다. 중남미 대륙은 미국의 경제에 대해서뿐만 아니라 미국의 안보와 미국의 위신에도 중요한 위치를 점하고 있었지만 태평양

저너머에 있는 아세아 국가들은 19세기말이나 20세기초에는 미국의 국가 안보와 그렇게 긴밀히 연결되어 있었다고 말하기가 힘들다. 1844년에 미국이 최초로 중국과 통상 조약을 맺었고, 1854년에는 페리제독이 일본의 문호를 개방시켰는데 그것은 무엇보다도 통상을 목적으로 한 문호 개방이었다. 앞에서도 언급하였다시피 19세기 후반에 밀어닥친 경제 공황과 잉여 생산물의 문제 등으로 미국은 애타게 새로운 시장 개척을 갈구하고 있었다. 1873년 이후의 시기는 거의 반 이상이 경제 공황의 시기였으며 실직 노동자들과 농민들은 국가가 해외 시장을 개척하고 관세를 인하하여 유럽과도 정상적인 교역을 하도록 요구하였다.

1890년 전까지 미국의 대 중국 교역은 그렇게 활발하지는 못하였다. 1860년과 1880년말까지 미국 경제는 공황으로 수축되었다. 대 중국 수출이 1864년에 900만 달러였던 것이 1875년에는 100만 달러 수준으로 떨어졌으며, 중국에 거주하는 미국 회사들의 수도 42개에서 31개로 줄어들었다. 그러나 1890년도 후반에 미국 경기가 회복되자 대 중국 수출이 1,400만 달러 정도로 엄청나게 뛰어올랐으며, 1875년에 약 600만 달러 정도였던 투자가 1900년경에는 2,000만 달러 수준으로 육박하게 되었다. 특히 1898년 미국 아세아 협회(American Asiatic Association)는 뉴욕을 중심으로 미국의 직물류와 남부의 섬유 제품들을 중국에 수출하기 위해 주요한 막후 작업을 벌였다.

이러한 대 중국 교역이 활발해짐과 때를 같이하여 미국 정계의 팽창주의자 세력들이 중국에 적극적으로 진출할 것을 주장하였다. 서방의 가장 문명화되고 갱생(Regenerated)된 국가인 미국과 이기주의적이며 전적으로 제국주의자들인 서구 열강들이 중국을 둘러싸고 경쟁하는 마당에, 도덕적으로 우세한 미국이 비도덕적인 서구 열강들에게 중국을 뺏겨서는 안된다고 주장하기도 하였다. 또한 미국 정계내의 상당한 인사들은 미국 선교사들의 영향을 받아 오직 개종된 중국만이 서구 열강의 제국주의를 물리칠 수 있기 때문에 미국은 중국이 완숙하게 개혁할 때까지 북중국과 만주 지방에 진출하여서 러시아의 남하를 저지해야 한다고 주장하였다. 중국이 개혁을 단행하고 미국과 전적인 통상 관계를 갖게 되면 미국과 중국 양국에 엄청난 이득을 갖다줄 것이라는 것이었다. 이들에게는 선의 세력과 악의 세력들이 세계 문명 지배권을 놓고 중국에서 결정적인 전투를 하고 있다는 것이었다. 특히 로지(Lodge) 상원의원은 미래 미국의 번영에 가장 중요한 역할을 할 중국이 유럽 열강들에 의하여 지배되는 것을 간과해서는 안되며, 어떠한 수단을 써서라도 중국을 미국의 영향권 아래 두어야 한다고 주장하였다.

미국이 중국을 그들의 영향권에 넣고자 하는 욕망은 강하였지만 19세기말 미국의 군사적인 면이나 중국과의 경제적인 면을 고려해 볼 때 실제로 그들의 이런 이상을 구현하기에는 문제가 많았다. 그리하여 미국 정계에서는 몇 가지의 가능성을 타진하게 되었다. 우선 무엇보다 열강의 중국 분할에 미국이 소외되는 것을 막기 위해서는 열강과 함께 중국 분할에 참여하는 방안이었다. 그리하여 독일과 영국이 지배하였던 지역에 미국이 동시에 참가하여 어느 정도 미국의 위치를 굳힐 필요가 있다고 생각하였다. 영국과 일본과 군사 동맹을 맺음으로서 미국이 이들 세력들과 극동 경제를 지배하는 것이 필요하다는 의견도 생기게 되었다. 그러나 아직도 먼로주의의 영향에 따라 세계 어느 나라와 군사 정치적 조약을 맺기를 꺼려하는 미국인들에게는 서구 열강과의 군사 조약은 생각할 수 없는 일이었다. 서구 열강과 함께 중국 분할에 참여하는 것도 미국 선교사들을 중심으로 하는 세력들이 도덕적 이유 때문에 완강히 반대할 것이기 때문에 생각할 수 없었다. 존 헤이가 구상한 이 문호 개방 정책이야말로 미국이 직접적으로 열강들과 함께 중국 분할에 참여하지 않으면서도 미국의 중국에 대한 약세를 덮어줄 수 있는 가장 이상적인 정책으로 받아들여졌다. 그리하여 이 정책에 따라 미국은 미국을 포함한 서구 열강들이 중국에 대하여 평등한 경쟁을 하도록 요구하였으며, 동시에 중국의 권위를 보장함으로써 중국으로부터 미국에 대한 호의를 사게 되어 결국 미국이 어느 정도 중국 시장을 석권하게 되면 중국이 다른 유럽 국가들보다 미국과의 통상에 전적으로 의존하게 될 것이라는 기대를 갖게 되었다.

이러한 19세기말의 복잡한 국내외 배경에서 일어났던 미서 전쟁은 존 헤이가 말했던 것처럼 "빛나는 소전쟁(splendid, little war)"이었다. 전쟁의 종말과 함께 한때 신대륙을 주름잡았던 스페인 제국은 몰락을 촉진하게 되었고, 미국이 새로운 제국으로 세계사에 등장하게 되었다. 파리 조약으로 미국은 쿠바와 필리핀 뿐만 아니라 푸에르토 리코(Puerto Rico)와 괌(Guam)까지 차지하게 되었다. 또한 그동안 상원의원 2/3 이상의 지지를 얻지 못해 연기하고 있었던 하와이가 전략적인 위치를 인정받아 미국에 합병되었다. 그러나 전쟁의 종결로 말미암아 크게 문제가 대두된 것은 미국에서 가까운 쿠바보다도 2,000마일 떨어진 태평양의 섬나라 필리핀이었다. 스페인은 미국과의 협상 과정에서 미국이 스페인령을 차지할 아무런 법적 권리를 갖고 있지 않다고 주장하고 필리핀 양도를 거절하였다. 결국 미국이 스페인에게 보상금조로 2,000만 달러를 지불함으로써 필리핀을 점령한다는 데 합의하였다. 그러나 맥킨리 대통령이나 국무장관 이하 각료들은 필리핀 문제를 어떻게 처리해야 할지 모르고 갈팡질팡하였다. 사실 미국 국민들은 "필리핀이 섬나라인지 아니면 통조림 식품"이었는지조차 모를 정도로 필리핀에 대하여 알지 못하였으며, 대통령인 맥킨리도 지도에서 필리핀이 어디에 붙어 있는지조차 모를 정도였다. 미국 국민들은 대부분 쿠바에 신경을

쓰고 있었으며, 미국의 팽창주의를 주장하던 몇몇 인사들 외에는 과연
필리핀이 미국의 전략에 중요한지에 대해서도 잘 파악을 못하고 있었다.
전쟁 전에는 필리핀을 합병해야 한다는 요구가 없었는데 듀이 제독이
쉽게 스페인 함대를 물리치자 국민들은 점차 필리핀에 관해서도 관심을
갖게 되었고, 팽창주의적인 눈으로 바라보게 되었다. 기업가들은 필리
핀에서의 그들의 상업에 대한 가능성을 타진하기 시작하였고, 그 동안에
중국 시장 개방에 대한 관심 때문에 필리핀이 중국 시장을 잇는 중요한
교두보 역할을 하게 될거라고 깨닫게 되었다. 선교사 클럽들은 필리핀
점령이 아세아의 야만인들을 개종시키는 데 중요한 계기가 될 걸로
생각하고 합병을 찬성하였다. 맥킨리 대통령은 여러가지 방안을 놓고
고심하였는데 어느날 감리교 목사들이 백악관을 방문하였을 때 이렇게
설명하였다.

　　"내가 어떻게 그런 생각을 하였는지는 정확히 모르지만 어느날 밤
나는 이런 생각을 갖게 되었다. : (1)우리는 필리핀을 스페인에 돌려줄
수가 없다. 왜냐하면 그런 짓은 겁쟁이 같고 불명예스러운 행동이 될
것이기 때문이다. (2)우리는 그곳을 그렇다고 프랑스나 독일에게 넘겨
줄 수도 없다. 왜냐하면 그들은 동양에서 우리의 무역 경쟁자들로
그것은 경제적으로 좋지 않은 것이며 신용을 떨어뜨리는 것이기 때
문이다. (3)그렇다고 우리는 그곳을 필리핀인들 자신에게 남겨줄 수도
없다. 왜냐하면 그들은 독립 국가를 구성하기에 적합하지 않기 때문
이고, 이내 그들은 곧 무정부 상태로 들어가게 될 것이며, 스페인의
통치보다 더 엉망인 정치를 할 것이기 때문이다. (4)이제 남은 방안
이란 우리가 그 땅 전체를 차지해서 그들 국민을 교육시키고 양육
하여서 문명화시키며 기독교화시키는 것이다. 그리고 그리스도께서
그들을 위해서도 돌아가셨기 때문에 우리는 하느님의 은혜에 따라
최선을 다해야 한다. 나는 이렇게 결론을 맺고 잠자러 갔으며 맛있는

잠을 자게 되었다."

이러한 맥킨리의 고백에서 우리는 미국의 전형적인 제국주의의 요소를 보게 된다. 즉 국가의 명예, 교역, 인종 우수성, 그리고 이타주의 등, 이러한 미국의 전통적인 편견이 미국인들 마음 속에 깊이 잠재해 있다는 것을 우리는 알 수 있다. 그 당시 유명한 시인이었던 루드야드 키플링(Rudyard Kipling)은 잡지에 기고한 시에서 필리핀에 대한 미국의 갈등을 "백인들의 짐(Whitemen's Burden)"이라고 불렀다. 즉 미국이 "명백한 운명"이라고 믿어왔던 팽창주의의 합리화가 이제는 본격적으로 미국이 싫든 좋든, 인종·정치적으로 우세한 미국이 인종·정치적으로 열등하고 미개한 필리핀을 개종시킬 의무를 갖고 있다는 것이다. 그는 그의 시에서 미국은 백인들을 대표해서 "반악마요 반어린이"인 필리핀 국민을 다스려야 할 짐을 지게 되었다고 적었다.

필리핀 합병을 놓고 국민들의 의견은 반으로 갈라졌다. 미국이 이러한 백인의 짐을 지고 필리핀을 합병하여 그들을 문명화시켜야 하며, 그리하여 필리핀을 미국의 중국 진출을 위한 전략적 기지로 사용해야 한다고 주장하는 측이 있었는가 하면, 미국 사상 처음으로 반전·반합병 운동이 일어나기도 하였다. 소설가인 마크 트웨인(Mark Twain), 철강왕 앤드류 카네기(Andrew Carnegie), 사회진화론의 대가 윌리엄 그레함 섬너(William Graham Sumner), 그리고 스탠포드 대학 총장인 데이비드 스타스 조단(David Stars Jordan), 그리고 국회내에서는 매사추세츠 상원의원인 조지 호어(George Hoar) 등이 미국의 필리핀 합병을 강력하게 반대하고 나섰다. 이러한 반제국주의자들은 필리핀 합병이 미국 민주주의를 손상시키며 미국의 전통적인 고립주의를 파기하는 것이라고 주장하였다. 특히 미국이 민족 자결권을 파기하고 쿠바와 필리핀을 점령한다는 것은

미국의 민주주의 이념에 어긋나는 것이며, 결국 이러한 전쟁들은 미국이
세계 분쟁에 휘말리는 구실을 주고, 그리하여 미국의 가장 전통적인
먼로주의를 위반하는 행위임을 강조하였다. 또한 제퍼슨주의를 미국의
가장 이상적인 민주주의 형태로 믿었던 반제국주의자들은 미국의 이
러한 제국주의 정책이 상비군의 필요성을 낳으며, 이러한 군대의 강화는
국민들에게 더 많은 세금을 부가함으로써 그들의 민주주의 이념에 피
해를 준다고 주장하였다. 상업적인 이유에서 필리핀의 합병을 주장하
였던 자들에 대해 이들은, 미국이 충분히 자원을 소유하고 있는데 왜
더이상 그것들이 필요하냐고 반박하였다. 생물학 교수이자 스탠포드
대학의 총장이었던 조단(Jordan) 교수는 미국의 이러한 제국주의적 정
책이 생물학적인 축복보다 생물학적 악마라고 주장하였는데, 왜냐하면
제국주의는 신체적·정신적으로 덜 적합한 인종들을 착취하기 때문이
다고 주장하였다. 마크 트웨인은 맥킨리 대통령에게 편지를 써서 이제
미국의 성조기는 "검은색으로 그려진 줄과 해골 바가지와 뼈가 교차
하도록 그려진 별들로" 다시 그려져야 한다고 미국의 제국주의 정책을
비난하였다.

　미국 상원에서는 필리핀 합병을 놓고 1899년 1월부터 2월초까지 세
기적인 논쟁을 벌였다. 이 논쟁의 주된 요점은 앞에서 맥킨리가 감리교
목사들에게 설명했던 것인데, 주로 국가적 명예나 상업적 필요성 그리고
인종의 우월감 또는 종교적인 요인을 중심으로 합병 찬성과 반대를 놓고
치열한 논쟁을 벌였다. 호어(Hoar) 상원의원을 중심으로 한 반제국주
의적 상원의원들은 이러한 병합이 미국의 민주주의 정신에 위반되는
것이며 미국 헌법에도 위반된다고 하여 필리핀 병합에 강력하게 반대
하였다. 그들은 필리핀 국민들이 병합을 반대하는데도 미국이 병합을
시도하는 것은 잘못이라고 주장하였다. 그러나 상원에서는 제국주의

적인 세력이 그들보다 좀더 우세했다. 특히 유명한 팽창주의자인 헨리 캐봇 로지나 코네티컷 출신 공화당 상원의원인 오어빌 플랫(Orville Platt) 등은, 미국은 어떠한 일이 있더라도 필리핀을 병합하여 그들이 자력으로 건실한 민주 정부를 수립할 때까지 미국이 통치하고 교육시켜야 한다고 주장하였다. 플랫 상원의원은 이 토론 과정에서 전형적인 앵글로색슨 주의적 인종 편견에 의한 주장을 내세웠다. 그는 "영어권 국민들은 문명의 관리자들이며 문명은 이러한 관리자들로 인하여 진보된다"고 주장하면서, "하느님이 이러한 선교적 사명을 우리에게 부여하였으며 우리는 그것을 수행해야 한다"고 역설하였다. 그는 그의 병합 찬성 이유에서 미국 청교도들이 어떻게 인디언을 대했는가에 대하여 설명하였다. 인디언들이 청교도들을 받아들이지 않았다고 해서 청교도들은 메이플라워를 다시 영국으로 되돌리지는 않았다. 오히려 이러한 반항적인 인디언들을 통치하였기 때문에 오늘날에는 인디언들이 미국에 복종하고 미국의 법을 따르게 되었다는 것을 예로 들면서, 인디언들과 같은 유인 필리핀의 아세아족들도 미국은 그들이 싫어하든 좋아하든 병합하여 인디언들에게 한 것과 마찬가지로 통치해야 한다고 그는 주장하였다. 결국 상원은 제국주의파가 우세하여서 2월 6일 투표에서 57 : 27로 파리 조약을 인준함으로써 필리핀 병합을 가결하였다. 재미있는 것은 남부 출신 민주당 의원들이었다. 필리핀 병합을 놓고 1899년초에 벌인 상원의원들의 토론은 미국 근대 외교사에 중요한 의미를 갖게 되었다. 이것은 최초로 미국 국회내에서 제국주의와 반제국주의 사이에 심한 의견 분쟁을 야기시켰다는 것뿐만 아니라, 이러한 의견 대립은 앞으로의 미국 외교에서 하나의 전통으로 계속 남게 되었다. 그리고 대부분의 외교 문제에서의 논쟁은 당시 거론되었던 국가 명예, 경제적 관심, 도덕·종교적 문제, 미국의 우월주의 등의 양상으로 나타났다.

물론 제 2 차 세계 대전 이후 냉전의 등장과 함께 반공주의라는 새로운 확장된 의미의 국가 안보 개념이 나타나기도 하였지만, 필리핀 병합을 놓고 1898년에 상원에서 벌였던 긴 논쟁은 앞으로의 미국사의 계속적인 논쟁거리가 되었다.

이제 필리핀은 그들의 자주 독립 소망을 빼앗겼다. 그들은 스페인이 아닌 미국의 제국주의자들에 의하여 또다시 식민 상태로 들어가게 되었다. 앞에서 언급했듯이 미국은 스페인과의 전쟁에서보다 필리핀 독립군과의 전투에서 더 많은 사상자를 내었다. 에밀리오 아기날도(Emileo Aguinaldo)라는 필리핀 독립 운동가의 지휘를 받은 필리핀 독립군은 미국에 대항하여 처절한 게릴라전을 벌였지만, 결국 1901년 3월에 아귀날도가 체포당하면서 그들의 세력을 서서히 상실하고 말았다. 미국이 아귀날도가 지휘하는 필리핀 독립군과 함께 스페인에 대항하여 싸웠을 때는 미국의 언론들이 아귀날도를 필리핀의 조지 워싱턴이라고 영웅시하였는데, 이젠 그를 조지 워싱턴의 탈을 쓴 원숭이로 묘사한 것은 미국의 제국주의적 성향을 잘 나타내주고 있다.

필리핀은 1934년 미국으로부터 독립을 약속받기까지 미국인 총독에 의해 지배되고 제 2 차 세계대전으로 인해 독립을 연기하다가, 1946년 7월 4일 마뉴엘 퀘존(Manuel Quezon)을 초대 대통령으로 하여 독립국이 되었다. 푸에르토 리코는 미국 총독에 의해 지배당하다가 1917년 존스법(Jones Act)에 의해서 주민들은 미국 시민이 되고, 1952년 미국 헌법의 범위 내에서 자체의 지사와 헌법을 갖는 미국령 영토가 되었다. 쿠바 역시 미서 전쟁의 종결과 함께 미군정에 의해 지배되었다. 초대 미국 총독인 레오나드 우드 장군(Gen. Leonard Wood)은 국무장관 엘리후 루트(Elihu Root)의 지도에 따라 학교 건설, 질병 예방, 감옥 및 정신병원 개혁, 사법부 개혁 등 전반적인 사회 제도의 개혁을 단행하였다. 1900

년에는 맥킨리 대통령의 명령에 따라 미국 헌법을 모방해서 쿠바인들이
그들의 헌법을 제정하도록 하였다. 그러나 미국 의회에서는 제국주의
적인 플랫 상원의원이 작성한 플랫 수정안(Platt Amendment)을 통과시
켰다. 이것은 새로 탄생되는 쿠바의 독립을 심각하게 제한한 것이었다.
이 수정안은 쿠바가 그들 임의대로 제3국과 조약을 맺지 못하게 하였다.
그리고 필요에 의해서 ("생명, 재산, 개인의 자유를 보존하기 위해 적
절한 정부"를 유지할 필요가 있을 때) 미국은 어느 때라도 쿠바에 개
입할 수 있으며, 쿠바는 미국의 석탄 광업과 해군 기지를 위해 필요한
땅을 미국에 팔아야 한다는 것이었다. 미국의 압력을 받은 쿠바는 결국
1901년 중순에 플랫 수정안을 그들의 헌법에 첨가하면서 미국의 반식
민지격인 독립 국가로 탄생하게 되었다. 쿠바 독립 후에도 미국은 여
러번 반정부 소요를 진압한다는 명목 아래 군대를 파견하였다. 1934년에
가서야 미국은 "선린 정책(Good Neighbor Policy)"의 일환으로 쿠바와
조약을 맺어 플랫 수정안을 쿠바 헌법에서 삭제하고 쿠바의 완전한
독립을 허용하였다.

미서 전쟁의 결과로 중남미 대륙과 태평양을 향한 미국의 팽창 무대가
마련된 셈이었다. 미국의 신(神)이 제국주의를 옹호하였는지 몰라도
다소 우유부단한 맥킨리가 갑작스럽게 암살당하고, "미스터 제국주의
자"로 불리우는 데어도어 루즈벨트(Theodore Roosevelt)가 1901년에 무
대의 주인공으로 등장하게 되었다. 쿠바와 필리핀 문제를 마무리 지은
후 루즈벨트는 본격적으로 중남미 대륙에 진출할 계획을 작성하였다.
그는 먼저 그가 평소부터 염두에 두었던 파나마 지협에 운하를 건설하기
위한 막후 교섭을 개시하였다. 이 지협은 만약 미국이 운하를 건설하여
미국의 영향력하에 둘 수만 있다면 그것은 이제 갓 성장한 미국 제국을
위해서 경제적·군사적·정치적으로 엄청난 중요성을 가져다 줄 것임

에 틀림없었다. 미국은 일찍이 1848년에 그 당시 신 그라나다(New Gra -
nada)였던 콜럼비아와 조약을 맺어 그 지협에서의 콜럼비아의 주권을
인정하는 대신 그 지협은 자유 통과를 보장하기 위해 중립으로 남아
있도록 하였다. 2년 뒤에 미국은 영국과 조약을 맺어 영국이 더이상
중남미에 영토 획득을 하지 않는다는 보장을 받았고, 그대신 미국은
영국의 동의 없이는 그 지역에서 어떠한 운하도 건설하지 않을 것을
약속하였다. 그러나 미서 전쟁 이후에 높아진 힘을 배경으로 미국은
50년 전에 영국과 맺은 조약을 청산하고 본격적으로 운하 건설 가능성을
타진하기 시작하였다.

그동안 프랑스인 페르디난드 레세프스(Ferdinand De Lesseps)는 1877년
이후부터 엄청난 예산과 인명 피해를 감수하면서 파나마에 운하를 건
설하다가 심각한 재정난에 직면하였다. 그는 남은 1/3의 운하 건설에
필요한 1억 9백만 달러를 위하여 미국과 교섭하였다. 미국은 이 액수가
너무 비싸다고 하여 니카라구아 쪽에서의 독자적 운하 건설을 계획하
였다. 이에 파나마 회사는 가격을 4천만 달러로 낮추어 흥정하게 되고
미국은 그 조건을 받아들였다. 1903년에 미국의 국무장관인 존 헤이는
미국 주재 콜럼비아 대사인 토마스 헤란(Thomas Herran)과 조약을 맺어
미국이 파나마 운하를 건설하는 것을 콜럼비아 정부가 인허하는 조건
으로, 1천만 달러의 계약금을 현금으로 지불하고 연간 25만달러의 전
세비를 콜럼비아 당국에 지불하기로 하는 계약을 맺었다. 그런데 콜
럼비아의 보고타(Bogot'a) 정권은 2천 5백만 달러의 현금 계약금을 요
구하였다.

이에 분격한 루즈벨트 대통령은 파나마인 오네 마뉴엘 아마도어(One
Manuel Amador)가 프랑스 회사 대표들인 필립 뷔노-바레야(Philippe Bu-
nau - Varilla) 및 윌리엄 넬슨 크롬웰(William Nelson Cromwell)과 결탁하여

▶ 파나마 운하의 건설 장면.

콜럼비아에 대한 반란을 음모한다는 사실을 통고받고는, 이를 도와
그들의 반란을 돕도록 하였다. 반란에 성공하여 파나마 국가가 수립되자
루즈벨트는 주미 초대 파나마 대사인 뷔노-바레아와 11월 18일 조약을
맺었다. 이 조약에 의해서 파나마 운하폭은 10마일로 확장되고 미국은
천만 달러의 선불과 연 25만 달러의 전세금을 지불하고 그대신 미국은
이 운하를 영구히 사용·점령·조정할 수 있는 권한을 부여받았다.
이것은 콜럼비아의 주권과 감정을 상하게 한 미국의 횡포였으며 루즈
벨트 팽창주의의 가장 대표적인 상징이 되었다. 1979년에 로날드 레이건
(Ronald Reagan) 등의 공화당원의 적극적인 반대를 무릅쓰고 당시의 카터
(Jimmy Carter) 대통령이 운하를 파나마 정부에 환원할 때까지 미국은
파나마 운하를 미국의 이익에 따라 관리하였다.

　1904년에 루즈벨트 대통령은 도미니카 공화국이 재정난으로 파국의
위기를 맞게 되자 "루즈벨트의 추론(Roosevelt Corollary)"이라고 불리우는
신 먼로 독트린을 발표하였다. 루즈벨트에 의하면 1823년의 먼로 독트
린은 유럽의 미국 대륙에 대한 불간섭주의를 표방하였다. 이러한 먼로
독트린을 보장하기 위해서 미국은 중남미에 진출하여 이 지역에 대한
외부 국가의 개입을 저지해야 한다는 것이었다. 즉, 중남미 지역 국가
들이 항상 문제가 있고 약하기 때문에 더 문명화된 서구 열강들이
침략하게 될 터이니 미국이 싫든 좋든 먼저 진출하여서 "경찰력(Police
Power)"을 발휘해야 한다는 추론이었다. 이러한 이론은 미국판 "대(大)
아메리카 대륙 공영권(共榮圈)"으로서 향후 미국의 중남미 진출의 기
본적인 사상적 밑받침이 되었다. 이와 거의 동시에 태평양 지역에서는
일본 제국이 루즈벨트와 거의 유사한 이론으로 중국 대륙을 비롯한
아세아에 대한 침략의 구실로 삼았다. 한쪽은 중남미에서, 다른 한쪽은
동남 아세아에서 그들의 야망을 키워나가면서 그리고 양측 다 같이

태평양에 눈길을 돌리면서 그들이 마찰을 빚게 된 것은 필연적인 귀결이었다. 그들의 태평양에 대한 헤게모니 쟁탈전은 결국 1941년 12월 7일 일본의 진주만 공습으로 태평양 전쟁이라는 3년 반에 걸친 대재난을 초래하고 말았다.

# 제9장 혁신주의 시대
## ── 자본주의의 수정

1901년부터 1917년까지의 기간을 혁신주의 시대(the Era of Progressivism)라 부른다. 개혁주의 시대라고 칭하기도 하고 혁명의 시대라고도 하며 무혈 혁명의 시기라고 부르기도 한다. 역사의 한 시대를 정확히 한 단어로 규정하는 것은 언제나 쉬운 일이 아니며 시대를 정확히 구분하는 것도 쉬운 일이 아니다. 그 시대 구분 자체는 그 시대의 역사를 해석하는 것보다 더 힘이 드는 경우가 있다. 대개 19세기말에 시작해서 제2차 세계 대전 종말까지의 시기를 혁신주의라고 일컫는 것이 가장 정확한 표현인지도 모른다. 우리나라 학자 중에서 누가 제일 먼저 미국의 이 시대를 직역해서 진보주의 시대라 하지 않고 혁신주의 시대라고 명칭을 붙였는지는 몰라도 미국사에 대한 깊은 통찰력이 있었던 것 같다. 혁명보다는 온건한 혁신이라는 단어를 사용했던 것은 혁명에까지는 이르지 못하였지만 혁명적인 새 개혁과 사상들이 발생하였던 시기였기에 이를 혁신주의라고 단정했던 것 같다. 프로그레시비즘(progressivism)을 직역해서 진보주의라고 해도 그 나름대로 의미가 있다. 아마 미국 학자들은 미국의 전통적 자본주의, 민주주의 체제가 근본적으로 중단되지 않고 계속 진보(progress), 연속되었다는 뜻에서 그렇게 일컬었을 것 같다. 아마 이러한 혁신주의와 진보주의를 동시에 포함하는 단어가 있다면 더욱 정확한 표현이 될 것이다.

바로 이 중요한 시기는 한마디로 말해서 어떠한 혁명적, 사회적 무질서와 불안을 수반하지 않고 미국이 그의 기본적 가치와 체제를 전반적으로 수술하고 재정립하였던 시기였다. 미국은 19세기말부터 노동자, 농민, 사회주의자, 개혁주의적 지식인들로부터 요구되었던 정부 주도하의 반사회주의적 복지 국가 체제의 기반을 이 혁신주의 시대 동안에 마련하였다. 물론 혁신주의 개혁안들이 19세기의 과격한 개혁가들의 요구와 질적으로 평행을 이루었다고 할 수는 없지만, 오랜 자유 방임주의적 관념에서 벗어나 정부가 적극적으로 국가의 경제・사회 체제에 간섭하고 조정하게 되었다는 것은 미국사의 획기적인 출발점이었다. 혁신주의는 알렉산더 해밀턴의 강한 중앙 정부 주도의 국가 체제를 재적용했다는 점에서 다분히 복고주의적인 면도 있으나, 미국이 100년 동안의 오랜 자유 방임주의적 국가 형태를 지속시켜왔다는 점을 고려해볼 때 혁신주의는 혁명적인 면도 지니고 있다.

혁신주의는 여러가지 면에서 독특한 점이 있는데 먼저 개혁 운동이 중산층에 의해 주도되었다는 점이다. 주로 법조계, 사회운동가, 종교가, 교사, 정치가 등의 각계각층의 다양한 중산층 이상의 남자와 여자들이 산업화와 과학 기술의 발달에 따라 급격히 변화하는 사회에 대처하기 위해 전통적 자유 방임에서 벗어나 개혁 운동의 일선에 나섰다. 19세기말의 인민주의자들과는 달리 혁신주의 운동가의 대부분이 도시 거주자들이었으며, 그들은 산업화와 그에 따른 여러 도시 문제들을 해결하고자 개혁을 주도하였다.

혁신 운동을 가장 적극적으로 실행했던 자들은 정치인들이었다. 1896년 이후 각종 선거에서는 상당수의 사회주의자들과 혁신주의자들이 지방 시, 주 단위에서 관료들로 선출되었다. 그중에서도 특히 위스컨신 (Wisconsin) 주지사로 당선된 로버트 라폴렛(Robert Lafollette)이 유명하였다. 그는 철도 운영 규제, 평등한 세금 정책, 직접 예비 선거 등의 파격적인 개혁을 단행하였고, 후에 상원의원으로 국회내에서 가장 주도적인 혁신주의 운동을 전개하였다. 시(市) 단위에서는 오하이오주 톨레도 시장으로서 경찰들의 곤봉 휴대 금지, 근로자 최저임금제, 근로자를 위한 야간학교, 거지들을 위한 합숙소, 시민들을 위한 여러 공원들과 놀이터 등을 만들었던 사무엘 존스(Samuel Jones)가 전국적인 명성을 누렸다.

그러나 가장 중요한 혁신 운동은 무엇보다도 연방 정부로부터 발생하였다. 혁신주의 대통령과 정부는 이러한 범국민적 개혁 추세를 잘 파악하고 있었으며 적절한 법들을 제정해서 혁신주의 운동을 제도화하는 데 성공하였다. 이런 점에서 혁신주의 시대의 쌍두마차인 데어도어 루즈벨트 대통령과 우드로우 윌슨 대통령은 미국 근대사에서 중요한 의미를 갖는다. 시대와 환경이 지도자를 만들기도 하지만 그들은 지도자가 시대를 창조할 수 있다는 것을 보여준 링컨 이후 반세기만에 등장한 위대한 대통령들이었다.

1901년 9월에 윌리암 맥킨리 대통령이 한 무정부주의자에 의해서 암살당했다. 맥킨리의 암살은 한 대통령 개인에 대한 암살이기보다 거의 1세기 동안 진행되어 왔던 자유 방임주의의 암살이었다. 왜냐하면 맥킨리의 뒤를 이은 데어도어 루즈벨트는 공화당 대통령임에도 불구하고 그동안 정부와 대기업과의 결탁, 악덕 기업가들의 횡포, 정부의 무능력

등에서 과감히 벗어나서 그의 혁신 정책을 시도하였기 때문이다. 미국 사상 여러번 우연한 대통령들이 탄생되었다. 즉 전직 대통령의 암살로 부통령이 대통령을 승계했던 일들이다. 링컨의 암살로 앤드류 존슨이 뒤를 이었다. 그는 복잡한 재건 문제를 다루는 과정에서 과격 공화당의 미움을 사 탄핵당하고 그의 대통령직을 잃을 위험에까지 처했던 비극의 주인공이었다. 1945년 4월에는 프랭클린 루즈벨트의 죽음으로 잘 알려지지 않았던 젊은 해리 트루만 부통령이 대통령직을 이어받았다. 외교에 대하여 전혀 경험이 없었고 심지어 미국의 원자폭탄 제조 사실조차도 알지 못했던 트루만이 외교의 노장들인 영국의 윈스턴 처칠과 소련의 조셉 스탈린과 겨루게 되었다. 그러나 그의 성실성과 굽힐 줄 모르는 의지, 그리고 넘치는 에너지로 그는 재선에 성공하고 여러가지 비판 속에서도 오늘날 그의 명성은 역사가들 사이에 보통 수준의 대통령 이상으로 평가받고 있다. 1963년 11월에 존 케네디 대통령이 텍사스주의 달라스에서 암살당하자 린든 존슨이 대통령직을 승계하였다. 존슨은 빈민구제와 인권보호법 등의 제정으로 소수 민족과 하층 국민들을 위해 훌륭한 일을 했음에도 불구하고, 베트남 전쟁에 미국을 본격적으로 참전시키면서 국민으로부터 신임을 잃고 1968년 다음 선거에 자신은 출마하지 않을 것이라는 서글픈 발표를 하기에 이르렀다. 이러한 미국 역사상의 우연한 대통령들 가운데 데어도어 루즈벨트만큼 명성을 떨친 사람은 없다. 대부분의 우연한 대통령들이 전직 대통령보다 평가를 높게 받은 사람은 없었는데, 오직 루즈벨트만이 오늘날까지 미국의 영웅으로 인기가 높다. 루즈벨트가 1901년에 대통령이 된 것은 미국 민주주의에 다행스러운 일이었으며 결과적으로 맥킨리를 암살했던 총탄은 변장된 축복이 된 셈이었다.

　173cm 정도의 미국인으로서는 별로 크지 않은 키, 땅땅한 체격, 그리고

공기를 찢을 듯이 깨지는 듯한 목소리, 돌을 씹어도 끄떡하지 않을 것
같은 크고 단단한 치아, 그리고 줄곧 카우보이 복장을 하고 나타나는
루즈벨트는 어쩌면 대통령이라는 인상보다도 전투나 사냥을 하는 야
성적인 서부인처럼 보인다. 그런가 하면 그는 『1812년의 해군 전쟁』과,
『서부의 승리』와 같은 책들을 비롯하여 평생 많은 책들과 논문을 썼던
역사학자이기도 한 유식한 대통령이었다. 그의 시력은 정상이 아니었
으며 결국 그는 왼쪽 눈을 잃게 되었다. 어릴 때에는 천식으로 고통을
받았고 이런 그의 병 때문에 항상 친구들로부터 조롱을 받았던 그였다.
루즈벨트의 성격은 그가 어렸을 때 이미 형성된 것으로 보이는데 이러한
그의 성격을 살펴볼 때 그가 대통령이 되어서 과감하게 대기업과 트
러스트를 파괴했던 사실은 그렇게 이상한 일은 아니다. 그는 신체적인
열등감에서 수동적으로 생활하기보다는 그러한 신체적 열등감을 보상
하기 위해서 그는 더욱더 활기차게 생활하였다. 그는 거의 모든 스포
츠에 손을 댔으며 하바드 대학 입학 후에는 복싱, 체조, 평행봉, 레슬링
등과 같은 운동에 열중하였다. 그는 훗날 대통령이 되어 백악관에 들
어와서도 가끔 복싱을 즐겼으며 이러한 스포츠에 관해 이야기하기를
좋아하였다. 그에게는 남자다움과 영웅 심리가 가장 중요한 철학으로
등장하였다. 그는 사회 전체가 느슨해지고 물질 만능주의에 빠져 모든
사람이 너도 나도 부를 축적하는 세태를 보고, 서부를 개척했던 당시와
같은 그렇게 거칠고 과감하며 영웅적인 미덕이 다시 한번 미국 생활의
중심이 되어야한다고 굳게 믿었다. 그는 카우보이들과 함께 승마를
즐겼으며 때론 프로 권투 선수와 스파링도 하곤 했다. 미국이 1898년에
스페인과 전투를 하게 되자 그는 해군 차관보직을 물러나서 왕년의 동료
카우보이들을 모아 그의 유명한 '거친 기수들(Rough Riders)'이라는
기병대를 조직해서 직접 쿠바 전투에 참가했다가 전쟁 영웅이 되어

▶ 테오드르 루즈벨트와 '거친 기수들'

돌아왔다. 이와 같이 그는 지극히 동적인 인물이었으며 일반 사람으로서는 상상하기 힘든 엄청난 영웅 심리를 갖고 있던 사람이었다.

　루즈벨트는 본질적으로 산업주의나 대기업들을 부정하지는 않았다. 오히려 그는 이러한 대기업들은 미국 경제에서 필수불가결하며 다른 나라와의 힘든 경쟁을 물리치기 위해서 더욱 성장하고 보호되어야 한다고 믿는 사람이었다. 그의 가장 중요한 목표는 낭만적인 국수주의를 창조해 내는 것이었다. 그는 미국 최고주의에 깊이 빠져 있었으며 이제 미국이 남아메리카뿐만 아니라 태평양 지역에까지 크게 영향을 미쳐야 한다고 주장하였다. 그는 이러한 애국심과 국수주의 때문에 대기업가들이 국민들로부터 원성을 자아내고, 19세기말부터 불어닥친 노동자·농민 운동에 따라 사회가 계급 투쟁화되는 것을 매우 안타깝게 생각하였다. 그는 미국이 이대로 가다가는 걷잡을 수 없는 혼란에 빠질까 우려하여 정부가 이런 모든 문제의 원인인 대기업들에게 무언가를 해야 한다고 생각하였다. 또한 그는 미국 최고의 교육을 받았던 사람으로서 배우지 못했던 무식한 사람들이 일거에 졸부가 되어 미국 경제를 손아귀에 쥐고 권력을 행사하는 작태를 못마땅하게 생각하였다. 이런 면에서 그는 혁신주의의 가장 상징적인 인물이었다. 대부분의 혁신주의 운동에 앞장을 선 사람들은 미국 최고 교육을 받은 엘리트들이었다. 이들은 미국의 사회가 배우지 못하고 도덕심이 약한 무식한 사람들에 의해서 움직여지고 있기 때문에 그러한 사회적 부조리를 낳는다고 주장하고 그들 자신이 사회 개혁의 선두에 나서야 한다고 주장하였다. 루즈벨트는 국가의 이익과 국민들의 단합을 위해서는 각 계층들을 만족시켜야 하며 그러기 위해서는 먼저 대기업의 횡포를 제재해야 한다고 주장하였다. 이러한 사회 문제가 해결되지 않고서는 그가 추구하였던 세계 무대에서 미국이 주인 역할을 할 수 없을 것이었다.

루즈벨트는 개혁 정신과 보수 정신을 함께 가진 사람이었다. 그는 19세기말의 사회진화론 시대에 교육받았던 사람으로, 미국 경제 체제에 그렇게 심각한 불만을 갖고 있지 않았던 사람이다. 다만 미국을 세계 강국으로 끌어올리기 위해서는 미국내의 불만 세력을 달래야 하며 대기업가들이 정치에까지 도전하는 것을 원치 않았을 뿐이었다. 그의 이러한 사상은 그가 대통령이 되기 전에 뉴욕 경찰국 평의회 대표와 뉴욕 주지사로 일할 때 잘 나타났다. 그는 한때 뉴욕시의 담배 제조 공장을 순찰하고 공장의 더럽고 여러 비인간적인 환경을 목격하고는 이러한 비인간적인 환경을 갖고 있는 담배 제조업체를 제거하는 법안을 만들기도 하였다. 그는 공장에서 일하는 여자와 어린아이들의 노동시간을 제한하는 법안에 대해서 찬성하였으며, 산업 안전에 관한 법안들을 만들려 하였다. 그러나 그는 그 이상의 강경 노선을 걷지 않았다. 그는 필요 이상의 정부 개입은 사회주의적인 것이라고 믿었기 때문이다. 그리하여 그는 주지사로 있으면서 8시간 노동법이나 노동자들의 최저 임금제 같은 법안에 대해서 강력하게 반대하였으며, 주에서 일어난 여러가지 노동 파업을 강압적으로 진압하였다. 그는 고용주들의 횡포로 인하여 노동자들이 파업을 벌이는 데에는 동정이 가지만, 만약에 소요가 일어나게 되면 어떠한 대가를 치뤄서도 진압하겠다고 거듭 강조했다. 만약 소요자들 가운데서 총포 발사가 있으면 경찰도 발포할 것이며, 공포탄을 쏘거나 소요자들의 머리 위를 쏘면서 겁을 주는 일은 결코 없을 것이라고 강경한 태도를 취하였다. 그는 또한 주지사로서는 처음으로, 노동자들이 저임금으로 혹사당하고 있는 공장들을 시찰하면서 그들을 격려하고 고용자로 하여금 노동자 처우 개선을 하도록 요구하였지만, 법적으로 이들 노동자의 이익을 반영하는 법안에 대해서는 강력하게 반대하였다. 이것이 바로 루즈벨트 정책의 가장 상징적인 일면이다. 즉 대기업가들에 의해서 혹사당하는 노동자들에 대한 연민을 갖기는 하였지만 정부가 직접 개입하여서 이들 노동자들을 대변해주는 법안은 만들지 않았던 것이다. 그에게는 그러한 것이 사회주의적인 정책으로 보였다. 그의 이러한 사상은 유명한 1866년 헤이마켓 소요로 굳어졌다. 그는 과도한 대기업의 횡포도 나쁘지만 이들에 대항한 폭력적인 노동운동은 미국 사회를 와해시킨다고 믿었다. 헤이마켓 소요가 일어나자 그는 당시에 그의 동료 카우보이들을 동원하여 폭도들을 다 쏴죽이고 싶다고 고백할 정도였다.

　　루즈벨트의 보수성은 그가 대통령직에 취임하고서도 계속되었다. 그가 맥킨리를 승계하자 많은 골수 보수 공화당원들은 루즈벨트가 대기업에 대해서 필요 이상의 제재를 가할까봐 불안해 하였으나 대부분의 공화당원들은 그가 그렇게 하지 않으리라고 확신하였다. 보수적인 신문들도 루즈벨트가 대기업 중심의 번영된 국가 경제 체제를 고수할 것이며 과격한 사회주의 운동이나 노동 운동을 제압할 것이라고 믿었다. 사실 루즈벨트가 의존하였던 참모들은 거의 대부분이 대기업이나 대산업가 또는 금융자본가들을 대변하는 자들이었다. 모건 회사(Morgan Co.)의 대변인격인 로버트 베이컨(Robert Bacon)과 조지 퍼킨스(George W. Perkins)나 국회내에서 대기업가들을 옹호하는 넬슨 알드리치(Nelson W. Aldrich) 상원의원이 그 대표적 인물이라 할 수가 있겠다. 그밖에도 에이 제이 카살과 같은 펜실베니아 철도 회사의 대변인과, 록펠러 재단의 이익을 대표하는 필란더 낙스(Philander C. Knox)나 제임스 스틸맨(James Stillman)이 있었다. 월가에서 이름을 떨치던 그의 처남인 더글라스 로빈슨(Douglas Robinson)이 루즈벨트에게 편지를 써서 과연 그가 대기업을 제재할 것인가에 대하여 물어 보았을 때 루즈벨트는 이렇게 대답하였다.

"나는 가장 보수적이려고 한다. 다만 기업체 당사자들의 이익과
무엇보다도 국가의 이익을 위해서 나는 조심스럽게 그러나 꾸준히
내가 그동안 공공연하게 약속했던 것을 실행해 옮길 것이며 이것이
올바른 일이라고 나는 확신한다."

바로 이 점이다. 즉 기업체들뿐만 아니라 국가의 이익을 위해서는
어느 정도 대기업을 공격하면서 하층 불만 세력을 무마하는 것이 가장
보수적인, 또 가치있는 일이라고 그는 믿고 있었다. 그는 훗날 그의
자서전에서 개인주의를 위해서 부의 집중을 막아야 한다고 주장하는
것은, 바로 그 개인주의를 통해서 대기업과 부의 집중이 일어나는 것을
고려해 볼 때, 이치에 맞지 않는 말이며, 이미 존재해 있는 대기업들을
파괴시킴으로써 19세기 중엽과 같은 그러한 자급자족적 경제 체제로
환원시키려고 하는 생각은 시계를 일부러 뒤로 맞추는 것과 같이 어
리석은 일이라고 밝혔다. 그러나 그는 그 당시에 대부분의 혁신주의
자들이 믿었던 것처럼 정부가 이렇게 자꾸만 커져가는 대기업과 트러
스트들을 방치만 한다는 것도 어리석은 일이라고 믿었다. 그래서 정부는
이제 경제 생활에 직접 개입해서 노동자들을 보호하고 공공이익을 위
하여 대기업을 정부에게 복종시켜야 한다고 주장하였다.

1902년에 루즈벨트가 북부 증권 회사(Northern Security Company)를
공격했던 것도 이러한 그의 양면성에서 이해되어야 한다. 북부 증권
회사는 그 당시 미국 최고의 부호였던 모건(John P. Morgan)과 같은
금융가와, 제임스 힐(James J. Hill), 에드워드 해리먼(Edward H. Harriman)
과 같은 철도업자들이 만든 지주 회사(持株會社)로서 동북부의 철도
들을 거의 합병 독점하였던 거대한 철도 회사였다. 루즈벨트는 이 회
사가, 불법적인 트러스트를 금하기 위하여 만들었던 1890년의 셔먼 반

(反)트러스트법(Sherman Anti-Trust Act)을 위반하고 있다고 주장하고 법무장관으로 하여금 법원에 고소하도록 하였다. 결국 대법원은 이들 대기업기의 완강한 반발에도 불구하고 북부 증권 회사가 불법이라고 판정하여 회사의 해산을 명령하였다. 대법원에서 셔먼 반트러스트법에 의하여 대기업을 해산시킨 일은 사실상 처음 있는 일이었다. 1895년에 설탕을 독점하였던 이 시 나이트 회사(E. C. Knight Co.)의 판례에서 대법원은 주(州)내의 독점은 셔먼 반트러스트법에 해당하지 않는다는 판결을 내렸던 점을 볼 때 이러한 판결은 이제 정부의 의지와 국민의 대기업에 대한 감정이 얼마나 고조되었는가를 잘 보여주는 것이라 하겠다. 북부 증권 회사에 대한 루즈벨트의 승리로 이제 그는 '트러스트 파괴자(Trust Buster)'로 국민의 절대적인 지지를 얻게 되었다. 루즈벨트는 정부가 대기업가보다 우월하며 국민 복지를 위해서 대기업을 제재해야 한다는 그의 이상을 실현한 셈이었다. 그러나 실질적으로 이 사건은 모건 등의 대기업에 큰 영향을 주지 못하였다. 다만 대기업가들의 권위가 추락되었을 뿐이었다.

보수성이 강하였던 루즈벨트가 왜 이러한 과감한 트러스트 파괴를 시도하였으며, 그것도 가장 악명이 높았던 모건 회사를 대상으로 했느냐에 대해서는 의문이 많다. 아마도 그가 지금까지 내세웠던 그의 개혁 의지를 실현해야 한다는 압박감과 그의 핏속에 흐르는 전투적인 기질과 영웅 심리 때문에 그 당시 대기업의 대명사라 할 수 있는 모건 회사를 지목하였는지 모른다. 로버트 라 폴렛 상원의원의 열화와 같은 혁신 요구와 개혁을 부르짖는 여러 사회 단체들, 특히 19세기말부터 국민들의 인기를 독점하였던 스캔들 폭로 작품들이 정부와 대기업의 타락을 지적하면서 대대적인 개혁의 분위기를 조성하고 있었다. 또한 19세기말부터 미국 개혁의 어머니격이 된 윌리암 제닝스 브라이언(William Jennings Bryan)이 여전히 국민의 강한 지지를 받으면서 사회 개혁 운동을 지지하고 있었다. 이러한 국내의 열화와 같은 개혁 의지는 루즈벨트로 하여금 대기업에 대하여 무언가를 해야 한다는 압박감을 주었는데, 공교롭게도 이러한 시기에 모건의 북서 지방 철도 독점 계획이 추진되었던 것이고 루즈벨트는 현명하게도 이 계획을 박살내었다. 사실 루즈벨트는 정부가 대기업에 대해서 어느 정도 제재를 가해야 한다고 어렴풋이 생각하고 있었지만, 어떠한 방법과 어떠한 정도만큼 제재해야 하는가에 대해서는 정확히 원칙을 세우지 못한 상태에서 대통령이 되었다. 브라이언과는 달리 그는 인본주의적 개혁의 목표에 대해서는 그렇게 열성적이지 않았으며 라 폴렛처럼 실제적이고 세부적인 개혁 안을 갖고 있지도 않았다. 그의 실제적 개혁안의 투쟁은 1902년 펜실베니아 탄광 노조 파업을 처리하는 과정에서 잘 나타났다.

강력한 노조 지도자인 존 미첼(John Mitchell)의 지도로 14만 명에 이르는 연합 광산 노동자들(United Mine Workers)이 1902년 5월에 대대적인 파업에 들어갔다. 탄광을 실제적으로 손아귀에 쥐고 있었던 철도 회사들은 법을 교묘히 피해가면서 경쟁을 제어하고 편파적으로 수송비 등을 조작하여서 그 지역 주민들의 원성을 사고 있었다. 이러한 철도 경영자들은 광산 노동자들에게 그들의 부를 나눠주기는 커녕 갈수록 임금을 삭감했으며, 또한 광부들을 그 회사 숙소에서 방세를 내면서 묵도록 하였기에 광부들의 원성이 높아갔다. 결국 미첼의 지도 아래 8시간 노동제, 임금 인상, 노동 조합의 합법화 등을 요구하면서 파업이 발생하였다. 회사측은 이들과 협상하기를 거절하였고 파업은 가을까지 계속되었다. 10월에 이르자 일반 국민들은 이 파업으로 인해서 생계에 많은 지장을 받게 되었다. 석탄가가 톤당 5달러에서 30달러까지 뛰었다. 회사측은 정부가 항상 그랬던 것처럼 이번에도 개입하여 파업을 무마할 것으로 기대하고 계속해서 노동자들과 협상하기를 거부하였다. 회사 간부 중의 한 사람은 그 과정에서 다음과 같이 유명한 말을 남겼다. "노동자들의 권리와 이익은 보호되어야 하고 잘 보살펴져야 한다. 그러나 결코 노동 선동에 의해서가 아니라 하느님께서 그의 무한한 지혜로써 이 나라의 재산권을 지배하도록 하였기에 그들에게 성공적인 경영이 달려 있는 기독교인들에 의해서 이루어져야 한다." 파업은 간혹 폭력 사태가 수반되기도 하였으나 일반적으로 질서 있고 평온한 것이었다. 루즈벨트는 여름 내내 이 상황에 대해서 어떻게 처리해야 할 줄 몰라 그냥 기다리고만 있다가 국민들의 반발이 심화되자 중재를 결심하고 경영자측과 노동자 대표를 백악관에 초청하여 협상을 하고자 하였다. 그러나 경영자측에서는 이러한 조치가 광산 노조를 인정하는 결과를 가져온다는 이유로 루즈벨트의 제안을 거부하였다. 이러한 경영자측의 오만한 태도는 루즈벨트의 성미를 건드렸다. 그는 다시 피끓는 전투적 기질을 발휘하여 연방 군대로 하여금 광산을 접수해서 국가가 공공 이익을 위해서 운영할 준비를 하게 하였다. 루즈벨트의 태도가 이처럼 단호한 것을 알아차린 모건은 협상에 응하게 되고, 결국 1903년 3월에 노조원에게 높은 임금과 짧은 노동 시간 그리고 고용주로부터의 더 큰 독립을 보장하면서 오랜 광산 파업은 종말을 지었다. 이것은 루즈벨트가 노동자들을 대변했던 성공적인 개혁의 상징이였다기보다는 정치적인 의미가 더 강하였다. 그가 파업이 한창 지난 후에야 국민들의 성화에 못이겨 사건에 개입하였던 것은 그가 아직까지 노사 관계에 대해서 정확한 철학과 방법을 정립하지 못하고 있었다는 것을 말해주고 있다. 그가 군대까지 파견하는 등 미국 역사상 대통령으로서 가장 강경하게 대기업에 대항했던 것은 아마도 이러한 대기업의 횡포에서라기보다도 대통령의 제안을 거절했던 기업가들의 오만한 태도에 기인

했다고 할 수 있겠다. 그는 대기업을 인정은 하였으나 대기업가들이 정치 위에 군림하는 것을 허용할 수 없었다. 그는 결코 중소기업가들을 대변한다거나 대기업가들의 독점에 의한 가격 상승에 대해 일반 소비자들을 대변한다고 볼 수 없었으며, 다만 이러한 대기업가들이 권력의 경쟁자로 정치에 깊이 관련하는 것을 허용할 수 없었을 뿐이었다. 그는 대기업은 없어져야 한다기보다 정부에 의하여 규제되어야 한다고 주장하였다. 트러스트들은 결코 정부보다 강하게 성장해서는 안되며 그들이 정당한 방법으로 엄청난 부를 축적하고 독점한다 하더라도 도덕적으로 국가보다 아래에 있으며 국가에 복종해야 한다고 믿었다.

그가 정말로 트러스트들을 파괴하려고 하였다면 모건의 북부 증권 회사뿐만 아니라 그에 못지않게 국민들의 원성이 자자했던 록펠러의 스탠다드 석유 회사(Standard Oil Co.)라든가 미국 담배 회사에도 손을 댔어야 했다. 사실 미국 경제사에서 루즈벨트 행정부 당시에 트러스트가 가장 가속적으로 발달하였던 것을 보아도 루즈벨트의 반트러스트, 반독점의 억양이 말뿐이었지 심각하지 않았다는 것을 잘 알 수 있다. 더군다나 19세기 후반부터 노동자, 농민 등 일반 시민으로부터 가장 큰 원망의 대상이 되었던 관세, 통화 개혁, 은행 등에 대해서 루즈벨트는 전혀 손을 대지 않았다.

그러나 루즈벨트가 1904년에 자력으로 대통령에 당선되면서 그는 이제 본격적으로 대기업의 부조리들을 견제하는 개혁 정책을 펴나갔다. 1906년에 루즈벨트의 강력한 후원을 받아 의회는 헵번 법(Hepburn Act)을 통과시켰는 데 이것은 종래에 있었던 주간 통상 규제법(Interstate Commerce Act)을 보완하는 것으로 화주가 운임에 대해 불만이 있을 경우에 주간 통상 규제 위원회(Interstate Commerce Commission)로 하여금 공정하고 합당한 운임을 결정해 주도록 한 것이었다.

그가 일반 사회 개혁에서 했던 것 중에서 가장 혁신적인 것은 1906년 6월에 순정 식품 의약 규제법(Pure Food and Drug Act)이었다. 그 당시 유명한 부정 폭로 언론인이었던 업턴 싱클레어(Upton Sinclair)가 『정글 (The Jungle)』이란 소설에서 고기 포장 공장과 포장 과정이 얼마나 불결한가에 대하여 집중 취재하여 보도하였다. 이 보도는 국민들뿐만 아니라 루즈벨트도 깊은 감명을 받아 의회로 하여금 고기 검사법(Meat Inspection Act)을 제정하여 정부가 고기 제조업자들의 포장 과정을 조사하도록 하였다. 그러나 제조업자들은 법적으로 정부가 그들의 사업에 개입할 권한이 없다고 주장하고 정부의 조사를 거절하곤 하였다. 정부의 권위를 건드린 이러한 회사들의 오만한 태도는 다시 한번 루즈벨트의 신경을 건드렸고, 그는 조사 위원회로 하여금 정부 보고서를 일반 국민들에게 공개하도록 하였다. 이 보고서의 공개로 하루 아침에 고기 판매가 반 이하로 줄게 되자 견디다 못한 회사들이 정부의 조사 방침을 수락하면서 국민들로부터 신의를 얻고자 대통령에게 청원하기에 이르렀다. 그리하여 이러한 순정 식품 의약 규제법이 탄생하게 되었는데, 이것은 19세기에는 생각할 수 없었던 혁신적인 개혁의 하나라고 볼 수가 있다.

루즈벨트는 자원 보존에 대해서도 지대한 관심을 보였다. 오랫동안 그가 지녀온 서부에 대한 호의적인 태도와 천연자원까지 포함한 자원 전반을 국민의 공익을 위해서 정부가 다스려야 한다는 신념 때문에 그는 미국 대통령으로서는 사상 최초로 자원 보존 운동을 펼쳐나갔다. 자원이 석유 생산자들이나 철도 회사들에 의하여 무분별하게 착취당하자 그는 1905년에 산림청의 권한을 강화하고 열렬한 자원 보호주의자인 지퍼드 핀초(Gifford Pinchot)를 그 책임자로 임명하였다. 1907년 3월에는 특별 위원회를 구성하여 하천과 호수 등을 연구 조사하도록 하였다. 그리하여

산림과 교통에 유용한 곳들은 정부 주도하에 개발하고 증기선을 운행할
수 있도록 하였다. 의회가 이러한 제안을 거부하자 루즈벨트와 핀초는
1908년에 자원 보호를 위한 백악관 회담을 열어서 다음 해에는 국립
자원 보존 위원회를 구성하고 광물, 물, 산림, 토양에 대한 전반적인
조사를 실시하게 하였다. 그후 18개월 동안에 약 41개의 국립 자원 보존
위원회가 설립되었고 수많은 사립 단체들이 등장하게 되었다. 루즈벨트
행정부 기간 동안 오레곤의 크라터 호수와 콜로라도의 메사 버드 등
5개의 국립 공원들이 조성되었으며, 캘리포니아의 뮤어 우즈(Muir -
Woods)나 워싱턴의 마운트 올림퍼스와 같은 16개의 국립 명소(National
Monuments)가 생겨났고, 51개의 야생 동물 서식처가 생겨났다.

　1908년 6월 시카고 공화당 전당대회에서 그는 다음 대통령 선거에
출마하지 않을 것이라고 발표해서 국민들을 놀라게 하였다. 그의 인기가
절정에 달했고 그가 만일 다시 출마하면 거의 당선이 확실시되었는데도
그는 미국 전통에 따라 두 번의 임기만 끝내고 대통령직을 그만두었다.
그는 곧장 아프리카로 건너가 그가 평소에 좋아하던 사냥 등으로 소
일하다가 1910년에 다시 미국으로 돌아왔다. 그러나 아직도 그가 꿈꾸
었던 사회 체제가 실현되어 있지 않은 것을 보고 그는 1912년 선거에
재도전하였다. 1910년 8월에 그는 유명한 신국민주의(New Nationalism)
연설을 통해서 그의 정강을 발표하였다. 이 신국민주의야말로 루즈벨
트의 사상을 잘 대변해 주고 있다. 한마디로 신국민주의는 현대판 해
밀턴주의라고 할 수가 있겠는데 강한 중앙 정부와 대기업이 국민의
공익을 위하여 서로 견제하는 것이었다. 그것은 강한 중앙 정부가 국
민과 국가의 이익을 위하여 경제에 개입하여 국민과 경제 질서를 망치는
반국가적 기업을 규제하는 것이었다. 대기업의 존재를 인정하되 대(大)
정부가 이들 기업을 조정하고 규제하는 것이었다. 루즈벨트는 이 신

국민주의로 국민투표와 국민 발의권, 상원의원 직접 선거와, 대통령 선거인 직접 선거 등을 내세웠다. 그는 또한 노동 보상법, 노동 시간 제한법, 누진 소득세, 상속세 등의 개혁안을 그의 정강으로 내세웠다. 이것들은 그가 대통령 당시에 시행하였던 혁신 정책보다 훨씬 과격한 것이며 19세기 기준으로 보면 혁명적인 개혁안들 이었다. 오직 농민 당이나 노동 운동가 그리고 사회주의자들이나 주장하였던 그러한 개혁안들이었다. 그는 이제 노동자들도 강한 국가의 보호를 받아야 한다고 외치기 시작하였다. 다만 대기업체와 마찬가지로 노동 단체들이 정부 권력보다 능가하는 강한 교섭 집단으로 나올 때에만 국가가 이를 규제해야 한다고 주장하였다. 그는 1912년 선거에서 그가 속해 있던 보수적인 공화당을 박차고 제3당인 혁신당(Progressive Party)을 조직하여 그 자신이 대통령 후보로 나섰다. 그러나 신자유(New Freedom)주의를 내걸어 전면적인 독점 타도를 바탕으로 자유 경쟁을 주장한 윌슨에게 패배하였다.

　루즈벨트는 두 가지 면에서 미국 근대사상 중요한 의미를 갖는다. 첫째로 그는 비록 한정된 개혁을 폈고 아직도 고전적 19세기말 스타일의 정치 제도를 완전히 타파하지는 못하였지만, 미국 대통령으로서는 최초로 대기업 주도형의 미국 경제가 무언가 잘못되어가고 있으며, 그리하여 미국의 제도와 구조에서 전반적인 개혁이 있어야 한다고 주창하였다는 점이다. 그는 사회 개혁이 노동자 농민에 의한 하부 계층으로부터 일어나는 것보다 강력한 정부와 엘리트 주도하의 상부로부터 주도되어야 한다고 믿었다. 그 역시 엘리트 출신으로 본능적으로 대자본가와 상부층에 가까웠으며 노동자, 농민들과는 본질적으로 먼 사람이었지만, 그래도 정부가 대기업의 횡포를 규제할 수 있다는 확신을 국민들에게 보여줌으로써 오랫동안 사회 구조 체제에 불만을 가져 혁명적 분위기에 휩싸여 있었던 사회를 어느 정도 무마시킬 수 있었다.

둘째로는 그가 중앙 정부의 권한을 강화시켰다는 점이다. 19세기는 의회의 세기라고 할 정도로 행정부의 권위가 제한되었고 추락되었던 시기였다. 의회는 자유방임주의 사상에 흠뻑 젖어서 대기업을 옹호하는 방향으로 나갔는데, 루즈벨트가 해밀턴 이래 처음으로 강한 정부가 국가 이익과 국가 질서 확립을 위해서 필요하다는 것을 역설하였고 또한 정부를 기업체 위에 올려놓음으로써 정부가 국가 이익을 위해서는 어떠한 세력도 규제할 수 있다는 가능성을 불러일으켰다. 특히 그의 신국민주의는 비록 그가 1912년에 대통령 선거에서 낙선하면서 실제적으로 실현되지 못하였지만, 이제 국가가 사회 경제 체제에 깊이 개입해서 국민의 공익을 위하여 조정할 수 있다는 이른바 복지국가 개념을 창출해 내었다.

루즈벨트의 신국민주의와 그가 다져놓았던 정부 및 국가의 권위는 다음 대통령인 윌슨이 국가 주도형의 혁신주의를 펼 수 있었던 단단한 무대를 만들어 놓았으며, 20여 년 후에 그의 조카인 프랭클린 루즈벨트가 뉴딜(New Deal) 정책을 펴면서 완숙한 복지국가 체제를 확립할 수 있게한 귀중한 다리 역할을 하였다.

데어도어 루즈벨트가 야성적이고 성미가 급하였으며 직면한 상황에 즉각적으로 대응했던 외향적인 대통령이었다면, 우드로우 윌슨은 온순하며 내향적인 학자적 대통령이었다고 할 수 있겠다. 그는 장로교 목사인 아버지와 장로교 목사의 딸이었던 어머니 사이에서 엄격한 기독교 교육을 받으며 성장하였다. 비록 그가 루즈벨트처럼 투쟁적이며 도전적인 정치가는 아니었지만 내적으로 어느 누구도 굽힐 수 없는 강한 도덕적 신념을 소유하였다. 1856년 버지니아의 스타운턴(Staunton)에서 태어나 남북전쟁과 재건 시절 아버지의 목회에 따라 조지아와 캐롤라니아 지방에서 살다가 1879년에 프린스턴 대학을 졸업하였다. 곧 이어 그는 버지니아 대학에서 법률을 공부한 후 아틀란타 시에서 변호사를 개업하였으나 변호사 업무의 지리함을 견디다 못해 존스 홉킨스 대학에서 역사와 정치학을 연구하였다. 1885년에 그는 박사학위 논문인「의회 정부(Parliamentary Goverment)」를 출간하였다. 그후 오랫동안 프린스턴 대학 역사학 교수로 있다가 후에 그 대학 총장으로 재직하게 되었다. 1910년 그가 뉴저지 주지사로 당선될 때까지 그는 정치보다 학문에 깊이 몰두하였으며 정치가로서는 별 훈련을 받지 못한 셈이었다.

이러한 윌슨의 성장 배경과 교육은 앞으로의 그의 정치에 결정적인 영향을 주었다. 무엇보다도 강한 기독교 교육을 받고 자란 그에게는 모든 세상이 선과 악의 싸움이며 기독교인으로서 악의 세력에 대하여 과감하게 투쟁해야 한다는 신념을 기르게 되었다. 그의 강한 도덕심은 정치에서 그로 하여금 타협을 거부하게 하였고 또한 다른 나라와의 외교에서도 이러한 그의 도덕률은 그의 판단의 기준이 되었다. 그도 루즈벨트와 마찬가지로 보수주의 시대의 산물이었지만 대기업의 횡포는 비도덕적인 것으로 당연히 철폐되어야 한다고 믿었다. 그의 몸속에는 남부인의 피가 진하게 흐르고 있었다. 그는 동부의 상공업 주도형의 정치 체제에 깊은 불만을 가지고 있었으며 특히 남부인들이 요구하였던 관세 인하, 통화량 조절, 정부 주도형의 예치 금고 마련 등 그동안 인민당이 주장하였던 요구에 긍정적인 태도를 가졌다. 그는 자라나면서 그의 독특한 도덕주의 때문에 친구들과 잘 어울리지 못하였으며 항상 고립되어서 생활하였다. 그는 나중에 그 자신이 털어놓았던 것처럼 항상 누군가에게서 인정받고 사랑받고자 하는 욕망으로 가득 차 있었으나 일반 사람들과 어울릴 수 없었던 그의 성격 때문에 항상 정서적 결핍을

겪었다. 그는 사회진보가 극단적인 것보다는 점진적인 것이어야 하며
조직에 의하여 사회가 진보할 수 있다고 믿었다. 그는 미국 혁명 자체도
프랑스 혁명과는 달리 그렇게 과격한 변혁이 아니었으며 비교적 질서
있고 조직적인 혁명이었다고 생각하였다. 미국은 이러한 조직 질서에
의한 개혁으로 점철해 왔다고 주장하면서 그는 20세기초의 혁신 운동도
질서와 유기적인 방법에 의하여 진행돼야 한다고 믿었다. 그는 에드먼드
버크(Edmond Burke)의 『프랑스 혁명에 관한 고찰(Reflection on French
Revolution)』이라는 책에서 깊이 감화받았으며, 미국도 영국과 같이 혁명
세력들과 끊임없이 대항하면서 미국의 체제를 고수하여 점진적인 개
혁을 해나가야 한다고 믿었다.

　윌슨은 사실상 루즈벨트와 여러가지 면에서 유사하였다. 두 사람 모두
사회적으로 안정된 배경에서 자라났으며 근본적으로 자유방임주의 사
상을 부정하지 않았다. 둘 다 어떠한 특별 계층의 이익보다는 일반
국민의 복지를 더 우선으로 생각하였다. 노동자와 농민 운동의 사상과
요구 사항에는 동조하였지만 그들의 행동 강령에는 반대와 우려를 표
명하였다. 둘 다 트러스트에 대해 회의적이었으며 이것은 경제적인
이유에서보다 정치적인 이유에서였다. 즉 이들은 기업가들이 너무 많은
권력을 가져서 정부 위에 군림하는 것을 좋아하지 않았던 것이다. 서로
다른 점이 있었다면 루즈벨트는 성미가 급하였고 폭력에 즉각적이고
강경한 태도를 보였으며 무엇보다도 미국 최고주의를 위한 국수주의적
성향이 강한 반면, 윌슨은 점진적인 개혁을 주창하였으며 국가 명예나
이익보다는 먼저 그의 강한 도덕적인 신념 때문에 개혁을 밀고 나갔던
점이다. 그는 기업체가 악마의 조직이 아니라 그 기업체를 조정하는
비도덕적인 사람들이 악마의 세력이므로 이들을 처단해야 한다고 믿
었다. 그는 모든 사회적 부조리와 불평등은 어떠한 제도적 장치에 의

▶ 우드로우 윌슨

해서 해결하기보다는 범국가적 도덕 갱생을 통해서 이루어진다고 믿었다.

1912년 대통령 선거에서 그가 내세웠던 신자유(New Freedom)주의는 그의 정치 철학을 잘 대변해 주고 있다. 윌슨은 대기업이 독점이나 기업 합병 등으로 자유 경쟁을 방해하기 때문에 중소 기업체가 몰락하게 되고 대기업의 횡포로 노동자들이 그들의 정당한 대가를 받지 못하고 있다고 주장하면서, 먼저 이러한 불법적인 대기업과 트러스트를 파괴해야 한다고 주장하였다. 즉 독점 기업을 타도함으로써 자유 경쟁을 부활시켜야 한다는 것이었다.

1912년 대통령 선거에서 민주당의 윌슨이 대통령에 당선된 것은 몇 가지 중요한 의미를 갖고 있다. 우선 19세기 후반에 클리블랜드가 민주당 출신의 대통령을 지낸 이래 오랜만에 민주당 출신 정치인이 대통령에 당선되었다는 것이다. 둘째로 이때 출마했던 4명의 후보들(윌슨 외에 태프트, 루즈벨트, 그리고 사회당 후보였던 유진 뎁스)이 모두 다 각자의 혁신주의 개혁안을 놓고 대결했다는 것이다. 이것은, 1912년은 범국가적으로 혁신주의가 꽃을 피우게 되었으며 어느 후보도 이러한 혁신주의 강령으로 국민들의 지지를 받지 못하면 당선될 수 없었던 국내 상황을 잘 말해주고 있는 것이었다. 또 하나 윌슨의 당선이 갖다주는 의미는 남북전쟁 이래로 처음으로 남부인들이 정치에 깊이 관여하게 되었다는 것이다. 윌슨은 10명의 각료 중에서 5명을 남부 출신자로 임명하였는데 그중에서도 주목되는 것은 오랫동안 남부에서 농민들의 지지를 받아왔던 윌리암 제닝스 브라이언을 국무장관에 임명했던 사실이다. 윌슨 대통령의 오른팔 역할을 했던 에드워드 하우스 대령(Colonel Edward House)도 텍사스 출신이었다. 윌슨은 그의 취임사에서 미국 국민이 그 동안 그들의 놀라운 산업 발전에 대해서 자부심을 지녀왔지만, 이러한 산업화가 얼마나 많은 인간의 희생을 자초했는가에 대해 언급하면서 그는 이러한 산업화의 부작용을 해결할 것을 약속하였다. 그는 "오늘은 승리의 날이 아니다. 다만 헌신의 날이다."라고 선언하였다.

월슨은 가장 먼저 그동안 문제가 되었던 관세를 다루었다. 그는 1913년 4월에 국회의 특별 소집을 명하고 그 다음날 국회에 출두하여 그의 관세 개혁에 관한 의도를 역설하였다. 대통령이 이와 같이 국회에 출석한 것은 존 아담스 2대 대통령 이래로 처음 있었던 일인데, 이것은 그가 얼마나 관세 개혁을 원했던가를 잘 보여주는 증거였다. 그는 높은 관세가 세계 자유 무역을 방해할 뿐만 아니라 국내의 물가를 높게 하여 대기업의 독점을 조장하고 있다고 주장하면서 대대적인 관세 인하를 요구하였다. 국민의 전폭적인 지지와 대통령의 굳은 의지로 말미암아 국회는 10월에 언더우드 관세법(Underwood Tariff Act)을 제정하여 남북전쟁 이후 최초로 관세 개혁을 시행하였다. 음식물과 의복 그리고 천연자원을 포함한 958개 항목에 대한 수입세를 평균 10% 인하했으며, 면화와 섬유류에 대해서는 50% 정도까지 관세를 삭감하였다. 관세 인하에 따른 국가 재정 부족은 소득세를 제정하여 메꾸고자 하였는데, 이것 또한 혁신적인 방법으로 그동안 인민주의자들이 요구하였던 것이었다. 소득세안은 헌법 수정 제16조를 통해서 합법화되었다. 국회내의 반대파들은 이러한 소득세가 계급주의적 법안으로 비민주적인 처사라고 비난하고, 또한 그것은 주로 동부 상공인들과 같은 부유층을 겨냥한 지역적 냄새가 나는 것이라고 반발하였다. 그러나 훗날 프랭클린 루즈벨트 행정부 당시 국무장관을 지냈던 코넬 헐(Cornell Hull) 의원이 동부의 부는 국가 전체로부터 말미암아 생성되었기 때문에 그들의 부를 세금으로 징수해서 재분배해야 한다고 주장하면서 하원을 설득하였기 때문에 이 법안이 무사히 통과될 수가 있었다.

새 관세법이 상원으로 건너가기도 전에 윌슨은 또 하나의 혁신적인 개혁을 시도하였다. 그는 금융가들의 세력을 약화시키고 정부 주도하의 금융 체제를 만들기 위해 그 해 겨울에 연방 지불 준비법(Federal Reserve Act)을 책정하였다. 이 법에 의하여 12개의 지역 지불 준비 은행이 설립되었고 모든 국립 은행들은 1/2에서 2/3 정도의 법적 지불 준비금을 연방 은행에 예치하도록 하였다. 이러한 연방 지불 은행 제도에 포함된 은행들은 연방이 발행하는 지불 준비 어음을 사용해서 더 많은 금융 대여를 할 수 있게 되었다. 7명으로 구성된 연방 지불 준비 이사회(Federal Reserve Board)가 창설되어 일반적인 감독을 하게 되었다. 위원회 이사장은 대통령이 임명하도록 하였다. 이 새로운 체제는 통화와 은행 신용을 더욱 신축성 있게 만들었으며 그동안 뉴욕에 집중되어 있던 금융을 지역적으로 분산시키게 하였다. 이것은 오랫동안 인민주의자들이 부르짖었던 개혁으로 그동안 부채에 시달려 온 농부들에게 희소식이 아닐 수 없었다. 이것은 잭슨 대통령 이래 처음으로 미국의 대통령이 금융 시장에 직접 개입하여 그동안 국민들의 불평이 많았던 체제적 모순을 개혁하였던 미국 근대 정치사상 혁신적인 개혁이었다.

관세와 은행을 개혁한 후 윌슨은 그의 선거 공약 중에서 가장 중요시했던 트러스트 규제를 위한 법률 제정에 착수하였다. 그는 그의 신 자유의 개념으로 독점 기업을 파괴해서 자유 경쟁 체제를 부활시키고자 하였다. 그러나 1914년에 이르러 그는 이러한 그의 의도가 현실적이지 못하다는 결론을 내리고 루즈벨트의 신 국민주의적인 기업 규제 방향으로 정책을 바꾸었다. 이러한 정책 방향의 전환에는 그의 주요 보좌관이었던 루이스 브랜다이스(Louis D. Brandeis) 판사의 건의가 크게 영향을 끼쳤다. 1914년 9월에 연방 통상 규제 위원회(Federal Trade Commission)를 설치하여 기업체들을 감독하게 하였다. 이것은 주간 통상 규제 위원회의 임무를 떠맡은 것으로 기업의 불공정 행위를 더욱 강력하게 조사할 수 있었다. 곧 이어 의회는 미국 산업 시대의 이정표라고 할 수 있는 클레이턴 반트러스트법(Clayton Anti‑Trust Act)을 통과시켰다. 이 법은 미국 노동총연맹(A. F. L.) 회장이었던 사무엘 곰퍼즈(Samuel Gompers)가 "노동의 마그나 카르타"라고 할 정도로 노동자들에게 획기적인 법안이었다. 이 법은 노동조합에게 강력한 권한을 주어서 회사와의 단체 교섭권을 강화시킬 수 있도록 하였다. 여기에서 가장 주목되는 조항은 노동조합을 반트러스트법에 해당하지 않도록 한 것이었다. 그동안의 셔만 반트러스트법에서는 노동 운동도 노동자들이 모여 담합의 음모를 꾸미는 일종의 트러스트 행위로 간주하여 처벌받도록 되어 있었는데 이번 클레이턴법에 의해서 그러한 면제를 받은 것이다. 또한 클레이턴법은 파업 금지 영장(Injunction)을 발부하지 못하게 하였다. 그동안 기업측에서는 노동자들의 파업이 회사의 재산에 피해를 준다고 해서 법원과 짜고 이러한 파업 금지 영장을 발부하게 함으로써 노조의 운동을 조직적으로 방해하였다. 이 법은 또한 파업이나 보이코트와 같은 노동 운동을 적법화시켰다. 이 외에도 이 법은 그동안 고용주들이 노동조합에 가입하지 않을 것을 전제로 해서 노동자를 고용했던 비노조원 개방 공장(Opened Shop)의 조치를 취하지 못하도록 하였다. 이제 노동조합은 비노조원 배제 공장(Closed Shop)을 통해 새로 고용되는 노동자들이 의무적으로 노동조합에 가입하게 함으로써 더욱 강력한 힘으로 경영자측과 교섭을 벌일 수 있게 되었다. 또한 이 법은 회사가 경쟁 회사의 주식을 사들일 수 없게 제도화함으로써 기업간의 자유 경쟁을 촉진하도록 하였다.

월슨의 처음 2년간의 적극적인 개혁 운동은 클레이턴 반트러스트법 제정 이후로는 점차 힘을 잃어갔다. 그후 월슨은 혁신 운동을 더욱 강력하게 지속적으로 추진하지 않았으며 갈수록 산업자본가들과 긴밀한 관계를 맺게 되었다. 연방 통상 규제 위원회는 대기업의 부당한 독점 행위를 감시하기보다는 오히려 그들을 옹호하기 일쑤였다. 오히려 대기업들이 반트러스트법들을 교묘하게 피하면서 그들의 기업 활동을 펼수 있도록 도와주는 사례가 발생하기도 하였다. 윌슨은 현실적으로 그의 신자유주의가 미국 경제 체제에 100% 적용될 수 없다는 것을 깨닫고 루즈벨트의 신국민주의를 채택하였다. 그는 더 이상의 개혁은 사회주의적인 것이라고 생각하고 회피하였다. 그는 여성 참정권 문제는 연방 정부 소관이 아닌 주 정부 소관이라 하여 여권 운동을 후원하기를 거절하였다. 그는 많은 흑인들의 표가 그의 당선을 도왔었는데도 그의 각료들이 악명 높은 흑인 차별법인 짐 크로우법들(Jim Crow Laws)을 남부에서 제정·시행하는 것을 방치하였다. 또한 어린이 노동을 금지하는 법은 주 정부가 관할할 문제라고 하여 이를 다루기를 거절하였다. 그러나 1915년 3월에는 선장들의 횡포에 의하여 반노예 상태에 있었던 선원들을 보호하기 위하여 라 폴렛 선원법(La Follette Seaman's Act)을 제정하였다. 이 선원법으로 선원들의 안전을 위한 규제가 강화되고, 선장들의 권한을 약화시켜 선원들이 정상적인 임금을 받을 수 있도록 하였다.

이러한 윌슨의 느슨한 개혁 정치는 다가오는 1916년 대통령 선거를 계기로 다시 한번 전환되었다. 공화당과 혁신당이 강력한 혁신주의적 노선을 표방하고 민주당내의 혁신주의자들이 윌슨의 미약한 개혁에 불만을 품게 되자 윌슨은 그의 혁신 의지를 다시 한번 국민들에게 보여줄 필요성을 느꼈다. 그리하여 그는 1916년 1월에 사회 정의 구현에 앞장섰던 루이스 브랜다이스(Louis D. Brandeis)를 대법원 판사로 임명함으로써 국민들의 관심을 끌려 하였다.

선거가 다가옴에 따라 윌슨은 그동안 인민주의자들과 과격한 혁신
주의자들이 주장하였던 법안들을 하나 둘씩 수렴해 가기 시작하였다.
그의 주도로 1916년 7월에 연방 농촌 대부법(Federal Farm Loan Act)이
제정되어 연방 농촌 대부 이사회의 감독에 따라 농부들에게 싼 이자로
5년에서 40년까지 기한부로 융자해 주도록 하였다. 또한 그는 그동안
혁신주의자들이 부르짖었던 어린이 노동 금지법을 제정하도록 후원하
였다. 그리하여 그해 9월에 제정된 키팅 오웬 어린이 노동법(Keating-
Owen Child Labor Act)에 의하여 14세 이하의 어린이의 노동은 금지되
었다. 그는 연방 고속 도로법(Federal Highway Act)을 제정하여 연방이
본격적으로 각 주를 연결하는 고속 도로를 건설하게 하였다. 잭슨주
의자들이 오랫동안 연방 정부 주도하의 국내 도로망 건설이 헌법에
위반된다고 하여 연방 정부의 도로망 건설을 거부하였는데 윌슨이 이
전통을 깬 것이다. 연방 지불 준비금 제도와 함께 오랫동안 잭슨주의
자들에 의해서 빛을 못본 해밀턴주의가 다시 복구된 셈이다. 1917년 1
월에는 아담슨법(Adamson Act)이 제정되어 철도 근로자들의 노동시간을
8시간으로 단축하였다. 이제 혁신주의는 그 절정에 도달하였다. 가장
적게 통치하는 정부가 가장 최상의 정부라고 믿었던 오랜 관념을 버리고
이제 정부는 적극적으로 경제·사회 분야에 개입하여 국민 복지를 위한
개혁을 단행해 나가야 한다는 점에 모두 합의하게 되었다. 그리고 윌슨
대통령이 이러한 혁신주의 시대의 대통령으로서 국민들의 요구에 따라
여러가지 획기적인 법들을 제정한 것이었다. 이러한 혁신주의는 그동안
인민주의자들이 부르짖었던 요구 사항을 대부분 수용하였다. 물론 노
동자들을 완전히 만족시켜주지는 못했지만 클레이턴 반트러스트법 같
은 친노동조합법으로 말미암아 노동자들의 불평은 상당히 완화되었다.
이렇게 노동자, 농민의 요구 사항을 들어주는 과정에서 미국 경제를

쥐고 있었던 대기업가들을 공격하고 그들의 활동을 규제하려 하였으나 그것은 어떤 의미에서 형식에 불과하였고, 실질적으로 그다지 효과가 있었던 것은 아니었다. 그러기에 이 혁신주의는 정부, 기업체, 노동자, 농민 그리고 사회운동가 등의 모든 요구 사항을 조금씩 들어주었던 혼합된 의미의 사회 개혁이라고 할 수 있겠다.

제 1 차 세계 대전의 영향으로 유진 뎁스(Eugene V. Debs)가 이끄는 사회당과 급진적 노동조합인 세계 산업 노동자 연맹(Industrial Workers of World) 등이 결정적인 타격을 받고 미국 사회내에서 사라졌지만, 루즈벨트와 윌슨 행정부 당시의 혁신주의적 개혁안이 대부분의 국민 들에게 미국 사회 체제에 대한 확신감을 불어넣어 주었기 때문에 이들 과격 사회주의자들이 서서히 그 세력을 잃기 시작한 것이었다. 만약 혁신주의 운동이 1893년의 공황이 극복되지 않은 상태에서 일어났다 든지 1930년도의 세기적 대공황이 앞당겨져서 20세기초에 일어났다면 과연 이러한 혁신주의 운동이 미국인들 사이에 받아들여졌을는지는 의문이다. 이런 면에서 볼 때 혁신주의 운동이 비교적 사회가 안정되고 경제적으로 풍요로울 때 일어났던 것은 미국의 민주주의를 지키는 데에 다행스러운 일이 아닐 수 없었다. 이 혁신주의 운동은 무엇보다도 미 국의 중산층에게 민주주의적 개혁에 대한 강한 확신을 불러일으키게 하였고, 그리하여 이들 중산 엘리트들이 정부와 함께 대대적인 범 사회 운동에 참가하였던 것이다. 20세기초 미국의 개혁은 하부 구조의 다수 국민에 의한 개혁이라기보다도 상부 구조의 지식인들이 중산층의 말 없는 후원을 얻어 정부의 강한 영도력하에 추진된 것이었다. 혁신 운 동의 아이러니 중의 하나는 미국의 많은 중산층들이 미국 정치도 혁 신되어야 하며 대통령에게 좀더 많은 권한이 주어지도록 노력한 것이 었는데, 이러한 국민의 요구와 여러가지 과학의 발달에 의해서 대통령과 정치인들은 소위 전문가들의 도움에 의해서 정치를 수행할 수 있게 되었다는 점이다. 갈수록 일반 대중들은 정치 현장에서 멀어지게 되었으며 그들의 의사를 직접 표현하고 전달하는 매체를 잃게 되었다. 특히 그 당시에 유명한 언론인이었던 월터 리프만(Walter Lippmann)과 같은 사람은, 일반 대중은 무지하고 자기들의 이익만을 생각하기 십상이기 때문에 정부는 잘 훈련받고 교육받은 전문 엘리트들에 의해서 운영되어져야 한다고 주장하였으며, 그의 이러한 이론은 많은 정치인들에게 받아들여졌다. 이러한 엘리트 주도형 정치는 훗날 프랭클린 루즈벨트 대통령이 그대로 답습하였다. 그는 "두뇌 트러스트(Brain Trust)"라는 전문가 고문단들을 조직하여 그들이 사실상 모든 중요한 국가 정책을 수립하도록 하였다.

사실 1916년에 제정되었던 여러가지 개혁안과 같은 윌슨의 혁신 정책은 그가 의존하였던 브랜다이스와 같은 사회 정의를 주장하는 소위 정치 전문가들이 없었다면 나오기 힘들었을 것이다. 이러한 새 시대 인물들은 그 당시 미국 지성인들 사이에 풍미하였던 실용주의 학문의 영향을 많이 받았다. 이러한 실용주의는 미국의 저명한 역사가 헨리 스틸 코매저(Henry Steel Commager)가 정의를 내렸던 것처럼, "경험의 철학으로서 실제 사회에 적용할 수 있는 사상이며 그 결과에 의해서 평가를 받는 사상"이었다. 이 실용주의 학문은 또한 변화의 철학으로서 국민들로 하여금 전통적인 사고 방식에서 벗어나 더욱 과학적인 사고를 하도록 권장하였으며, 고착된 그리고 비실용적인 생각보다는 상식과 모험 그리고 유용성에 기반을 둔 사고를 하도록 요구하였다. 또한 이 철학은 긍정적인 철학으로서 각 개인이 그들의 영적 · 정치적 · 사회적 운명을 직접 개척하도록 하였으며, 각 개인이 그들의 개인적인 구원과 숙명에 대해서 책임이 있다고 강조하였다. 이러한 실용주의 철학은 그 당시 교육을 받았던 미국 중산층에 큰 영향을 주었으며 이들이 Y.M.C. A.나 Y.W.C.A., 보이 스카웃, 여성 참정권 운동, 어린이 노동 금지법, 노동 시설 개선 운동 등 사회 전분야에 걸쳐서 적극적인 혁신 운동을 조장하였던 중요한 사상적 기반이 되었다.

이러한 실용주의 사상에 가장 큰 영향을 받았으며 이러한 실용주의 사상을 정치와 법률에 그대로 사용하려고 했던 사람은 윌슨의 오른팔 격이었던 브랜다이스와 올리버 웬델 홈즈(Oliver Wendell Holmes) 판사 였다. 홈즈는 철학이란 "주인이 아니라 하인이며, 목적이 아니라 목적을 위한 기구"라는 유명한 말을 남겼다. 그는 최초의 유명한 실용주의 법률가로서 미국의 헌법이나 법이 하나의 완성된 것이 아니라 아직도 여전히 만들어져가고 있는 것이라고 주장하면서, 이러한 법들은 전통 적인 관례에 따라 경직화되는 것보다 그 시대의 국민들의 일반상식 (一般常識)에 따라 유용성 있게 조정되어야 한다고 주장하였다. 그는 이루지 못할 이상주의보다는 문명화되고 과학적인 가치에 의해서 법 률이 해석되어야 하고 특히 경험과 과학적인 원리가 법해석의 근본이 되어야 한다고 주장하였다. 그는 브랜다이스처럼 자유가 정의보다 우 선해야 하며 재산권이 인정보다 우선해야 한다고 강조하였다. 이러한 법률가에 의해서 혁신주의적인 법해석과 판결이 나타났다. 미국 헌법 사의 이정표가 되는 1908년의 뮬러 대 오레곤(Muller vs Oregon) 판례에서 브랜다이스는 여성의 노동 시간을 10시간으로 제한하는 오레곤주의 법을 승락하였다.

그러나 이들은 법조계에서는 소수 집단이었으며 강한 영향을 주지 못하였다. 예를 들어 1905년 로치너 대 뉴욕(Lochner vs New York) 판 례에서 홈즈의 적극적인 반대에도 불구하고 대법원은 빵 제조공들의 근로 시간을 제한하였던 뉴욕주의 법을 파기하였다. 대법원에 의하면 미국 헌법 14조 수정안은 정부의 간섭 없이 일반 국민이 계약을 맺을 수 있는 권리를 보장하였다는 것이다. 그래서 이러한 법의 보장이 개혁 정신에 우선한다는 것이었다. 대법원 판사들은 주정부 소관에는 연방 정부가 침해할 수 없다는 헌법 10조 수정안을 내세우면서 연방정부가 필요 이상의 간섭을 하는 것을 금지하였다.

비록 홈즈나 브랜다이스의 법 실용주의 철학이 그 당시에는 전적인 환영을 받지는 못하였지만 후에 프랭클린 루즈벨트에 의해서 전적으로 받아들여졌다. 루즈벨트는 미국의 헌법이 이미 완성된 것이 아니며 계속 만들어져 가고 있다는 이들의 철학을 그대로 받아들여서 가능한 한 최대한도로 정부가 국민의 복지를 위하여 사회 경제 분야에 간섭할 수 있다고 믿었다. 그러나 20세기초의 상황에서 미국의 혁신주의는 전면 적인 개혁 운동을 성공적으로 수행할 수 없었다. 그나마 제1차 세계 대전으로 미국이 전쟁의 소용돌이에 휘말리게 되자 미국의 혁신주의도 서서히 국민들의 관심에서 사라져갔다. 그후 10여년간 보수 공화주의 자들에 의하여 19세기말과 같은 복고적 자유 방임주의가 지속되다가 1930년대에 들어서 프랭클린 루즈벨트의 등장으로 혁신주의는 꽃을 피우게 되었다. 20세기초의 혁신주의 운동은 19세기말에 서서히 일어 났던 개혁 운동과 30년대의 뉴딜과의 다리를 놓는 역사적으로 의미심 장한 운동이었다. 그것은 무엇보다도 혁명 전야와 같은 19세기말의 사회·경제·정치의 어수선함을 무마하면서 혁명이 아닌 혁신을 통해 사회질서와 민주주의를 고수하였다는 점에서 미국인들에게는 행운의 운동이었다. 그것은 그 당시의 유럽 제국들과 근본적으로 상이한 것으로 미국이 20세기의 세계 강국으로 발돋움하게 되는 결정적인 발판을 다 져준 운동이었다.

# 제10장 루즈벨트와 제2의 혁명
—— 대공황에서 뉴딜로

1933년 3월 4일 프랭클린 딜라노 루즈벨트(Franklin Delano Roosevelt)가 미국 제32대 대통령으로 취임하였다. 대공황으로 거의 탈진 상태에 있던 국민들은 루즈벨트가 경제적 공황을 극복해줄 지도자이기를 바랐을 뿐이지 혁명을 가져다 줄 역사적인 인물임을 예견한 사람은 거의 없었다. 미국사에서 루즈벨트의 등장은 그야말로 혁명이었다. 루즈벨트는 뉴딜 정책으로 미국을 경제 공황에서 건져내었으며 제2차 세계 대전에서 연합국이 승리를 거두는 데 결정적으로 공헌하였고 전쟁 기간중 국제연합(United Nations)과 같은 전후 국제 문제 해결 기구의 발판을 마련했을 뿐만 아니라, 미국 역사가 시작된 이래 미국의 정치, 경제, 사회 등 국가 전반에 걸쳐 대대적인 혁명을 전개하였던 혁명가라고도 할 수가 있다. 남북전쟁 이후 급작스러운 산업화에 따라 발생한 노동자, 농민의 사회 불만 세력들과 기업체들에게 정부는 어떠한 정책을 펴야 하는가, 그리고 미국적 자본주의에 어떠한 정치 제도가 가장 적절한가에 대한 물음에 해답을 얻지 못하고 있었을 때, 루즈벨트는 과감한 해답을 제시하면서, 정부라는 개념을 전격적으로 수정하였다. 루즈벨트 이후 지금에 이르기까지 미국의 정치 제도는 루즈벨트가 재임 기간에 이루어 놓았던 새로운 혁명적 국가 제도에 기반을 둔 것이었으며 아무도 루즈벨트의 정치 체제를 뒤바꿔놓을 수 없었다.

루즈벨트의 등장은 이런 점에서 미국 현대사의 출발점이라고 할 수 있다. 그는 미국사뿐만 아니라 세계 현대사에서 가장 중요한 역할을 했던 인물 중의 한사람이었다. 그가 제2차 세계 대전중 처칠, 스탈린 등과 구상하였던 새로운 세계 질서는 아직도 기본적으로 변함이 없으며 미국 외교에서 가장 기본적인 방침이 되고 있다. 1930년대와 1940년대 중반까지 세계사에서 대표적인 두 사람을 들라면 누구보다 독일의 히틀러와 미국의 루즈벨트를 들 수 있을 것이다. 세계 역사를 선과 악, 빛과 어둠, 의로움과 불의의 싸움이라 할 때 루즈벨트와 히틀러의 등장은 이러한 역사의 양면성을 잘 드러내 주는 것이라 하겠다. 두 사람 다 공황에 찌들린 국가를 살리기 위하여 일반 대중의 압도적 지지를 얻어 지도자로 등장하였다. 히틀러는 1933년 1월, 루즈벨트는 1933년 3월로 거의 동시에 등장해서 둘 다 12년간의 오랜 기간 동안 통치하다가 또한 거의 동시에 세상을 떠났다. 루즈벨트는 1945년 4월 12일에 죽었으며, 10일 뒤에 히틀러도 베를린의 한 지하 벙커에서 자결하였다. 같은 세대에 등장하여 또한 거의 같은 시기에 세상을 떠났던 이 두 사람의 역사적 유산은 일종의 빛과 어둠의 결과라 하겠다. 한쪽은 그들 민족의 우수성을 광적으로 주장하면서 수백만의 인명을 살상시킨 사상 최대의 비극을 창출한 장본인이었으며, 다른 한편은 똑같은 국가적 위기에서도 민주주의를 고수하면서 융통성 있는 정책으로 미국을 구제하고 나찌즘의 세력에 대항한 빛의 역할을 한 인물이었다. 정도 차이야 있겠지만

1930년대 독일과 미국을 비교하여 볼 때 경제적으로 국민들이 겪었던 고통은 별 차이가 없었다. 아마 미국에 히틀러와 같은 대통령이 나왔었고, 독일에 루즈벨트와 같은 대통령이 나왔다 하더라도 둘 다 국가 지도자로 쉽게 선출될 수 있었을는지도 모른다. 왜냐하면 두 국민들 공히 세기적 대공황에 빠져 허우적대다가 실오라기라도 잡으려고 광분하고 있었기 때문이다. 여기에서 역사는 인간의 요소, 더 구체적으로 ' 지도자의 위치가 얼마나 중요한가를 암시해 주고 있다. 지도자의 인품, 성격, 철학 등이 한 국가뿐만 아니라 역사의 진로를 바꾸는 데 얼마나 무서운 역할을 할 수 있는가를 보여주었다. 어두웠던 1930년대와 1940년대 초반에 히틀러의 등장은 독일사와 세계사에서 저주스러운 순간이었고 루즈벨트의 등장은 미국사에서 지극히 축복된 순간이었다.

1933년 루즈벨트의 등장은 무엇보다도 미국사에 획기적인 전환점이 되었다. 따라서 루즈벨트가 등장하는 역사적 배경과 그가 어떻게 미국의 경제 공황을 극복하려 하였는가를 알아보는 것은 미국 현대사를 이해하는 데 필수적이다.

제 1 차 세계 대전을 마무리지었던 베르사이유 조약은 독일뿐만 아니라 승전국인 미국에도 크나큰 피해를 주었다. 이 조약으로 독일은 풍요로운 알사스 로렌 지역과 전식민지를 잃었으며, 약 1,500억 달러라는 천문학적 배상금을 물어야만 했다. 이러한 모욕적인 조약으로 말미암아 독일의 자존심은 결정적으로 손상되었으며 이것이 앞으로 히틀러가 등장하게 되는 중요한 정신적 바탕이 되었다. 미국 역시 이 조약으로 크게 영향을 받았다. 물질적, 경제적인 피해보다도 정신적 피해가 적지 않았다. 국제연맹(League of Nations)을 윌슨이 제안하였지만 타협할 줄 모르는 성품과 열렬한 도덕주의적 외교 때문에 결국 상원의 동의를 얻지

못하여 미국은 자기들이 만들어 놓은 연맹에 가입할 수 없었다. 이것
또한 앞으로 히틀러가 등장하게 되는 중요한 요소로 작용하였다. 미국
국민들은 미국의 외교적 무능력, 서구 우방들의 욕심과 이기심을 다시
한번 깨닫고 고립주의의 기나긴 행진을 시작하였다. 미국인들은 유럽
국가들의 이익을 채워주기 위하여 수많은 미국의 젊은이들이 유럽 땅
에서 쓸데없는 피를 뿌렸다고 생각하기 시작하였으며 이제는 국제 문
제에는 등을 돌리고 국내 문제만 생각하려는 강한 고립주의적 경향을
띠게 되었다. 그리하여 1920년대는 미국 근대사상 물질 만능 풍조가 가장
팽배하는 시대가 되었다. 이 시대는 정치적으로는 하딩－쿨리지－후버
등의 공화당 대통령으로 연결되는 정치적 무기력의 시대였다. 그동안
데어도어 루즈벨트와 윌슨이 착수한 혁신 정책은 제1차 세계 대전으로
중단되었으며 전후에 불어닥치는 무도덕, 무철학, 무정치 시대에 휘말려
19세기 후반과 같은 자유 방임주의적 국가 체제를 갖게 되었다. 정부는
다시 한번 대기업들과 결탁하였으며 사회 하층민보다는 대기업의 이
익을 대변하는 역할을 하였다. 물론 이러한 정치적 추세에 노동자들을
비롯하여 많은 세력들이 반항하였지만 대부분의 국민들은 전후에 생
겨난 경제적 풍요를 만끽하면서 정치에는 별로 관심을 드러내지 않았다.
1929년말 금융 시장의 파산으로 세계적 대공황이 오기까지 10년 동안은
남북전쟁 이후 가장 풍요로운 시대였으며 사회적으로도 비교적 안정된
시기였다.

　　1921년에 웨렌 하딩(Warren G. Harding)이 29대 미국 대통령으로 취
임하였다. 그가 대통령으로 당선된 것은 그가 정치적으로 탁월하다거나
외교적으로 명성이 높다기보다는 가장 평범하다는 이유 때문이었다.
미국인들은 윌슨의 영웅적 도덕 외교에 신물이 나 있었으며 거기에다
제1차 세계 대전의 종결에 따른 미국 외교의 무능력을 한탄하며, 이젠

어떠한 영웅적인 인물보다 평범한 하딩과 같은 인물을 그들의 지도자로
원했는지도 모른다. 오하이오에서 신문 사업을 하다 부유한 은행가의
딸과 결혼함으로써 재력을 쌓은 그는 당시 오하이오 공화당의 정치
보스였던 해리 도어티(Harry M. Daugherty)에게 발탁되어 오하이오 상원
의원을 거쳐 대통령에 당선되었다. 그는 미국 근대 대통령 중 가장
무능력한 대통령으로 알려지고 있다. 그는 취임사에서 미국은 영웅적인
것이 아니라 다만 치유를 필요로 하고, 묘책이 아니라 평범한 것을
필요로 한다고 선언하였다. 그는 미국이 혁명보다는 복원(復原)을 필
요로 하며, 선동보다는 적응을, 그리고 수술보다는 평정을 원하며, 실
험보다는 균형을, 국제적인 일에 몰두하기보다는 국내 문제를 성공적
으로 다스리는 것을 필요로 한다고 발표하였다. 그는 정부가 전체 국
민의 이익을 위해 강한 지도력을 발휘하여 사회·경제에 개입하기보
다는 자유 방임적인 정치가 더 필요하다고 믿고 개혁 운동을 계속
추진해가기를 거부하였다. 그 자신은 기본적으로 대통령으로서 큰 활
동을 하지 않고 골프와 카드놀이로 시간을 소일하곤 하였다. 그는 정
치적인 능력이 없었다기보다는 지도자로서 가장 필요한 결단력이 부
족하여, 다른 사람들의 마음을 건드리기를 꺼려하였다. 그는 각료들의
의견을 거의 반대하지 않고 받아들였으며, 그의 측근들이 부패와 타
락으로 국민들의 지탄을 받게 되었을 때도 그들의 감정을 상하게 하지
않기 위하여 적극 개입하려 들지 않았다. 그는 국무장관 찰스 에반스
휴즈(Charles Evans Hughes), 상공부 장관 허버트 후버(Herbert Hoover),
재무장관 앤드류 멜론(Andrew W. Mellon), 그리고 농림부 장관 헨리
윌러스(Henry A. Wallace) 등 기라성 같은 각료들을 거느리고 있었지만
그밖의 많은 관료들은 단지 그와의 친분 관계를 빌미로 발탁된 무능한
자들이었다. 이러한 그의 친구들은 나중에 타락하게 되고 갖가지 추문을

던져 하딩의 명예를 결정적으로 손상시켰다. 너무 친절하고 인자한 하딩의 성품이 부하들의 타락을 단호히 견제하지 못한 것이었다. 그가 대통령으로 취임하고 2년 뒤에 갑자기 심장마비로 죽게 된 주된 원인도 그러한 정치 추문으로 인한 건강 악화 때문이었는지도 모른다. 그는 아첨이나 하는 여러 친구들로 둘러싸이게 되고 그런 와중에서 결국 그는 대통령직까지 싫어하게 되었다. 그는 평소에도 백악관은 감옥이며 빨리 그 감옥에서 탈출하고 싶다고 말할 정도로 대통령직에 대한 미련이 없었다.

하딩은 국내 문제를 거의 재무장관인 멜론에게 떠맡겼다. 멜론은 제 2 의 알렉산더 해밀턴이라 할 정도로 동부 상공인들의 이익을 대변하는 정책을 폈다. 윌슨이 만들어 놓았던 부유층에 대한 세금을 인하시켰으며, 저관세를 다시 고관세로 바꾸었고 상속세를 없애려고 하였으며, 고소득자의 수입세를 2/3 정도 삭감함으로써 투자를 촉진시키려고 하였다. 1922년에는 미국의 유치 산업(infant industry)을 보호한다는 명분 아래 관세를 높여 기업체를 보호하였고, 주간 통상 규제 위원회와 연방 지불 은행 이사회 등을 기업체를 규제하고 감시하는 기관보다 친기업적인 기관으로 전환시켰다. 멜론의 이러한 친기업적 관세는 무엇보다도 농민들에게 가장 심각한 타격을 주었다. 전후 유럽의 경제가 복구되면서 미국의 농작물 수출이 줄어든 데다 갈수록 늘어나는 비료와 기계의 발달로 인하여 잉여 농산물이 늘어나자 농민들의 수입은 갈수록 떨어졌다. 1920년대말까지 그들의 소득은 거의 반으로 뚝 떨어졌다. 갈수록 농부들은 동부 대기업가와 결탁한 정부를 불신하게 되고 갈수록 월가(Wall Street)를 중심으로 하는 금융가에 대한 편견과 감정이 악화돼 갔다.

하딩의 정치적 무기력은 그 측근들의 추문들로 나타나게 되었다. 1923년에 재향 군인회의 찰스 포브즈(Charles R. Forbes)는 병원 건축을 위한 수백만 달러의 돈을 그의 호주머니에 집어 넣어서 결국 재판을 받고 2년 동안 감옥살이를 하였으며 그의 부관인 찰스 크래머(Charles Cramer)는 자살하였다. 법무장관 도어티를 중심으로 하는 소위 오하이오 갱(Ohio Gang)들도 여러가지 추문으로 점철되었다. 도어티의 부하격인 외국 자산 관리인 토마스 밀러(Thomas Miller)는 뇌물 수수 혐의로 형을 치뤘으며 도어티 자신도 이러한 외국 자산 문제에 관련하여 형을 받을 뻔하였으나 법정 출두를 거절함으로써 간신히 위기를 모면하였다. 가장 악명높았던 추문은 티폿 돔 석유 스캔들(Teapot Dome Oil Scandal) 사건이었다. 1921년에 내무장관인 알버트 폴(Albert B. Fall)은 해군장관인 에드윈 덴비(Edwin N. Denby)를 설득하여 정부가 보유하고 있던 와이오밍 주의 티폿 돔 석유 저장지를 내무부 소관으로 전환시켜 사설 석유 회사들에게 임대해 주었다. 이 과정에서 폴 내무장관은 석유회사로부터 40만 달러 이상의 뇌물을 수수하였다. 1923년 상원에서 전격적인 수사를 펴게 됨으로써 이 사실이 드러나자 폴은 10만 달러의 벌금과 1년형을 받았다.

이러한 일련의 스캔들은 하딩 자신에게 참을 수 없는 굴욕이었다. 그가 얼마나 이러한 내막들을 알고 있었는가에 대하여는 명확하지 않지만, 그는 그를 믿고 날뛰는 오하이오 갱들과 기타 그의 각료들의 타락상에 심적 고통을 받고 있었음에 틀림없다. 그는 줄곧 그의 대통령직이 지옥같은 것이라고 말했으며 한때 한 신문 기자에게 말하기를, "나는 내 적들과는 아무런 문제가 없다. 나는 내 적들을 잘 다스릴 수 있다. 그러나 제기랄, 그놈의 나의 친구들이 문제다. 그들이 나로 하여금 밤중에 잠도 자지 못하고 마루를 어슬렁거리게 만든다"라고 고백할 정도였다. 1923년 6월 그는 그의 마지막 여행이 될 서부 및 알래스카 여행을 떠났다. 그는 그 해 8월 2일 샌프란시스코의 한 호텔에서 심

장병으로 세상을 떠나고 말았다. 그가 죽자마자 한편에서는 그가 자
살하지 않았나 하고 의아해 할 정도로 스캔들이 그에게 준 정신적
고통은 컸었다. 링컨 이후 가장 친절했고 자상했고 따뜻한 대통령이
었으며 미국 사상 가장 잘생긴 대통령으로서 국민들의 추앙을 받아오던
하딩이 죽자 국민들은 심한 애도의 뜻을 보냈으나, 곧 그의 측근들의
스캔들이 신문 지상에 폭로되기 시작하자 결국 하딩 자신도 조소의
대상이 되고 말았다.

하딩의 뒤를 이은 캘빈 쿨리지(Calvin Coolidge) 역시 하딩과 마찬가
지로 경제는 대기업에 의하여 성장되어야 한다고 믿었다. 그는 미국이
할 일은 바로 사업 그 자체라고 하였다. 공장을 지은 사람은 교회당을
지은 사람이며, 그곳에서 일하는 사람은 교회에서 예배드리는 자라고
얘기할 정도로 그는 미국의 기업에 확신을 가진 사람이었다. 하딩은
쾌활하며 사교적이었지만 쿨리지는 좀처럼 웃지도 말도 않는 침묵의
대통령이었다. 그러나 조용하고 다소 싸늘할 정도로 말없는 대통령인
쿨리지는 국민들의 신임을 받게 되었다. 그의 그러한 성격은 20년대의
미국의 풍요를 잘 대변해주는 것이었는지도 모른다. 그때는 그가 대
통령으로서 말할 것이 그다지 많지 않았으며 자꾸만 하늘 높이 성장
해가는 미국의 경제붐을 지켜보면서 백악관에서 낮잠이나 즐겨도 미
국은 이상없이 잘 돌아가는 시대였다. 그 자신 가장 통치를 적게 하는
정부가 가장 최상의 정부라는 자유 방임주의 철학을 굳게 믿었다. 정
부가 할 수 있는 일이란 이렇게 성장해가는 기업들을 재촉하여 계속
번영하게 도와주는 것뿐이라고 믿었다. 미국 경제는 사상 최고의 번
영기를 맞았다. 특히 자동차 산업과, 광고 산업, 직물 산업 등은 최고의
호황을 맞았다. 1920년에 국민 총생산량이 889억 달러였던 것이 1929년
에는 1,044억 달러 정도로 엄청나게 불어났다. 국민소득도 1912년에 672

달러에서 1929년에는 857달러로 껑충 뛰었다. 이러한 번영의 시기를 맞아 미국의 중산층은 그동안 혁신주의에 대한 기대를 버리고 대부분이 공화당의 보수주의로 기울었다. 1924년 쿨리지가 민주당과 혁신당의 도전을 물리치고 압도적 다수로 대통령에 당선된 것이 이를 잘 증명해 주고 있다. 국민들은 이러한 번영의 시기를 맞이하여 쿨리지의 보수주의적 정치에 호응하였으며, 이러한 번영이 개혁과 혁신을 주장하는 민주당이나 사회당 혹은 혁신당에 의하여 방해를 받을까 우려하였던 것이다.

1929년 허버트 후버(Herbert Hoover)가 하딩-쿨리지 시대의 번영을 이어받았다. 아무도 그해 가을에 미국의 경제가 무너질 것이라고 예견하지 못하였으며 후버 자신도 20년대의 번영이 영원히 계속되리라고 믿었다. 도심의 거리와 고속도로는 신형 포드 자동차들로 붐볐으며 가정마다 라디오와 진공 청소기 등의 새로운 문명의 이기(利器)들이 들어찼다. 미국의 총자동차 수는 세계 자동차 대수의 3/4 정도인 2,300만 대나 되었으며, 미국의 총전력 산출량은 전세계 전력량의 반 이상이 넘었다. 그밖에 철강, 기계, 직물, 석유 등 거의 모든 산업에서 미국이 세계 시장을 석권하고 있었다. 이러한 미국 경제에 대한 낙관주의는 후버가 1929년에 새 대통령으로 당선되어서도 계속되었고, 이러한 낙관주의를 증명이라도 하듯이 뉴욕에는 세계 제일의 고층 빌딩인 엠파이어 스테이트 빌딩(Empire State Building)이 신축되고 있었다.

후버는 소위 "미국적 제도(American System)"를 단단히 믿었다. 그는 19세기의 사회진화론과 자유 방임주의와 같이 일반 개개인은 자기의 환경에 대하여 책임이 있으며 실업자나 가난한 자들은 제도적인 이유보다도 그들 자신의 잘못으로 빚어진 결과라고 생각하였다. 그는 정부가 할 수 있는 일이란 법적으로 공정한 경쟁을 보장하여 모든 사람이

평등하게 경쟁할 수 있도록 하는 것이어야 한다고 믿었다. 이러한 경쟁을 뚫고 성공한 사람은 가장 훈련이 잘되고 능력이 있는 사람이라는 것이었다. 그는 정부가 경제 활동에 너무 개입하게 되면 이러한 자유 경쟁 체제를 무너뜨리게 되기 때문에 정부 개입을 삼가해야 한다고 믿었다. 그에게는 정부란 모든 사람이 운동장에서 경기를 하는 데서 심판을 보는 심판자와 같다. 그러나 그는 그의 각료들이 중소기업이나 노동자 농민보다도 대기업가들 편에 서서 호각을 불어댔던 것을 과소 평가하였거나 무시한 것이었다. 이러한 호황기 속에서도 1929년초부터 수많은 실업자들이 생겨났으며 부유층에 비하여 노동자들의 임금이 거의 오르지 않고 있었던 것을 무시하였고, 기계화에 따라 많은 사람들이 직장을 잃고 있었는데도 이를 방관만 하고 있었다. 그는 농부들이 1920년대초부터 잉여 생산물과 가격 인하에 따라 크게 타격을 받았으며 그리하여 수많은 농부들이 농촌을 버리고 도시로 이주하거나 남의 소작인으로 전락하고 있었던 것을 심각하게 생각하지 못하였다. 사회 구성원의 대다수를 차지하고 있던 이들 노동자, 농민의 실질적 생활 수준이 갈수록 낮아지고, 그렇기 때문에 소비가 줄어듦에 따라 미국의 경제가 보이지 않게 무너져가고 있다는 사실을 후버는 알아차리지 못하였다.

노동자, 농민 등 일반 국민의 소비가 감소함에 따라 대기업가들은 그들의 공장과 생산을 확장하기보다는 주식에 투자하기 시작하였다. 또한 많은 부를 축적했던 고소득자들도 증권시장에 투자하기 시작하였다. 예를 들어 미국 라디오 회사의 한 주주는 일반 사람들의 몇 개월 봉급을 합한 것만큼이나 되는 400달러어치의 주를 샀다. 증권 중개자들은 증권 매입자들에게 엄청난 양의 대부를 하여 주었고 국민들은 그들의 은행 잔고를 털거나 빚을 얻으면서까지 증권에 투자하기 시작하였다. 결국 1929년 10월 24일, '검은 목요일'이라고 알려진 이 날에 사상 최대 규모로 증권이 매매되었는데 대부분의 증권들이 낮은 가격으로 거래되었다. 이러한 검은 암운이 월가(Wall Street)의 증권 시장을 덮게 되자 이 소문은 전국으로 퍼져나가서 사람들은 누구나 그들의 증권을 투매하여 미국의 경제는 대공황으로의 기나긴 행진을 개시하였다.

1929년 후반에 시작된 대공황은 증권 시장의 폭락으로 하루 아침에 갑자기 생겨난 것은 아니었다. 거대한 댐에 난 조그마한 구멍이 시간이 흐르면서 크게 넓어지고 결국에 어떻게 할 수 없는 힘으로 댐 전체를 무너뜨렸던 것처럼 1929년의 대공황도 여러가지 연쇄적인 사건들이 복합해서 생겨난 것이었다. 그러나 가장 중요한 원인은 미국이 자유 방임주의 사상에 깊이 젖어서 그러한 번영의 시대에 그늘에 가려져 있는 경제적 모순을 해결하려고 노력하지 않은 데 있었다. 정부의 계획성 없는 자유 방임적 경제 정책이 엄청난 빈부의 격차를 낳았고 많은 국민들의 소득 저하는 구매력을 감소시켜 제조업의 기반을 흔들어 놓았다. 1920년대를 통하여 농촌 경제가 가장 심각한 타격을 받았다. 그들의 초과 생산과 농산물 가격 하락, 계속 증가되는 부채, 파산 등의 악순환을 미국 정부는 심각하게 생각하지 않았다. 엎친 데 덮치는 격으로 기업체들이 경쟁을 이기지 못하고 문을 닫고 있었다. 1929년초에 미국의 경제는 성장하지 않고 정체하고 있었으며 기업가들은 새로운 공장을 짓거나 더 많은 노동자를 고용할 수 없는 형편에 이르렀다. 팔리지 않는 상품들이 창고에 쌓여갔고 수많은 노동자들이 해고당하여 집으로 돌아갔으며 소비자들의 수요는 갈수록 줄어만 갔다. 이러한 저소비 추세로 말미암아 공급이 수요를 능가하게 되어 서서히 불경기가 시작되었다. 이들 저소비의 가장 큰 문제는 바로 국민들의 대부분을 차지하고 있는 노동자와 농민들의 실질 임금이 줄었기 때문이었다. 농민들뿐 아니라 노동자들도 과학 문명의 혁신과 함께 새로운 기계들이 날로 노동자들의 일손을 대신하게 되자 수많은 노동자들이 실직하였다. 심지어 기계로 작동하는 음악 시설이 발달함에 따라 수많은 오케스트라 단원들도 직장을 잃을 정도였다.

  1929년의 대공황은 사회 경제 구조 속에서 발견될 수가 있는데 그것은 바로 1920년대 번영의 시기에 보이지 않게 쌓여가고 있었던 심각한 빈부의 격차였다. 빈익빈 부익부(貧益貧 富益富) 추세가 날로 심화되어 상부 부유층 1%의 가족이 전체 부의 75%를 차지하고 있었는 데 반하여, 미국 가족의 60% 정도가 최저 생활 수준이나 그 이하에서 허덕이고 있었다. 미국의 상층부 1%의 국민이 국가 전체부의 59%를 차지하고 있었고, 국민의 87%는 오직 10%의 국가의 부를 소유하였다. 다시 말하면 소득과 부는 미국의 상부 경제층에 집중되었던 것이다. 국가의 대부분의 부를 소유한 상부 계층은 그들의 부를 재분배하기보다는 화려한 물건이나 사치 생활, 그리고 증권 투기 같은 것에 씀으로써 사실상 국가의 부가 재분배되지 않은 채 불균형을 심화시키고 있었다.

  정부의 자유 방임주의 정책에 의하여 소수 독점 기업들이 미국 기업 이익의 절반 이상을 차지하였다. 특히 지주회사(持株會社)를 중심으로 한 독점과 합병의 횡포는 갈수록 그 세력이 커졌으며 많은 대기업체들이 다른 회사의 주식을 갖고 있음으로 해서 사실상 미국의 기업체들은 여러모로 대기업의 수중에 장악되었다. 이러한 상황에서 지주회사가 무너지면 그 여파로 수많은 기업들이 문을 닫게 되었고 그에 따른 많은 노동자들이 실직의 운명에 놓이게 되었다. 저수요에 따라 경제가 침체하자 많은 기업들이 생산보다는 증권 시장에 투자하였고 1929년 10월에 증권이 폭락하자 수많은 기업체들이 파산하기 시작하였다. 그러자 그들 회사에 붙어 있었던 중소 기업체들이 연쇄적으로 문을 닫게 되었다.

미국은 제 1 차 세계 대전 이후로 세계 경제에 깊이 관여하고 있었다. 세계 제 1 의 채권 국가요 교역 국가로서 미국은 수십억 달러를 유럽에 집중적으로 투자하였는데, 1920년대말에는 미국의 국내 증권 시장이 성황을 이루자 미국 투자가들은 유럽보다는 국내 증권에 투자하기 시작하였다. 미국의 투자가 줄어들자 유럽 경제는 흔들리게 되었고 또한 미국의 높은 관세로 인하여 그들의 상품을 미국에 팔 수 없게 되자, 유럽 제국은 보복으로 그들의 관세를 올리게 되었고 국제 무역은 정체되기 시작하였다. 유럽 제국은 미국으로부터 그들의 투자를 서서히 회수하기 시작하고 있었는데 1929년 증권이 몰락하자 미국내의 그들의 자산을 전격적으로 회수하였다. 후버에 의하면 유럽의 경제적 불안과 모순이 결국 미국 경제를 감염시켰다고 보았는데, 미국 역시 그들 자신이 유럽 경제를 망치게 했던 한 요인이었음을 기억해야 한다.

대공황이 미국 국민에게 가져다 준 피해는 처참하였다. 뉴욕의 고층 빌딩에서는 연일 투신 자살 소동이 벌어졌으며, 전국적으로 도시에서는 빵을 배급받으려고 줄을 선 인파로 가득찼다. 적십자사 등 구호 단체에서는 죽을 준비해서 거리의 사람들에게 나눠주었다. 영양 실조로 죽은 사람도 많았는데 1932년 뉴욕시에서는 95명이 기아로 인하여 생명을 잃었다. 쓰레기통에 버려진 먹다 남은 사과 하나라도 찾기 위하여 쓰레기통을 뒤지는 사람들이 늘어났으며, 거리 구석구석에는 사과 한두 개를 헐값으로 팔기 위하여 추위에 떨며 서있는 사람들의 모습이 여기저기 보이곤 하였다. 수많은 농촌의 젊은이들이 농촌을 떠나 도시로 도시로 이동하였다. 존 스타인벡의 유명한 『분노의 포도(Grapes of Wrath)』에서 생생히 보여주고 있는 것처럼 소작인들은 그들의 임대료를

▶ 대공황이 가져온 절망.

내지 못하고 쫓겨나 캘리포니아나, 시카고, 디트로이트 등의 대도시로 무작정 길을 떠나 고속도로를 메우고 있었다. 거리마다 히치 하이커들이 손을 들며 누군가가 그들을 도시로 태워다 주기를 바라고 서 있는 광경이 허다하였다. 대공황이 미국인들에게 가장 크게 상처를 주었던 것은 너무나 많은 사람들이 집을 떠났던 점이다. 가정이 파괴되어 수많은 젊은이들이 가정을 떠나 방황하고 있었다. 이러한 상황에서 미국인들의 마음은 미국 사회 구조에 대한 심한 불신으로 가득 차게 되었으며, 그동안 길러왔던 낙천주의적 성품이 점차 음울하고 비관적인 성품으로 바뀌어 가고 있었다.

노동자 농민의 항거도 거세졌다. 특히 중서부의 농민들은 그들의 경제적 빈곤을 참다 못해 산발적으로 과격한 폭동을 일으켰다. 1931년에 아이오와의 농민들은 그들의 소의 질병 조사와 매입에 대한 불만을 참지 못하여 폭동을 일으켰다. 결국 군대가 출동하여 이를 간신히 무마하였다. 네브라스카, 아이오와, 미네소타 등에서는 그들의 낮은 농산물 가격에 대해 항거하면서 도로에 바리케이트를 치고 트럭들을 정차시켜 우유와 채소를 거리에 내어던지면서 그들의 울분을 토로하기도 하였다. 농부 휴일 협회(Farmers' Holoday Association)라는 농촌 조직은 그들이 더 높은 가격을 보장받을 때까지 생산을 금지하는 운동을 벌이기도 하였다. 한편 직장을 잃고 헤메는 노동자들은 여러 도시에서 항거를 계속하였다. 시카고와 로스엔젤레스, 필라델피아 등에서는 실업자들이 시청으로 행진하였다. 시카고에서는 학교 교사들이 그들의 봉급 삭감에 항거하여 세계 박람회 깃발을 찢으면서 시청으로 돌진하기도 하였다.

이러한 항거 중에서 가장 극적인 사건이 1932년 여름에 수도 워싱턴에서 발생하였다. 약 15,000명의 재향 군인 실업자들이 정부가 약속하였던 보너스를 미리 지불하도록 요구하면서 소위 "보너스 원정대(Bo -

nus Expedition)"를 조직하여 워싱턴에서 대대적인 항의 데모를 시작하였다. 후버는 이들을 공산주의자들이나 반란자들이라고 비난하면서 군대를 출동시켜 해산하도록 명령하였다. 육군소장 드와이트 아이젠하워(Dwight D. Eisenhower)와 조지 패튼(George Patton)의 도움을 받은 더글라스 맥아더(Douglas MacArther) 대장은 돌과 벽돌로 맞서는 이들 보너스 원정대를 무력으로 해산시켰다. 미국의 공산당은 이러한 사회적 불만과 경제적 공황을 맞이하여 대대적인 항의 운동을 전개하여 "굶지 말고 투쟁하라"라는 슬로건을 내걸고 국민들을 선동하기 시작하였다. 그러나 공산당은 그들이 기대했던 것만큼 국민들의 지지를 받지 못하였다. 그들의 부채 탕감이나 연장 구호 같은 요구는 국민의 관심을 사기도 하였지만 사유 재산 제도 폐지와 같은 주장은 너무 과격하다 하여 대다수 국민들로부터 외면당하였다. 상당수의 지식인들이 마르크스주의가 이러한 사회·경제적 불안을 치유할 수 있는 적절한 정치 체제라고 믿고 공산주의를 옹호하기도 하였으나 하층민들에게는 크게 매력을 주지 못하였다. 공산당 가입 회원수는 1930년에 6,000명이었으며 2년 뒤에도 12,000명 정도에 불과하였다. 사회당 역시 이러한 사회적 불안을 틈타 세력을 펼치고자 하였으나 눈에 띈 호응을 얻지 못하였다. 사회당은 1932년에 17,000명 정도의 당원을 확보하였으나 이것은 1903년의 숫자보다도 적은 것이었다. 1932년 대통령 선거에서 사회당 후보인 노만 토마스(Norman Thomas)는 오직 전체 투표의 2%에 해당하는 884,000표를 획득했을 뿐이다. 공산당 후보인 윌리암 포스터(William Foster)는 단지 103,000 표를 얻었다.

공황 초기에 후버 대통령은 성부의 적극적인 구호 사업을 반대하였다. 왜냐하면 이러한 정부의 깊숙한 개입은 그가 믿고 있었던 미국의 개인주의와 자유 방임적 사회 체제를 망치는 것이 된다고 믿었기 때문이다. 그는 대부분의 구호를 일반 개인 단체들에게 의존하고 이러한 자선 단체들이 국민의 보조를 받아 시, 주 단위로 구호 운동을 벌일 것을 촉구하였다. 그러나 후버의 기대와는 달리 이들 단체들도 갈수록 자금난으로 허덕이게 되었고 시, 주에서도 자금이 부족하여 연방에 손을 내밀었다. 하딩 이후로 미국의 친기업적 자유 방임 체제를 고수하는 데 가장 큰 역할을 하였던 재무장관 멜론은 여전히 정부가 개입하는 구호 사업을 하지 못하도록 후버를 설득하였다. 그러나 후버는 공황이 회복되는 기미가 없고 국민들은 갈수록 심한 고통을 받게 되자 점차 적극적인 구호 정책을 펴게 되었다. 사실 후버는 그 전의 어느 대통령보다도 연방 정부의 활동을 강화시켰고 이러한 공황에서 피해받는 국민들을 보조하기 위하여 적극적인 정책을 폈던 것이다. 후버는 실업자 구원을 위한 대통령 직속하의 여러 구호청을 조직하여 빈민들을 구제하려 하였고, 연방 농촌 이사회(Federal Farm Board)를 활성화시켜 농민들에게 자본을 대여함으로써 농촌을 부활시키려고 노력하였다. 그러나 이러한 구호 정책은 강력한 정부 주도형이기보다는 여전히 기업가나 자선 단체 등의 보조에 기반을 두는 것으로 이 정도의 정책으로 성공하기에는 공황의 늪이 너무 깊었으며 정부의 보조는 아직 미약하였다. 후버는 본질적으로 전통적인 보수주의자로서 정부가 필요 이상으로 경제에 개입하는 것을 허락하지 않았다. 그는 여전히 정부의 권한이 강화되면 미국의 가장 고상한 전통과 원리인 개인주의와 자유 방임주의를 망친다고 하여 적극적인 구호 정책을 펴지 못하였다. 그는 균형 예산을 신성시하였는데 대공황으로 그 어느 때보다 정부의 지출이 늘어나야 할 때인데도 그의 균형 예산 신념에 따라 적자 재정 정책을 꺼려하였다. 그는 국내 적자를 메꾸기 위하여 물품세 등의 세금을 부가하여 예산을 메꾸려고 하였으나 성공하지 못하고, 오히려 이러한 과세 정책에 따라 국민의 소비는 줄어들고 저소비에 따른 공황은 갈수록 심화될 뿐이었다. 그로서는 여러가지 공황 타개 정책으로 정부의 권한을 늘리기는 하였으나 충분한 것이 못되었다. 후버에게 가장 큰 약점은 그가 정부의 권한이 가장 필요할 때 과감하게 정부의 권한을 늘리지 못한 데 있었다.

1932년 대통령 선거에서 뉴욕 주지사인 민주당 루즈벨트는 펜실베니아와 메인을 포함한 북동부 지역 다섯 개 주를 제외한 전주의 지지를 받아 선거인단 투표 472대 59란 사상 유례없는 절대적 지지를 얻어 대통령에 당선되었다. 이 선거에서 세계 대전 이후로 가장 많은 사람들이 투표하였다. 그들은 경제 공황의 상황에서 이젠 정치에 절대적인 기대를 걸 수밖에 없었는데 아직도 전통주의에서 머뭇거리는 후버보다는 새로운 판을 열어보겠다고 주장하는 확신에 찬 루즈벨트를 지지하였던 것이다. 사실 선거 운동에서 나타난 루즈벨트의 공약은 후버와 비교해서 정반대의 것은 아니었다. 후버처럼 루즈벨트도 예산의 균형을 약속하였고 관세 문제에 대해서도 어물쩡거렸으며, 농촌 문제에 대해서는 농민들이 환영할 만한 대안을 제시하였지만 그렇다고 도시인들에게 경종을 줄만한 그런 과격한 것은 아니었다. 사실 후버와 루즈벨트가 선거 공약이나 정치 철학으로 경쟁한 선거는 아니었다. 결과는 그들의 성격에서 결정되었다고 할 수 있다. 후버의 미지근하고 자신없는 태도와 루즈벨트의 확신에 찬 태도와의 경쟁이었다. 국민들은 루즈벨트가 그들에게 무엇을 구체적으로 약속했느냐보다 루즈벨트의 얼굴과 연설에서 풍기는 말할 수 없는 자신감에 대하여 기대를 걸고 표를 던졌던 것이다. 히틀러가 굽힐 줄 모르는 의지와 대중을 압도하는 그의 탁월한 웅변으로 지도자로 등장할 수 있었다면, 루즈벨트 역시 확신에 찬 태도와 한 사람 한 사람의 마음을 꿰뚫는 그의 날카롭고 설득력

있는 웅변 때문에 대통령에 당선되었던 것이다. 무엇보다도 히틀러와 같이 그는 경제의 파탄으로 온통 나라가 어수선한 속에서 국민들이 무언가 새로운 구세주를 기원하고 있었을 때 나타났다는 행운도 있었다. 루즈벨트가 3월 4일 취임할 때까지의 3, 4개월간은 미국 역사에서 가장 길었던 기간이기도 하였다. 대공황이 이 기간에 절정에 이르렀고 거리는 실업자와 거지들로 붐볐다. 수많은 사람들이 은행에서 그들의 돈을 끌어내 개인적으로 감추기 시작하였고 그리하여 결국 이 기간에 미국 전체 은행의 4/5가 문을 닫게 된 그야말로 완전히 경제적 마비가 온 시기였다.

루즈벨트는 뉴욕의 부유한 가정에서 태어나 어릴 때부터 경제적 풍요를 누리고 자랐다. 그는 상류 계층의 부유한 환경에서 가정 교사를 두는 등 없는 것 없이 지냈고 선망의 대상이었던 그로톤 스쿨(Groton School)에서 중등 교육과 하버드 대학에서 고등 교육을 받았던 미국 최고의 전형적인 상류 계층의 사람이었다. 그의 아내의 삼촌이었던 데어도어 루즈벨트와의 혈연 관계로 인하여 그는 정치에서도 막힐 것 없이 승승장구하였다. 이러한 그가 미국 역사에서 가장 사회주의적인 정책을 폈으며 무엇보다도 노동자·농민·빈민자들을 위해 열정적인 정책을 폈다는 것은 그의 배경과 비교해 볼 때 의아해하지 않을 수가 없다. 그는 사람들을 좋아하였고 항상 따뜻하고 사교적이었으며 불쌍한 사람에 대하여서는 뜨거운 연민을 가졌던 사람이었다. 1921년 이후 그는 소아마비로 고통을 받고 죽는 그날까지 다리를 제대로 사용하지 못하는 반불구의 몸이 되었다. 이러한 신체적인 약점에도 불구하고 그는 군건한 의지의 지도자가 되었는데, 아마 육체적인 아픔과 투쟁하면서 아프고 불쌍한 사람들의 마음을 잘 이해했는지도 모른다.

루즈벨트의 가장 탁월한 특질은 바로 그의 실용주의적 철학이었다.

그는 근본적으로 미국의 자본주의와 민주주의를 해치지 않는 범위에서
정부는 유동성 있게 국민의 요구에 따라야 한다고 믿었다. 그는 시행
착오를 거쳐서라도 정부는 시대에 가장 적합한 정책으로 국민을 위해
봉사해야 한다고 믿었다. 이것은 혁신주의 시대부터 홈즈와 같은 판사가
주장하였던 실용주의적 정치 철학으로서 정치는 법에 의해 제약되기
보다는 국민을 위해 정부가 법을 유용성있게 수정해야 한다는 것이었다.
이러한 면에서 볼 때 루즈벨트의 뉴딜은 갑작스러운 것이었다기보다는
20세기초에 시작되었던 혁신주의적 운동이 그동안 공화당의 10여년
집권 동안 잠시 주춤하였다가 루즈벨트 시대에 다시 꽃을 피웠다고 할
수 있다. 그러나 이러한 역사의 연속성에서도 루즈벨트와 같은 위대한
지도자가 없었다면 그러한 혁신주의의 완성은 꿈꿀 수 없었을 것이다.
루즈벨트의 뉴딜 정책은 그가 윌슨 대통령 밑에서 제1차 세계 대전
때 미국이 어떻게 국내 경제를 유동성 있게 운용하였던가를 보고 경험한
것에서 나왔다고도 할 수 있다. 루즈벨트는 제1차 세계 대전 때 경험이
있었던 조지 피크(George Peek)와 휴 존슨(Hugh Johnson) 등을 그의 뉴딜
정책을 위해 핵심 각료로 임명하였다.

　1933년 3월 4일 취임사에서 루즈벨트는 그의 확신에 찬 성품과 그가
지금까지 지니고 있었던 실용주의 철학을 극적으로 나타내었다. 그는
유명한 이 취임 연설에서 국민에게 "우리가 두려워해야 할 것은 바로
두려움 자체뿐이다"라고 외치면서 그는, 이 대공황을 다른 나라의 적
들과 전쟁을 하는 것처럼 강력하게 대응할 것이라고 말하여 국민에게
확신과 기대감을 불어넣어 주었다. 그는 그가 선거 유세 때 약속하였던
것처럼 무언가 새로운 것을 시도하겠노라고 발표하였으며, 지금 이
악몽의 순간에서는 전통적인 정책보다는 전혀 새로운 방향으로 복구
정책을 펴야 한다고 주장하였다. 사실 뉴딜 정책은 정부가 어느 하나의

이론을 가지고 일관성 있게 정책을 폈다기보다도 여러가지 시행 착오를 겪어가면서 일련의 새로운 정책을 폈던 것을 말한다.

루즈벨트가 착수하였던 1933~34년까지의 소위 제 1차 뉴딜은 주로 경기 회복에 주안점을 두었다. 개혁이나 즉각적 구호 같은 인본주의적 법안들은 그의 그러한 경기 부활 우선주의에 부속되는 것이었다. 이러한 제 1차 뉴딜의 가장 대표적인 것의 하나가 1933년 5월에 제정된 농업 조정법(Agricultural Adjustment Act, A. A. A.)이다. 이 A. A. A.는 제 1차 뉴딜 정책의 본질을 가장 잘 나타내주고 있다. 이 정책의 핵심은 농부들로 하여금 그들의 생산을 자발적으로 줄이면서 농산물 가격을 복구시키는 것이었다. 그 목표는 농산물 생산을 제한시킴으로써 농산물 가격을 농부들의 황금 시기였던 1909년부터 1914년 사이의 농산물 가격 수준으로 끌어올리는 것이었다. 농부들로 하여금 농경지를 줄이도록 하고 이 과정에서 농부들이 입은 손해는 정부가 보상해 주었다. 1933년 10월에는 19세기말 농민 연합이나 인민주의자들이 주장하였던 농촌 신용 대부법(Farm Credit Act)과 같은 정부 주도형 농촌 부흥 정책을 폄으로써 농촌 및 국가 경제를 활성화시키려고 하였다. A. A. A.는 초반에 효과적인 방안이라고 환영받았으나 수많은 사람들이 기아에 허덕이고 있을 때 정부가 농산물 생산을 의도적으로 줄인다고 해서 곧 심한 비난을 받게 되고, 1936년에는 대법원에 의하여 위헌이라는 판결을 받았다.

A. A. A.와 함께 제 1차 뉴딜 정책의 쌍벽을 이루고 있는 것이 바로 전국 산업 부흥법(National Industrial Recovery Act, N. I. R. A.)이었다. 이것은 1933년 6월에 국회의 인준을 받아 공공 사업청(Public Work Administration, P. W. A.)과, 국가 부흥청(National Recovery Administration, N. R. A.)을 설치하였다. P. W. A.는 도로, 공공건물, 공원, 학교 등과 같은 공공 건물 시설을 건설함으로써 고용을 늘려, 결국에는 소비를 늘리도록 하는 데

주목적이 있었다. P.W.A. 정책에 따라 미국 도시에 많은 공원, 학교, 동물원 등의 공공 시설들이 건설되었다. 이에 따라 그 지역에 거주하는 많은 주민들이 일자리를 얻을 수 있었다. N.R.A.의 목표는 소비자와 생산자에게 동시에 이득이 갈 수 있게끔 경쟁을 촉진시키려는 것으로 정부가 여러가지 제도를 마련하여 산업체들간의 공정한 활동을 보장하려고 하였다. 이들 정책에 참여하는 자에게는 N.R.A.의 상징인 청색 독수리가 찍힌 마크를 찍어주고 국민들은 이 마크가 찍힌 상표만 사도록 격려하였다. 처음에 이것은 예상외로 국민의 지지를 받아 성공하였으나 경기가 조금씩 부흥하자 대기업체는 다시금 독점욕을 발동하기 시작하였고, 중소기업체는 갈수록 경쟁에서 밀려나 N.R.A.의 규칙은 지켜지지 않았다. 그리고 1935년에 대법원은 N.R.A.가 위헌이라는 판결을 내렸다.

제1차 뉴딜 정책의 전략은 모두가 어느 정도의 정부 보조를 받도록 하는 것이었다. 농부들은 A.A.A.를 통해 정부 보조를 받아 부흥의 기반을 마련하도록 하였으며 기업체는 N.R.A. 체제로 이득을 얻었다. 노동자들은 N.R.A.에서 임금과 노동 시간에 대한 집단적 교섭 활동을 할 수 있게 되었다. 실업자들은 P.W.A. 등으로 많은 일거리를 갖게 되었다. 중산층도 역시 동년 6월에 제정된 주택 소유자 대부법(Home Owners' Loan Act)에 따라 정부 보조를 받을 수 있게 되었다.

1933년에 시작된 테네시 계곡 개발 공사(Tennessee Valley Authority, T.V. A.)는 루즈벨트의 뉴딜의 특성을 가장 잘 나타내 주고 있다. 이것은 테네시와 그 주위 7개 주에 걸쳐 있는 강에 댐을 건설하여 질산 비료와 값싼 전력을 공급하고, 그밖에 많은 산업을 발전시키고사 하는 대공사였다. 무엇보다도 이것은 테네시 계곡의 댐 공사로 인하여 그곳 부근에 거주하는 주민들에게 값싼 전력을 공급하고 실업자를 구제할 수 있었기 때문에 대중 소비를 촉진시킬 수 있었다. 이러한 정부의 대규모 공사에 의하여 주민들은 어느 정도 돈을 그들의 호주머니에 넣게 되었고, 또한 이것을 소비함으로써 그동안 수요가 공급을 따르지 못하였던 경제적 악순환을 회복시킬 수 있었다. 정부는 소비의 증가와 함께 늘어나는 세금으로 더 많은 공사를 촉진하면서 경제의 폭을 늘여갈 수가 있었다. T.V.A.공사는 정부가 지방의 협조를 얻어 대대적인 공사를 함으로써 지역 주민들의 복지를 증진시켜주는 좋은 관례를 남겨 놓았다. 이것은 구식의 지역 개발보다는 가장 현대적이고 과학적인 방법을 도입하여 적용하였던 현대화된 정부의 모습을 보여주었다. 무엇보다도 지역 개발은 각 지방이나 주의 담당 아래 있다는 그동안의 오랜 개념을 깨뜨리고 이젠 중앙 정부가 지역 개발까지 주도해서 시행할 수 있다는 선례를 남겨주었다. 홈즈 판사가 종전에 주장한 것처럼 미국의 헌법은 고정된 것이 아니라 국민의 복지를 위하여 일정 범위내에서 수정·확대 해석할 수 있다는 철학을 루즈벨트가 그대로 테네시 계곡 공사로 실현시킨 셈이었다. 중앙 정부와 지방 정부와의 협조와 조화를 이루어 진행된 이 T.V.A. 공사야말로 미국에 새로운 정부 개념을 도입시켰던 상징적인 사건이었다. 처음에는 국민들로부터 전폭적인 지지를 받았던 루즈벨트와 그의 뉴딜 정책은 시간이 지남에 따라 각계 각층으로부터 심한 비판을 받기도 하였다. 그는 우익과 좌익으로부터 동시에 비난을 받았는데 우익 보수주의자들은 루즈벨트가 정부의 권한을 필요 이상으로 증대시킴으로써 반(半)독재, 반(半)전체주의적 정치를 하고 있다고 비난하였다. 좌익 계통의 대중 선동가들은 뉴딜 정책이 실질적으로 기업가와 부유층에게만 유리하고 하부구조의 대부분의 대중들에게는 별 효과가 없다고 반박하였다. 우익의 보수주의자들은 정부가 너무 많은 세금을 부가하며 공공 기업들에 대해 필요 이상의 제재를 가한다고 비난하면서, 유럽의 파시즘이나 공산주의적 방향으로 미국을 이끌고 있다고 비난하였다. 좌익 계통의 비난자들은 특히 T.V.A. 정책에 화실을 집중하였는데, 이 정책이 노동자나 소비자들의 필요보다도 산업가들의 필요에 맞추었다고 주장하면서 루즈벨트가 갈수록 그의 약속과는 달리 기업가들과 결탁하고 있다고 비난하였다. A.A.A. 역시 비난을 면치 못하였는데 대부분의 국민들이 잘 입지도 먹지도 못하는데 농산물 가격을 올린다는 이유 하나로 수많은 농토를 경작하지 못하게 하는 것은 비도덕적인 짓이라고 공박하였다. 그들은 실질적으로 경지 축소 정책에 따라 수많은 소작인들이 그들의 농촌을 버리고 캘리포니아 등으로 이주하게 되었던 점을 적시하였다. 디트로이트의 찰스 코글린(Charles Coughlin) 신부는 C.&S. 방송망을 통하여 뉴딜 정책이 공산주의적이며 반(反)자본주의적이며 유대인들의 금융가들에 의하여 지배되고 있다고 비난하였다. 뉴딜이 시작되자 그는 "그리스도의 딜(Christ Deal)"이라고 후원하였으나, 그후로는 뉴딜을 "유대인의 딜(Jew's Deal)"이라고 비꼬면서 사회 정의를 부르짖었다. 프란시스 타운센드(Francis Townsend) 의사는 캘리포니아의 롱비치에서 할머니들이 쓰레기통을 뒤지는 것을 목격한 후 정부가 60세 이상의 노인들에게 월 200달러의 연금을 지불해야 한다고 주장하였다. 그에 의하면 정부의 이러한 노인 연금 정책이 미국의 구매력을 촉진시켜 경제를 회복시킬 수 있다는 것이었다. 정치인으로는 루이지아나 주지사인 휴이 롱(Huey P. Long)이 대중 선동가로 국민의 많은 지지를 얻었다. 그는 T.V.A. 등의 뉴딜 정책이 너무 보수적인 정책으로 대기업가나 대금융가의 포로가 되었다고 주장하면서, 백만 달러 이상의 소득에 대해서는 세금을 붙여서 국가가 이를 몽땅 몰수해야 하며 재산세도 5만 달러 이상일 경우 국가가 압수해야 한다고 주장하였다. 이러한 압수된 금액으로 일반 국민에게 가족 수당으로

한가족 당 5,000 달러를 지불하고, 개인 연간소득 2,000 달러를 보장해야
하며, 일반 국민들의 대학 교육을, 그리고 농부들에게 곡식 저장을 무
료로 제공해야 한다고 주장하였다. 1935년 중순까지 그의 소득 재분배
운동은 700만 명 이상의 추종자를 확보하였고 이들은 다음 선거에서
롱을 대통령으로 밀려고 하였다. 그러나 1935년 9월 롱은 암살자의 총에
저격당해 사망하였다. 그의 이러한 운동은 열성적인 반유태인 운동가
제랄드 스미스(Gerald L. K. Smith)가 승계하여 계속하였다. 사회주의자
라고 자칭하는 많은 시, 주 관료들까지도 정부는 생산과 분배 수단을
집단적으로 공유하는 정책을 펴야 한다고 주장하고 사회당과 결탁하여
뉴딜 정책을 공격하기 시작하였다. 바로 이러한 때에 미국의 대법원이
A. A. A와 N. R. A가 위헌이라고 내린 판결로 인해 루즈벨트의 뉴딜은
결정적인 타격을 받았다.

1936년 대통령선거가 가까워지자 루즈벨트는 곤혹스러운 입장에 처
하게 되었다. 보수주의자들은 그들 나름대로 루즈벨트의 정책이 반(反)
미국적, 반(反)자본주의적이라 하여 비판하고 나섰다. 그리고 좌익 계
통의 극렬 개혁주의자들은 루즈벨트의 정책이 친기업가적, 보수적이
라고 비난하면서 무서운 속도로 국민들의 인기를 끌어가고 있었다. 그는
이제 중간 정도의 온건 정책에서 탈피하여 둘 중 어느 하나를 택해야
하는 기로에 놓였다. 즉 보수주의자들을 만족시키는 정책을 펴든지
아니면 좌익 개혁 운동가들을 만족시키는 정책을 펴야 할 운명에 놓인
것이다. 1933년과 1934년에 회복의 기미를 보였던 경제는 또다시 불경
기의 늪으로 빠져 들었다. 국민 대다수는 정부가 더욱 획기적인 정책을
펴서 그들의 비참한 생활을 구제해 줄 것을 기대하였다. 루즈벨트는
이에 대중들의 편에 서는 제 2 의 뉴딜 정책을 감행하기로 결정하였다.
일반 대중들의 숫자가 부유하고 보수적인 사람들의 숫자를 압도하였

기에 그는 대통령 선거를 겨냥해서 그의 두번째 뉴딜을 시도하였다고도
볼 수가 있다.

1934년 중반부터 대통령 선거가 있었던 1936년 8월말까지 루즈벨트가
새로 시작한 정책은 제2차 뉴딜이라고 불린다. 이것은 뉴딜 중에서
그리고 미국 역사상 가장 혁신적인 개혁이었다. 첫째로 와그너법(Wagner
Act)이라고 알려진 1934년 6월의 전국 노동 관계법(National Labor Relation
Act)은 노동자들이 그들 자신이 선택한 노동조합을 통하여 고용주와
교섭할 권리를 보장하였으며 고용주는 노동조합 활동에 간섭하지 못
하도록 규정하였다. 그리고 다섯명으로 구성된 이사회를 조직하여 노
동자들의 교섭을 후원하고 고용주들이 불법적인 해고 등, 부당하게
처우했을 경우 이것을 조사하도록 하였다.

루즈벨트는 이 기간에 미국의 복지 사회로의 이정표라 할 수 있는
사회 보장 제도의 기반을 확립하였다. 1935년에 제정된 사회 보장법(So-
cial Security Act)은 실업자 보상과 노약자 연금 등을 위하여 연방 정부와
주 정부가 협조하여 대처하기로 한 것이었다. 주 정부가 65세 이상의
가난한 노인에게 노령 복지금을 지급하면 그 액수만큼 더 연방 정부가
지급하는 것이었다. 노령 복지금을 위하여 피고용자에게는 소득세를,
고용주에게는 고용주 부담금(payroll tax)을 부과시켜 조성한 기여금 연금
제도를 마련하였다. 주 정부가 실업 보험법을 제정하면 고용주가 연방
정부에 납부하는 고용주 부담금(payroll tax)에 의한 적립금을 지급하는
연방 정부—주 정부 합동의 실업 보험 제도를 발전시키는 것이었다.
이 제도에 의하면 물론 정부가 정부 예산에 의하여 이러한 복지제도를
직접 도와주지 않고 고용주와 피고용자가 그들의 연금을 위하여 일종의
저축을 하는 것이지만, 정부가 최초로 연금 제도 등의 사회보장에 관한
책임을 인정하였다는 점에서 이 사회 보장법은 큰 역사적 의미를 갖고

있다. 사회 보장법은 이러한 노령자 및 실업자 보험 외에도 가난한
피부양 아동의 보호, 극심한 경제적 어려움에 처한 모자 건강 증진,
불구아를 위한 의료 서비스 등을 위한 적절한 조치를 강구하였다. 이
러한 것들은 연방 정부의 지원을 받아 주 정부가 수행하는 것이었다.
또한 부유세(Wealth Tax)로 알려진 세입법(Revenue Act)이 제정되어서
그동안 휴이 롱이 주장하였던 것처럼 상속 재산과 기타 자산의 판매에
따른 이득에 관하여 많은 세금을 부과하였다.

　1936년 선거에서 루즈벨트는 또다시 압도적인 승리를 거두었다. 그는
약 2,780만 표를 획득하였는데 그의 맞수였던 공화당 후보인 캔사스의
주지사 알프래드 랜던(Alfred M. Landon)은 1,670만 표를 획득하였다. 기타
코글린 신부의 추종자나 휴이 롱의 추종자들의 연합 세력과 공산당,
사회당 등의 후보들을 다합해서도 100만여 표를 획득하는 데 그쳤다.
민주당은 메인과 버몬트 주를 제외하고 미국 전체를 석권하였으며 상
하의원에서도 다수당으로 등장하였다. 많은 정치인들은 민주당의 압
도적인 승리가 미국의 전통적인 양당 정치 제도의 종말을 기하는 위험한
일이 되지 않을까 우려까지 하였다. 1936년의 선거는 미국 정치사에서도
큰 의미를 갖고 있는데, 루즈벨트의 승리는 국민 대다수가 루즈벨트의
뉴딜 정책에 대체적으로 호응하였던 것 말고도 도시 인구의 급격한
증가에도 큰 이유가 있었다는 것이다. 1920년대와 1930년대에 많은 유럽
이민들의 2세가 투표 연령이 되었다. 그 숫자는 무려 1,300만 명이나
되었으며 그 대부분이 도시에 거주하였다. 그 외에도 수많은 농촌 인
구들이 도시로 집중하였는데 그 수는 약 600만 명에 이르렀다. 이들
도시 거주민들은 보수적인 공화당보다 자연히 진보적인 민주당을 지
원하여 민주당은 이러한 도시 세력을 기반으로 쉽게 선거에서 승리할
수가 있었다. 이러한 추세는 그 이후로도 지속되었으며 더욱이 제 2 차

세계 대전 이후로 흑인들이 공화당에서 민주당으로 전환하면서 이러한
추세는 더욱 고정화되어 갔다.

루즈벨트의 두번째 임기 동안 그가 가장 먼저 해결해야 했던 것은
바로 사법부와의 문제였다. 대법원은 이미 제1차 뉴딜의 가장 핵심
이라고 할 수 있는 A.A.A.와 N.R.A.를 위헌이라고 판결하였기 때문에
루즈벨트의 더 야심있는 개혁안들은 대법원의 강력한 저지를 받을 가
능성이 많았다. 법무장관인 호머 커밍스(Homer Cummings)와 함께 사
법부에 관하여 어떻게 대응할까 강구한 끝에 그는 대법원의 규모를
늘리는 방안을 생각해 냈다. 즉 연방법원 판사의 수를 늘림으로써 루
즈벨트 측의 새로운 판사들을 대거 기용하는 계획이었다. 루즈벨트는
2월 5일 국회에 보낸 그의 교서에서 50명의 새로운 판사를 보강하고
대법원 판사의 수를 현존 9명에다 6명을 더 늘릴 것을 요구하였다.
아울러 그는 10년 이상 근속하였거나 70세를 넘는 판사들의 권한을
축소시키는 안을 제출하였다. 그러나 루즈벨트의 이러한 사법부 개편
제안은 오히려 민주당으로부터 심한 반발을 샀다. 특히 그가 나이든
판사들의 권한을 축소시키려 한 것은 그 당시 의회내의 나이든 정치
인들의 감정을 몹시 건드렸다. 대법원내에서는 가장 나이가 많이 들
었으며 사회 정의를 부르짖었던 자유주의적인 루이스 브랜다이스(Louis
D. Brandeis) 판사의 감정을 결정적으로 상하게 하였다. 또한 그동안
법원의 권위를 숭배해 왔던 많은 정치인들에게 루즈벨트의 이러한 법원
개혁안이 미국 민주주의 제도에서는 상상할 수도 없는 독재주의적 행
동으로 보였다. 이러한 와중에서 대법원은 그동안 뉴딜 정책에 반대
하였던 입장을 바꿔서 와그너법, 사회 보장법과 같은 새로운 뉴딜 입
법을 합헌적인 것으로 인준하였다. 보수주의 판사인 윌리스 반 드반터
(Willis Van Devanter)는 대법원 결정에 불만을 품고 사임하였는데, 루

즈벨트는 그 공석에 뉴딜의 옹호자였던 알라바마의 상원 의원 휴 블랙(Hugh Black)을 임명하였다. 결과적으로 루즈벨트의 사법부 개편 정책은 성공을 거두지 못하고 오히려 수많은 민주당원들이 그로부터 등을 돌리는 결과를 낳게 되었지만, 대법원에서 새로운 뉴딜 입법을 인정함으로써 루즈벨트로서는 획기적인 전환점을 맞게 된 것이었다.

　루즈벨트의 2차 임기 동안 가장 크게 영향을 받았던 그룹은 노동조합이었다. 와그너법의 제정으로 인하여 노동조합의 권리가 법적으로 보장받게 되자 연합 광산 노동조합(United Mine Workers)의 유명한 지도자인 존 루이스(John L. Lewis)는 이러한 정치적 기류를 타고 대대적으로 그의 조합을 확장시켜 1년만에 50만 명의 회원을 확보하였다. 루이스의 이러한 성공에 따라 미국 전역의 수많은 노동자들이 노동조합을 결성하였고 이미 결성된 조합은 수많은 회원들을 증가시켰다. 비숙련 산업 노동자들은 오랫동안 미국 노동 총연맹(A.F.L)에 가입하지 못하고 자체적으로 노동조합을 만들어 운영하고 있었는데, 이러한 와그너법의 여파로 A.F.L내에서도 비숙련 산업 노동자를 그들 조합에 포함시키려는 운동을 전개하였다. 루이스와 다른 산업 노동조합 운동가들은 A.F.L에 의하여 소외된 많은 비숙련공들이 연합하면 엄청난 세력으로 발전할 수 있을 것을 예상하고, 사무엘 곰퍼즈의 뒤를 이어 새 회장이 된 윌리암 그린(William Green)을 설득하여 비숙련 산업 노동자도 A.F.L에 참가할 수 있도록 노력하였다. 그러나 전통적인 숙련공 위주의 노동 총연맹을 고집한 그린과 그의 A.F.L. 집행부의 반대에 부딪치자 루이스는 A.F.L을 뛰쳐나와 산업 조직 회의(Congress for Industrial Organization, C.I.O.)라는 새로운 노동조합을 결성하기에 이르렀다. 이제 이 C.I.O.는 A.F.L과 함께 미국 노동조합 운동의 쌍벽을 이루게 되었고 1955년 A.F.L과 연합하기까지 미국의 산업 노동자들을 규합하여 강력한 위세를 보였다.

1936년 C.I.O.의 결성으로 말미암아 산업 노동자들은 더 적극적으로 노동 투쟁을 벌여나갔다. 1937년초에는 디트로이트 부근의 자동차 공장 노동자들이 연좌 파업(sitdown strike)과 같은 새로운 방법을 시도하여 고용주들이 그들의 요구를 들어줄 때까지 공장을 떠나지 않는 방법을 사용하였다. 이러한 방법이 국민들의 눈에 너무 혁명적인 수단으로 비쳐져서 오히려 사회에 악영향을 주고 있다는 것을 알아차린 그들은 결국 그들의 연좌 파업 방법을 조심해서 사용하였다. 그러나 그들은 노동조합 운동 사상 최초로 주요 산업체내에서 승리를 거두었다. 1937년 2월에 연합 자동차 노동조합원(United Auto Workers)들은 제너럴 모터스 회사(General Motors Co.)로부터 그들이 요구하였던 대부분의 조건을 승낙받았다. 그 다음 달에는 미국 철강(U.S. Steel) 회사에서 근무하던 노동자들이 투쟁을 벌여 10%의 임금 인상과 주당 40시간의 노동 시간 제한을 관철시켰다. 미국의 가장 큰 기업체였던 제너럴 모터스와 미국 철강에서 노동조합 투쟁이 성공을 거두게 되자 C.I.O.는 고무, 석유, 전기, 직물 등의 많은 산업 공장 분야에 그들의 세력을 확장시켰고 산발적으로 극렬한 투쟁을 벌이기도 하였다. 대부분의 기업체들은 미국 철강과 같이 노동조합에 승복하기를 거절하고 그들의 파업을 무력으로 제압하려 하였다. 1937년 미국 현충일에 일어난 시카고의 리퍼블릭 철강 (Republic Steel) 노동자 파업 때는 10여 명의 노동자들이 경찰에 의해 목숨을 잃었으며 수많은 부상자가 발생하는 비극이 일어났다. 디트로이트의 포드 자동차 공장에서 일어난 데모 항거는 회사측이 고용한 사립 탐정과 깡패들에 의하여 잔혹하게 진압되었다. 이 과정에서 노동자들의 지도자였던 월터 루터(Walter Reuther) 역시 심하게 두들겨 맞는 불상사가 일어났다.

대부분의 회사들은 사립 탐정을 이용하여 노동조합을 감시하고 노동조합내의 혼란을 획책하기 일쑤였다. 그러나 이러한 와중에도 루즈벨트의 친노동 정책으로 말미암아 C.I.O.는 계속적으로 성장하여 1938년에 6십만 명의 광산 노동자와 3십 7만 5천 명의 철강 노동자, 4십만명의 자동차 노동자, 3십만 명의 직물 공장 노동자 등 엄청난 수의 노동자들이 C.I.O.에 가입하였다.

1935년과 1936년에 미국 경제는 꾸준히 성장하였다. 이러한 성장은 정부의 구호 정책과 공공 사업 정책에 기인한 것이었다. 1937년 6월경에 정부는 그러한 과다한 지출로 말미암아 심각한 예산 적자를 겪었으며 또한 인플레이션을 염려하였다. 그리하여 루즈벨트는 정부 지출을 급격히 줄이도록 명령하였고 그에 따라 1937년에는 또다시 경기가 침체하게 되었다. 사실 1937년 경기 침체는 1929년보다 더 심각하였다. 1937년말까지 200만 명이 직장을 잃었으며 국민들은 또다시 미국 경제의 앞날을 비관하게 되었다.

대기업체들은 투자를 꺼려하였고 국민들은 정부 지출의 삭감으로 인하여 구매력이 갈수록 떨어졌다. 루즈벨트의 각료들은 대개 두 그룹으로 나뉘었다. 한쪽은 재무장관 헨리 모건도우 2세(Henry Morgenthau, Jr.)를 주축으로 해서 정부가 계속 지출을 줄여 균형 예산을 지속할 것을 촉구하고 미국의 경제 침체는 서서히 회복되어야 한다고 주장하였다. 다른 한편은 해리 홉킨스(Harry L. Hopkins) 등으로 그들은 영국의 경제학자인 존 케인즈(John M. Keynes)의 이론을 받아들여 정부가 적자 재정을 감수하면서 대대적인 지출을 감행함으로써 경기 침체를 극복해야 한다고 주장하였다. 루즈벨트 역시 이러한 케인즈 이론에 동감하고 그가 지금까지 전개하였던 뉴딜 방법이 경기 침체에 가장 합당하다는 확신을 갖게 되었다. 그는 정부가 대대적으로 재정을 지출하여 국민들의 소비력을 증진시켜 경기 침체의 늪에서 벗어나고자 하였다. 그리하여 그는 공공 사업 추진청(Work Progress Administration, W. P. A.)과 같은 구호 사업과 공공 사업에 정부 예산의 대대적인 지출을 꾀하였다. 그리고 1938년 4월에 의회는 이러한 목적을 위하여 330억 달러 상당의 지출을 승인하였다.

그러나 루즈벨트가 1937년의 경제 침체를 극복하기에는 미국의 경제가 너무 침체되어 있었다. 루즈벨트 자신도 케인즈 이론을 받아들였지만 과다한 정부 지출과 그에 따른 예산의 불균형이 갖다줄 영향을 우려하여 전폭적으로 케인즈의 대량 지출 원리를 적용하기를 꺼려하였다. 오직 케인즈의 이론은 제2차 세계 대전이 터짐으로써 완숙하게 되었으며, 미국의 경제 공황 역시 미국의 제2차 세계 대전 참전으로 극복되었다. 1929년말에 시작한 세기적인 대공황은 근본적으로 루즈벨트의 뉴딜에 의하여 극복된 것이 아니라 외부적 요인인 제2차 세계 대전으로 말미암아 극복될 수 있었다. 그러나 루즈벨트의 정책들이 근본적으로 경제 공황을 해결하지 못하였다 해서 루즈벨트와 그의 뉴딜 정책을 과소 평가할 수는 없다. 루즈벨트의 등장은 실로 미국사에서 가장 획기적인 순간이었으며, 아마 미국 독립 이래 미국의 정치 철학을 변혁시켰던 무혈 혁명의 시작이었다고 해도 과언은 아니다. 그는 미국 사상 처음으로 대통령직과 연방 정부의 역할을 대대적으로 변혁시켜 연방 정부가 무직자와 빈민들, 그리고 정부에 구호를 요구하는 노약자들에 대해 책임이 있다고 믿음으로써 그동안 1세기반 동안 지속되어왔던 자유 방임적 정치와 경제 체제를 정부 주도형 사회 복지 국가 체제로 바꿔놓도록 하였다. 그는 이러한 반(半)혁명적인 과정에서 미국의 전통적인 자본주의 사회를 무너뜨린 것은 아니었다. 다만 그는 자본주의 사회를 유지하면서 융통성을 발휘하여 정부의 권한을 최대

▶ 처칠, 루즈벨트, 스탈린.

한으로 확장시켰을 뿐이었다. 뉴딜의 개혁 규모와 그 특성으로 보아
다분히 혁명적인 요소가 있었으나 그렇다고 뉴딜이 1930년대에 경제
공황을 극복하기 위하여 급작스럽게 만들어진 혁명은 아니었다. 19세
기말부터 미국 사회에서 서서히 드러났던 개혁 운동이 제 1 차 세계 대전
이후 미국에 찾아든 번영의 시기 때 잠시 정지되었다가 대공황이라는
결정적 사회 불안을 맞이하여 루즈벨트가 중단되었던 이 개혁 운동을
과감하게 완성하였던 것이다. 뉴딜은 그 성격으로 보아서는 혁명적이
었지만 역사적으로 볼 때 혁명이라기보다는 하나의 계속된 역사의 진
보라고 말할 수가 있겠다. 히틀러 역시 루즈벨트와 거의 동시에 독일의
집권자로 등장하여 루즈벨트의 정책과 흡사한 경제 부흥 정책을 시도
하였다. 두 사람 다같이 경제 공황의 늪에서 허덕이는 국민들에게 희
망을 던져주었으며 대부분의 국민들로부터 열성적인 환영을 받았던
국가적 영웅이었다. 다만 틀린 점이 있었다면, 루즈벨트는 그의 정책에
도전하는 비판자들을 수용할 수 있었으며 그렇기에 무력적인 독재를
사용하지 않으면서 그의 정책을 폈던 것이고, 히틀러는 그의 정책에
반대하는 자들을 강압적으로 숙청해서 국민 전체를 그의 추종자로 만
들었던 점이다. 둘 다 그들의 경기 침체를 회복할 수는 없었다. 결국
히틀러는 전쟁이라는 방법을 통하여 국민들을 단합시키고 모든 산업
체제를 전쟁 준비에 집중시킴으로써 독일의 경제를 회복시키려 하였다.
그리고 루즈벨트는 뉴딜 정책으로 대공황을 극복하려 하였으나 성공
하지 못하다가 히틀러의 전쟁 도발과 1941년 12월 7일 일본의 진주만
공습을 경제 공황을 벗어날 대전기로 맞이하였다. 역설적으로 독일의
나찌주의자들과 일본의 군국주의자들이 미국의 공황을 극복하는 데
결정적 도움을 준 셈이었다.

# 제11장 베트남의 비극
—— 미국 패전의 교훈

미국만큼 전쟁으로 덕을 본 나라는 근대사에서 보기 힘들 것이다. 1812년에 영국과의 전쟁에서 미국은 유럽의 여러 나라에게 더이상 영국으로부터 갓 독립한 약체 국가가 아님을 보여주었다. 그리고 국내적으로는 강한 애국심과 민족주의를 조성하여 국가 발전의 중요한 심리적 계기를 마련하였다. 1846년 멕시코와의 전쟁에서 미국은 캘리포니아, 유타, 뉴멕시코, 텍사스 등 남서부의 광활한 토지를 획득하여 본격적인 서부 개척의 시기로 접어들었다. 1898년 스페인과의 전쟁에서 푸에르토 리코, 필리핀 등을 획득하여 남미 대륙 및 태평양 지역으로의 팽창을 위한 중요한 발판을 구축하였다. 제1차 세계 대전 덕분으로 미국은 엄청난 전시 경기를 맛보았으며, 그로써 세계 열강과 함께 세계 질서를 주도하는 국가로 등장하였다. 제2차 세계 대전으로 미국은 10여 년 동안 계속되던 미국 사상 최대의 경제 공황에서 벗어날 수 있었다. 무엇보다도 특히 전쟁에서의 승리로 인해 경제, 군사, 외교 면에서 세계 최강의 국가로 등장하였다. 이제 세계사는 미국과 소련의 양대 초강국에 의해서 주도되었으며 어느 나라도 미국의 우월적 위치에 감히 도전할 수 없게 되었다.

한마디로 지금의 미국이 가능했던 것은 몇 차례의 결정적인 전쟁 때문이라 해도 과언이 아니다. 이러한 세계 최강의 미국이 베트남 전쟁에서 패배하여 철수하고 말았다. 1965년 7월에 존슨(Lyndon B. Johnson) 대통령이 100,000명의 미군을 베트남에 파병하여 본격적으로 베트남 전쟁에 참여한 이래, 엄청난 물자적 손실과 인명 피해를 입고서 70년 대 초에 굴욕적으로 철수하였다. 미국 역사 생성 이후 최초로 패전을 경험하게 된 것이었다. 그것은 이해하기 힘든 역사적 사건이었다. 세계 최강의 군대를 소유하고 최대의 전쟁 물자를 소유했던 국가가 별볼일 없는 무기로 대항하는 조그마한 농업 국가를 이길 수 없었던 것이다. 세계 최강의 현대식 과학 기술과 잘 조직된 인간 부대와의 전쟁에서 결국 인간 조직체가 승리를 거둔 것이다. 베트남 전쟁 동안 약 7백만 톤의 폭탄이 베트남에 투하되었다. 이것은 제2차 세계 대전중에 유럽과 태평양 전선에 연합국이 투하했던 전체 투하량의 2배 이상이었다. 이는 베트남인 한 사람당 평균 500파운드 정도의 폭탄 세례를 받은 셈이었다. 또한 수많은 화학 무기의 투하로 엄청난 규모의 식물과 동물이 소멸 되었다. 그런데도 미국은 전쟁을 이기지 못했다. 57,000명이 넘는 미국 인들이 전사했으며 수십만 명의 베트남 사람들이 목숨을 잃었다. 미국은 1,500억 달러라는 엄청난 금액을 전쟁 수행을 위해 소비하였다. 그러나 이러한 희생도 미국의 승리를 보장하지 못했다.

아직도 미국인들은 왜 미국이 애초에 베트남 전쟁에 참전했었는가에 대해 자신 있는 대답을 하지 못한다. 베트남 전쟁중에 미국 사회는 매파 (Hawks)와 비둘기파(Doves)로 양분되어 심각한 사회적 혼란을 겪었다.

그리고 그 여파는 아직도 남아서 미국의 외교·군사 정책에서 갈등을 겪고 있다. 미국이 베트남 전쟁의 패배 때문에 국제적으로 굴욕당했던 것보다 더 심각했던 것은 전쟁이 미국 사회를 분열시켰다는 것이며, 미국인들 사이에 정부와 그의 외교 정책에 대한 불신감이 조성되기 시작하였다는 점이다. 국민의 불신만큼 국가의 힘을 약하게 하는 것은 없을 것이다. 제 2 차 세계 대전과 냉전중에 단합되었던 국민이 차후로는 외교 정책에 대해서 더 이상 단합된 모습을 보여주지 않았다. 이제 미국 대통령들은 그들이 어떠한 외교 정책을 수행할 때마다 국민들의 관심도에 신경을 써야 했고 언론 방송 기관들은 이러한 국민들의 반응을 측정하기에 여념이 없게 되었다. 아직도 미국의 베트남 전쟁 참가 이유와 베트남 전쟁의 정확한 의미를 찾지 못하고 갈팡질팡하는 게 미국의 현실이다. 로널드 레이건(Ronald Reagan) 대통령은 재임 당시 베트남 전쟁은 진실로 "고귀한 전쟁"이었으며, 미국은 식민지 지배로부터 갓 태어난 조그만 나라를 이웃의 전체주의로부터 보호하고 도우고자 베트남 전쟁에 참가였다고 언급하였다. 그의 국무장관 알렉산더 헤이그도 베트남 전쟁은 소련의 팽창주의 계획을 견제하기 위해서 필요했던 전쟁이라고 주장하였다. 이와 같은 생각은 소련에 대한 강경 외교를 추구했던 1980년대의 공화당 행정부의 냉전식 보수 외교 사상에서 볼 때 그렇게 놀랄만한 의견은 아니었지만, 과연 지금 얼마나 많은 미국인들이 이같은 주장을 받아들일지는 의문이다. 왜냐하면 베트남 전쟁이 여러 가지 면에서 그렇게 고귀한 전쟁은 아니었으며, 또한 그 전쟁 결과를 볼 때 그것이 전체주의의 침략이나 소련 팽창주의에 대한 저지책이었다고 보기도 힘들기 때문이다. 소련이 직접 베트남 전쟁을 적극적으로 도왔다는 증거도 없을 뿐더러, 전쟁 후에 베트남과 중공은 국경 문제 등으로 원수 사이가 되었다는 것을 보더라도 전체주의 인접국의 위협을 받는 베트남을 구제하기 위해서 미국이 그 전쟁에 참가했다는 가정은 그렇게 설득력이 없다. 그럼 왜 그리고 어떻게 미국이 베트남 전쟁에 참가하였는가?

베트남은 19세기말 이래로 프랑스의 식민지로서 오랫동안 프랑스의 압제하에 있었다. 프랑스는 베트남의 풍부한 쌀과 고무, 텅스텐, 주석 등을 착취하였다. 제2차 세계 대전중 베트남에는 공산주의자들에 의한 반제국주의 연합이 생성되었고, 이들은 민족주의자인 호치민을 중심으로 뭉쳐 게릴라 전법으로 일본군과 대항하여 싸웠다. 그들은 미국 전략 연구소와 연합해서 일본에 대항하기도 하였다. 전쟁이 끝나자 호치민은 베트남의 독립을 선언하였고 트루만 행정부에 편지를 써서 그들의 독립을 후원해 줄 것을 호소하였다. 여기에서 호치민에 대해 좀더 살펴 볼 필요가 있다. 그는 후에 미국인들이 주장했던 것처럼 모스크바의 꼭둑각시이거나 단순히 모스크바 명령에 따라 움직이는 그러한 지도자는 아니었다. 사실 그는 평생동안 결코 소련의 지령에 의해 강제적으로 움직여 본 적이 없었다. 그는 다만 오랫동안의 식민지 통치와 전쟁으로 황폐해진 그의 국가를 부흥시키는 데에는 마르크스 레닌주의의 사회주의 사상이 가장 적합하다고 생각하여 소련식 사회주의 제도를 답습하려고 했을 뿐이다. 1945년에 그들이 독립을 선포하였을 때 그들은 미국의 독립선언서를 그대로 모방하였다. 거기에는 "모든 사람은 평등하게 창조되었으며 그들은 그들의 조물주에 의하여 생존권과 자유 그리고 행복을 추구할 수 있는 권리 등 절대적 권리를 부여 받았다"라고 적혀 있었다. 사실 미국의 몇몇 신문들은 호치민을 베트남판 미국의 조지 워싱턴으로 묘사하였으며, 그가 성공적으로 베트남 국민을 이끌 것이라고 예견하기도 하였다. 1945년 8월에서 1946년 2월 동안 호치민은 미국의 트루만 대통령에게 8통의 편지를 썼는데 그

중 한 편지에는 이렇게 적혀 있다.

> 나는 순수히 인본주의적 이유로 아래와 같은 문제에 대해서 귀하
> 에게 말하고자 합니다. 1944년 겨울과 1945년 봄 동안에 프랑스의 기근
> 정책 때문에 200만 명의 베트남인들이 기아로 인해 죽어갔습니다.
> 프랑스인들은 모든 유용한 쌀을 차지하고 저장하였습니다……. 1945년
> 여름에는 홍수와 심한 가뭄으로 경작지의 3/4이 망가졌으며 정상적인
> 추수량의 5/6 정도가 상실되었습니다. 많은 국민들은 기근에 허덕이게
> 되었으며, 세계 열강들과 국제 구호 조직체들이 우리들에게 즉각적인
> 보조를 해주지 않는다면 우리는 긴박한 재난을 맞게 될 것입니다…….

그러나 트루만은 아무런 회신도 하지 않았다.

제 2차 세계 대전이 끝나자 프랑스가 다시 베트남 식민지에 돌아왔다.
베트남인들이 이에 저항하자 프랑스는 1946년 가을에 베트남의 북쪽
항구인 하이퐁을 폭격하였다. 이제 베트남인들은 그들의 독립을 수호
하기 위하여 무기를 들기에 이르렀다. 미국은 이들의 독립을 인정하
기는커녕 그것을 와해시키려고 노력하였다. 왜냐하면 프랑스는 서서히
전개되어가고 있던 냉전 시대에 미국의 중요한 우방이었으며, 또한 동남
아세아는 공산주의의 팽창으로부터 일본과 필리핀을 방어하는 데 전
략적으로도 필요하였기 때문이다. 거기에다 경제적으로 동남 아세아는
세계 최대의 천연 고무 생산 단지일 뿐만 아니라 여러가지 다른 천연
자원물이 풍부한 지역이였기에 미국은 쉽게 공산주의에 의한 베트남의
통일을 허락할 수 없었다.

1950년 초반에 미국은 두 가지의 중요한 결정을 내렸다. 하나는 미국이
프랑스의 꼭두각시 정부였던 바오다이(Bao Dai) 정권을 인정했던 것

이며, 다른 하나는 프랑스가 호치민파들과 전쟁을 하는 데 소요되는
비용의 대부분을 미국이 보조하기로 약속한 것이다. 베트남 국민의
눈에는 미국이 프랑스와 동맹을 맺는 것 하나만으로도 미국은 본질적
으로 식민 제국으로 보였다. 이러한 미국의 정책 변화는 1940년대말에
일어났던 여러가지 세계 정세 변화에 기인한 것이었다. 무엇보다도
중요한 변화는 마오쩌뚱이 이끄는 공산주의자들에 의해서 중국이 결국
1949년 가을에 공산화된 점이다. 중국 본토가 공산화되자 미국 정가는
이 엄청난 충격으로 소란스러웠고, 장제스파의 정치인들은 미국이 어
리숙한 외교와 무관심으로 중국을 잃었다고 행정부를 비판하기 시작
하였다. 1949년말에 소련이 최초로 원자 폭탄을 실험해서 성공하자 미
국은 다시 한번 소련의 팽창주의와 세계 공산화 계획은 어떠한 일이
있더라도 저지해야 한다는 생각을 굳혀갔다. 미국은 소위 도미노 이론
(Domino Theory)으로 한 지역이 공산화되면 다른 이웃 지역도 결국에는
공산화되기 때문에 제3세계의 공산화를 막기 위해서는 베트남의 공
산화 통일을 막으려고 단단히 각오하였다. 그후 1년 뒤에 한국 전쟁이
발발하자 미국은 이러한 확증을 더욱 굳게 갖게 되고 베트남에서 싸우는
프랑스를 더욱 적극적으로 원조하였다. 1950년까지 미국은 약 30만 정의
소형 무기와 기관총을 프랑스에 수송해 주었으며 약 10억 달러의 돈을
프랑스에 보냈다. 총체적으로 볼 때 미국은 프랑스의 전쟁 비용의 80
%정도를 보조한 셈이었다. 프랑스는 베트남에서 군사적 패배를 거듭
하다가 결국 1954년에 월맹과 제네바 조약을 체결하였다. 이 조약으로
베트남은 북위 17도선을 경계로 남북으로 임시 분할되어 호치민 정부가
북쪽을 지배하였다. 그리고 전국 선거가 1956년에 이루어지게끔 합의를
보았다. 그러나 베트남 지역에서의 호치민의 인기를 감안할 때 이 조
약에 의한 전국 선거는 결국 공산주의의 승리를 의미하는 것이었다.

따라서 미국은 이제 강력하게 그 조약을 파기하도록 노력하였다. 특히 CIA는 비밀리에 월맹을 겨냥한 여러가지 공작을 하기 시작하였다. 미국은 고 딘 디엠(Ngo Dinh Diem) 정권을 월남에 설립하고 도와주었다. 이 디엠 정권은 부정과 허위 투표로 98%에 이르는 득표를 얻어 남베트남을 통치하게 되었다. 미국은 전적으로 디엠 정권을 지지하여 이 정권으로 하여금 앞으로 다가올 전국 선거를 거부하도록 부추겼다. 왜냐하면 호치민 정권이 당선되리라는 것이 뻔하였기 때문이다. 1955년부터 1961년까지 디엠 정권은 미국으로부터 약 10억 달러에 상당하는 원조를 받았는데 그 대부분은 군사적인 것이었다. 이제 디엠 정권은 경제적으로 미국에 의존하게 되었다. 그러면서도 디엠 정권은 철저한 독재주의로 남쪽 베트남 국민들을 탄압하였다. 이에 대항하여 1960년에 반 디엠 정권 인사들과 공산주의자들이 연합하여 베트콩이라 불리우는 민족 해방 전선을 남베트남에 창설하였다.

여기에서 문제가 되는 것은 베트남 국민들의 원성을 받았던 디엠 독재 정권을 미국이 전적으로 후원했다는 것이다. 고 딘 디엠은 가톨릭 교도였는데 대부분의 베트남 국민들은 불교 신자였다. 종교적으로도 그는 베트남을 통치하기에 여러가지 어려움이 있었다. 뿐만 아니라 경제적으로 대부분의 국민들은 가난한 농민이었던 것에 반해 디엠은 지주편을 들어 일반 국민들과 동질감을 갖지 못했다. 더군다나 그는 1962년까지 지방 관료들의 88%정도를 군인이나 군인 출신 인사들로 임명하였다. 이들은 정권을 비판하는 수많은 국민들을 감금하여 국민들의 원성을 사기 시작하였다. 디엠 정권은 날이 갈수록 부패해 갔고 사회 개혁을 시도하기보다는 영리 추구에 급급하였으며, 수많은 미국의 경제 원조도 소수 정치인에 의해서 가로채여지곤 하였다.

고 딘 디엠 정권의 부패와 탄압이 심화되면서 베트콩 세력은 갈수록

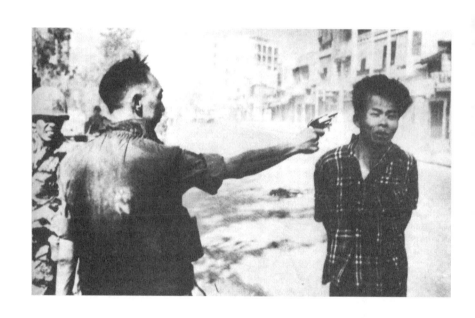

▶ 베트남 경찰의 즉결 심판.

농민들의 지지를 받아 그 인원이 증가하였다. 그들은 여러 곳에서 디엠
정권에 대항하는 게릴라 전쟁을 전개하였다. 그 당시 한 미국의 정치
분석가는 이러한 베트콩이 월남에서 최초로 가장 대중적 기반 위에
설립된 정당이며, 가장 신실하게 사회·정치 개혁을 추구하였던 정당
이라고 밝혔다. 이들 베트콩은 1962년초에 30만 명의 인원을 확보하였다.
그 당시 미국의 국방부 보고에서 밝힌 바와 같이 베트남의 시골 촌
락에서는 베트콩만이 대중들의 후원과 보조를 받고 있었다. 또한 사
이공을 비롯한 여러 곳에서 불교 지도자들이 주축이 된 수많은 반정부
인사들이 독재와 탄압에 항의하는 군중 집회를 가졌다. 1963년 6월 사
이공에서 어느 한 불교 스님이 분신 자살한 장면은 미국 텔레비전을
통해서 미국인들까지 시청할 정도였다.

1961년에 새로 들어선 케네디(John F. Kennedy) 행정부는 이러한 베
트콩의 활동에 대하여 확고한 제재를 가하기로 결심하였다. 미국은 군사
고문단이라는 명칭하에 디엠의 월남 정권에 많은 군인들을 파견하였다.
1963년까지 약 17,000명의 미 군사고문단이 월남에 파송되었는데 그 중
500명이 전투에서 목숨을 잃었다. 또한 수억 달러의 경제 원조금이
월남에 전달되었는데 부패한 디엠 정권은 이 자금을 사회를 효과적으로
개혁하는 데 쓰지 않고 그들의 정권 유지를 위하여 소비해 버렸다. 디엠
정권이 갈수록 국민을 탄압하고 갈수록 국민들의 신임을 잃게 되자
미국은 주월 미 대사 헨리 캐봇 로지(Henry Cabot Lodge Jr.)와 CIA의
은밀한 공작에 의한 쿠데타로 1963년 9월에 디엠을 살해하기로 했다.
이러한 쿠데타의 낌새를 알아차린 디엠이 미 대사관에 전화를 걸어 로지
대사에게 어떠한 일이냐고 묻고 도움을 요청했으나 로지는 모르는 일
이라고 잡아뗐다. 결국 디엠은 음모자들에 의해 트럭 뒷칸으로 납치된
후에 살해당하고 말았다.

313

　디엠이 암살당한 3주 뒤에 텍사스주 달라스에서 케네디 대통령도 비극적인 종말을 맞았다. 캐네디의 후임으로 텍사스 출신 부통령인 린든 존슨(Lyndon B. Johnson)이 국내외적으로 어려운 시련기에 미국을 영도할 운명을 맞이하였다. 텍사스의 카우보이 기질을 가진 그는 한번 싸우면 끝장을 보아야 하는 성미를 가졌다. 그는 옛날 뉴딜 정책에 참가했던 자로 테네시 댐 공사와 같은 사업을 전세계적으로 펼치고자 하였다. 그는 베트남에 미국의 발자취를 남겨 놓고자 하였다. 그가 말한 발자취란 학교들과 병원들과 댐들을 가리킨 것이었다. 즉 그는 일종의 "복지 제국주의"를 실현하고자 하였던 것이다. 그러나 그가 꿈꾸었던 이상적인 미국의 정책은 비극적인 종말로 끝났다. 미국이 남겨 놓은 발자취는 50만 명이 넘는 미군과 엄청난 양의 폭탄과 화학 무기였다. 존슨이 취임 초에 밝힌 그의 베트남 정책은 미국의 가장 전형적인 외교 정책의 상징이었다. 그는 낙후되고 어리석고 불쌍한 4등 국가에 미국의 풍부한 자원을 지원하고 그들을 민주주의 국가로 양성함으로써 그들이 공산주의 침략에 희생당하지 않도록 하는 것이었다. 이러한 존슨의 관념은 그 시작부터 이미 전쟁에 이길 수 없다는 것을 잘 암시하여 주고 있다. 왜냐하면 그는 베트남 국민들의 문화와 마음 그리고 독립에 대한 그들의 열망은 전혀 생각하지도 않고 다만 그 나라를 낙후된 나라로 단정하고 미국과 같은 최고의 자본주의 국가와 민주주의 국가가 그를 보호해야만 한다는 관념에 사로잡혀 있었기 때문이다. 문제는 바로 이러한 미국 지도자들이 갖는 미국 월등 의식이었다. 당시 국회 외교 분과 위원장이었던 상원 의원 윌리엄 풀브라이트(William J. Fullbright)가 밝힌 것처럼 존슨과 미국 국민은 "힘의 교만"으로부터 고통받은 것이었다.

　1964년초까지 베트콩은 월남의 거의 반 정도를 차지하게 되었으나 새로운 '사이공 정부는 안정조차 되지 않은 상태였다. 새 정부가 중립

화를 고려하자 미국은 또 다시 쿠데타로 이 정부를 무너뜨릴 계획까지
하였다. CIA는 전쟁 물자가 라오스를 통해서 베트콩에게 전달된다는
것을 알고 라오스의 주요 지점에 폭탄을 투하하기 시작하였다. 그러나
미군은 이 사실을 미국 의회와 국민들에게는 비밀로 하였다. 이러던
중 1964년 8월에 유명한 통킹만 사건(Tonkin Gulf Incident)이 터졌다.
1964년 8월초에 존슨 대통령과 로버트 맥나마라(Robert McNamara) 국
방장관은 TV회견에 나와 월맹군이 미국 구축함 "매독스(Maddox)"호에
이유없는 공격을 하여 정부는 미군으로 하여금 월맹을 공습하도록 명
령을 내렸다고 발표하였다. 국회는 통킹만 의결을 만장일치로 통과시
켜서 미국이 월맹을 공격하도록 허락하였다. 바로 이 통킹만 의결은
베트남에 대한 사실상의 전쟁 포고였으며, 미국은 사실상 선전 포고없이
이 애매한 의결에 의하여 앞으로 전쟁이 끝날 때까지 7, 8년 동안 처참한
전쟁 상태에 들어간 것이었다. 나중에 알려진 일이지만 통킹만에서 미국
함대에 대한 월맹의 공격은 사기였다는 것이 밝혀졌다. 미국의 고위
관료들이 국민들에게 거짓말을 한 셈이었다. 사실 CIA는 그전부터 북
베트남 해안 지역에서 비밀 공작으로 그들을 공격하고 있었기 때문에
만약 미군이 그러한 공격을 받았다하더라도 그것은 이유없는 공격이
라고 말할 수가 없는 것이었다. 존슨이 말한 것처럼 매독스호는 평상
적인 순찰을 하던 중이 아니라 특별한 첩보 활동을 하고 있었으며, 또한
국제 수역에 있었던 것이 아니라 월맹의 수역내에서 활동하고 있었다.
미국은 월맹에 대한 폭격을 가중시킴과 더불어 더 많은 미군들을 베
트남에 파견하였다. 1965년만 헤아려도 184,000명의 군인들이 파월되었다.
그 다음해인 1966년에는 385,000명이, 1968년초까지는 500,000명의 미군
들이 월남에 파송되었다.

　존슨 대통령은 베트남 전쟁을 미국화(Americanization)시켰다. 그는 월

남에 있는 미군에게 전면적인 수색 및 파괴를 명령하였다. 그리고 각
촌락마다 수색하여 베트콩의 혐의가 있는 주민들을 검거하거나 무참히
학살하였다. 또한 베트남에 있는 CIA는 피닉스 공작(Operation Phoenix)
이라는 작전에 따라서 적어도 20,000명의 월남인들을 재판없이 처형하
였다. 누구든지 공산당 지하 조직의 구성원으로 의심을 받게 되면 이
러한 비극을 당하였다.

  이러한 베트남 전쟁의 미국화는 베트남에서 미국의 군사 활동을 증
가시켰으나, 이와 동시에 이것은 미국내의 반전 운동가들의 항의를
촉진시키는 계기가 되었다. 미국이 전면적으로 베트남 전쟁에 개입하
면서 수많은 신문 방송 기자들이 전쟁 상황을 직접 일일이 취재하였다.
이러한 취재 기사가 미국 신문 방송에 자세히 보도되자 미국 국민들은
경악을 금치 못했다. 지금까지는 미국이, 잘 알려지지 않은 저 동남
아세아의 한 지역을 공산당의 위협으로부터 구제하기 위해 도와주고
있다고 막연히 생각하고 있었다. 그러나 실제로는 미군들이 그곳에서
전쟁을 하면서 수많은 그곳 양민들을 살해하고 있다는 사실을 알게 되자
미국인들은 그들의 베트남 참전에 대하여 회의하기 시작하였다. 이제
반전 운동가들은 결사적으로 미군 철수를 주장하고 나섰다. 베트남
전쟁이 TV 시대에 일어났다는 것은 호전적인 미국 정책가들에게는
불운이 아닐 수 없었다. 이제 미국 국민들은 그들의 안방에서 미군들이
베트남에서 생활하고 전쟁하는 것을 TV를 통해 생생하게 시청할 수
있었다. 미군 병사들이 베트콩들의 시체 수를 확인하기 위하여 시체마다
귀를 잘라 모으고 있는 장면을 TV 카메라를 통해서 보게 되자, 그들은
미국이 과연 평화를 위해 전쟁에 참가하고 있는가를 회의하기 시작하
였고 이 전쟁은 무언가가 잘못되고 있다고 생각하기 시작하였다. 이러한
미군의 잔학한 얘기들 중에서도 1968년 3월에 일어났던 미라이(My Lai)

의 대학살은 미국 전체를 분노에 휩싸이게 만들었다. 이것은 1968년 3월 16일 미국의 한 소대 병력이 미라이 동네에 진격하여 거주민들을 모두 사로잡아 늙은이와 어린아이를 품고 있는 여자들을 포함해서, 헌병 통계에 의하면 347명을 사살해 죽인 사건이었다. 물론 미군 병사들은 과연 누가 베트콩이고 누가 미군편인지를 가려낼 수 없었을 뿐 아니라, 오랜 밀림 정글에서의 보이지 않는 적과의 전투에서 정신적으로 지쳐 있었을 것이다. 이유야 어떻든지간에 이러한 엄청난 만행을 저지른 사실이 미국 신문, 방송을 통해서 국내에 알려지자 국민들은 살인범을 즉각 체포할 것과 베트남 전쟁을 종식시킬 것을 요구하는 군중 집회가 대대적으로 열렸다. 미라이 대학살에 대한 군사 재판에서 소대 소총 수였던 어느 병사는 이렇게 그 당시를 증언했다.

   캘리 중위와 폴 메들로라고 하는 소총수가 울면서 포로들을 구덩이 속으로 밀어넣었다. 그런데 그 소총수는 바로 전까지만 해도 어린아 이들에게 과자를 나눠주었던 병사였다. 캘리 중위로부터 사격 명령이 떨어졌다. 나는 정확히 무슨 말이었는지 기억할 수는 없었으나 사격을 시작하라는 투의 명령이었다. 메들로 소총수가 나를 바라보더니 '너는 왜 쏘지 않는 거야' 하고 외쳤다. 그는 울고 있었다. 나는 "할 수가 없습니다. 도저히 할 수가 없습니다"라고 대답했다. 그러자 캘리 중 위와 메들로 병사가 그들의 소총을 구덩이에 대고 총격을 가하기 시작하였다. 사람들은 하나둘씩 포개지면서 구덩이에 쌓여 갔고 어 머니들은 그 속에서 어린 아이들을 보호하려고 아우성이었다……

1968년초에는 이러한 전쟁의 잔혹성이 많은 미국인들의 양심을 움직이고 있었다. 또한 많은 사람들의 마음 속에는 미국이 결코 전쟁을 이길 수 없을 것이라는 생각이 굳어져가고 있었다. 그때까지 이미 40,000

명의 미국 병사들이 사망하였고 200,000명이 부상을 입었다. 그런데도 전쟁의 양상은 전혀 변화가 없었다. 존슨 대통령의 인기는 갈수록 추락되있다. 이러한 국내 분위기와 베트남에서의 정책 실패를 인정한 존슨 대통령은 1968년 봄 기자 회견에서 그는 다음 대통령 선거에 출마하지 않으리라는 비통한 선언을 하였다.

베트남 전쟁에 반대한 최초의 그룹은 미국의 인권 운동과 발을 맞춰 생겨났다. 통킹만 사건이 일어날 즈음에는 많은 흑백 인권 운동가들이 미시시피주의 필라델피아 부근에 모여 미국의 베트남 전쟁 참가를 공격하면서, 미국은 미시시피에서 흑인들에게 사용한 똑같은 폭력 수단으로 아세아인들을 취급하고 있다고 비난하였다. 많은 흑인들은 미국이 아무런 이유없이 아세아 국민들을 살해하고 있다고 밝히면서, 흑인들은 베트남 전쟁을 위한 징집에 응할 수 없다고 주장하였다. 왜냐하면 자기들은 산토 도밍고나 베트남에서 다른 유색 인종들을 살해함으로써 미국의 백인들이 더 부유하게 되는 그러한 계획에 동참할 수 없기 때문이라는 것이었다. 1966년초에 많은 흑인 학생 운동가들이 군대 징집에 불응하여 체포되었고 수많은 사람들이 형을 받고 투옥되었다. 그 당시 헤비급 세계 챔피언이었던 흑인 권투 선수 무하마드 알리(Muhammad Ali)가 베트남 전쟁을 백인들의 전쟁이라고 비꼬면서 병역 소집을 거부하여 그의 챔피언 타이틀을 박탈당한 사건은 유명한 일화이다. 베트남전에 대한 반전 운동은 무엇보다도 대학가에서 극성을 이루었다. 미국의 거의 모든 대학에서 학생들은 미국이 필요없는 전쟁에 참가해서 미군들뿐만 아니라 무고한 아세아인들까지 희생시키고 있다고 외쳐댔다. 학생들은 징집 신체 검사에 반대하는 데모를 벌였고 많은 사람들이 검거 투옥되었다. 1965년 11월 2일에는 워싱턴의 국방성 앞 바로 맥나

▶ 베트남전에 참전한 흑인 병사의 절망.

마라 국방장관실이 바라다 보이는 광장에서 32세의 평화주의자요, 세 아이의 아버지였던 노만 모리슨(Norman Morrison)이 전쟁에 반대하면서 분신 자살하였다. 같은 해에 디트로이트에서는 알리스 힐쯔(Alice Herz)라는 82세의 할머니가 인도차이나에서의 참혹한 인간 학살을 통곡하고 분신 자살하였다. 1970년에는 반전 군중 모임들이 워싱턴에서 수없이 열렸으며 매집회마다 수십만 명의 군중들이 참석하곤 하였다. 1971년에는 21,000명의 사람들이 워싱턴에 몰려와 워싱턴의 교통을 차단하면서 베트남에서의 인간 살육을 중지하도록 촉구하는 데모를 벌였다. 그중 1,400명이 체포되었는데 이것은 미국 사상 최고로 많은 사람이 한꺼번에 체포당한 기록이었다.

이러한 반전 운동은 1970년 5월 4일 오하이오의 켄트 주립 대학에서 절정에 달했다. 수천 명의 학생들이 학교 교정에서 베트남 전쟁을 반대하고 특히 닉슨(Richard M. Nixon) 대통령이 캄보디아 침공을 명령한 데 대해서 항의하는 데모를 벌였다. 군인들이 발포하여 네 명의 학생이 사살되었고 한 명이 반신 불구가 되었으며 수많은 학생들이 중경상을 입었다. 이 사건으로 인해 미국 전역에 걸쳐 약 400개 대학이 항의 데모를 벌였다. 이것은 미국 사상 처음 있었던 총학생 데모이기도 하였다. 1969년부터 1970년 학사 기간 동안, FBI 조사에 의하면, 1,785건의 학생 데모가 있었으며 313건의 건물 점령 사건이 있었다. 그중 특히 R.O.T.C. 건물은 이들 학생 데모의 표적이 되어 수많은 대학의 R.O.T.C.건물이 학생들에 의하여 부숴지고 점거되었다. 많은 학생들이 R.O.T.C.가입을 주저하였다. 1966년에 약 200,000명의 학생들이 R.O.T.C.에 등록하였던 것이 1973년에는 그 숫자가 약 70,000명에도 이르지 못하였다. R.O.T.C.는 베트남에서 싸우는 미국 장교의 반 이상을 배출하였는데 1973년에는 정원 미달로 필요한 인원수만큼의 장교들을 배출할 수가 없었다. 어떤 미국 육군 관리가 밝혔던 것처럼 미국이 또 다른 전쟁에 참전한다면 장교의 절대수 부족으로 싸울 수가 없을 형편이었다. R.O.T.C.뿐만 아니라 육군 사관학교 졸업생들 가운데서도 전쟁 참전을 거부하는 수가 늘어났다. 1965년 6월초에 육군 사관학교 졸업생 중 하나가 외딴 베트남 촌락으로 전출되자, 이것은 "베트남인들의 전쟁이고 한 사람의 미국인의 생명도 잃을 가치가 없다"고 하면서 그의 배속을 거절하여 군사 재판에 회부되기도 하였다. 그 다음 해에는 3명의 하사관들이 이 전쟁을 비도덕적이고 비합법적이며 불공정한 것으로 비판하여 군사재판에 회부되어 감금당하였다. 1967년초 사우스 캐롤라이나에 있는 잭슨 부대의 군의관으로 있었던 어느 한 의사는 특수 부대였던 그린베레에게 강의하는 것을 거부하였다. 그는 이들 특수 부대가 "여자들과 어린아이들의 살인자들이며 농부들의 살인자들"이라고 생각하였기 때문이다. 곧 그는 군사재판에 회부되어서 실형을 살았다.

1968년 1월에 베트콩과 월맹 연합군은 테트 공격(Tet Offensive)이라고 불리우는 전면 공격을 실시하여 남쪽 베트남의 상당수 촌락을 점령하였으며 한때 그들은 사이공을 점령하였다. 이러한 그들의 성공적인 공격은 미국 국민들뿐만 아니라 미국 정책 결정자들에게 심각한 우려를 안겨주었다. 이제 그들은 막대한 전쟁물자와 미국의 병력으로도 월맹군과 베트콩의 세력을 결코 물리칠 수 없겠다는 생각을 서서히 갖게 되었다. 그리고 그들은 공산군들이 마음만 먹으면 제 2 의 테트 공격으로 전체 베트남을 차지할 수 있으리라는 생각도 하였다. 결국 존슨은 3월 31일에 월맹 지역의 공습을 중단시켰으며 하노이 정권과의 협상을 타진하였다. 그리고 자기는 다가오는 대통령 선거에 출마하지 않으리라는 의사를 밝혔다. 이것은 미국 사상 최초로 현직 대통령이 군사 외교적인 실패를 자인하고 대통령 출마를 포기했던 최초의 사건이기도 하였다.

1968년 선거에서 미군을 베트남 전쟁으로부터 철수시킬 것을 약속한 리처드 닉슨이 새 대통령으로 당선되었다. 그는 즉각 군인들을 단계적으로 철수시켜 1972년 2월경에는 겨우 150,000명의 군인들만 베트남에 남아 있게 되었다. 그렇다고 해서 그는 폭격을 중단하지는 않았다. 그는 미군을 단계적으로 철수시키면서 오히려 하노이 부근의 월맹 지역에 대한 폭격을 더욱 강화시켰다. 1970년 봄에 그는 적군의 전쟁 물자 창고를 수색한다는 미명 아래 캄보디아를 침범하는 결정적인 실수를 범하였다. 이 캄보디아 침공은 국내에 더욱더 강력한 반전 데모를 촉진시켰으며, 국민들 사이에 베트남 전쟁을 종식시키는 데에 닉슨도 전직 대통령과 별로 다를 바 없다는 평판이 나돌았다. 바로 켄트 주립 대학의 비극은 이때 일어난 것이었다. 닉슨은 국민들의 반대와 여러 정책 결정자들의 간언에도 불구하고 국무장관 헨리 키신저(Henry Kissinger)와 함께 전쟁을 더욱 격화시켰다. 북쪽에 대한 폭격은 더욱 심하고 조직적이었으며 CIA는 그들의 피닉스 공작을 더욱 강화하여 베트남에 있는 수천 명의 양민들을 암살하였다. 미 공군은 비밀리에 캄보디아 폭격을 계속하였고 북서 지역에 위치한 전략적 항구들을 무차별 폭격하기 시작하였다.

이러한 상황에서 평화 협정이 쉽게 이루어질 리가 없었다. 베트남 대표단들은 미국의 패배가 눈앞에 다가오고 있음을 알아차리고 타협을 의식적으로 꺼려하였다. 그러나 키신저는 개인적으로 월맹 대표단의 주역과 만나 평화 협정을 시도하여 결국 소련과 중국의 후원을 얻어 1973년 1월 27일 월맹과 휴전 협정 조약을 맺었다. 이 조약으로 미국은 나머지 군대를 60일내에 철수하기로 약속하였다. 또한 베트콩 세력을 포함한 연합 정부가 베트남에 설치되는 것을 공식적으로 합의하였다. 닉슨은 베트남에서의 미군을 단계적으로 철수시키면서 베트남 정부에 대한 원조 계획도 점차 삭감하였다. 그러나 근본적으로 닉슨은 그가 표방하는 베트남 전쟁의 베트남화(Vietnamization)를 완전히 포기한 것은 아니었다. 즉 닉슨은 그의 닉슨 독트린을 통하여 미국은 아세아 국가들 가운데 스스로 돕는 자들을 도와줄 것이라는 그의 선언을 상기시키면서, 베트남인들이 미국의 물자를 받아 그들 자신이 베트남을 지킬 수 있도록 하였다. 베트남과 월맹은 서로 휴전 협정을 위반하고 다시 전면적인 전쟁을 전개하였으나 예상대로 힘이 없는 베트남 정권은 그 이상 버티지 못하고 항복하고 말았다. 베트남이 항복하기 직전에 수백 명의 미국 인들과 미국을 위해 일했던 베트남인들이 사이공에 있는 미국 대사관의 지붕 위에서 헬리콥터로 구조를 받았다. 마지막으로 베트남을 떠나는 미국의 항공기와 선박에는 울부짖는 베트남 국민들로 수라장이 되었는데, 그 광경은 차마 눈뜨고 볼 수 없었던 역사적인 장면이기도 하였다. 1975년 4월 29일 베트남은 패망하고 사이공은 호치민시로 그 이름을 바꾸었다. 미국 사상 가장 길었고 가장 의견이 분분하였던 전쟁은 끝이 났다.

전쟁은 끝이 났고 더이상 미국 병사들이 외국 땅에서 피를 흘리지는 않게 되었지만 베트남 전쟁의 패전은 미국에 쓰라린 유산을 남겨주었다. 엄청난 수의 베트남 국민들과 미국 병사들이 목숨을 잃었을 뿐만 아니라 미국은 사상 최초로 국민들이 갈라지고 대립하는 전쟁 아닌 내란을 겪었다. 베트남전은 그동안 전세계에서 자유 민주주의의 수호자로 군림하였던 미국의 이미지에 결정적인 먹칠을 하였다. 이제 남미를 비롯한 세계 여러곳의 제3세계 국가들은 미국에 대해서 더욱 큰 소리를 칠 수 있게 되었다. 사실 미국이 베트남전에 참전했던 것은 만약 공산 정권이 베트남을 장악하게 되면 도미노 이론에 의하여 그 주위 지역인 라오스와 캄보디아가 공산화될 것이고, 결국 태국까지 그 영향이 미칠

것이기 때문에 이러한 영향을 미연에 방지하기 위해서였다. 이제 갓
독립한 제3세계 국가들에게 미국의 정치 체제와 미국의 정치 철학을
소개함으로써 그들이 미국식 민주주의 정치를 하기를 바래서이기도
하였다. 막강한 미국의 군사력을 이 전쟁을 통해서 전세계에 과시하기
위한 가능성도 배제할 수 없다. 이 전쟁을 통해서 전세계에 미국 국민의
단합된 모습을 보여주고자 한 것인지도 모른다. 이 전쟁으로 미국이
결정적으로 공산 정권을 물리침으로써 소련과 기타 공산당 강국들이
더 이상 세계에서 그들의 야심을 펼치지 못하도록 본때를 보여주려고
하였던 것은 틀림없다. 어떤 수정주의 학자가 밝힌 것처럼 미국은 제2차
세계 대전 후에 급속도로 개발된 신무기들을 베트남 전쟁을 통해서
시험해 보려고 참전했을 가능성도 적지 않다. 이 모든 면을 고려할 때
베트남 전쟁은 제2차 세계 대전 이후 세계 정치 외교 질서를 주도하게
된 미국의 위치를 여러가지 면에서 시험한 일종의 시험대였다고 해도
과언이 아니다.

　그런데 미국은 아우성치는 베트남인들을 뒤로 하고 철수할 수밖에
없었다. 세계 최강의 군대를 보유하고 있었으며 최고의 국력을 가진
미국이 조그마한 아세아의 한 지역을 마음대로 할 수 없었던 것이다.
베트남 전쟁에서 미국이 얻은 가장 귀중한 교훈은 미국이 그 나라
국민들의 환영을 받지 못하고, 더군다나 국내의 동의를 얻지 못할 때
에는 전쟁에서 승리할 공산이 희박하다는 것이었다. 베트남 전쟁은
우수한 기술과 풍부한 전쟁 물자와 막대한 경제적 뒷받침이 있다고 해서
모든 전쟁에서 이길 수 있는 것은 아니라는 것을 잘 보여 주었다. 미국의
베트남 전쟁에서의 비극은 바로 이러한 미국의 제3세계 혹은 다른
나라에 대한 미국인들의 이해 부족이었다고 단언할 수가 있다. 그것은
미국인들 특히 미국 엘리트들 사이에 깊이 뿌리박고 있는 미국 우월

주의가 낳은 비극이었다. 미국이 2, 3세기 전에 인디언들을 쫓아내면서부터 그들의 행동을 합리화시켰던 똑같은 사고 방식이 20세기에도 남아 재현되었고, 이러한 그들의 사상적 교만과 선입감이 베트남의 비극을 초래한 것이었다. 남미나 아세아 지역 국가를 비롯한 여러 국가들은 본질적으로 백인보다 열등하며, 미국은 이러한 열등한 민족에게 미국의 고귀한 민주주의를 전도하고 그들을 문명화시키기 위해서는 어떠한 수단과 방법을 가리지 않고서라도 이들에게 도움을 주어야 한다는 것이었다. 이러한 논리의 결정적 오류는 미국인들이 그들의 입장에서만 생각하였지 미국의 원조와 다스림을 받는 당사자 국민들의 감정과 전통을 전혀 무시하였던 것이다. 1898년 미서 전쟁으로 미국이 쿠바와 필리핀을 차지하였을 때 미국은 그들이 소망했던 완전한 독립을 무시한 채 그들을 문명화시킨다는 미명 아래 미국식 민주주의 식민 정책을 펼쳤던 것이다. 얄타 회담에서 루즈벨트는 바로 똑같은 이유에서 한국은 40여년의 신탁통치가 필요하다고 주장하였다. 미국이 필리핀을 다스리는 데 44년이 소요되었기에 한국도 그 정도의 시간이 필요하다는 것이었다. 그는 미국이 44년 동안 필리핀을 통치하면서 발생하였던 여러가지 비참하고 부정적인 사실을 숨겼거나 아니면 그러한 사실에 대해서 전혀 무지했던 것이다. 미국은 기타 남미 여러 국가들과 중동 지역 및 아프리카 지역에서 미국을 중심으로 한 열강 국가에 의한 신탁 통치를 주장하였고, 바로 이러한 정신 때문에 미국은 비극적인 월남 참전을 결정하였다. 미국 지도자들은 제 2차 세계 대전 당시에 세계 각지역에서 자라고 있었던 민족주의를 의식하지 못하였다. 이러한 결정적인 실수가 결국 그 삯을 치른 것이었다. 미국이 세워놓았던 이란 정부는 1970년말에 호메이니에 의해서 전복되었고 니카라구아를 비롯한 남미의 여러 국가들에서 미국의 보호를 받았던 정권들이 무너져갔다.

베트남 전쟁도 이러한 세계사적 흐름에서 이해되어야 한다.

베트남 전쟁의 경험 중에서 미국이 얻은 가장 중요한 유산 중의 하나는 정보 시대에 와서는 미국의 정치인들이 자기 나름대로 쉽사리 외교나 전쟁을 할 수 없다는 것이었다. 이것은 세계 평화를 생각해 볼 때 다행스러운 교훈이다. 사실 베트남 전쟁이 10년 혹은 20년 전에만 일어났다 하더라도 과연 미국이 패배했을까 하는 의문을 갖게 된다. 이제 미국 국민들은 안방에서 베트남 전쟁을 생생하게 목격할 수 있었다. 이러한 TV에 비친 미국 병사들의 행동과 전쟁의 참혹성 때문에 수많은 사람들이 직접, 간접으로 반전 운동에 가담하였다. 세계 어느 나라보다 국민 투표에 민감한 미국 대통령과 정치인들은 이러한 국내 반전운동을 무시할 수 없었다. 사실 베트남 전쟁의 잔혹성은 미국이 1898년 스페인과의 전쟁 이후에 필리핀에서 경험했던 것과 별로 차이가 있는 것은 아니었다. 최근에 역사학자들이 20세기초에 미국의 필리핀 지배와 필리핀 반군과의 전쟁을 담은 무성 기록 영화를 편집하여 대학 교육용으로 제작하였는데, 이를 보는 사람은 그것이 베트남 전쟁과 여러모로 흡사하다는 점에 놀라지 않을 수 없을 것이다. 미국이 20세기초에 필리핀을 무력으로 누를 수 있었던 것은 어쩌면 그 당시 텔레비전이 없었기 때문인지도 모른다. 물론 많은 종군기자들의 생생한 기사 보도로 그 당시에도 지식인들 사이에 반전 평화 운동이 일어나긴 하였지만 대다수 국민들의 관심을 끌기에는 부족하였다. 한 촌락에서 300명 이상의 무고한 노인들과 어린아이, 여자들을 살육하는 미국 병사들의 행동을 미국인들이 가만히 두고 볼 수는 없었다. 사상자 수의 확인을 위해서 월맹군의 귀를 자르고 있는 그들의 젊은 병사들을 보면서 미국인들은 가만히 있을 수 없었던 것이다. 여기에서 우리는 언론이 얼마나 중요한가를 새삼 느끼게 된다. 언론이 앞으로의 세계 평화와

국민들에게 올바른 지식을 전해주기 위해 얼마나 중요한 위치를 차지
하고 있는가를 미국은 베트남전 교훈에서 배웠다. 레이건 전대통령이
자신 있게 언명한 것처럼 미국의 베트남 참전이 그렇게 고귀한 전쟁만은
아니었다.

# 제12장 흔들리는 70년대와
## 카터의 인권 외교

　베트남 전쟁이 미국에 끼친 상처는 너무나도 컸다. 58,000명이나 되는 미국의 젊은 생명을 앗아갔고 153,000명을 부상시킨 인적 손실도 컸지만 월남 패전으로 미국이 받은 정신적 충격은 더 심대하고 복합적인 것이었다. 제2차 세계 대전 이후 승승장구하며 미국판 신로마 제국을 건설하리라는 미국인들의 소망에 월남전은 찬물을 끼얹고 만 셈이다.

　사실 미국은 여러 전쟁을 통해서 신로마 제국으로 성장했다고 해도 과언이 아니다. 독립 전쟁으로 당시 세계 최강의 영국으로부터 정치적인 독립을 쟁취했으며 1812년의 영국과의 전쟁으로 경제적인 독립을 얻은 미국은 이미 영국과 유럽제국들에게 무시해 버릴 존재가 아님을 과시했다. 그후 미국은 "명백한 운명(Manifest Destiny)"의 기치 아래 1846년 멕시코와 전쟁을 일으켜서 캘리포니아를 포함한 광범위한 현재의 남서부를 차지하였다. 1898년에는 스페인과의 전쟁으로 어지러운 세계 질서에 정식으로 출사표를 제출했고, 제1차 세계 대전에 늦게나마 참전함으로써 세계 강대국 대열에 끼어들었으며, 결국 제 2차 세계 대전을 통하여 드디어 세계 최강의 국가로 등장하게 되었다. 그런데 어이없게도 미국인의 눈에는 상대가 되지 않을 줄 알았던 베트남에서 보기 좋게 망신을 당했으니 미국의 자존심에는 결정적인 상처가 될 수밖에 없었다.

베트남에서의 실패로 말미암아 정치가들은 무지한 국민들을 비난하고, 국민들에게 전쟁의 부정적인 것만을 보도한 미디어에 불만을 토로하였다. 군대는 줏대없이 왔다갔다 하는 정치인들에게 패배의 원인을 돌렸다. 베트남 전쟁으로 나라 전체가 두동강이로 분리되면서 서로가 서로를 비난하고, 전후에도 비난의 화살은 끊임이 없었다. 팡파르는 고사하고 삿대질과 욕설 투성의 야유를 들으며 하나 둘씩 고향으로 돌아오는 패전 아닌 패전병의 모습과, 1975년 사이공의 함락과 함께 미국 대사관 지붕을 출발한 마지막 헬기에 메달려 있다 떨어지는 베트남인들의 처절한 모습은 이미 멍든 미국인의 마음에 깊은 고통을 더하게 하였다.

미국의 멍든 마음을 사실 베트남 전쟁의 비극 때문만은 아니다. 베트남 전쟁과 함께 미국 사회의 군데군데는 상처 투성이었다. 무엇보다도 기존 정치 지도자들에 대한 불신은 갈수록 심화되고 있었다. 이러한 상황에서 벌어진 워터게이트 도청 사건은 지도자, 특히 대통령에 대한 국민의 신의를 결정적으로 무너뜨리고 말았다.

1972년 6월 17일, 대통령 선거가 있기 약 6개월전 수명의 괴한들이 워싱턴의 민주당 본부인 워터게이트(Watergate) 호텔에 잠입해서 민주당의 서류를 복사하고 군데군데 도청 장치를 하다가 발각되었다. "대통령 재선을 위한 위원회(the Committee to Re-Elect the President : CREEP)"

의 소행으로 판명되어서 위원회의 몇몇 책임자와 이와 관련된 것으로
알려진 백악관 직원의 검거로 이 사건은 일단락되는 듯 싶었다. 민주
당후보 조지 맥거번(George McGovern)은 이 사건을 선거에 결부시키려
애를 썼으나 끝내 성공을 못하고 닉슨에게 참패를 당하고 말았다. 닉
슨은 총투표의 60.8퍼센트를 휩쓸어 성공적인 재선을 한 것이다.

그러나 다음 해인 1973년 3월부터 이 사건이 심상치 않은 상황으로
전개되기 시작하였다. 이미 검거된 자들과 조사를 받던 닉슨의 측근들이
하나 둘씩 닉슨의 직접적인 개입을 암시하기 시작하였다. 그동안 닉슨
재선을 위해 몇몇 과잉 충성파들의 어리석은 장난 정도로 생각되던
사건이 순식간에 백악관 및 미국 정계와 사회를 충격의 회오리바람으로
몰아가게 되었다.

상원에서는 샘 어빈(Sam Ervin, Jr.)을 위원장으로 하는 특별 조사
위원회가 구성되면서 대대적인 청문회가 시작되었고 서서히 사건의
전말이 드러나게 되었다. 닉슨의 직접 개입이 최대의 잇슈로 등장하면서
백악관의 대통령 담화 내용이 담긴 녹음 테이프의 전체를 공개하도록
닉슨을 몰아 붙이게 되었다. 닉슨은 대통령 면책 특권(Executive Privilege)
을 위주로 한 대통령의 자유권을 내세우면서 완강하게 버티었다. 그러나
대세는 이미 닉슨에게 불리하게 기울고 있었다. 공화당 의원들과 닉슨의
측근도 포기하게 되자, 이윽고 닉슨은 문제의 녹음 테이프를 제출했다.
그러나 전문가들의 감시에 의하여 대화의 주요 부분이 삭제되었음이
판명되어 더 많은 테이프의 공개를 요구하게 되었다. 또한 이 과정에서
닉슨의 탈세와 공금 유용이 드러나면서 닉슨은 사면초가의 신세가 되
었다. 이 와중에 부통령 스피로 애그뉴(Spiro Agnew)는 뇌물 수수와 이에
따른 탈세 혐의로 부통령직을 사퇴하게 되었고, 하원 소수당 지도자인
제리 포드(Gerald Ford)가 부통령직을 승계하였다. 74년 7월, 대법원은

▶ 리차드 닉슨.

백악관으로 하여금 64개의 추가 테이프를 공개하라는 명령을 내리게 되었고, 하원에서는 대통령 탄핵안 절차를 밟기 시작하였다. 상원에서의 탄핵이 뻔하게 되자, 8월 8일, 그러니까 워터게이트 사건 발발 이후 18개월만에, 닉슨은 대통령직을 사임한다는 비장의 담화문을 국민들에게 발표하고야 만다. 흐느끼는 대통령의 가족들과 백악관 직원들, 마지막으로 제1호기 헬기를 타고 백악관을 떠나는 닉슨의 초췌한 모습에서 흔들리는 70년대의 미국과 미국인의 마음을 엿볼 수 있었다.

닉슨의 비참한 최후는 한 개인보다는 미국이 만들어낸 결과이다. 그것은 특히 냉전과 반공산주의 운동으로 미국의 전통적인 합리주의와 자유의 정신이 퇴색함으로써 초래된 이유 있는 비극이었다. 냉전의 가속화는 알게 모르게 대통령의 권한을 급속도로 강화시키고 있었다. 반공, 반소련의 기치 아래 CIA를 위주로 한 정보 기관의 활동 범위는 국외뿐만 아니라 국내 문제까지 팔을 뻗기 시작하였고, 대통령은 그것을 그의 정치적 목적에 이용하곤 하였다. 소위 "황제적 대통령(Imperial Presidency)"의 시대가 도래한 것이다. 물론 이러한 황제적 대통령이 건국 이래 때때로 등장했던 것은 사실이다. 1830년대의 앤드루 잭슨이 그랬었고 20세기 초의 디어도어 루즈벨트가 이러한 황제적 힘을 발휘하려고 했다. 그러나 전후 냉전 시대와 함께 도래한 이러한 강력한 행정부는 그 규모와 기간에 있어서 그 어느 시대와도 비교할 수가 없다. 그러나, 이제 미국인은 이렇게 강력해진 대통령을 몰아내고 미국의 자유, 민주주의를 다시 한번 점검하게 되었다.

어부지리로 선거없이 최고 통치권자가 된 포드는 살얼음판의 정국과 사회를 안정시켜야 하는 역사적 책임을 지게 되었다. 운동으로 다져진 거구와 소탈하게 웃곤 하는 그의 모습에서 미국은 다소 평온을 찾는 것 같았다. 아침 식사를 아내와 함께 직접 준비하는 모습에서 미국은 정권의 야심에서 찌들린 지도자상에서 동네 아저씨같은 소시민적인 지도자의 모습을 보는 듯했다.

그러나 어지러운 나라를 원상복귀하기에 포드는 역부족이었다. 거기다가 취임 몇 주 후에 그는 대통령 사면권을 이용하여 닉슨을 모든 죄에서 사면시킴으로써 일반 국민들의 의혹을 사게 되었다. 닉슨이 포드를 부통령으로 지명할 때, 만약 그가 사임하게 될 경우에 포드로 하여금 사면권을 발휘한다는 사전 협정이 있었는지도 모른다는 것이다. 그의 사면권 행사는 깨끗한 지도자를 애타게 찾고 있던 국민들에게 실망을 주었다. 지도자에 대한 불신뿐만 아니라 다른 경제, 사회의 제반문제 등을 처리하기에 포드는 역부족이었다.

무엇보다도 경제적 난관이 문제였다. 1973년 10월 이집트와 시리아는 갑자기 이스라엘을 공습하고 미국이 이스라엘을 후원하게 되자 산유국가(OPEC)들은 오일 가격을 한 배럴당 종전의 3불에서 5불로 올리면서 오일 파동을 야기시켰다. 이것은 특히 오일 소비량이 세계 최고인 미국에게 치명적인 타격을 주었다. 오일 가격의 상승으로 인한 다른 물가의 상승을 우려한 국민들은 가격이 더 오르기 전에 물건을 사기에 혈안이 되었다. 백화점마다 사람들은 들끓었고 이러한 추세는 인플레를 가속화시켰다. 저축보다는 신용 카드로 일단 사고 보는 소비 성향이 팽배해졌다. 개인 저축량의 감소와 함께 사회 기간 산업과 기타 건설 등의 경기는 곤두박질치게 되었고 이에 따른 실업률은 갈수록 상승했다. 소위 경기 침체 속에서 고인플레, 고실업률이 두드러지는 "스태그내이션(Stagnation)"라는 현상이 나타난 것이다.

경기 침체와 함께 흑백 인종 문제도 끊임없는 논란의 대상이 되었다.

60년대의 흑인 민권 운동과 이에 따른 복지 정책이 채택되었지만 흑인들의 실제적 경제력 성장에는 이렇다할 성과를 보지 못했다. 여전히 흑인 중산층의 소득은 백인 중산층의 60퍼센트 정도였으며, 갈수록 심각해져가는 십대 임신률과 미혼모의 증가는 흑인들의 경제력 성장에 어두운 그림자를 던졌다. 이러한 비관적 측면과 함께 대도시 흑인 밀집 지역의 높은 범죄율은 도시 경제력과 흑인 경제력의 신장 가능성을 마비시키고 있었다. 이러한 와중에서 우익 정치인과 지식인들은 흑인 복지 정책이 흑인들로 하여금 중앙 정부에 의지하려는 의타 정신을 고조시켜 문제를 더 어렵게 하고 있다고 비판하였고, 진보 세력들은 그와 반대로 중앙 정부의 성의없는 정책이 이러한 문제를 심화시켰다고 비판하였다.

흑인 차별 수정 정책인 소위 어퍼머티브 정책(Affirmative Action)을 강행하면서 흑인, 여성 등의 소수계에서 취업과 승진에 특혜를 주게 하는 제도적 변혁을 시도하였지만 사회의 전반적인 호응을 받질 못하였다. 또한 흑인들의 사회, 경제력의 성장률이 어퍼머티브 정책과 실질적으로 어떠한 관계를 갖는 것인가를 측정하기 어려웠다.

70년대는 경제뿐만 아니라, 정서적으로도 혼돈의 세대였다. 베트남 반전 데모는 미군 철수로 일단락을 지었고, 흑인 민권 운동의 열기도 그 기세가 한꺼풀 죽었으며, 히피 사상들도 젊은이들 사이에 서서히 그 매력을 잃고 있었다. 여권 신장 운동은 계속되었지만, 60년대의 반전, 민권 운동과의 연대성은 이제 찾기가 힘들고 홀로서기에 들어갔다. 1973년에는 대법원에서 낙태를 합법화시킴으로써 여권 운동의 절정을 이루게 되었지만 이에 따른 보수 세력들의 거센 반격 역시 만만치 않았다.

격동의 60년대와 70년대 초반의 혼란을 겪고 난 미국인들에게는 일종의 새로운 나르시즘이 고개를 들고 일어났다. 국민들 사이에는 "나만을 위한" 개인주의 사고 방식이 팽배하였는데 이러한 추세는 경제적 혼들림에 따라 나만을 위한 소비주의적 성향이 갈수록 심화되고 있었다. 케네디 대통령의 "국가가 나를 위해 무엇을 해주기를 바라기 전에 내가 국가를 위해서 무엇을 해야 할까를 생각하자"라는 외침은 이제 역사의 의미없는 메아리에 불과하였다. 워터게이트와 비능률적인 정부의 경제 정책에 실망한 국민들은 이젠 국가가 그들에게 무엇을 해줄 것을 기대도 하지 않고 그들 역시 국가를 위해 무엇을 할 것인가를 생각할 의욕도 없었다.

이러한 혼돈과 혼란의 세대에 기성 종교는 해답을 주지 못했고, 국민들 역시 기성 종교에 의지하려는 마음의 준비도 없었다. 그렇기에 수많은 사람들은 사이비 종교 집단에 그들의 삶과 영혼을 의지하려고 하였다. 짐 존스의 인민 사원은 그 대표적인 예라 하겠다.

지미 카터(Jimmy Carter)의 등장은 역사의 순환인지도 모른다. 다른 때였으면 촌스럽게 생긴 용모에 강한 조지아 사투리가 섞인 남부의 땅콩 장사가 대통령에 당선될 수 없었을 것이다. 그러나 시대적 상황으로 촌스러운 용모가 정직과 신뢰의 이미지로 나타났고 남부 농부의 평범함이 오히려 기존 정치인에서 볼 수 없는 강한 신선함을 드러내 주었다. 또한 힘에 의존한 냉전 외교에 진저리가 난 미국인들에게는 도덕 외교를 부르짖는 카터 후보에 커다란 호감을 주기 마련이었다.

단순한 이미지뿐만 아니라 카터는 미국인들이 듣고 싶은 것들을 선거 공약으로 내걸었다. 그는 연방정부를 본래의 위치로 되돌리겠다고 약속했다. 인플레를 낮추고 연방 적자를 줄이고 쓸데없는 낭비를 줄이며

▶ 퍼레이드 도중의 지미 카터.

중앙 정부를 책임감있고 효율적인 기구로 만들겠노라고 강조하였다. 어딘가 모르게 어수룩하지만 참신한 카터의 이미지에다 설득력있는 선거 공약에 국민들은 새로운 신뢰와 희망을 걸었다.

취임식 후 이례적으로 리무진에서 내려 쌀쌀한 워싱턴의 날씨와 경호 문제의 걱정에도 불구하고 도보로 부인의 손을 잡고 백악관으로 향하는 카터의 모습에서 워터게이트로 금이간 국민과 행정부의 간격을 좁히려는 대통령의 간절한 마음이 엿보였다. 카터는 그가 대통령으로 해야 할 일을 정확히 간파하고 있었다. 취임 직후 그는 미국이 당면한 문제는 오일 파동이나 경기 침체보다 더욱 깊은 곳에 있으며 그것은 바로 국민들의 확신의 문제라고 역설하였다. 건국 이래 최초로 미국인 대부분이 향후 5년이, 과거 5년보다 살기가 더 나쁠 것이라고 생각한다고 지적하면서 지금 이 시점에서는 국민들의 국가에 대한 확신과 자부심이 가장 중요한 때라고 지적하였다. "여러분들은 기회가 닿는 대로 여러분의 국가에 대한 무엇인가의 좋은 점에 대해서 말을 해야"한다는 그의 외침은 크나큰 호소력을 지녔다. 사실 이러한 연설 때문에 그의 인기는 10퍼센트나 치솟았다.

카터는 국내 문제만 신경쓸 수가 없는 상황이었다. 외교 문제 역시 중요하기 때문이다. 사실 외교 문제 해결은 국내 문제보다도 결과를 쉽게 볼 수 있기에 대통령의 인기를 위해서는 외교 분야에서 점수를 따는 것이 현명한지도 모른다.

베트남에서의 실패로 인하여 미국인들 사이에는 세계 질서를 인도하는 미국의 역량에 대해서 많은 회의를 가지고 있었다. 윌슨 대통령이 세계 평화와 민주주의를 위한 선교사적인 미국의 역할을 강조한 이래 미국인들의 마음 속에는 세계 평화와 민주주의를 위한 미국의 긍정적인 공헌에 깊은 자부심을 갖고 있었다. 미국은 제2차 세계 대전으로 서구 유럽을 파시즘으로부터 구했으며 전후에는 공산주의, 전체주의의 팽창을 비교적 성공적으로 견제했다고 자부하고 있었다. 그러나 베트남 전쟁의 비극은 이러한 자부심과 긍지를 산산조각내고 말았다. 한국이라는 극동의 조그만 나라에서만 미국을 돕겠다고 파병했지 서구 유럽국가들과 다른 우방국가들로부터는 도움을 받지 못하고 사실상 홀로 분투하다가 결국 손을 들고 만 것이다. 그것 뿐인가? 미국이 세계의 자유 민주주의를 위해서 노력한다고 믿었는데 왜 수많은 미국의 우방국민들은 독재의 압제하에서 허덕이며, 왜 그들이 반미를 외치고 미국을 공격하는지를 의아해 했다. 뭔가 분명히 잘못 되어가고 있다는 것을 알아차린 것이다. 미국을 도와서 파병을 한 한국이 그랬고, 필린핀이 그랬고, 중남미 제국들이 그랬으며, 중동과 아프리카 지역에서도 이러한 독재와 그에 따른 반미 운동이 깊어져만 갔다.

물론 우방 국가들의 인권 문제와 민주주의 진행에 문제가 있었던 것은 베트남 전쟁과는 직접적인 연관이 없었다. 이것은 1945년 이후로 계속적으로 야기된 문제였다. 단지 베트남전으로 인하여 미국 외교의 전반을 다시 한번 점검할 분위기가 조성되었으며 그 과정에서 이러한 인권 문제가 새로운 조명을 받게 된 것 뿐이었다.

닉슨과 포드 행정부의 외교를 전담한 헨리 키신저(Henry Kissinger)는 이러한 냉전 외교에 따른 도덕적 문제들에 새로운 관심을 보였어야 했는데 키신저 역시 전후 여느 지도자와 다를 바가 없었다. 오히려 키신저는 학술적으로 미국의 힘의 외교, 대(大)외교를 논리적으로 합리화시켰다. 나폴레옹의 몰락과 함께 등장한 비엔나회의 체제와 19세기후반 독일 통일의 견인차였던 비스마르크의 열렬한 추종자인 키신저는 강대국간의 힘의 균형이 세계 평화의 실제적인 주춧돌이 된다고 믿었으며 인권 등의 도덕 문제보다는 세계 공산주의를 견제하는 대외 정책에 초점을 맞추는 것이 미국의 국익과 궁극적인 세계 평화에 이바지한다고 철저하게 믿고 있었다.

키신저의 외교 철학과 정책이 과연 얼마나 진리인지는 모르나 궁극적으로 국민들에겐 호소력이 없었다. 이상주의와 실리주의의 사이에서 시소 놀이를 하던 미국의 외교 정책은 이젠 이상주의로 기울여야 할 때가 온 것이다. 이미 72년 선거를 비롯해서 상당수의 반전파 정치인들이 상원과 하원에 당선되면서 그들은 키신저의 실리주의 외교에 비판을 가하기 시작하였다. 상원에서는 민주당의 톰 하킨(Tom Harkin)이 대표적이었다. 하원에서는 박동선 사건과 코리아게이트로 한국에서도 유명한 도널드 프레이저(Donald M. Fraser)가 있었다. 프레이저는 하원 국제 기구 소위원회 위원장으로 한국 문제 등을 포함해서 미국의 원조를 받고 있는 우방 국가들에 대한 인권 상황을 청문회를 중심으로 샅샅이 공개하기 시작하였다.

카터는 이러한 변화되어가는 정치와 국민 정서를 간파하고 있었으며 그 자신 역시 이러한 이상주의 외교를 펼 수 있는 정신적, 종교적 자세를 갖추고 있었다. 견실한 침례교 신자인 카터는 상황이 어떠하든간에 올바른 일이라면 해야 한다는 신념이 있었고 이러한 올바른 일 뒤에는 정치적인 보상이 따르리라고 믿었다. 그는 외교에서 올바른 일이란 미국의 실리와 이념을 떠나서 인간의 기본권이 보장되는 그런 세계를 만들기 위해 미국은 우선적으로 인권 외교를 펼쳐야 한다고 믿었다. 다시 말하면 미국은 다른 국가들과의 관계에서 그 나라의 인권 상태를 외교상 주요한 지렛대로 책정해야 한다는 것이었다.

카터의 이러한 각오는 외교 담당 측근들의 선별에서 엿볼 수 있다. 그는 신임 유엔 대사로 앤드류 영(Andrew Young)을 임명하였다. 흑인

민권 운동가로 잔뼈가 굵은 그가 유엔에서 인종 차별 문제와 인권 문제를 거론하는 것은 예상되었고 사실 영 대사는 영국과 스웨덴 등의 우방을 포함해서 당사자 국가내에서의 인종 차별 문제 등을 비판하기 시작하였다. 물론 이러한 정책이 외교상의 또다른 문제와 잡음을 자아냈지만 카터는 눈을 감을 뿐이었다. 카터는 또한 국무성의 인권 담당 장관보란 차관급직에 민권 운동가인 패트리시아 데리안(Patricia Derian)을 임명하였다. 카터 재직기간 동안 데리안은 카터의 세계 인권에 대한 신념을 체계적이고 적극적으로 국무성의 외교 정책에 도입하였다. 데리안은 그 동안 국무성에 형식적으로 존재하던 조그만한 사무소격인 인권 부서를 강력한 국(局)으로 격상시켰고 전세계에 있는 미국 대사관마다 인권 담당 전문 요원을 상주시켜 당사국의 인권 상황을 상세하게 국무성 본부에 보고하도록 하였다. 그에 따라 국무성의 인권 담당 직원들의 숫자는 세배 이상 늘어났으며 임명 당시에 겨우 137페이지였던 세계 인권 보고서가 카터 말기까지는 무려 천여 페이지의 장대한 보고서로 변신하게 되었다.

카터 행정부의 도덕 외교는 남미 지역에서 현저하게 드러났다. 1898년의 미서 전쟁과 디어도어 루즈벨트의 "군함 외교(Gunboat Diplomacy)"의 전통에 의한 미국의 대남미 국가들의 외교는 전통적인 힘에 의한 강력 외교였었다. 물론 제2차 세계 대전 이전에 잠깐 비추었던 "선린 외교(Good Neighbor Policy)" 시기도 있었지만 냉전의 도래와 함께 중·남미에 있어서 미국의 외교는 전형적인 힘의 외교였었다. 이러한 전통뿐만이 아니라 중·남미는 카터의 도덕 외교에 중요한 의미를 갖고 있었다. 소련 등의 다른 국가들에게 인권 옹호를 외치기 위해서는 우선 미국의 뒷마당에서부터 미국의 새로운 외교 색깔을 보여주어야 하기 때문이다.

카터는 우선 파나마 운하를 파나마에 돌려주기 위한 작업에 들어갔다. 파나마 운하는 미국 팽창주의의 역사적 심볼이었다. 수에즈 운하가 영국과 프랑스 중심의 유럽 제국주의를 반영한 것과 같은 것이다. 산업 자본가와 우익 정치가들의 적극적인 반대에도 불구하고 카터는 취임 직후부터 파나마 운하를 파나마에 돌려주기 위한 접촉에 들어갔고 결국 일년 안에 파나마 정부와 협약을 맺어서 운하를 1999년까지 파나마에 소유권을 건네줄 것과 운하의 중립을 약속하였다.

그는 또 파나마 운하 협약과 함께 중·남미 제국들의 인권 문제를 들고 나왔다. 특히 미국의 원조를 받고있는 국가들 중에서 독재 정권을 집중 공략하였다. 니카라과가 그 좋은 본보기였다. 여기에서는 1930년대 이래로 소모사(Somoza) 가족들이 강력한 독재 정권을 유지하고 있었 는데 1967년에 정권을 잡은 아나스타시오 소모사(Anastasio Somoza)의 독재, 부패 정권은 그 절정에 달했다. 그로 인해 반정부 운동은 극렬 해졌고 결국 마르크스 조직 중의 하나인 산디니스타 해방 전선(Sandinista Liberation Front)은 반소모사 게릴라 전쟁을 전개하게 되었다. 소모사에 질린 대다수 국민들은 이 해방 전선에 동조하기 시작하였다. 카터는 이러한 움직임에 소모사 정권이 전적인 책임이 있다고 비난하며 1979년 초에 니카라과에 대한 군사, 경제 원조를 중단하였다. 사면초가에 놓인 소모사는 결국 그 해 7월 엄청난 양의 국가 재산을 걸머쥐고 파라과이로 도망가고 말았다.

다니엘 오르테가(Daniel Ortega)를 중심으로 한 산디니스트들은 자유 선거를 약속하였고 서방 국가들의 투자를 받아들였다. 오르테가 정권의 개혁을 바라며 카터는 이 새로운 정부에 7천 5백만 달러의 원조를 의 회에 신청하였다. 그러나 산디니스트들은 자유 선거를 취소하였고 강 압적인 통치를 펼치기 시작하였다. 미국 의회에서 오랜 논란 끝에 카

터가 신청한 원조를 승인할 쯤인 1980년에 오테르가 정권은 이미 소련과
무역 협정 등을 맺어 친소련 쪽으로 기울고 있었다.

좌익 산디니스트 정권이 주변 엘살바도르, 과테말라, 혼두라스 등의
국가들에 끼칠 영향 때문에 미국내 우익 세력들은 카터의 대남미 외교에
강한 비판을 전개하기 시작하였다. 그리고 축출된 소모사 추종자들로
구성된 반 오르테가 게릴라에 대한 미국의 원조를 주장하고 나섰다.
국내의 강력한 비판 세력들과 니카라과 신 정권의 친소련화, 독재화에
카터도 결국 원조를 중단하기로 결정하고 말았다.

중·남미 지역과 함께 중동 지역 역시 카터의 관심사였다. 새로운
외교, 새로운 평화를 부르짖는 카터로서는 중동 문제 해결에 남다른
열의를 보였다. 1978년 9월에는 이스라엘의 수상인 베긴과 이집트의
사다트를 설득하여 대통령 휴양지인 매릴랜드주의 캠프 데이비드(Camp
David)로 초청해서 적극적인 협상 중재를 시도하였다. 카터의 권유와
설득에서인지 뜻밖에도 두 정상은 협상에 성공해서 이스라엘은 시나이
반도를 이집트에 돌려주기로 약속하고 이집트는 이스라엘 국가 존립을
인정하며 평화 협정을 체결하였다. 그리고 양국은 팔레스타인 문제
해결을 위해 적극적인 노력을 할 것을 약속하였다.

그러나, 역시 중동 문제는 그리 쉽지가 않았다. 그해 11월에 베긴은
팔레스타인과의 타협은 하지 않겠다고 찬물을 끼얹었고 사다트는 다른
아랍 국가들로부터 강력한 비판과 협박에 시달리면서 캠프 데이비드의
약속에 미온적인 태도를 보였다. 그가 남다른 정열을 쏟아 성공한 캠프
데이비드의 협약이 물거품이 되는 것을 우려한 카터는 또다시 두 정상을
설득해서 백악관으로 불러들여 중재하는 데 성공하였다. 1979년 3월 26
일은 중동 평화에 역사적인 날이었다. 백악관에서 거행된 중동 평화
협정에서 두 정상은 정식으로 평화 협정에 서명하였다. 서명을 하는

예식을 지켜보는 카터의 얼굴에는 흡족한 만족감이 흐르고 있었다. 베긴과 사다트는 그 해 노벨 평화상을 공동으로 수상하였으며 그에 따른 카터의 평화 중개자로서의 이미지는 크게 부각되었다.

카터는 중동 문제에 따른 평화의 사도로서의 이미지를 부각시키는 데는 성공하였는지 모르지만 선거 공약에 따른 인권 외교는 이렇다할 진전을 하지 못하였다. 외교 경험이 없는 카터로서는 현실과 이론의 차이점을 서서히 느끼고 있었는지 모른다. 냉전에 의한 힘의 외교, 실리 외교를 한순간에 바꾸기는 그리 쉽지 않으리라고 생각하였지만 막상 인권 문제를 강조하기에는 국내외에 너무나 많은 문제를 안고 있었다. 그는 소련의 인권 탄압을 비판함으로써 전략 무기 감축 협상에 차질을 가져와 키신저의 데땅트 노력이 물거품이 되는 듯하였다. 여론은 미국의 안보와 이익에 비중이 큰 나라들에 대한 인권 침해 현상에는 형식적인 비판뿐이고 미국과의 직접적인 이익이 없는 나라에만 비판의 강도를 높여 실제적인 외교적 압박을 가하고 있다며 카터 인권 외교의 이중성을 꼬집기 시작하였다. 대표적인 예로 미국의 이익에 커다란 영향을 주지 못하는 우간다에 대해선 경제 제재 등의 강력한 외교적 압력을 가했지만 인종 차별로 세계적으로 비판을 받고 있던 남아프리카 공화국에 대해서는 말뿐인 비판이지 실제적인 경제 제재를 하지 못하였다. 우간다의 이디 아민(Idi Amin)은 상식 이상의 독재 정치로 악명이 높았는데 이러한 독재 정권에 카터의 강력한 인권 외교를 쉽게 펼 수 있었다. 미국은 우간다의 커피를 수입하고 있었지만 미국 커피 수입의 전체량에 비하면 우간다와의 통상 거래의 폭은 극히 적은 것이었다. 그렇기 때문에 우간다에 대한 강력한 경제 제재는 쉽게 밀고 나갈 수 있었던 것이다. 결국 이러한 미국의 경제 제재의 영향과 이웃 탄자니아의 침공으로 말미암아 1979에 이디 아민의 정권은 끝내 몰락하고 만다.

한국 인권 문제 역시 미국 외교의 가시나무와 같았다. 냉전과 그에 따른 반공이라는 한국의 특수한 상황에 따라 박정희 정권은 이렇다할 미국의 반대없이 국민의 인권을 유린하고 있었다. 특히 72년도의 유신 헌법과 함께 그의 독재는 갈수록 심화되고 있었다. 베트남의 비극과 함께 의회내에서는 박정권에 대한 비판과 한국에 대한 경제 원조 삭감을 강력히 제기하고 있었다. 특히 박동선의 불법적 로비 사건과 코리아 게이트를 통해서 한국의 인권 탄압과 한국 중앙 정보부의 미국 내 한인교포들에 대한 불법적 행동이 공개되면서 박정권에 대한 비판의 소리는 높아만 갔다. 도널드 프레이저 하원 국제 기구 소위원회 위원장은 대한 비판의 본부장격으로 의회와 행정부에 강력하게 한국에 대한 경제, 군사, 외교 제재를 요구하였다.

카터의 등장은 프레이저 등의 반독재 비판 세력에 커다란 희망을 주었다. 카터 역시 선거 유세에서부터 한국의 인권 문제를 거론하며 임기 중에 강력하게 한국에 대한 제재를 가할 것임을 시사하였다. 또한 주한 미군을 철수함으로써 새로운 극동 아시아의 질서를 시도하고자 하였다.

그러나 바로 이 주한 미군 철수 계획은 국내외의 엄청난 파문을 불러일으키고 말았다. 미국 내의 군사, 정치, 경제 지도자들의 거센 반대뿐만 아니라 일본을 포함한 우방 국가들의 강력한 반대에 부딪치게 되었다. 그래서인지 임기 초반에는 카터 대통령의 입에서 한국의 인권 문제가 거론되지 않고 있었다.

냉전의 현실과 인권이라는 도덕, 이상주의가 한반도에서 정면 충돌한 셈이다. 한국의 군사적 의미라는 현실에 부딪쳐 박정권의 인권 침해에 대해 강력한 조치를 취하지 못한 카터의 도덕 외교의 어려움을 잘 엿볼 수 있다.

임기 말기, 그러니까 1979년 7월 초에 카터는 한국을 방문했는데 이 때에 그는 그동안의 침묵을 깨고 한국의 인권 상황과 독재에 직접적인 비판을 가하였다. 그는 이례적으로 한국의 야당 지도자들을 만났고 전국에 생중계되는 만찬 연설에서 한국의 인권 문제를 거론함으로써 박정권의 입장을 난처하게 만들었다. 박정희 대통령과의 단독 면담에 서도 그는 한국의 인권 상황의 진전이 양국 이익에 중요하다는 점을 강조하여 대통령을 구석으로 몰아 붙였다. 카터가 한국 방문을 통해서 한국의 인권 문제를 들고 나올 것은 거의 예정된 일이었다. 한국을 방문할 즈음에는 이미 카터도 반대를 이기지 못하고 미군 철수 계획을 취소하기로 작정한 때였으므로 한국에서 인권 문제 외에는 사실 할 말도 별로 없었다고 볼 수 있다. 한국 방문이 그의 인권 의지를 미국 국민들과 우방 국가들에게 새삼 역설할 수 있는 절호의 기회였는지도 모른다.

방문한지 몇 개월 후에 박정희 대통령은 그의 측근이며 유신 독재의 하수인격이던 한국 중앙 정보부의 책임자의 손에 의해 암살당함으로써 18년간의 독재 정권이 막을 내렸다. 카터 방문 이후에 더욱 거세졌던 반정부 운동과 10월 중순에 발생한 부마 사태의 혼란 속에서, 김재규 중앙 정보부장에 의하면, 더 큰 인명 피해와 한국의 민주주의를 위하여 박정권을 제거하는 수밖에 없었다는 것이다.

카터의 방문이 박정권의 종말과 어떠한 직접, 간접적인 관계가 있 는지는 앞으로 더욱 세밀한 연구가 요구되는 과제이기도 하다. 그러나 카터의 방문과 그의 과감한 인권 옹호와 민주주의 강조는 국민들과 반정부 인사들에게 정신적으로 큰 힘이 되었으리라는 추측을 할 수 있다. 카터의 방한 중의 행동은 미국 정부가 계속되는 박정권의 독재와 인권 탄압을 그냥두지 않으리라는 각오로 비쳐졌고 이에 따라 한국민의 반정부 운동은 더욱 힘을 얻게 된 셈이다.

카터와 한국의 상황은 미국 인권 외교의 여러가지 의미를 내포하고 있다. 카터의 인권외교는 미국내 여러 보수 세력들과 이들의 호위를 받고 있던 여러 우방 독재자들에게는 심각한 타격을 주어서 미국과 이들 국가간의 관계가 악화됨으로써 소련과 대적하고 있는 미국의 국익에 손해를 주었는지 모른다. 그러나 독재의 그늘 속에서 신음하던 국민들에게는 크나큰 희망을 주었다. 한국에서의 경우처럼 국민들의 항거가 독재 정권의 붕괴와 불가분의 관계가 있음을 비추어볼 때 미국의 인권 외교는 간접적으로 큰 공헌을 했다고 볼 수 있다. 일찍이 윌슨이 민족 자결주의를 주창함으로써 식민지 통치에 시달리던 여러 국가들에게 희망을 주었다. 윌슨이 이러한 주장을 내세운 배경에는 제1차 세계 대전의 씨가 되었던 발칸 반도와 그외 동유럽 지역을 생각해서였지만 그의 이러한 윌슨주의는 인도의 간디, 베트남의 호치민, 한국의 이승만, 아프리카와 중동의 여러 국가들에게 희망을 주었으며 그 희망과 함께 반식민, 독립 운동에 더더욱 박차를 가한 사실을 알 수 있다. 제2의 윌슨이라고 평가되는 카터에게는, 미국은 진정한 민주주의를 실현하는 일에 공헌해야 한다는 선교사적인 믿음이 있었다. 물론 윌슨과 마찬 가지로 카터의 도덕 외교 정책이 즉각적인 효과를 보지 못했으며 오히려 당대에는 국내외의 크나큰 비판을 받았던 것은 사실이다. 그러나 장기적으로 볼 때 그들의 믿음은 상당한 부분에서 실현되었으며 무엇보다도 카터의 경우에 있어서는 냉전에 따른 미국의 힘의 외교로 말미암아 미국의 우방 국가의 국민들까지도 반미 운동을 펼치고 있었던 점을 고려할 때 카터의 인권 정책은 그동안의 미국의 이미지를 개선하는 데 크나큰 역할을 했다고 볼 수 있다. 국가간의 관계가 정치, 군사, 경제 에서의 실리가 중요하다고 하지만, 국민들간의 신뢰야말로 국가간에

장기적인 끈끈한 관계의 중요한 초석이라고 본다면, 카터의 인권 외교는
사실상 미국의 이익에 큰 공헌을 한 셈이다.

　한국에서 박정희가 암살된 지 며칠도 되지 않아서 카터의 재선에
결정적인 타격을 준 사건이 이란에서 발생했다. 1979년 11월 4일, 반미
회교도 과격파들이 테헤란에 있는 미국 대사관을 급습하며 대사관 직
원들을 인질로 잡아 2주 전에 신병 치료를 위해서 미국에 들어온 폐위
팔레비 전국왕의 송환을 요구하고 나섰다. 그해 1월 이란에서 혁명이
일어나 1953년 미국 중앙정보부의 협조로 정권에 오른 팔레비(Moham-
med Reza Pahlevi)를 축출하였다. 이란의 모슬렘의 성자라 칭송받는 호
메이니(Ayatollah Ruhollah Khomeini)의 후원 속에서 이러한 과격 분자들은
인질을 석방할 기미를 보이지 않고 계속 카터 행정부를 곤경에 빠지게
하였다. 이것은 다가오는 대통령 선거에서 재선을 준비하는 카터에게는
치명적인 사건이 아닐 수 없었다.

　엎친데 덮친 격으로 그해 12월 말에는 소련이 이란과 접경국인 아
프가니스탄을 무력침공함으로써 미국과 소련과의 관계는 최악의 상태
로 치달았다. 카터는 대소련 곡물 수출 금지령을 발표하였고 다음 해에
있을 모스크바 올림픽 불참을 선언함으로써 소련의 아프가니스탄 침
공에 강도있는 비판을 가하였다. 그는 유사시에 필요한 병력을 충원하기
위해 18세 이상의 젊은이들은 징집 등록을 하도록 하겠으며 상원에
상정된 소련과의 전략 무기 제한안을 취소하였다.

　냉전과 이에 따른 군사, 경제 실리주의적 외교에서 도덕 위주의 외
교로 전환하려는 카터의 발버둥은 이란 사태와 아프가니스탄 사태로
결정적인 제동이 걸리게 되었다. 냉전의 현실은 그의 이상과 너무나
거리가 멀었던 것이다. 경제 침체는 갈수록 심화되어가고 있었는데

새로운 이란 사태는 이러한 침체를 더더욱 가속시키고 있었다.

베트남의 비극, 그리고 워터게이트, 경제, 사회, 정신적인 갈등을 겪던 격동의 70년대는 지미 카터의 등장으로 새로운 전환점을 찾고자 하였으나 끝내 성공하지 못하고 말았다. 30년간 계속돼 온 냉전의 현실은 카터의 새로운 세계질서 구상을 비웃는 결과만 되었고 냉전에 집중한 경제 체제와 국민들의 소비주의에서 파생된 경제 침체 역시 카터로서는 움직일 수 없는 거인과 같은 존재였다.

미국은 새로운 시도를 하여야 했고 이러한 움직임은 캘리포니아 주지사 로널드 레이건(Ronald Reagan)에 초점이 맞추어지고 있었다.

# 제13장 레이건과 보수로의 선회

베트남 전쟁과 워터게이트의 파경을 타개하기 위해서 지미 카터는 도덕과 인권을 내세웠으나 의도야 어떻든간에 사실상 실패로 끝나고 말았다. 어지러웠던 70년대를 정리할 강력한 지도자를 미국은 찾고 있었고 이런 기대는 레이건에게 집중되었다. 영화배우로서는 이렇다 할 성공을 하지 못했지만 80년대의 무대에 서게 된 레이건은 정치적으로 영웅적인 배역을 감당해야 했다. 또한 흐트러진 70년대에 시달린 국민들은 레이건의 모습에서 무법천지의 서부를 정리하던 존 웨인이나 크린트 이스트우드를 보는 듯했다.

30년대의 대공황을 단순한 경제적 공황 차원이 아니라 국민 정서의 전반적인 위기로 생각한 프랭클린 루즈벨트 대통령이 국민들에게 무엇보다도 자신감과 확신을 불어넣어 주는데 최우선을 두었던 것처럼, 레이건 역시 70년대의 위기가 단순한 정치, 외교, 경제적인 것뿐만 아니라 국민의 정신적인 것임을 알고 있었다. 루즈벨트는 꿈 많은 청년

레이건의 영웅이었기도 했다. 레이건은 이제 그의 젊은 시절의 영웅이
그랬듯이 흐트러진 국가와 국민들을 재건해야 한다는 역사적인 사명
감으로 가득찼다.

그러나 레이건이 염두에 두고 있던 재건 철학은 루즈벨트의 철학과는
상당한 거리가 있었다. 그들의 민주주의 철학은 서로 상극이었다. 루
즈벨트는 진보적인 민주주의로 대공황을 타개하려고 노력했고 그 결과
미국의 현대 사회주의적 민주주의의 초석을 닦았지만, 레이건은 이러한
루즈벨트식의 민주주의에서 완고한 보수 민주주의로 되돌아가려고 시
도하였던 것이다.

레이건 통치 8년을 흔히들 "레이건의 혁명"이라고 한다. 루즈벨트에
서부터 시작해서 지미 카터까지 이르는 진보적 민주주의에 정면 도전
하였기에 이러한 명칭이 붙여졌는지 모른다. 레이건이 시도한 혁명의
가장 큰 골자는 중앙 정부를 축소화하는데 있었다. 루즈벨트 이래로
반세기 동안 중앙 정부는 너무 거대하여졌고 이에 따라 미국은 중앙
정부 위주의 사회주의적 자본주의로 급속하게 전환되어가고 있었기에
더 늦기 전에 대공황 이전의 시대로 되돌아가야 한다는 것이다. 중앙
정부의 간섭이 최소화한 상태에서 개인 능력에 맡겨야 한다는 전통적인
자유민주주의의 체제를 부활시켜야 한다는 것이다.

레이건은 과중한 세금이 과대한 중앙 정부가 낳은 가장 큰 문제라고
믿었다. 그래서 그는 자유민주주의의 암적인 존재인 과중한 세금을
최대한으로 줄임으로써 중앙 정부 위주의 사회적 민주주의로의 흐름을
막으려고 하였다. 또 세금을 줄임으로써 국민들에게 경제적으로 숨통을
열어주면 불황에서 벗어나게 할 수 있다고 믿었다. 과중한 세금은 국
민들의 소비를 줄이게 되고 이에 따라 기업들은 축소될 수 밖에 없게

되고 그에 따른 실업자의 증가는 경제적 불황을 필연적으로 초래할 것이라고 믿었다. 특히 산업 자본가에 대한 과감한 세금의 삭감은 투자와 기업 확장을 촉진하게 되어서 경기 활성화에 크게 이바지한다고 믿었다. 기업 활성화는 결국 일반 소비자들에게까지 혜택이 돌아가 전반적인 경기부양으로 이어진다는 생각이었다.

존슨 대통령 이래로 진보 세력들이 펼쳤던 것처럼 세금의 상당액을 하층 및 빈곤층의 복지에 투자한다는 것은 밑빠진 독에 물붓는 격이 되어 경기 침체의 악순환을 가속화할 뿐이므로 하층민보다는 산업 자본가 등의 상류층에 보조를 맞추는 경제 정책으로 경기 회복의 돌파구를 찾자는 것이다. 있는 자들에게 떡을 많이 주다 보면 없는 자들도 떡가루를 먹을 수 있다는 논리이다.

사실, 과대한 중앙 정부와 과중한 세금 정책에 대한 국민들의 반발은 카터의 재임 기간 중에 여러 모양으로 드러나고 있었다. 그 중에서도 캘리포니아에서의 반발은 그 표본이었다. 1978년에 "주민 발의안 13"을 통과시키면서 캘리포니아인들은 부동산세를 급격하게 낮추는 데 성공하였다. 부동산 가치의 1% 이상을 넘지 않는 범위 내에서 부동산세를 책정해야 한다는 이 발의안의 통과로 가옥 및 건물 소유자들에게 결정적인 세금 혜택을 주게 되었다. 이 발의안이 통과된 다음 해에 캘리포니아의 세금은 거의 40%나 감소하게 되었다. 물론 이러한 부동산에 대한 감세는 그동안 주 정부에서 역점을 두었던 사회 복지 영역과 기타 교육 및 소수 민족에 대한 처우에 결정적인 타격이 주어진 것은 예상된 일이었다. 캘리포니아의 "주민 발의안 13"은 전국적으로 큰 반응을 불러일으켰고 과중한 세금에 대한 불만을 여러 곳에서 드러내고 있었다. 이러한 추세는 결국 작은 정부, 작은 세금 등의 보수 정책을 기치로 내세우는 레이건의 선거 전략이 적중할 수 있는 중요한 밑거름이 되었던 것이다.

적은 세금과 경제 회복의 관계는 경제학자 아더 라플러(Arthur Laffler)의 이론으로서 보수 세력들에게 큰 환영을 받고 있었다. 이것은 일명 "공급자측의 이론(Supply-side Theory)"으로서 루즈벨트가 대공황을 타개하기 위해 받아들였던 수요자 위주의 케인즈파 학설과 정반대되는 방법으로 경제 불황을 극복하려는 이론이었다. 특히 라플러 이론은 레이건의 경제 정책의 핵이라고 할 수 있었던 백악관의 경영 및 예산국장인 데이비드 스탁맨(David Stockman)에 의해서 그대로 받아들여졌다. 스탁맨에 의하면 적극적인 감세 정책과 저축과 투자의 기회를 증진시키고, 중앙 정부의 산업 규제와 환경 기준의 완화는 기업 발전에 절대적인 동기 부여를 부여한다는 것이다. 또한 노약자와 가난한 자에 대한 사회복지 예산을 감축함으로써 그들이 중앙 정부에 의지하기보다는 스스로 일어서려 하는 강한 독립심을 주게 되어서 궁극적으로는 국민경제 부흥에 크게 이바지한다고 믿었다.

물론 이러한 공급자측의 이론이 보수 세력들 대부분의 환영을 받은 것은 아니었다. 밀턴 프리드만(Milton Friedman) 등 레이건의 측근들 중에서도 이러한 라플러의 이론이 허황한 데가 있다는 것을 지적하고 무엇보다도 극단적인 감세에 따른 적자 재정에 우려를 표명하였다. 또한 인플레 억제를 위한 고이자 정책과 소비를 촉진하려는 적은 세금 정책은 이론적으로 서로 어긋난다고 비판하였다.

그러나, 갈수록 심화되어가는 경기 침체에 따라 이러한 반대자들이나 회의론자들의 음성은 작을 수밖에 없었다. 레이건의 취임을 전후하여 인플레는 벌써 두 자리 숫자로 성큼 올라서고 있었다. 이것은 남북 전쟁 이래로 최고의 인플레로서 실업률은 올라가고 있었다. 경제 성장률은 70년대보다 밑전에 있었으며 미국 기업의 국제 경제력은 갈수록 급강하하고 있었다. 옛날의 적이었던 독일(서독)과 일본은 여러 분야에 있어서 미국을 앞서고 있었고 한국과 대만 등의 신흥 아시아 국가들 역시 강력한 힘으로 미국 시장을 잠식하고 있었다. 특히 철강, 의류, 신발, 상업용 전자 제품 등은 거의 외국 수입에 의존하고 있었다.

적은 세금 정책에 의한 적자 재정의 우려는 보수 세력 사이에도 팽배하였으나 레이건 행정부는 정부를 좀더 효율적으로 운영한다면 이러한 가능성은 없을 것이라고 믿었다. 지금까지 정부의 여러 분야에 있어서 재정 낭비가 많았는데 이러한 낭비를 효율적으로 줄여서 약 25% 정도의 낭비를 줄일 수 있다면 적자 없는 균형된 재정을 꾸릴 수 있다고 믿었다. 또한 이러한 적자는 그렇게 부정적인 것만은 아니라고 생각했다. 스탁맨은 공급자 위주의 경제 정책이 재정 적자를 낳게 되면 화살은 과대 정부가 파생한 낭비, 특히 낭비성의 사회 복지 제도에 돌아가게 될 것이라고 믿었다. 이는, 행정부가 이러한 여론에 따라 보다 강력하게 사회 복지 예산을 삭감할 수 있다는 계산이 그 밑에 깔려 있는 것이다.

레이건은 취임 직후 이러한 라플러의 이론을 적용하기 시작하였다. 그는 일반 세금의 25% 감축을 시작으로 기업체에 대한 전폭적인 감세 정책을 펴기 시작하였다. 특히 기업체에 대한 감세는 미국의 기업 역사상 가장 많은 규모의 감세로서 그동안 높은 세금에 시달린던 업체들에게 큰 세금 특혜를 베푼 것이다. 그러나 이러한 세금 정책이 예상과는 달리 침체 경제에 이렇다 할 촉진제 역할을 하지 못하였다. 다음 해인 1982년 12월까지 실업률은 10.8%나 솟구쳤다. 이는 대공황 이후 최대의 수치였다. 특히 흑인들과 십대들의 실업률은 각각 20%를 넘는 최악의 상태였다.

라플러의 이론이 성과를 거두지 못한 것에는 여러 가지 이유가 있다. 무엇보다도 지도자들의 정확한 이론적 바탕이 없었다. 연구진과 집행

▶ 영화 배우 출신의 로널드 레이건.

부의 간격이 너무 컸다. 라플러의 보수 경제 정책의 우두머리라 할 수 있는 스탁맨에 의하면 백악관 행정관들은 경제에 대해서 거의 무식하였으며 특히 레이건은 그 대표였다는 것이다. 레이건이 친절하고 부드러우며 감성적인 인물인 것은 사실이나 세금 등의 복잡한 사항에 대해서는 도대체가 이해하지 못하고 있었다는 것이다. 백악관의 경제 담당의 한 사람에 의하면 대통령과 점심을 하는 자리에서 레이건이 그에게 이번에 새로 들어온 사람인가를 물어보았을 때 그는 아연실색하였으며 대통령은 몇 사람을 제외하고는 누가 무슨 일을 하고 있으며 경제 정책이 어떤 방향으로 가고 있는가를 전혀 이해하지 못하고 있었다고 회고하기도 하였다. 이러한 레이건의 무능은 나중에 살펴 보겠지만 그의 재임 말기를 먹칠하고 만 이란 게이트의 사건으로 적나라하게 드러났다.

또 한 가지 문제점은 미국 경제의 구조적 문제였다. 앞에서 언급했듯이 80년대에 들어오면서 미국의 국제 경쟁력은 크게 뒤떨어지고 있었다. 특히 미국의 소비 제품은 값싸고 질 좋은 외국 상품과 경쟁이 되지 않았다. 레이건 행정부는 이러한 구조적 문제를 과소평가하고 있었다. 미국의 소비주의의 상징이라 할 수 있는 자동차를 위시해서 대부분의 일반 소비품은 일본, 독일 등의 수입품에 의존하고 있었으며 이러한 제조업체에 감세의 특혜를 준다 해도 기업 팽창에는 한계가 있었다는 점을 심각하게 생각하지 않고 있었던 것이다.

레이건 행정부의 감세 정책이 성공을 거두지 못하면서 라플러 이론의 비판자들이 우려했던 현상이 일어났다. 엄청난 감세에다 잠시 후에 살펴볼 강력한 군사 정책에 따른 군비의 증강은 정부를 빚더미에 올라앉게 하였다. 1982년에는 적자가 1,000억불로 치솟았다. 이는 카터 행정부 당시의 최악의 적자보다 3배나 많은 액수였다. 1,000억불의 적자는 레이건 집권 동안 3,000억불로 증가되고 말았는데 이는 카터 때보다 10배의 증폭을 기록한 셈이다.

과감한 사회 복지 예산의 감축 정책의 불이행 역시 이러한 예산 적자의 증폭을 낳았다. 스탁맨의 전반적인 경제 정책은 약 1,000억불 정도의 사회 복지 예산의 감축을 계산에 넣고 구성된 것인데 레이건은 이 분야에 대한 과감한 예산 삭제를 밀고 나가지 않고 있었다. 그럴 수 밖에 없는 것은 사회복지 정책은 루즈벨트에서 시작해서 존슨 행정부를 거치는 동안 이미 예산의 중요한 몫을 차지하고 있었으며 잘못 손을 대었다가는 누구든지 정치적으로 치명타를 입을 뿐이었다. 예를 들면 노약자에 대한 복지 예산을 감축하게 된다면 갈수록 늘어나는 노인들의 표를 잃게 되는 결과를 낳게 되고 공화당의 무시 못할 세력 중의 하나인 노인 인구로부터 반감을 살 우려가 있었던 것이다.

그렇다고 국방 예산을 줄일 수도 없었다. 강력한 군대에 의한 힘의 외교를 표방하는 레이건으로서는 이러한 군사비의 감축은 생각할 수도 없었다. 감축은 고사하고 오히려 그는 더 많은 적자를 감수하고라도 더욱 강력한 군사 정책을 펴려 하였다.

레이건의 경제 정책이 모든 분야에서 실패한 것은 아니었다. 정부의 긴축 통화 정책에 의해서 인플레가 서서히 떨어지고 있었다. 카터의 마지막 해인 1980년에는 물가가 무려 13％나 상승했었으나 레이건 통치 2년만에 물가는 3％ 수준에 머무르면서 위험 수위에서 벗어나고 있었다. 긴축 통화 정책은 사실 카터 말기에서부터 시작된 것으로 오일 충격이 서서히 완화되면서 치솟던 물가 상승 기류가 한 풀 꺾이기 시작한 것이다. 국내 사정 또한 물가의 상승을 막고 있었다. 제조업 분야에서 국제 경쟁력이 떨어진데다 불황과 함께 실업자의 수가 늘어나면서 노동조합의 교섭권이 약화될 수 밖에 없었다. 노동자들은 직장을 갖고 있는 것만으로도 감지덕지하였다. 상당수의 업체들이 남부로 옮겼는데 남부인들은 전통적으로 노조 운동에 냉소적이었다. 제조업이 아닌 화이트 칼러 직종인들 역시 전통적으로 과격한 노조 운동을 꺼려했었고 상당수의 화이트 칼러인들은 여성 근로자들로, 그들 역시 노조와는 거리가 멀었다. 80년대 들어서면서 이러한 노조 운동의 약화는 물가 상승을 막는 데 중요한 역활을 한 셈이다.

이러한 국제, 국내적인 환경에다 레이건의 강력한 노조 규제 정책은 국내의 노조 운동 전반에 찬물을 끼얹었다. 예를 들면, 1981년 여름에 항공 관제 조합(Professional Air Traffic Controller Organization : PATCO)이 국가를 상대로 파업을 시작하자 레이건은 참가 노조원 11,000명을 해고시키고 재임용을 거절하였다. PATCO는 파산하고 결국에는 해체되고 말았다. 이 사건으로 말미암아 레이건은 과격한 노조의 파업이나 쟁의에 확실한 메시지를 전달하였고 그의 이러한 정책은 효과를 발휘해서 노조는 될 수 있으면 과격한 운동을 피하려고 하였다.

국제 경쟁력이 뒤떨어지고 있는 일반 제조업은 레이건의 적은 세금, 긴축 통화 정책에 이렇다 할 혜택을 받지 못했지만 하이테크 기업들은 큰 특혜를 받게 되었다. 보잉, 록히드, 그리고 맥도널-더글라스 회사들은 여전히 세계 최고의 비행기를 제조하고 있었고 샌프란시스코 남부에 집중된 실리콘 밸리(Silicon Valley)에서는 컴퓨터와 그에 관련된 제품을 다량 생산하면서 미국의 체면을 세워줄 뿐 아니라 무역 수지에 큰 몫을 하고 있었다.

항공, 컴퓨터와 함께 TV, 영화 등의 오락산업은 호황을 누리게 되었고 의료 및 법률 계통의 전문직 종사자들 역시 풍요의 세대를 맞았다. 이러한 직종은 외국 기술이 할 수 없는 것이어서 레이건의 경제 정책에서 가장 큰 혜택을 받을 수 밖에 없었다. 이러한 신종 기업들의 성장과 함께 새로운 사회 그룹이 등장하게 되었다. 소위 "여피(yuppies)"라고 불리우는, 레이건의 경제 정책의 혜택을 받은 고학력, 고소득의 젊은 전문인들로서 그들은 80년대의 미국 자본주의를 만끽하는 신세대들의 기수였다. 남의 눈치를 보지 않는 "나만의 문화"를 창조하는 이들은 호화 아파트에 거주하면서 벤츠, BMW, 볼보 등 고급 차를 몰고 다니며 고급 포도주와 고급 레스토랑을 전전하는 흥청망청 문화를 창출하고 있었다. 특히 기술 집약 기업체가 몰려 있는 북서주와 서부 해안 지역의 부유촌에서는 이러한 추세가 더욱 뚜렷하게 나타났고, 이러한 여피들을 위주로 하는 상업들이 호황을 맞고 있었다. 상당수의 이들은 코카인과 마약을 상습적으로 복용하면서 자본주의의 유흥에 깊이 빠져가고 있었다.

이들 여피가 마약을 복용하는 등 사회적으로 드러나지 않게 그들의 하고 싶은 짓을 하고 있을 때, 한편, 다리 및 공원 등지에서 거주하며 구걸로 그들의 생존을 유지하고 있던 무숙자들의 숫자는 80년대에 들어서면서 급속히 늘어났다. 있는 자에게 혜택을 줌으로 말미암아 없는 자에게까지 어느 정도 도움을 주리라는 보수 경제 정책은 성공할 리 없었고, 갈수록 늘어나는 실업자와 함께 그동안 사회복지 제도에 의존하고 있던 흑인들과 저소득자들은 공화당의 보수 정책의 그늘에서 허덕이게 되었다. 빈익빈 부익부 조류는 확대되어가면서 자본주의의 모순이 80년대에 눈에 띄게 드러나게 된 것이다.

물론, 빈익빈 부익부 조류의 확대를 전적으로 보수경제 정책에 그 책임을 물을 수는 없다. 가정의 파탄과 미혼모의 증가, 국민 전반에 깔린 교육에의 무관심 등이 흑인들과 저소득층의 구조적 빈곤을 가속화시키고 있었다. 또한 그동안의 사회보장 제도가 이들 상당수에게 중앙 정부의 혜택에 의존하는 수동적 마음가짐을 불러 일으킨 것도 사실이며 그리하여 상당수의 국민들은 사회보장 제도의 개혁을 주장하기도 하였다. 도덕과 사회, 가정적 구조도 중요하지만 중앙 정부의 이들에 대한 무성의와 무관심은 이들 없는 자들에게 크나큰 경제적, 정신적 충격을 줄 것이었다. 그동안의 사회보장 제도가 문제가 있었다면 이것들을 개혁할 실제적이고 점차적인 방법이 아닌 다분히 공격적이며 과격한 보수로의 회귀는 사회 곳곳에서 엄청난 혼란을 불러 일으킬 소지를 충분히 안고 있었다. 결국 흑·백 인종 문제가 표면에 드러나게 되었고 이에 따른 소수 민족과 소수 인종과의 불협화가 조성될 수 밖에 없었다. 물론 레이건 재임 기간 동안에는 이러한 심각한 인종 폭동이나 사회 불만 세력들에 의한 과격한 활동이 눈에 띄게 나타나지는 않았지만 레이건 퇴임 후에 그동안 쌓였던 여러 형태의 불협화가 폭발하게 되었다.

레이건의 경제 정책이나 기타 사회 정책이 실패했거나 이렇다할 성공을 거두지 못했다 하더라도 레이건의 인기는 떨어질 수가 없었다. TV 문화에 젖어 있는 미국인들에 나타난 훤칠한 키와 용모를 내세운 "위대한 대화자(The Great Commuicator)"인 레이건이 인물과 화술로 관객들을 매혹시키는 데 성공한 점도 있지만, 무엇보다도 미국에게는 소련 공산주의가 존재하고 있었고 이러한 공산주의에 대한 레이건의 정면 공격은 국민들에게 절대적인 호감을 사고 있었다. 70년대는 경제적 분야뿐만 아니라 군사, 외교적인 면에서도 국민들의 사기가 저하되었던 때였다. 베트남 전쟁의 여파에다 카터의 인권 외교는 꼬이기만 하였고, 이란의 인질 사건과 이들 인질 구출 작전의 실패로 미국의 체면은 말이 아니었다. 이러한 침체된 분위기에 레이건은 전후 미국의 국시로 뿌리를 내린 반공주의로 이러한 정신적 침체에 심기일전의 기회를 제공하고 있었다.

취임 연설에서부터 시작해서 레이건은 그의 강력한 반공 의지를 국민들에게 주입하기 시작했고 미국은 세계 질서의 지도자로서 그 누구도 감히 도전하지 못할 "충분한 힘"을 소유해야 한다고 역설했다. 그래서 소련이라는 "악마의 제국(Evil Empire)"을 위시해서 전 세계 공산주의 국가에 평화의 사도로서의 강력한 미국을 다시 한번 보여주어야 한다고 그는 주장하였다.

냉전이 시작된 지 35년의 세월이 흘렀고 데탕트 등의 여러 가지 변조를 거쳤음에도 레이건은 트루만의 전형적인 일원론적 반공 사상을 부활시켰다. 소련을 위주로 한 세계 공산주의는 자유민주주의를 어떤 방식으로든 깨뜨리려고 하며 세계 공산화에 주력한다고 믿었고 이에 대해 미국은 무슨 방법을 동원해서라도 이들 악마의 세력들을 막아야 한다는 것이다. 이것은 미국의 국익을 초월한 신이 내린 미국의 사명이라고 그는 굳게 믿고 있었다.

레이건의 강경한 반공 정책은 단순한 세계 질서나 미국의 방위를 위한 것만은 아니었다. 소련을 "악마의 제국"으로 규정하고 소련이 전 세계의 모든 악마들의 배후 조정자로 간주하면서 소련은 가장 비인간적이고 추악하며 거짓말 투성이의 그야말로 사탄의 국가로 낙인을 찍어 미국의 도덕적 우위를 드러내려고 하였고 이로 말미암아 국내 사정으로 인해서 흐트러지고 있는 국민 정서를 하나로 규합시키려는 계산이 그의 생각의 밑바탕에 깔려 있었다.

레이건은 취임과 동시에 그의 이러한 강경 반공 어조를 뒷받침하기 위해 엄청난 방위 예산을 책정하려고 하였다. 그는 초임 기간 동안 국방비를 41%나 증가시켰으며 17,000개의 새로운 핵무기를 소유할 것을 천명하였다. 사실 카터 말기의 국방비였던 1,350억불이 레이건의 초임 마지막 해인 1984년에는 2,341억불로 껑충 뛰었는데 이는 평화시에 있었던 사상 최고액의 군사비의 증액이었다.

소련의 악마에 대적하는 천사장 미국의 이미지를 구축하기 위해서는 스탈린과 같은 악마의 존재가 필요하였다. 그러나 첫 2년 동안 이렇다 할 동서 문제의 분쟁이 발생하지 않고 있어서 레이건의 강경 대소, 반공 어조가 시들해지고 있던 차에 1983년 가을 대형 사건이 터졌다. 바로 소련이 민간 항공기인 대한 항공기를 떨어뜨린 사건이다. 사건 후 몇 시간만에 미국의 정보 기관에서는 이 비극이 계산된 소련의 만행이 아니고 소련 군대의 오판에 의한 것임을 알았으나, 레이건은 이러한 보고를 무시하고 소련은 "비인간적"이고 "야만적"이며, "미개하다"는 그의 종래의 원색적인 단어들을 사용하여 국민들에게 "내가 그동안 그렇다고 하지 않았느냐"라는 식의 메시지를 전하며 그의 강경 노선을 합리화시켰다.

소련 못지 않게 비인간적이고 야만적인 친미 독재 국가들이 자유민주주의 정신을 실추하고 있었지만 이러한 현상이 레이건에게는 문제가 되지는 않았다. 카터의 인권 외교는 이제 그 형체를 찾아볼 수 없었다. 레이건이 신임 유엔 대사로 발령을 내린 진 커크패트릭(Jeane Kirkpatrick)의 주장에 레이건은 동조하였다. 커크패트릭에 의하면 "권위주의적(authoritarian)" 정권은 "전체주의적(totalitarian)" 정권과는 차이가 있다는 것이다. 권위주의 정권은 개혁의 가능성이 있기 때문에 이들이 친미 정책과 반공 정책을 편다면 미국은 변화를 기대하며 계속적으로 원조를 해주어야 한다는 것이다. 그러나 전체주의 정권, 즉 소련과 같은 공산 국가들은 전혀 변화의 가능성이 없기 때문에 미국은 이들을 적대시하고 자유 세계로의 침투를 막아야 한다는 것이다. 이는 친미의 기치를 내걸고 독재를 유지하던 여러 제3세계 국가들과 한국을 위시한 기타 친미 정권들에게는 독재의 연장을 합리화시키는 결과를 낳았다. 그러한 정권이 그동안 카터의 인권 정책으로 수세에 몰리던 차에 레이건 정권의 이러한 정책 변화로 숨통이 터진 것이다.

남미 제국에서의 이러한 독재 정권과 전체주의 정권의 세력 다툼에 레이건은 크나큰 관심을 보였다. 피델 카스트로(Fidel Castro)가 건재하고 있는 쿠바는 미국의 영원한 혹이었으며 미국 영토에 가깝다는 지역적인 면에서 중·남미 제국에서 벌어지고 있는 좌·우 정권 다툼은 레이건의 특별한 관심을 끌었다.

그러나 폴란드에서의 자유노조 위주의 민주주의 운동이 소련의 강공책으로 성공을 거두지 못하고 소련의 꼭두각시 정권에 계속 허덕이고 있었음에도 레이건은 말 뿐인 비판만 계속할 뿐 속수무책이었고, KAL기 격추시에도 말 뿐이었지 이렇다 할 대 소련 제재를 하지 못하고 있었다. 1983년 9월에는 중동 문제의 평화 유지라는 명목으로 레바논에 미 해병대를 파송했으나 회교도 극렬 분자의 테러에 시달리고 있었다. 미 해병을 파병한 지 얼마 되지 않아서 회교도 테러 분자들이 베이루트의 미군 기지에 폭발물을 가득 실은 트럭을 돌진하여 241명의 미군 사상자를 내고 만 사건이 일어났다.

강력한 미국의 이미지를 되살리고자 하는 레이건은 이러한 계속되는 사건들로 인해서 위축되고만 있을 수는 없었다. 베이루트의 재난이 있은 며칠 후에 레이건은 서인도 제도의 조그마한 섬나라인 그라나다(Granada)에 대한 전격 침공 작전을 명령하였다. 침공의 명목은 그 섬에서 의학 공부를 하고 있는 수명의 미국 학생들을 좌익정권으로부터 보호하기 위한다는 것이었다. 그러나, 실제적인 이유는 카스트로가 이들 국가들에 근접하는 것을 막으려는 것이고 궁극적으로는 중·남미 제국들에 미국의 의지를 보이는 것이었다. 그것은 또한 좌익 세력들에게는

위협을 하는 것이었고 우익 반군들에게는 그들에 대한 미국의 계속적인
후원을 약속하는 의미가 있었다. 무엇보다도 베이루트의 재난 등으로
침체되어 있던 국민들에게 뭔가 기분 좋은 분위기를 자아내기 위함이
었다. 물론 다가오는 대통령 선거를 염두에 두었다는 것은 말할 필요도
없다. 잘 훈련된 10,000여명의 미군 공수대원들은 쉽게 섬을 장악하였고
미국의 미디어는 그라나다 작전의 승리를 대대적으로 보도하여 아직도
람보 문화에 젖어 있던 국민들은 이러한 전쟁 게임과 그 성공에 박수를
보내었다. 작전 성공 그 다음날, 레이건에 대한 국민 신임도가 15%나
상승한 것은 당연한 결과인 듯하다.

엘살바도르의 우익 정권은 수천명의 민간인들을 학살하고 있었는데,
이에 사용되던 대다수의 무기들은 미국산이었다. 니카라과의 산디니
스타스(the Sandinistas) 정권 타도를 위하여 레이건 행정부는 여러 가지
방법을 시도하고 있었다. 다니엘 오테가(Daniel Ortega)를 중심으로 한
이들 산디니스타스는 그들의 단독 정당을 고집하며 갈수록 독재적,
마르크스주의로 흐르고 있었다. 그들이 과연 절대적인 반미, 친소 공
산주의자들인가에 대해서 전문가들은 서로 다른 견해를 가지고 있었다.
그러나, 레이건 행정부는 산디니스타스가 카스트로의 쿠바와 소련과
손을 잡고 중·남미 지역에서의 반미 운동을 부추기고 있다고 단정하고
무슨 수를 써서라도 이들을 타도하려고 벼르고 있었다. 콘트라(Contras)
라고 하는 반산디니스타스 그룹을 "자유의 투사(Freedom Fighters)"라고
명명하고 이들에 대해서 무기 및 기타 후원을 하였다. 또한 니카라구아
국경 부근에서 군사 작전을 감행함으로써 그들을 위협하기도 하였고
쿠바 및 소련으로부터의 무기 반입을 막는다는 이유로 니카라구아의
해변을 수중 지뢰로 봉쇄하기도 하였다.

이러한 해상 봉쇄는 국제법에 저촉되는 것으로, 국내 및 국외로부터

상당한 반발을 받았다. 베트남 전쟁의 악몽이 아직도 여전한 국민들은
남미에서 제2의 베트남 전쟁이 일어나는 것을 원치 않고 있었다. 결국
1983년, 의회에서는 보랜드 수정안(the Boland Amendment)을 통과시켰
는데 이는 대통령이 의회와 절충하지 않고는 국방부의 어느 자금도
반산디니스타스 세력에 전달할 수 없다고 못을 박은 것이다.

그러나, 레이건이 이러한 의회의 제재에 그냥 앉아 있을 리가 없었다.
CIA와 국가안보위원회인 NSC(National Security Council)의 극우익 세력
들은 이러한 대통령의 마음을 읽고 의회의 규제를 우회해서 비밀리에
이들 콘트라에 자금 조달을 꾀하고 있었다. 결국 이것은 레이건 재임
마지막 날들을 흙탕물로 만들어버렸던 유명한 이란 게이트의 스캔들로
적나라하게 국민 앞에 드러나게 되었다.

레이건은 생각보다 쉽게 재선에 성공할 수 있었다. 그는 그라나다의
영웅으로 추켜세워졌고 아직도 특별한 스캔들 없이 초임 기간을 보내고
있었으며 "위대한 대화자"로서의 그의 인상과 화술은 국민들에게 여
전히 호감을 주고 있었다. 거기에다 1983년부터 경기가 오랜 침체에서
서서히 벗어나고 있었다. 레이건의 경제 정책이 과연 이러한 경기 부
활에 어느 정도로 이바지했는가는 연구 대상이지만, 어떻든간에 마술
처럼 경기가 부활하고 있었다. 여전히 흑인 및 저소득자들에게는 타격이
심하였지만 고소득자와 중산층은 레이건의 세금 정책의 혜택을 입고
있었다. 1984년에는 실업률이 7.5%로 떨어졌고 인플레는 여전히 하향
세를 유지하고 있었다. 이자율은 급속히 올라가고 있었고, 적자 재정의
폭은 높아가고 있었으나 대다수의 국민들은 이러한 경제 부활과 함께
그들의 삶에 만족하고 있었다. 나중에는 어떻든간에 그들은 이와 같은
풍요의 계절을 만끽하고 있었고 이러한 시기에 대통령을 새로 바꿀

필요가 없었음은 당연하였다.

민주당 대통령 후보인 월터 먼데일(Walter Mondale)은 루즈벨트의 뉴딜과 케네디의 뉴 프런티어의 정신을 역설하며 레이건의 보수 정책에 정면 도전하여 미국의 민주주의는 다시 한 번 가난한 자와 편견에 시달리는 소수 민족, 인종을 위해 조정되어야 한다고 주장하였다. 그는 흑인 지도자로 부각되는 제시 잭슨(Jessie Jackson)과 캠페인 보조를 맞추고 사상 최초로 여성 부통령을 지목하면서 80년 선거에서 레이건의 매력에 끌려간 70년대의 진보 세력을 규합하려고 노력하였다. 그러나, 국내외 사정과 국민들의 정서를 살펴볼 때 그 누구도 레이건을 함몰시킬 수가 없었다. 경제적 부활, 그라나다, 그리고 84년 LA올림픽에서 소련과 동구권 국가들이 불참한 가운데 벌어진 미국의 금메달 행렬은 국민들을 기분 좋게 하는데 충분하였다. 어느 한 레이건 측근이 말한 것처럼, "레이건에 반대한다는 것은 미국 자체를 거부한다는 것과 동일"한 것이 되어버린 셈이다.

레이건은 전체 투표의 59%와 선거인단표 중에서 먼데일의 고향인 미네소타를 제외한 49개 주에서 승리를 거둔 압도적 승리로 재선에 성공하였다. 대다수의 백인 중산층뿐만 아니라 노인, 여성층도 레이건 쪽으로 기울었고 대다수의 카톨릭교도들과 젊은 층에서도 레이건에 표를 던졌다. 도덕 다수당(Moral Majority) 등의 남부 기독교 근본주의 자들의 영향에 의해서 남부 역시 레이건의 영역이었다. 한때 캘리포니아의 주지사를 지냈고 사실상 그의 본거지라 할 수 있는 캘리포니아를 위시해서 서부 지역 역시 강력한 친 레이건 지역이었다.

그러나, 압도적 승리가 성공적인 향후 4년을 보장하지는 못했다. 사실, 레이건의 두 번째 임기는 여러 면에서 어두운 면이 많았다. 초임 기간 중에 펼쳤던 경제, 외교 정책에서 내재하고 있었던 부정적인 요소들이 재임 기간 중에 하나 둘씩 드러나게 되었고, 레이건의 등장과 함께 부활하였던 극우 보수주의자들은 자꾸만 구석으로 몰리고 있었다.

1987년에 대법원 판사였던 루이스 파월(Lewis Powell)이 은퇴하자 레이건은 후임으로 로버트 보크(Robert Bork)를 추천하였다. 보크는 70년대의 민권 자유와 소수 인종에게 직장에서의 우선권을 보장하는 어퍼머티브 권한(affirmative action)을 반대하는 극 보수주의자로 진보 세력뿐만 아니라 중도파들에게 격심한 반발을 일으켰고 상원은 그의 인준을 거절하고 말았다. 레이건은 또다른 우익 판사인 더글러스 긴스버그(Douglas Ginsburg)를 추천하였으나 청문회 과정에서 긴스버그는 법대 교수로 있으면서 마리화나를 복용했던 사실이 문제가 되자 레이건은 그의 추천을 철회하지 않을 수 없었다. 결국 그는 온건 중도파인 안토니 케네디(Anthony Kennedy)를 천거했고 의회는 무난히 인준을 해 주었다. 70년대의 진보 물결을 막으려는 극 보수 세력들은 이러한 예기치 못한 사건으로 실망하게 되었고 레이건의 재선으로 주춤하던 진보 세력들은 이번 기회를 전환점으로 삼아 의회 및 사회 전반에서 보수주의에 대한 반격을 가하기 시작하였다.

이러던 차에 근본주의자들을 중심으로 하는 기독교 보수주의자들 또한 충격적인 사건으로 움츠러들 수 밖에 없었다. TV 전파를 통해서 인기를 끌고 있던 짐 베이커(Jim Bakker) 목사는 그의 선교 그룹인 PTL(Praise the Lord)의 여직원을 성희롱한 사실이 미디어를 통해 폭로되면서 1987년 3월 PTL의 회장직에서 사임하고 말았다. 조사 과정에서 종교적인 명분하에서 저지른 그의 상업적, 퇴폐적 내막들이 샅샅이 밝혀져 그는 사기죄로 45년형을 받고 징역살이를 하게 되었다.

짐 베이커 사건은, 레이건의 등장과 함께 70년대의 진보적 물결을 미국의 청교도적 보수 신앙으로 저지하려고 하였던 보수 기독교도들에게 치명적인 상처를 입혔다. 미디어에 의존하며 상업적으로 흘러가던 수많은 근본주의 목사들은 세인들의 조롱거리가 되었고, 정치적으로 깊숙이 관여하고 있던 보수 기독 단체들도 서서히 힘을 잃어가고 있었다. 1987년 말에 공화당 보수 진영에 가장 큰 영향력을 발휘하고 있던 도덕 다수당(Moral Majority)의 대표인 제리 팔월(Jerry Falwell) 목사는 이젠 정치 문제에 대한 개입에서 손을 떼고 순수한 목회자로서의 사명에 충실하리라고 발표하였는데, 결국 1989년에 도덕 다수당은 해체되고 말았다.

1986년 1월 28일에 플로리다주의 케이프 케네디 우주 항공국에서 비극이 발생하였다. 전 국민의 기대 속에서 발사되었던 우주 왕복선 첼린저호가 발사된 지 얼마 안되어서 폭발하면서 7명의 승무원과 함께 공중 분해가 되는 참사가 발생하였다. 이 사건은 세계 속에서 강력한 미국을 재현함으로써 국민들의 국가에 대한 자신감과 긍지의 회복에 심혈을 기울였던 레이건 행정부에 찬물을 끼얹었다.

경제적으로도 어두운 그림자가 많이 깔려가고 있었다. 기하학적으로 상승하고 있던 무역 적자와 재정 적자에 대한 우려는 심각하였다. 앞에서 살펴보았듯이 미국의 국제 경쟁력의 저하와 기타 여러 가지 구조적 문제 등으로 말미암아 미국은 파는 것보다 사는 것이 훨씬 많게 되었고, 1986년에는 연간 무역 적자가 1,700억불선에 도달하였는데 이는 미국 역사상 최고의 기록이었다. 제조업뿐만 아니라 증권이나 부동산까지도 일본 등 외국 상사의 수중에 들어가고 있었다. 갈수록 AIDS는 사회적 문제점으로 부각되고 있었으나 정부 차원에서는 이렇다 할 대책을 세우지 못하고 있었다. 보수 세력들은 이를 미국의 진보적 문화의 추세에 신이 내린 벌로 생각하고 정부 차원의 대책에 제동을 걸고 있었다.

갈수록 국제 경쟁력은 떨어지고 국민들의 전반적인 교육열도 심각

하게 저하되고 있었다. 여러 종류의 국제 시험의 결과에 의하면 미국의
초등, 중등학생들의 기초 학력이 서방 및 아시아 신흥 국가들보다 훨씬
밑바닥으로 떨어지고 있음이 나타났다. 도심지 고등학생들의 자퇴율은
심한 경우 전체 학생수의 50%를 넘고 있었고 흑인 어린이들의 60%가
아버지 없이 자라고 있었다. 무숙자의 숫자는 갈수록 늘어나면서 대
도시마다 크나큰 사회적 문제로 대두되고 있었다. 그러나 레이건 행
정부는 여전히 중·상류층에 초점을 맞추고 저소득자와 소수 인종에
대한 무관심 정책을 계속하고 있었다. 교육 등의 구조적 개혁에 대해
서도 대책이 없었다.

　카터 말기의 소련의 아프가니스탄 침공에 대처하고 힘의 우위에 근
거해서 소련과 대화를 한다는 레이건의 원칙의 밑바탕에는 미국 농산
물의 대소련 수출 금지와 미국의 모스크바 올림픽의 불참에 따른 두
나라의 냉각 기류가 계속되고 있었다. 취임 후부터 소련을 "악마의
제국"으로 몰아붙이며 미국의 도덕적 우위를 부르짖고 NATO 지역에
서의 무기 증강을 촉진하고 있었던 레이건 행정부에 소련측이 고분고
분하게 미국의 말을 들을 리가 없었다. 거기에다 브레즈네프(Leonid Bre-
zhnev) 이후로 이렇다 할 지도자가 나타나지 않고 있었던 소련은 미국과
합리적으로 협상을 할 만한 지도력이 절대적으로 미흡한 상태였다.
브레즈네프를 계승한 안드로포프(Yury Andropov)와 체르넨코(Konstantin
Chernenko) 서기장은 건강 문제 등으로 단명하였다.

　강한 미국만을 구축한다고 해서 국민들의 호응을 얻을 수 없었다.
냉전 시대의 미국 대통령은 소련의 팽창주의를 견제할 뿐 아니라 소련을
잘 구슬러서 동서간의 긴장 완화를 실질적으로 이룩해야 할 필요가
있었다. 특히 전략 무기 감축 협상은 이러한 의지를 대변하는 것으로
어느 대통령이고 그들 외교 실적의 척도로 중요하게 여겨졌다. 갈수록

국민들은 핵전쟁의 두려움에 떨고 있었고 서방 국가들과 미국 내에서의 반핵 운동은 갈수록 확대되어가고 있었다.

또한 소련의 새로운 지도자인 50대 중반의 고르바초프(Mikhail Gorba-chev)는 서방 국가의 관심을 끌고 있었다. 그는 글라스노스트 개방, 개혁 (glasnost)과 페레스트로이카(perestroika)를 외치며 개방, 자유 정책을 표방하기 시작하였다. 그는 안드레 사하로프(Andrei Sakharov)와 같은 반체제 인사들을 석방하기 시작하였고 학문과 예술 등에서 자유를 허락하였으며 농부들은 그들이 재배한 농산물들을 시장에서 팔기도 하였다.

레이건 행정부는 처음에 고르바초프의 이러한 혁신적인 개혁정치에 믿을 수 없다는 반응을 보였지만 이러한 개혁이 속임수가 아님이 드러나자 이에 따라 소련과의 전략무기 협상을 재개하려고 시도하였다. 레이건은 "제로 옵션(zero option)"을 협상의 조건으로 내세웠다. 이는 소련으로 하여금 그들이 우위에 있던 유럽에서의 미사일을 완전히 포기하도록 하는 것이며 미국은 그 대가로 유럽에 퍼싱 미사일을 배치하지 않는다는 것이었다. 그러나, 레이건은 이미 SDI(Strategic Defense Initiative) 라는 일명 별들의 전쟁(Star War)이라는 환상적인 방위 체제를 구상하고 있었다. 이는 우주에 레이저 광선의 방위벽을 설치해서 적으로부터 발사되는 모든 미사일을 공중 폭파한다는 것이다.

레이건의 이러한 의도를 알고 있는 소련측으로서는 그들이 미사일에 관한 한 절대적으로 우위에 있는 상황에서 미국의 제로 옵션을 받아들이기가 쉽지 않았다. 그러나 고르바초프는 전격적으로 이러한 미국의 제로 옵션에 동의하고 나섬으로써 협상의 우선권을 잡기 시작하였다. 물론 유럽에서 손해를 보더라도 어떻게 해서든지 미국의 SDI를 포기시키기 위한 시도였다. 1986년 가을에 두 지도자들은 역사적인 정상회담을 시작으로 절충을 계속한 끝에 다음 해 4월, 두 정상은 중장거리

핵 미사일(INF : Intermediate Nuclear Forces)에 대한 제로 옵션에 서명하
였다. 영부인을 대동해서 두 정상들은 볼쇼이 발레를 관람했고 레이건
부처는 밤 늦게 붉은 광장(Red Square)을 방문함으로써 긴장 완화의
역사적 발걸음을 내딛었다.

역사적인 동서 긴장의 완화와 소련 공산주의의 종말에 레이건과 고
르바초프 중에 누가 더 공헌을 하였는가는 양국뿐만 아니라 학자들간에
여러 가지 견해 차이가 있다. 레이건과 그의 뒤를 이은 조지 부시(George
Bush)는 미국의 힘의 외교에 소련은 더이상 버티지 못하고 굴복할 수
밖에 없다고 미국의 정책에 찬사를 보냈고 러시아 측은 역사적인 변화의
흐름과 고르바초프의 개혁 정치를 소련 종말의 이유로 내세우고 있다.
물론 레이건의 강경한 대소 외교와 그에 따른 엄청난 군비 증강이
소비자 경제 및 전반적인 경제에 금이 가고 있었던 소련의 실정에서는
더 이상의 군비 경쟁에서 힘이 부쳤던 것은 사실이다. 이미 GNP의 10%
이상이나 방위비에 투자하고 있던 소련으로서는 미국의 SDI와 같은
엄청난 군사 예산과 경쟁하기에는 역부족이었다. 그러나 고르바초프의
등장과 그의 개혁이 없었다면 양국의 군비 경쟁과 긴장 대치 상황은
쉽게 변하지 않았으리라는 것도 역시 사실이다. 사실상 군축 협상의
이니시어티브는 고르바체프 쪽에서 잡고 나왔기에 소련 내부에서의
변화와 고르바초프라는 새로운 지도자의 등장이 소련 공산주의의 붕
괴에 중요한 요인이 되었다는 것을 부인하기는 힘들 것이다. 어떻든,
소련과의 INF 협상은 여러 가지 국내 문제에서 수세에 몰리고 있었고
자칫하면 8년 통치의 종말이 비극으로 끝날 것 같았던 레이건에게는
신이 내려준 선물이었다.

소련과의 군축 협상이 매듭지어지기 전까지 레이건은 그의 임기 동안
가장 위기였던 소위 이란 게이트(Irangate)로 의회 및 미디어, 그리고

국민들로부터 강력한 비판을 받았다. 그는 레바논의 극렬 회교도에 의해
억류 중인 미국 인질들을 석방하게 하는 조건으로 그들에 영향력을 갖고
있던 이란 정부에 무기를 판매하게 되었고 그 판매 수익금을 비밀리에
니카라구아의 콘트라 반군에게 제공하였던 것이 베이루트의 한 신문에
의해 누설되었다. 의회는 존 타워(John Tower)를 중심으로 한 특별 조
사단을 구성하여 청문회를 통해서 이란 게이트의 전모를 샅샅이 공개
하였다. 윌리암 케이시(William Casey) CIA국장, NSC의 올리버 노스 중령
(Lt. Colonel Oliver North)과 존 포인덱스터 제독(Vice Admiral John Poindex-
ter)의 역할에 집중적인 조사가 행해졌고 이윽고 이들을 중심으로 해서
비밀리에 이러한 작전을 은밀히 추진해가고 있었다는 것이 사실로 드
러났다. 이는 분명 불법으로 만약 레이건이 직접 이러한 작전을 명령
했다면 의회로부터 탄핵까지 받을 수 있는 중대한 사건이었다.

그러나 이들 세 명의 이란 게이트의 주역들은 대통령의 직접 개입을
전적으로 부인하였다. 이들은 국가 안보를 책임지고 있는 대통령의
오른손격으로 대통령이 무엇을 원하는가는 직접 지시가 없다 하더라도
알아 차리고 있어야 하며 국가 이익에 필요하다면 대통령에게 자세히
보고를 하지 않고라도 이러한 작전을 감행할 수 있다고 떳떳하게 대
응하였다. 특히 노스 중령은 바로 미국의 뒷마당인 중·남미에서 공산화
세력들이 확장되고 있는데 진보적 의회에서 여러 가지 제약을 만들어서
이들의 활동 범위를 묶어놓았다고 비판하면서 그들은 중·남미에서
자유의 투사들에게 미국이 해야 할 일을 했을 뿐이라며 오히려 국민들의
애국심에 호소하기도 하였다.

이란 게이트로 레이건은 탄핵을 당하지는 않았지만 조사 과정에서
레이건은 허수아비 뿐이었고 모든 외교 문제 등을 포함한 여러 중요
문제에 있어서 레이건의 측근들이 대통령을 우회하거나 무시하면서

국사를 운영하다시피 했다는 것이 드러나게 되었다.

이란 게이트에서 나타난 레이건의 통치 무능은 어떤 의미에서는 그의 8년간의 통치의 어두운 면을 대표한 상징적인 사건인지 모른다. 첫 취임 후부터 레이건의 이러한 무능은 그의 측근들이나 기자들에 의해 계속 꼬리를 물고 나타났었다. 경제, 외교 등의 문제에 있어서 그는 그가 주창하는 보수주의를 선전하는 배우의 역할만을 성공적으로 한 것뿐이었다. 세부적인 것들에 대해서는 관심이 없었고 또한 이해할 수 있는 능력도 없었던 것이다. 그의 측근 도널드 리건(Donald Regan)에 의하면 레이건은 심지어 그의 부인인 낸시 여사에 의해 조정되는 허수아비와 같은 존재라는 것이었다. 낸시 여사는 레이건의 주요한 일정들을 점성가들로부터 도움을 받아 일일이 짜곤 했다는 것이다.

그러나, 국민들 앞에 드러나 보이는 레이건 대통령은 여전히 변함이 없었다. 건장한 체구에 잘 생긴 용모, 거기에다 배우 출신이어서인지 담화문을 암기해서 국민들에게 전달하는 그의 능력은 천재적인 특기였다. 8년 동안 레이건은 국민들을 기분 좋게 하는 데 성공한 것이다. 갈수록 신문보다는 TV의 반짝 문화에 빠져들어가고 있던 미국인들에게 레이건 행정부의 뒷전에서 무슨 일이 벌어지고 있었던 것보다는 확신에 차고 매끄러운 그들의 대통령을 보면서 그저 기분이 좋았던 것이다. 워터게이트와 베트남 전쟁 등으로 어두웠던 70년대에 풀이 죽어 있었던 국민들에겐 이런 점에서 레이건은 필요했던 지도자였는지 모른다. 레이건 또한 이러한 국민들의 정서를 정확히 간파하고 있었으며 이것을 그의 정치적 성공에 잘 이용하였던 것이다.

레이건의 뒤를 이은 조지 부시는 이러한 기분 좋은 국민들로부터 버림을 받을 리 없었다. 레이건 통치 8년에 등장한 갖가지 어두운 면들을

▶ 조지 투커 작 「풍경」.

나열하며 반격을 꾀하던 민주당은 아직도 레이건의 마력에 끌려 있던 국민들의 마음을 돌릴 수가 없었다. 케네디 대통령을 연상하게 하는 게리 하트(Gary Hart)는 극성스러운 기자들에 의해 들쳐진 여성 스캔들로 결국 민주당 대통령 후보 경선에서 중도하차해 버렸다. 매사추세츠의 주지사인 마이클 두카키스(Michael Dukakis)가 결국 민주당 대통령 후보로 선출되어서 부시 후보에 반격을 시도했으나 레이건의 정책을 그대로 답습하면서 거기에다 대도시의 범죄 문제에서 있어서 강력한 대응을 약속하고 나온 부시는 레이건의 보수 세력들을 그대로 흡수하면서 대선을 무난히 승리로 이끌었다.

외교적인 면에서는 부시에게 엄청난 행운이 따랐다. 고르바초프의 계속적이고 강력한 개혁 정치에 힘입어 소련뿐만 아니라 동구권에서도 개혁의 바람이 일기 시작하였다. 결국 1989년 11월에는 베를린 장벽이 무너진 역사적인 사건이 발생하였고, 폴란드에서는 자유노조가 자유 선거에서 승리하였으며, 헝가리, 체코슬로바키아, 그리고 루마니아에서도 자유의 봄이 찾아왔다. 1990년 가을에는 소련도 몰락하고 말았다.

1991년 3월에 이라크로부터 쿠웨이트를 해방한다는 명목으로 사담 후세인의 이라크와 전쟁을 감행하였다. "사막의 폭풍작전(Operation Desert Storm)"은 CNN 등이 생방송하는 가운데 완전한 성공을 거두었다. 승리는 국민들에게 크나큰 애국심과 자부심을 갖다 주었고 부시 대통령에 대한 찬성도는 무려 91%까지 치솟았다. 걸프 전쟁의 승리는 국민들로 하여금 베트남의 악령으로부터 벗어나게 하는 결정적인 역할을 한 셈이다.

그러나, 승리로 들뜬 국민들의 마음은 오래 가지 못했다. 이젠 소련이라는 영원한 적이 없어졌고 곳곳에서 공산주의가 패망하게 됨에 따라 반공을 국시로 하던 국민들은 뭔가 허전한 마음이 들었다. 적이 없어진 상황에서 이젠 국내 문제에 모든 초점이 맞추어질 수 밖에 없었다. 무엇보다도 문제는 경제였다. 레이건 재임 후기부터 서서히 드러나고 있었던 경제, 사회적 문제점이 전면으로 표출되기 시작하였다. 엄청난 재정 적자, 갈수록 늘어만 가고 있는 무역 적자, 레이건-부시 보수 정책에 쪼들린 하층 계층의 불만, 그리고 계속되는 경제적 불황, 미국은 이제 새로운 개혁과 새로운 지도자를 필요로 하고 있었다.

# 부록

1. 지도
2. 주요 사건 연표
3. 주의 미국 연방 가입 연도
4. 미국의 역대 대통령

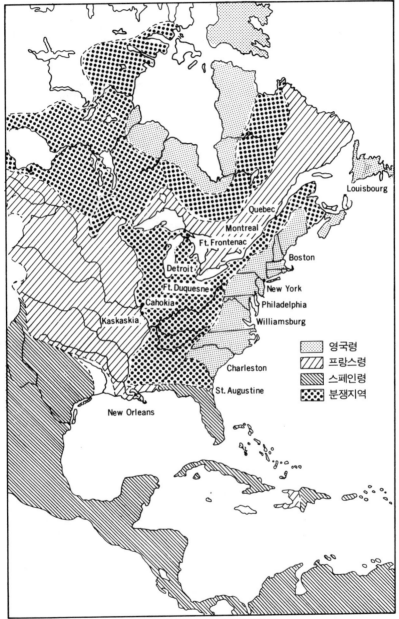

지도1. 영토획득경쟁판도

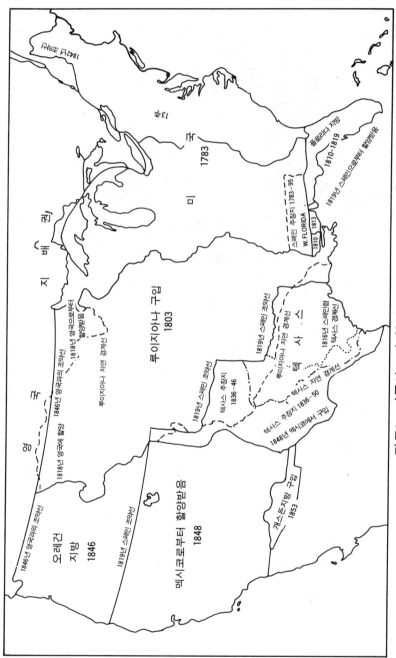

지도2. 미국영토의 확장, 1776-1853

영 국

오레건 지방 1846

1846년 영국과의 조약선

1819년 스페인 조약선

멕시코로부터 할양받음 1848

개스든지방 구입 1853

영 국

1818년 영국에 할양

1846년 영국과의 조약선

1818년 영국으로부터 할양받음

루이지애나 자연 경계선

루이지애나 구입 1803

1819년 스페인 조약선

텍사스 주장지 1836-46

1819년 스페인 조약선

루이지애나 자연 경계선

1819년 스페인 조약선

텍 사 스

1816년 스페인령 텍사스 경계선

텍사스 주장지 1836-50

1848년 멕시코에서 구입

지 배 권,

미 국 1783

스페인 주장지 1783-95

W. FLORIDA 1810 1813

플로리다 지방 1810-1819

1819년 스페인으로부터 할양받음

13주

1842년 조약선

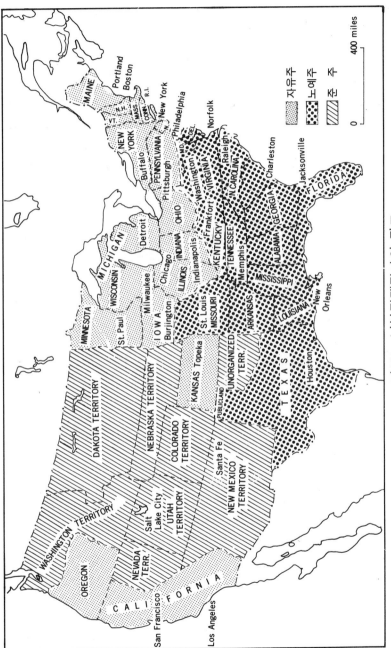

지도3. 남북전쟁전야의 판도

# 부록 2 주요 사건 연표

B.C. 40000년경   인디언(고비 사막 지방의 몽고족의 일족)이 아메리카 대륙으로
이동

A.D. 1000   리프 에릭슨(Leif Ericsson, 노르만족의 일파)이 아메리카 발견

1492   Columbus가 아메리카 발견

1497   John Cabot가 라브라도르(Labrador) 접안

1513   Balboa가 태평양 발견

1521   Cortes가 Mexico 정복

1522   Magellan이 세계일주 탐험

1535   Cartier가 St. Lawrence강 발견

1541   De Soto가 Mississippi강 발견

1565   미국 지역에서 최초의 영속적 정착지 St. Augustine 건설

1575   Drake가 California해안 접안

1585   Raleigh가 Roanoke지방 탐험

1607   영국 최초의 영속적 식민지 Jamestown 건설

1608   Champlain이 Quebec건설

1609   Henry Hudson이 Hudson강 발견

      Champlain이 Champlain호 발견

1619   Jamestown에 대의체 민의원 개원

      버지니아에 흑인노예 수입

1620   Pilgrim들이 Plymouth 상륙

1626   Peter Minuit가 New Amsterdam 건설

1629   Salem에 Massachusetts Bay 식민지 건설

1630   Puritan들이 Boston 건설

1632   Maryland 특허장

1635   Puritan들이 Connecticut에 정착

1636   Rhode Island 건설

Harvard대학 설립

1638   New Haven 식민지 건설

1639   Connecticut의 최초의 헌법

1643   New England Confederation 형성

1662   Connecticut 특허장

1663   Carolina 특허장

Rhode Island 및 Providence 특허장

1664   New Jersey 특허장

영국이 New Amsterdam 획득(차후 New York로 명명)

1680   Pennsylvania 특허장

1682   William Penn이 Philadelphia 건설

1689   William 왕의 전쟁( ~1697)

1691   Massachusetts의 새 특허장

1693   College of William and Mary 설립

1701   Yale College 설립

1702   Anne 여왕의 전쟁( ~1703)

1729   Carolina의 분리―South Carolina와 North Carolina로

1733   Georgia 식민지 건설

1735   출판의 자유(Zenger 사건)

1744   George 왕의 전쟁( ~1748)

1754   불인 전쟁(French and Indian War, ~1763)

Albany Plan of Union

King's(Columbia) College 설립

1755   Bradock 장군 부대 Pennsylvania에서 패배

1759   Quebec 항복

1763   프랑스가 Louisiana를 스페인에 양도

스페인이 Florida를 영국에 양도

1765   Stamp Act

1770   Boston 학살 사건

1773   Boston Tea Party 사건

1774    Philadelphia에서 대륙회의(Continental Congress)
1775    Lexington과 Concord의 무력 충돌
        제 2 차 대륙회의
        Bunker Hill의 전투
1776    독립 선언
        영국군이 New York 점령
1777    Howe 장군 부대가 Philadelphia 점령
        연합 헌장(Articles of Confederation) 채택
        Valley Forge에서 Washington 승리
1778    영국군 Philadelphia 철수
1781    Cornwallis 장군 Yorktown에서 항복
        연합 헌장 발효
1783    영국과 Paris 조약 ; 미국 독립 승인
        영국은 Florida를 스페인에 양도
1786    매사추세츠에서 Shays의 반란
        Annapolis 회의
1787    Philadelphia의 제헌회의
        서북조례(Northwest Ordinance) 채택
1788    헌법 채택
1789    New York에서 제 1 차 연방의회 소집
        대법원(Supreme Court) 설립
1790    Philadelphia가 수도가 됨
        제 1 차 국세 조사
1791    미국 은행(Unitea States Bank) 설립( ~1811)
        수정 헌법 10개조(권리장전) 비준
1793    프랑스와 영국간의 전쟁
        미국은 중립선언
        Whitney가 조면기(cotton gin) 발명
1794    Pennsylvania에서 위스키 반란
1798    프랑스와 선전포고 없는 전쟁( ~1800)

|      | 외국인법과 보안법(Alien and Sedition Acts) 통과 |
|------|---|
| 1800 | 스페인이 Louisiana를 프랑스에 양도 |
|      | Washington이 수도가 됨 |
| 1801 | Tripoli와의 전쟁( ~1805) |
| 1803 | Louisiana 구입 |
| 1804 | Lewis와 Clark의 탐험( ~1806) |
|      | 수정 헌법 12조 비준 |
| 1807 | Fulton의 증기선 Clermont호 성공적 항해 |
|      | 선박 출항 금지법(Embargo Act) 통과 |
| 1808 | 노예 수입 금지 |
| 1812 | 영국과의 1812년 전쟁( ~1815) |
| 1814 | Hartford Convention |
| 1815 | New Orleans 전투 |
| 1816 | 제2차 미국 은행( ~1836) |
| 1819 | 동 Florida 병합 협상 타결 |
| 1820 | 미주리 타협(Missouri Compromise) |
| 1823 | 먼로주의(Monroe Doctrine) 선언 |
| 1825 | 에리 운하(Erie Canal) 개통 |
| 1831 | Garrison의 Liberator 지 발행( ~1865) |
| 1832 | South Carolina의 무효 선언(Nullification Ordinance) |
| 1837 | 경제 공황 |
| 1838 | 최초의 증기선 대서양 횡단 |
| 1844 | Washington과 Baltimore 사이에 전신선 개통 |
| 1845 | Texas 병합 |
| 1846 | Mexico와의 전쟁( ~1848) |
|      | Howe의 재봉틀 발명 |
|      | Oregon 국경선 분쟁타결 |
| 1848 | 최초의 여권협의회 |
|      | Mexico의 서남부 지역 할양 |
| 1849 | California의 금광 러쉬(gold rush) 시작 |

| | |
|---|---|
| 1850 | 노예제에 관한 1850년의 타협 |
| 1854 | Gadsden 구입(Mexico 국경) |
| | Perry 제독의 일본과의 무역 개시 |
| | Kansas—Nebraska 법 통과 |
| | 현재의 공화당(Republican Party) 결성 |
| 1857 | Dred Scott 사건 판결 |
| 1859 | Harper's Ferry에 있어서의 John Brown 사건 |
| 1860 | South Carolina의 연방 탈퇴 |
| 1861 | 남부 연합(Confederate States of America) 결성 |
| | 남북전쟁( ～1865) |
| 1862 | 대륙 횡단 전신 서비스 개통 |
| | 자영농 신법(Homestead Act) |
| 1863 | 노예 해방 선언 |
| | Gettysburg 전투 |
| | 국립 은행제도 설립 |
| 1864 | Sherman장군 Atlanta 및 Savannah 점령 |
| 1865 | Grant장군 Richmond 점령 |
| | Lee장군 항복 |
| | Lincoln대통령 암살 |
| | 수정 헌법 13조 ; 노예제 폐지 |
| 1867 | 재건법 통과 |
| | Alaska 구입 |
| 1868 | 수정 헌법 14조 비준 ; 흑인에게 시민권 부여 |
| 1870 | 수정 헌법 15조 비준 ; 흑인에게 투표권 보장 |
| 1873 | 경제 공황( ～1878) |
| 1876 | Hays—Tilden 대통령 선거 분쟁 |
| | Bell의 전화 첫선 |
| 1877 | Edison의 축음기 발명 |
| | 남부로부터 연방군의 철수 |
| 1879 | Edison의 백열전등 발명 |

| 1881 | Garfield대통령 피격 |
|------|------|
| 1882 | 중국인의 이민 중지 |
| 1883 | Civil Service Commission 창설 |
| 1886 | 미국 노동 총연맹(American Federation of Labor) 형성 |
| 1887 | 주간 통상 위원회(Interstate Commerce Commission) |
| 1890 | Sherman Anti-Trust Act |
| 1893 | 경제 공황 |
|      | Edison의 활동 사진 |
| 1894 | Pullman 철도 회사 파업 |
| 1898 | 미서 전쟁(Spanish-American War) |
|      | Hawaii 병합 |
| 1899 | 스페인의 Puerto Rico, Guam 및 Philippines 양도 |
|      | 문호 개방 정책(Open Door Policy) |
| 1901 | Mckinley 대통령 암살 |
| 1903 | Wright 형제의 첫 비행 |
| 1904 | Panama 운하 지대 임차 |
| 1906 | De Forest의 진공 라디오 튜브 발명 |
| 1907 | 경제 공황 |
|      | 신사 협정(Gentleman's Agreement)로 일본인 이민 제한 |
| 1911 | 대법원 Standard Oil Co.(New Jersey)해산 판결 |
| 1913 | 수정 헌법 16조 비준; 소득세 부과 |
|      | 수정 헌법 17조 비준; 상원 의원 직접 선거 |
|      | 연방 준비 은행 제도(Federal Reserve System) 창설 |
| 1914 | Panama 운하 공식 개통 |
| 1916 | Santo Domingo에 개입 |
| 1917 | 대독 선전 포고 : 제1차 세계 대전 참전 |
| 1918 | 휴전 협정 서명(11월 11일) |
| 1919 | 수정 헌법 18조 비준; 전국적 금주 |
|      | 베르사이유 평화회의 |
| 1920 | 수정 헌법 19조; 여성 참정권 부여 |

대륙 횡단 항공 우편 서비스 개시

상업 라디오 방송 개시

| | |
|---|---|
| 1921 | 민족별 인원 할당 이민법 |
| | Washington 해군 군축 회의 |
| 1923 | Harding대통령 사망 ; Coolidge대통령 승계 |
| 1927 | Television |
| 1929 | 주식 시장 붕괴 |
| 1930 | London Naval Conference에 미국 대표 파견 |
| 1932 | Reconstruction Finance Corporation 창설 |
| 1933 | 수정 헌법 21조 비준 ; 연방 차원에서의 금주 폐지 |
| | 뉴딜 개시 |
| | 실업자 위한 연방 구호 개시 |
| | 금본위 제도 포기 |
| | 전국 산업 부흥법(National Industrial Recovery Act) |
| 1934 | Securities and Exchange Commission 창설 |
| 1935 | 전국 노동 관계법(National Labor Relation Act) |
| | 사회 보장 제도 시동 |
| | 산업 기구 위원회(Committee for Industrial Organization, CIO) 형성 |
| 1938 | 공정 노동 기준법(Fair Labor Standard Act) |
| 1939 | 유럽에서 제2차 세계 대전 발발 : 미국의 중립 선언 |
| 1941 | 무기 대여법 |
| | 대서양 헌장 |
| | 일본의 진주만 공격 : 미국의 제2차 세계 대전 참전 |
| 1942 | 미군의 북아프리카 침공 |
| 1943 | 이태리 침공 |
| | Casablanca, Quebec, Moscow, Cairo 및 Teheran 회의 |
| 1944 | 노르망디(Normandy) 상륙 |
| 1945 | Yalta 회의 |
| | Franklin D. Roosevelt대통령 사망 ; Truman대통령 승계 |
| | 독일과 일본의 항복 |

| | |
|---|---|
| | 국제 연합 헌장 발효 |
| 1946 | Philippines 독립 |
| 1947 | Truman Doctrine 및 Marshall Plan 선포 |
| 1949 | 북대서양 조약 기구(NATO)에 미국 가입 |
| 1950 | 한국 전쟁( ~1953) |
| 1951 | 수정 헌법 22조 비준 ; 대통령의 재선 이상 금지 |
| 1952 | 미국 최초의 수소 폭탄 실험 성공 |
| 1954 | 대법원의 공립 학교에 있어서의 분리 교육 불법 판결 |
| 1955 | AFL과 CIO의 결합 |
| 1958 | 미국 최초의 인공 위성 발사 |
| 1959 | Alaska와 Hawaii 주로서 연방 가입 |
| 1960 | 미국 인공 위성 통한 외국 군사력 감시 개시 |
| 1961 | 쿠바 Pigs만 침공 실패 |
| | 베를린 위기 |
| 1962 | John H. Glenn 2세 탑승 미국 최초의 인공 위성 발사 |
| | 미 해군은 소련의 쿠바 미사일 수송을 봉쇄 |
| 1963 | 미국, 영국 및 소련은 핵실험 제한 조약 조인 |
| | Kennedy대통령 암살 ; Johnson대통령 승계 |
| 1964 | 민권법(Civil Right Act of 1964) 발효 |
| | 미국 월맹 폭격 개시 |
| 1965 | 고용 차별 감소 위한 연방법 |
| | "위대한 사회" 공포 |
| 1966 | 노인 의료 부조 계획 시동 |
| | 무인 우주선 달 착륙 |
| 1967 | 영국 및 소련과의 우주 조약 비준 |
| 1968 | 핵무기 확산 금지 조약 |
| 1971 | 수정 헌법 26조 비준 ; 투표 자격 18세로 |
| 1973 | 월남전 종식 |
| | "로 대 웨이드(Roe Vs. Wade)" 판결 |
| 1974 | 닉슨대통령 사임 |

## 미국의 역사

# 부록 3 주의 미국 연방 가입 연도

| 가입순서 | 주명 | 가입연도 |
|---|---|---|
| 1 | 델라웨어(Delaware) | 1787(12.7) |
| 2 | 펜실바니아(Pennsylvania) | 1787(12.12) |
| 3 | 뉴저지(New Jersey) | 1787(12.18) |
| 4 | 조지아(Georgia) | 1788(1.2) |
| 5 | 코네티컷(Connecticut) | 1788(2.9) |
| 6 | 매사추세츠(Massachusetts) | 1788(2.6) |
| 7 | 메릴랜드(Maryland) | 1788(4.28) |
| 8 | 사우스 캐롤라이나(South Carolina) | 1788(5.23) |
| 9 | 뉴 햄프셔(New Hampshire) | 1788(6.21) |
| 10 | 버지니아(Virginia) | 1788(6.25) |
| 11 | 뉴욕(New York) | 1788(7.26) |
| 12 | 노스 캐롤라이나(North Carolina) | 1789(11.21) |
| 13 | 로드 아일랜드(Rhode Island) | 1790(5.29) |
| 14 | 버몬트(Vermont) | 1791(3.4) |
| 15 | 켄터키(Kentucky) | 1792(6.1) |
| 16 | 테네시(Tennessee) | 1796(6.1) |
| 17 | 오하이오(Ohio) | 1803(3.1) |
| 18 | 루이지애나(Louisiana) | 1812(4.30) |
| 19 | 인디애나(Indiana) | 1816(12.11) |
| 20 | 미시시피(Mississippi) | 1817(12.10) |
| 21 | 일리노이(Illinois) | 1818(12.3) |
| 22 | 앨라바마(Alabama) | 1819(12.14) |
| 23 | 메인(Maine) | 1820(3.15) |
| 24 | 미주리(Missouri) | 1821(8.10) |
| 25 | 아칸사스(Arkansas) | 1836(6.15) |

| 26 | 미시건(Michigan) | 1837(1.26) |
| 27 | 플로리다(Florida) | 1845(3.3) |
| 28 | 텍사스(Texas) | 1845(12.29) |
| 29 | 아이오아(Iowa) | 1846(12.28) |
| 30 | 위스컨신(Wisconsin) | 1848(5.29) |
| 31 | 캘리포니아(California) | 1850(9.9) |
| 32 | 미네소타(Minnesota) | 1858(5.11) |
| 33 | 오레곤(Oregon) | 1859(2.14) |
| 34 | 캔사스(Cansas) | 1861(1.29) |
| 35 | 웨스트 버지니아(West Virginia) | 1863(6.30) |
| 36 | 네바다(Nevada) | 1864(10.31) |
| 37 | 네브라스카(Nebraska) | 1867(3.1) |
| 38 | 콜로라도(Colorado) | 1876(8.1) |
| 39 | 노스 다코타(North Dakota) | 1889(11.2) |
| 40 | 사우스 다코타(South Dakota) | 1889(11.2) |
| 41 | 몬태나(Montana) | 1889(11.8) |
| 42 | 워싱턴(Washington) | 1889(11.11) |
| 43 | 아이다호(Idaho) | 1890(7.3) |
| 44 | 와이오밍(Wyoming) | 1890(7.10) |
| 45 | 유타(Utah) | 1896(1.4) |
| 46 | 오클라호마(Oklahoma) | 1907(11.16) |
| 47 | 뉴 멕시코(New Mexico) | 1912(1.6) |
| 48 | 아리조나(Arizona) | 1912(2.14) |
| 49 | 알라스카(Alaska) | 1959(1.3) |
| 50 | 하와이(Hawaii) | 1959(8.21) |

# 부록4 미국의 역대 대통령

| 대 | 선거연도 | 이 름 | 출신주 | 정당 | 비고 |
|---|---|---|---|---|---|
| 1 | 1789 | 조지 워싱턴(George Wasington) | Va. | 없음 | |
| | 1792 | 〃 | | | 재선 |
| 2 | 1796 | 존 아담스(John Adams) | Mass. | 연방파 | |
| 3 | 1800 | 토마스 제퍼슨(Thomas Jefferson) | Va. | 공화파 | |
| | 1804 | 〃 | | | 재선 |
| 4 | 1808 | 제임스 매디슨(James Madison) | Va. | 공화파 | |
| | 1812 | 〃 | | | 재선 |
| 5 | 1816 | 제임스 먼로(James Monroe) | Va. | 공화파 | |
| | 1820 | 〃 | | | 재선 |
| 6 | 1824 | 존 퀸시 아담스(John Quincy Adams) | Mass. | 공화파 | |
| 7 | 1828 | 앤드루 잭슨(Andrew Jackson) | Tenn. | 민주공화파 | |
| | 1832 | 〃 | | | 재선 |
| 8 | 1836 | 마틴 밴 뷰렌(Martin Van Buren) | N.Y. | 민주당 | |
| 9 | 1840 | 윌리엄 해리슨(William H. Harrison) | Ohio | 휘그당 | |
| 10 | | 존 타일러(John Tyler) | Va. | 민주당 | 해리슨 사망으로 계승 |
| 11 | 1844 | 제임스 포크(James Polk) | Tenn. | 민주당 | |
| 12 | 1848 | 재커리 테일러(Zachary Taylor) | Ha. | 휘그당 | |
| 13 | | 밀러드 필모어(Millard Fillmore) | N.Y. | 공화당 | 테일러 사망으로 계승 |
| 14 | 1852 | 프랭클린 피어스(Franklin Pierce) | N.H. | 민주당 | |
| 15 | 1856 | 제임스 부캐넌(James Buchanan) | Pa. | 민주당 | |
| 16 | 1860 | 애이브러햄 링컨(Abraham | Ill. | 공화당 | |

Lincoln)

| | | | | | |
|---|---|---|---|---|---|
| | 1864 | ″ | | | 재선 |
| 17 | | 앤드루 존슨(Andrew Johnson) | N.C. | 공화당 | 링컨 사망으로 계승 |
| 18 | 1868 | 율리시스 그랜트(Ulysses Grant) | Ill. | 공화당 | |
| | 1872 | ″ | | | 재선 |
| 19 | 1876 | 러더퍼드 헤이스(Rutherford B. Hayes) | Ohio | 공화당 | |
| 20 | 1880 | 제임스 가필드(James A. Garfield) | Ohio | 공화당 | |
| 21 | | 체스터 아더(Chester A. Arthur) | Vt. | 공화당 | 가필드 사망으로 계승 |
| 22 | 1884 | 그로버 클리블랜드 (Grover Cleveland)″ | N.Y. | 민주당 | |
| 23 | 1888 | 벤자민 해리슨(Benjamin Harrison) | Ind. | 공화당 | |
| 24 | 1892 | 그로버 클리블랜드(Grover Cleveland) | N.Y. | 민주당 | |
| 25 | 1896 | 윌리엄 맥킨리(William Mckinley) | Ohio | 공화당 | |
| | 1900 | ″ | | | 재선 |
| 26 | | 데어도어 루즈벨트(Theodore Roosevelt) | N.Y. | 공화당 | 매킨리 암살로 계승 |
| | 1904 | ″ | | | |
| 27 | 1908 | 윌리엄 태프트(William H. Taft) | Ohio | 공화당 | |
| 28 | 1912 | 우드로우 윌슨(Woodrow Wilson) | N.J. | 민주당 | |
| | 1916 | ″ | | | 재선 |
| 29 | 1920 | 워렌 하딩(Warren G.Harding) | Ohio | 공화당 | |
| 30 | | 캘빈 쿨리지(Calvin Coolidge) | Mass. | 공화당 | 하딩 사망으로 계승 |
| | 1924 | ″ | | | |
| 31 | 1928 | 허버트 후버(Herbert C. Hoover) | Calif. | 공화당 | |

| 32 | 1932 | 프랭클린 루즈벨트(Franklin D. Roosevelt) | N.Y. | 민주당 | |
| | 1936 | 〃 | | | 재선 |
| | 1940 | 〃 | | | 3선 |
| | 1944 | 〃 | | | 4선 |
| 33 | | 해리 트루만(Harry S. Truman) | Mo. | 민주당 | 루즈벨트 사망으로계승 |
| | 1948 | 〃 | | | |
| 34 | 1952 | 드와이트 아이젠하워(Dwight D. Eisenhower) | N.Y | 공화당 | |
| | 1956 | 〃 | | | 재선 |
| 35 | 1960 | 존 케네디(John F. Kennedy) | Mass. | 민주당 | |
| 36 | | 린든 존슨(Lyndon B. Johnson) | Tex. | 민주당 | 케네디 사망으로계승 |
| | 1964 | 〃 | | | |
| 37 | 1968 | 리처드 닉슨(Richard M. Nixon) | N.Y | 공화당 | |
| | 1972 | 〃 | | | 재선 |
| 38 | | 제럴드 포드(Gerald R. Ford) | | 공화당 | 닉슨 사임으로계승 |
| 39 | 1976 | 지미 카터(Jimmy Carter) | Ga. | 민주당 | |
| 40 | 1980 | 로널드 레이건(Ronald W. Reagan) | Calif. | 공화당 | |
| | 1984 | 〃 | | | 재선 |
| 41 | 1988 | 조지 부시(George Bush) | Tx. | 공화당 | |
| 42 | 1992 | 빌 클린턴(Bill Clinton) | Ak. | 민주당 | |
| | 1996 | 〃 | | | 재선 |

# 참고문헌


국내 저서

구 영록, 『美國의 社會科學』 서울 : 탐구당, 1981.

김 종운, 서 광선, 편, 『美國人의 選擇』 서울 : 문학과 지성사, 1985.

유 종해, 『美國의 政治와 社會』 서울 : 박영사, 1976.

이 보형, 『美國史槪說』 서울 : 一潮閣, 1978.

이 보형, 엮음, 『미국 역사의 새 발견』 서울 : 소나무, 1991.

이 보형, 외, 『美國史硏究序說』 서울 : 일조각, 1984.

이 상로, 『美國의 憲法과 聯邦大法院』 서울 : 학연사, 1986.

이 주영, 『美國史』 서울 : 대한교과서, 1987.

이 주영, 『美國經濟史槪說』 서울 : 대한교과서, 1988.

정 만득, 『史料美國史』 3 vols. 대구 : 계명대 출판부, 1981.

최 명, 『美國政治論』 서울 : 일진사, 1986.


번역서

Berle, Adolf A., 『美國經濟制度』 임 성의 譯. 서울 : 수도문화사, 1965.

Boorstin, Daniel J., 『미국사의 숨은 이야기』 이 보형 譯. 서울 : 범양사, 1991.

Chafe, William H., 『美國女性史』 이 봉순 譯. 서울 : 탐구당, 1974.

Cox, Archibald, 『美國의 法院과 政治』 양 승두 譯. 서울 : 학연사, 1983.

Cooke, Alistair, 『다큐멘타리 美國史』 곽 철 譯. 서울 : 한마음사, 1986.

Degler, Carl N., 『現代美國의 成立』 이 보형, 이 주영, 홍 영백 譯. 서울 : 一潮閣,

# 참고문헌

1978.

Freidel, Frand and Alan Brinkley, 『美國現代史』 박 무성 譯. 서울 : 대학문화사, 1985.

Gabriel, R. H., 『聯邦主義論』 김 성복 譯. 서울 : 을유문화사, 4283.

Galbraith, J. K., 『大恐慌』 최 광열 譯. 서울 : 양영각, 1981.

Galbraith, J. K., 『美國의 資本主義』 최 광열 譯. 서울 : 양영각, 1981.

Galbraith, J. K., 『豊饒한 社會』 박 형규 譯. 서울 : 현대사상사, 1972.

Hacker, Andrew, 『美國時代의 終末』 서 영희 譯. 서울 : 진명문화사, 1974.

Hofstadter, Richard, 『美國의 政治的 傳統』 이 춘란 譯. 서울 : 탐구당, 1976.

Howe, Irving, 『美國의 社會主義』 김 종심 譯. 서울 : 민음사, 1983.

Jameson, J. F., 『美國의 獨立革命史』 홍 영백 譯. 서울 : 탐구당, 1980.

Lipset, Seymour M., 『美國史의 構造』 이 종수 譯. 서울 : 한길사, 1982.

Leopold, R. W., 『美國政治發展史』 이 보형 외 譯. 서울 : 을유문화사, 1968.

Luedtke, L. S. ed, 『미국의 사회와 문화』 고려대 영미문화연구소 譯. 서울 : 탐구당,
    1989.

Maurois, André, 『美國史』 신 용석 譯. 서울 : 홍성사, 1982.

Maurois, André, 『現代美國史』 신 상초 譯. 서울 : 민중서관, 1968.

McCarthy, Eugene, 『美國民主主義의 딜레머』 황 의방 譯. 서울 : 현암사, 1980.

Miller, William, 『美國史新論』 이 보형, 이 영범, 최 웅 譯. 서울 : 時事英語社,
    1969.

Nevins, Allan and H. S. Commager, 『美國史』 조 효원 譯. 서울 : 사상계사, 4288.

Nye, Russel B., 『美國知性史』 지 명관 譯. 서울 : 時事英語社, 1969.

Padover, Saul K., 『美國精神史』 사상계사 편집실 譯. 서울 : 문명사, 1963.

Schlesinger, Jr., A. M., 『뉴딜思想』 박 무성 譯. 서울 : 범조사, 1980.

Steinfels, Peter, 『現代美國知性史』: 新保守主義者들, 美國政治를 변화시킨 사
    람들 김 쾌상 譯. 서울 : 현대사상사, 1983.

Tocqueville, Alexis de, 『美國民主主義論』 이 영범 譯. 서울 : 사상계사, 1963.

Turner, F. J., 『프론티어와 美國史』 이 주영 譯. 서울 : 박영사, 1978.

Woodward, C. Vann, 『美國史新論』 박 무성 譯. 서울 : 법문사, 1981.

미국의 역사

## 국외

Bartlett, Irving H., *The American Mind in the Mid-Nineteenth Century.*
Arlington Heights, Illinois : Harlan Davidson, 1982.

Beard, Charles A., *An Economic Interpretation of the Constitution of the
United States.* New York : The MacMillan Company, 1936.

Bernstein, Barton and Allen Matusow, eds., *Twentieth-Century America* :
*Recent Interpretations.* New York : Harcourt Brace Jovanovich, 1972.

Commager, Herny Steele, *The American Mind.* New Haven, Connecticut :
Yale University Press, 1950

Current, Richard N. and John A. Garraty, *Words That Made American History* :
*Colonial Times to the 1870's.* New York : Little Brown, 1965.

Davis, Allen F. and Harold D. Woodman, *Conflict and Consensus* 2 Vols.
Lexington, Massachusetts : D. C. Heath, 1992.

Eisenstadt, Abraham S., *American History : Recent Interpretations.* 2 Vols.
New York : Thoms Y. Crowell, 1969.

Grob, Gerald and George A. Billias, *Interpretations of American History* :
*Patterns and Perspectives.* 2 Vols. New York : The Free Press, 1987.

Hofstadter, Richard, *The Age of Reform.* New York : Random House, 1955.

Hotstadter, Richard, , *Social Darwinism in American Thought.* New York : B.
Braziller, 1959.

Horsman, Reginald, *The Diplomacy of the New Republic.* Arlington
Heights, Illinois : Harlan Davidson, 1985.

Hunt, Michael H., *Ideology and U.S. Foreign Policy.* New Haven,
Connecticut : Yale University Press, 1987.

Katz, Stanley N. and S. I. Kutler, *New Perspectives on the American Past.*
2 Vols. New York : Little Brown, 1969.

Kuzirian, Eugene and Larry Madaras, *Taking Sides : Clashing Views
on Controversial Issues in American History.* 2 Vols.
Guilford, Connecticut : The Dushkin Publishing Group, 1987.

# 참고문헌

LaFeber, Walter, *The American Age : United States Foreign Policy at Home and Abroad since 1750.* New York : W. W. Norton, 1989.

Livesay, Harold, *Samuel Gompers and Organized Labor in America.* New York : Little, Brown, 1978.

Nash, Gary B., et al, *The American People : Creating a Nation and a Society.* New York : Harper & Row, 1986.

Nash, Roderick *The Nervous Generation : American Thought, 1917~19.* Chicago, Illinois : Rand McNally, 1970.

Norton, Mary Beth, et al, *A People and A Nation : A History of the United States.* Boston : Houghton Mifflin, 1986.

Quint, Howard H., Dean Albertson, and Milton Cantor, *Main Problems in American History.* 2 Vols. Homewood, Illinois : Dorsey, 1972.

Schlesinger, Jr., Arthur M., *The Cycles of American History.* Boston : Houghton Mifflin, 1986.

Sheehan, Donald, *The Making of American History.* 2 Vols. New York : Holt, Rinehard, and Winston, 1963.

Sheehan, Neil, *A Bright Shining Lie.* New York : Random House, 1988.

Stoessinger, John G., *Crusaders and Pragmatists : Movers of American Foreign Policy.* New York : W. W. Norton, 1985.

Tindall, George Brown, *America : A Narrative History.* New York : W. W. Norton, 1984.

Zinn, Howard, *A People's History of the United States.* New York : Harper & Row, 1980

Weinberg, A. K., *Manifest Destiny : A Study of Nationalist Expansionism in America.* Chicago, Illinois : Quadrangle Books, 1963.

Wood, Gordon S., *The Creation of the American Republic, 1776~1787* New York : W. W. Norton, 1972.

Yergin, Daniel, *Shattered Peace : The Origins of the Cold War and the National Security State.* Boston : Houghton Mifflin, 1977.

# 찾아보기(역사 사항, 인명)

찾아보기

찾아보기

# 찾아보기

# 미국의 역사

찾아보기

# 찾아보기